赵家新 著

现代汉语心理形容词语义网络研究

中国社会科学出版社

图书在版编目（CIP）数据

现代汉语心理形容词语义网络研究/赵家新著．—北京：
中国社会科学出版社，2010.10
ISBN 978-7-5004-9152-1

Ⅰ.①现…　Ⅱ.①赵…　Ⅲ.①汉语－形容词－研究－现代　Ⅳ.①H146.2

中国版本图书馆 CIP 数据核字（2010）第 195182 号

责任编辑　罗　莉
责任校对　张玉霞
封面设计　王　华
技术编辑　李　建

出版发行　中国社会科学出版社
社　　址　北京鼓楼西大街甲 158 号　　邮　编　100720
电　　话　010－84029450（邮购）
网　　址　http://www.csspw.cn
经　　销　新华书店
印　　刷　北京君升印刷有限公司　　装　订　广增装订厂
版　　次　2010 年 10 月第 1 版　　印　次　2010 年 10 月第 1 次印刷
开　　本　710×1000　1/16
印　　张　26.5　　插　页　2
字　　数　444 千字
定　　价　45.00 元

目　录

引　论

一　课题提出

计算机与语言学的联姻使人类语言研究视野进一步扩大，信息时代的到来召唤语言研究向技术化层面转向。“建构基于计算机应用、数学模型、认知科学等相关学科基础之上的语言理论的新学科”（李葆嘉，2002），“通过建立形式化的计算模型来处理自然语言”（陈小荷，2000），成为当今语言研究的前沿。现代汉语研究也必须适应社会发展和科技进步的需求。

面向信息处理与面向人际交流或语言教学的现代汉语研究是很不相同的，从研究目的、用途、方法和成果等方面都有着极大的区别，由此势必在研究思路、研究方法和研究目标等方面存在差异。计算语言学和中文信息处理不是取代传统语言研究的新“物种”，而是在更广阔的学术背景和计算机技术平台上的新开拓。

从中文信息处理的发展趋势来看，句法知识、语义知识、语用知识的基础理论研究已成为语言信息处理领域高难度的前沿课题，其中，句法知识、语义知识的获取是当前的重点，而语义知识又是二者中的难点。面向中文信息处理的语言研究最大的瓶颈就是语义。现有的规模较大的词义工程，基本上都是采用词义分类的办法，有些再加上为数不多的属性描述。而国内外研究工作者建立义类体系的方法，也基本上都是对词义进行静态分类，并没有对词进行语义的形式化描述，也没有把词义放到一定的组合框架中去观察。语义的形式化或可计算化，一段时期以来被视为学术“沼泽”。然而，不解决语义的形式化或可计算化，就不可能“程序化”，人机也终究无法实现“对话”。

乔姆斯基虽然在句法结构规则形式化方面做出了革命性探索，但是仍然无法切合语言信息处理的要求。因为“计算机需要的不是‘干巴巴’

的语形规则，而是‘活生生’的语义规则”，“人类语言的共同本质属性是语义性，语言结构的本体是语义结构体，语言结构的真正研究对象是语义结构单位和语义结构关系”（李葆嘉，2001）。在这一思路启迪下，现代汉语语义网络的建构已经逐渐受到学术界的关注，扎扎实实地做好现代汉语词类的语义特征描写就成为这一蓝图的基础工程。

现代汉语形容词是比较复杂、比较鲜活的一类，是句子和表达层面上比较重要的构件。由于现代汉语形容词在归属及类别上存有争议，加之在句法功能上的多样性，无论从词类地位、词类范围、内部分类还是具体的句法分布特点来看，目前都还众说纷纭；引入配价和认知方法之后，形容词的研究得以深化。认知语言学注意语义在语法结构中的地位，但目前或者是就形容词的单一语义特征进行研究，或者是从单一语义特征入手，联系某一方面的句法分布进行举例式描述，各成一家之言，缺少对形容词语义特征的深入系统的归纳。这使得形容词的语义网络构建显得更加困难。即使如此，利用语义的研究解读语法现象，对我们的研究来说也是一个有效的指导方法。毕竟语义义征描写和语义网络构建不应仅仅单纯局限于在计算语言学的范畴里起作用，相反，结合定量和定性的方法，对现代汉语心理形容词语义做近乎穷尽式的形式化描写，必然会成为现代汉语形容词研究前进的一个稳固基石。

本书选择性质形容词的一个意义小类——心理形容词，通过词典释义抽取、语义场近义词群比较等方法对其语义特征进行提取和分析，对这一受限词群的聚合义征进行语义形式化描述，进而研究其语义的层级分布，构建受限的现代汉语心理形容词聚合语义网络。在聚合研究的基础上，结合语料库数据统计，分析心理形容词的语形分布规律，同时尝试从程度词修饰心理形容词的结构中析出心理形容词的典型组合语义特征量性特征。这样的研究在一定程度上为中文信息处理层面语义语法学的构建提供必要的元素，为现代汉语析义元语言系统的建立提供相关构件，有助于深化对形容词语义和语形分布选择关系的认知。

心理形容词最直观地映射人的心灵活动特征，是心理活动的符号形式的外化。心理形容词不像名词有明确的概念意义，不像动词有明确的动作轨迹，不像性状或判断形容词（性状或判断形容词的分类和性质详见第二章）有鲜明的实物特征，心理形容词的意义是抽象的、内化的，对其语义进行细致的形式化描写，的确存在较大难度。选择现代汉语心理形容词作为研究对象，尤其是通过心理形容词义征分析和语义网络的构建，将目之所及、心之所至处不时出现的分散在诸种文献中的大量心理形容词分出层级，找出次类，清晰地描述出其语义分布规律，毕竟是第一次；穷集现代汉语中所有的心理形容词，辅之以巨大的语料库，通过详尽的语形分布统计数据，明确这一词群的语形分布规律，也是第一次。其成果不仅可以用于计算语言学中，也可以用以分析诸种语法现象，具有真正的学术意义和创新价值。

二　研究任务和目的

心理形容词是一个语义与语法结合基础上的相对封闭的语义语法类。它的语义基础是人们认知经验和日常感知中形容心理活动与状态的语义类，它的语法形式基础是朱德熙关于现代汉语形容词的界定和下位分类。我们尝试从中文信息处理的角度出发，对现代汉语中这样一个受限定义中的封闭词群进行穷尽式的义征分析和语义形式化描写。在进行语义形式化的基础上，构建心理形容词聚合语义网络，并对心理形容词的语形分布规律进行基于大规模语料库的统计分析，探究心理形容词义征与语形分布的选择关系，并从语形分布入手详尽考察心理形容词的量性特征。

具体研究任务包括：

1. 提取现代汉语心理形容词封闭类。

2. 对心理形容词进行详细释义。

3. 制定心理形容词义征项，提取心理形容词的最简区别性义征。

4. 对提取出的心理形容词封闭类进行义征分析，制定心理形容词的语义特征集（ID），在此基础上，制订《心理形容词析义元语言基元表》。

5. 在层级语义系统中构建现代汉语心理形容词的聚合语义网络模型。具体步骤为：（1）根据义征分析结果对心理形容词语义分布做详细的分类和勾连，总结其层级分布规律；（2）构建心理形容词聚合语义网络；（3）区分心理形容词核心与边缘成员；（4）建立心理形容词语义向不对称分布模拟轴；（5）总结心理形容词语义分布特征并对其进行心理学验证。

6. 考察心理形容词的语形分布及其与义征的选择关系。具体步骤为：（1）对心理形容词进行基于大规模语料库的全面的语形分布统计和分析；（2）通过相关数据统计考察心理形容词的义征与语形分布的选择关系；

（3）通过心理形容词受程度词修饰情况，考察心理形容词的量性特征，并进行形式化描写。

通过研究，尝试达到以下目的：

1. 对现代汉语心理形容词进行穷尽式研究，首次对心理形容词语义进行形式化的义征分析，面向中文信息处理制定心理形容词的语义特征集（ID）。

2. 确定《心理形容词析义元语言基元表》，为构建现代汉语析义元语言系统提供相关构件。

3. 明确现代汉语心理形容词语义分布规律与层级，首次构建详尽的现代汉语心理形容词的聚合语义网络。

4. 通过大规模语料库数据统计，检验传统语形语法学对形容词语形分布研究的合理与偏离。

5. 结合聚合与组合研究方法，部分验证心理形容词语义特征与语形分布的选择关系。

三 研究方法

本研究主要采用以下研究方法：

1. 理论与实践相结合。心理形容词的语义研究的理论目的是要构建现代汉语析义元语言系统，实践操作目的是为中文信息处理提供语义形式化工具。

2. 语义与语法相结合。我们认为，心理形容词语义研究的过程与成果中，还有一个有意义的任务是厘清心理形容词的语义与语法的功能关系，使研究结果避免架驻在抽象理论的半空和理想应用的途中而被人诟病。基于这种考虑，本书的研究在聚合语义分析的基础上，从语义与语法结合的角度出发，在研究过程中注意从语义特征映射语形分布，尝试对心理形容词的义征分析和语形分布的内在关联进行考察，希望通过大量的微观分析比较，得到规律性的认识。

3. 定量与定性相结合。在对心理形容词进行基于词典释义和日常认知基础上的聚合义征提取后，根据大规模语料库相关句法分布的统计数据进行量化分析，并提取部分组合性义征。

4. 受限与化简。鉴于语义网络构建的庞大和繁复，面对开放性的词汇，我们采取化繁为简的方式，提取现代汉语形容词中的“心理形容词”

作为一个受限的研究对象，使其成为一个封闭域，建立典型群理论模式，进行穷尽式的研究。

5. 实验归纳和结构优选。通过实验归纳而不是经验枚举提取心理形容词的义征，并进而完成受限析义元语言基元的确定，构建现代汉语心理形容词聚合语义网络。

6. 人机结合的语料库统计。研究过程需依靠语料库来确定合理度，我们通过使用大规模计算机语料库和人工选择的自选语料库，进行大量的数据统计，形成较为可信的结论。

四 基本术语界定

1. 义征

通常的语义分析使用的基本单位是义素，我们采用义征而非义素，主要基于如下考虑：义征指称词的语义区别特征，义素指称词的意义构成成分。因为语言是耗散系统，即使用最详尽的语义标注法做最耐心的语义分析，也很难分析出一个词的所有的语义构成成分。事实上我们只需提取能够满足语义区别和语义关联需要的语义区别特征即可。因此采用义素这样的语义构成类的术语，不如义征更为妥当。

2. 心理形容词

我们认同朱德熙先生的形容词分类方法，把现代汉语形容词分为性质形容词和状态形容词两类。然后对性质形容词以及性质形容词的下位义类进行意义分类（表性状、表情态、表判断）与再分类（如将表情态形容词分为心理形容词与感官形容词）。我们所说的心理形容词是指描述人的心理程度的形容词。对形容词进行意义分类是为了便于分类后对某一小类形容词进行义征提取和语义形式化描写。这是因为，对任何词的意义进行义征提取，都要在适当的范围内即适当的语义场内进行比较，义征提取与分析的本质就是结构语言学的对比原则在语义研究中的运用。划分性质形容词的下位义类，提取出心理形容词这一概念和词语的集合，客观上就为下一步研究提供了一个可供分析的、固有的、完整的义位的集合：即心理形容词的语义场。

3. 语义网络

处于同一义场中词的语义是有相连性的，而不同词群中的词的语义具有规则制约下的相关性。现代汉语心理形容词的语义勾连和在句法平面的搭配规则就形成了受限的心理形容词语义网络。

4. 聚合义征和组合义征

聚合义征指从心理形容词词典释义和日常认知语感中提取出来的、区别于语义场词群中近义词语义的义征，包括语义类、语义向、语义元和语彩等，是建立在实体范畴化（聚合性语义场）基础上的义征。组合义征指从心理形容词相关组合特点和句法分布规律中经过量化或理性归纳总结出的义征，包括量性义征、比较义征、延续性义征等，是建立在实体关联化（组合性语义场）基础上的义征。

5. 语形分布

语义语法学认为任何语言结构都有语义和语形两方面。语形结构法则是以语音为手段，将语义结构法则投射在语言表层上所形成的，语义编码是语言编码的内核，语形分布是语义关联的标记化投影。语言系统在语义编码的基础上，必须再进行句级层面的语形编码。

本研究从心理形容词的语义结构入手，在义征分析和语义网络构建之后，作为语义结构研究的验证和延伸，再考察心理形容词语形分布情况。对于心理形容词语形分布的考察建立在两个基础之上：一是语料库数据统计，二是借用传统语法学句法层面的相关术语。这是因为传统语法学句法术语相对完备，并且不妨碍语形分布中诸种词语搭配和完句成分的表达与理解。

五　研究材料

1. 词典类

心理形容词的提取以俞士汶主编的《现代汉语语法信息词典》之《形容词表》为基础，再充实以《普通话常用三千词表》、《形容词用法词典》、《中英日韩对照分类中国语基本语汇》、《新编汉语形容词词典》等中包含的之前还未收入的心理形容词。最终以《现代汉语词典》（第5版）是否收入、是否定性为形容词、是否有相关心理的义项为标准，增加或剔除部分词。心理形容词的释义主要参考《现代汉语词典》（第5版）、《现代汉语规范词典》和《新编汉语形容词词典》。提取聚合义征和确定元语言基元还要参考《说文解字》。

2. 语料类

语料的提取主要分为两部分：一是计算机语料库。本书使用了厦门大学语言技术中心第一研究室负责程序开发的卢伟“语料库在线检索系统”。该语料库共收集中文自然语料文本大约1061万字次，涉及的语体有书面语和口语，语域（学科）包括文学、科技、新闻、广告、法律、经济、政治、哲学、语言、教育、历史、社会、宗教、艺术、生活、军事、体育、卫生等，体裁（类型）包括小说、散文、诗歌、戏剧、影视、曲艺、纪实、传记、公文、文书、论著、演讲、会话等。其中包括《人民日报》1998年1月份所有文章183万字次，2000年12月份所有文章211万字次。二是自选语料库。包括老舍《二马》、《骆驼祥子》共373355字，王小波文集共235168字，李碧华文集共232926字等，总共841449字。最终统计有效例句28260个。

六 结构安排

本书主体共分八章：第一章对先前现代汉语形容词研究的理论、方法和成果进行综述，明确本书的研究方向。第二章界定了心理形容词的定义和提取标准。第三章界定了义征的概念，提出义征分析的原则、方法与步骤，并根据词典释义和认知判断提取了心理形容词的聚合义征，确定了《心理形容词析义元语言基元表》。第四、五、六章综合之前义征提取的成果，具体展现各类心理形容词的义征表达式。第七章在心理形容词义征分析的基础上，总结心理形容词语义分布的层级规律，构建心理形容词聚合语义网络，区分心理形容词核心与边缘成员。第八章基于大规模的语料库数据统计，对心理形容词的语形分布进行全面的考察，总结心理形容词的语形分布规律及其与义征的选择性关系，并通过程度词修饰心理形容词核心成员的情况归纳心理形容词量性特征的表述方式，给心理形容词的语义形式化提供更为精确的具有较高操作性的义征分析工具。

第一章

现代汉语形容词研究传承综述

第一节　关于形容词词类地位的争议

形容词是现代汉语实词中争议较大、地位岌岌可危的一个。对于现代汉语里形容词是否具有独立的词类地位、范围多大、怎么确定，学术界说法不一。

西方语法学界大多认为现代汉语没有形容词。里察尔斯和汤普森（Li & Thompson，1981）认为现代汉语里存在一个相当于形容词和动词范畴的类，但是是动词的一个次类，叫做“形容词性的动词”。沙克特（Schachter，1985）指出，虽然所有语言都能区分出名词和动词这两个开放的类，但并不是所有的语言都能进一步从二者里分出第三个开放的类——形容词来。有开放的形容词类的语言里，形容词都有一致的形态表现；没有开放的形容词类的语言分为两种，一种是有一个封闭的形容词类，一种是完全没有形容词类。完全没有形容词的语言又分为两种，一种形容词的意义基本靠名词表达，是形—名语言，一种形容词的意义基本靠动词表达，叫做形—动语言。沙克特认为汉语属于典型的形—动语言。马神武（McCawley，1992）给出五个关于形容词和动词范畴的普遍特征，用于在任何语言中为判定一类词是形容词还是动词提供理据：

1. 动词可以直接跟宾语组合，但形容词通常不能，只能靠介词引出名词宾语。

2. 动词可以接受三个论元成分；形容词最多只能有两个论元成分，且通常只带一个。

3. 形容词可以直接修饰名词，而动词要靠某种形式变化才行，如用分词形式，像 sleeping child。

4. 无论在形态还是语序上，程度成分和比较成分跟形容词结合比跟动词结合更直接。

5. 形容词作谓语时通常要靠一个系词联结，而动词不必。

用这五个特征测试公认的现代汉语形容词之后，马神武得出汉语里并没有独立的形容词类的结论，认为所谓的形容词全都是动词。龙果夫（1958）则把形容词和动词归入一类，“在汉语里，形容词和动词具有许多共同的语法特点”，“形容词和动词合成一个更大的谓词范畴”。

我国语法学界也有类似看法。吕叔湘（1979）认为形容词和动词有许多重要的语法特点都相同，“如果把它们分成两个词类……很累赘”，“如果把形容词合并于动词，把它作为一种半独立的小类，也不失为一种办法”。赵元任（1968）认为汉语属于形—动语言，形容词是动词的次类。“广义的动词也可以称为谓词，包括狭义的动词和形容词。”他将形容词称为不及物性质动词，是动词的一个小类（赵元任，1979）。

马建忠（1898）、黎锦熙（1924）、吕叔湘（1942）、王力（1943）、朱德熙（1956）等国内多数语法学家尽管在形容词的次范畴分类上不尽相同，但他们都认为汉语形容词是一个独立的词类。

也有人有折衷的意见。张伯江、方梅（1996）认为，以大多数研究者划定形容词的两条标准“能受程度副词修饰”和“不能带宾语”，划分出的形容词几乎可以充当主语、定语、谓语、宾语、状语、补语等所有句子成分，这样宽泛的功能令人难以接受。受程度副词修饰是汉语形容词唯一一个有形的特征，而程度副词也可以修饰动词和动词性短语，“受程度副词修饰”是一个谓语成分的范围，而不是形容词的范围，因此传统形容词的划定并没有可靠的形态标准。同时他们认为以概念意义划分词类也是不可靠的，只能将“作定语是形容词的基本功能”作为划定现代汉语的形容词词类的唯一标准。由此标准衡量，现代汉语形容词只包括“大、小、高、低”等单音节为主的标记基本度量、色彩等意义的词和“初级、袖珍、微型”等“非谓形容词”两种，其余都属动词。

引证国内外语法学界对于形容词词类地位的争议，我们一方面想说明，对于像“形容词”这样一个因为内部成员有着相类认知和意义表达功能而引起关注的范畴，其语义内涵有何架构，语形分布有何规律，仍处于探讨阶段，需要进一步深入研究。从语义入手，面向中文信息处理研究形容词内部语义语法小类，探究该类形容词语义与语形分布规律的内在联系，是本课题期待完成的研究任务，也是对传统的现代汉语形容词范畴研究的有益探索；另一方面，我们也想借此表明自己的主张：孤立地探讨现代汉语有无形容词词类没有意义。一个词的词类属性，仅仅是该词一个比较重要的功能值而已。给词定一个词性，不是自然语言处理的最终目的。词性只是分析的手段之一，不是问题的实质。面向自然语言处理的语义语法学研究，应该根据研究目的对研究对象进行便于操作使用的分类。

第二节　形容词研究的普遍意义情结

现代汉语形容词研究的普遍意义情结集中体现在形容词的词类划分标准上。不论是从意义还是从功能出发，不论是刻意还是无意识，形容词的定类和定义都无法完全摆脱意义标准。

中国语法学创立和革新时期的词类划分和形容词定义多习惯以意义为标准。正如马建忠所谓的“字类者，亦类其义也”，“义不同而其类亦别焉”，我国学者继承了《尔雅》的“按意分类”的学术传统。《马氏文通》定义形容词为“以肖事物之形”（马建忠，1998：24），《新著国语文法》定义形容词为“区别事物之形态、性质、数量、地位”（黎锦熙，1998：19）。经过20世纪30年代和50年代的两次大讨论，中国语法学界逐步开始以句法功能来作为划分词类的主要标准，同时兼顾意义标准。王力（1959）明确表述：“我们划分词类的原则，如我在1955年所提到的，是以‘词汇·语法范畴’作为标准。具体说来，就是词义标准、形态标准和句法标准的三结合。”《中国现代语法》根据意义标准划分实词、根据语法功能划分虚词，并将形容词定义为“表示实物之德性者”（王力，1985：17）。吕叔湘、朱德熙《语法修辞讲话》词类划分的标准是句法功能为主，兼顾意义，定义形容词为“性质和状态的名称”（1979：9），张志公《语法和语法教学》根据词的意义和语法特点划分词类，将形容词定义为“表示事物性状的词类”（1956：137），丁声树《现代汉语语法讲话》按性质和用法划分词类，称“形容词是表示事物的性质的”（1961：7），黄伯荣、廖序东《现代汉语》则认为“形容词表示性质、状态”（1997：15）。这些形容词的相关定义实际表述的都是形容词“形容”的意义功能，都是从意义标准出发的，只是同时对形容词这样一个范畴的句法功能和语法特征也做了详细的描述。

20 世纪 80 年代以后出版的几部比较有影响的现代汉语教材中，虽然强调词类划分只能根据词的功能，但黄伯荣、廖序东本《现代汉语》和钱乃荣本《现代汉语》定义形容词仍是表示性质、状态。只有朱德熙《语法讲义》定义形容词完全从语法功能出发："凡受'很'修饰而不能带宾语的谓词是形容词"（朱德熙，1982：55），用公式可以表达为：很［不］～∧（很［不］～〈宾〉）（郭锐，2002）。这一定义的确是从句法功能出发得出的，而且此后得到普遍认同。其理据就是，词类在本质上是词在语法意义上的类，分布是语法意义的外在表现，而分布特征的差异有的是区别性的，有的是非区别性的，因此，不可能纯粹根据分布上的相似性划分词类，而只能选择部分分布特征即区别性分布特征作为划类标准。（郭锐，2001b）

但这样的定义也做不到完美：它不能把动词和形容词区别开来。第一，并不是所有的形容词都能受"很"修饰，如"煞白、冰凉、通红、喷香、粉碎、稀烂、精光……"等状态形容词本身已经表示了某种程度，所以不能受程度副词"很"修饰。但是根据"凡受'很'修饰而不能带宾语的谓词是形容词"的定义，这些状态形容词只能划到动词中去。第二，形容词不是绝对地不能带宾语，例如：红着脸、聋了耳朵、高你一头、大他三岁等。根据定义，这些形容词就应该划到动词中去。由此可见，朱德熙从句法功能出发的关于形容词的定义对形容词内部没有普遍性，并不能概括全部形容词。因此单纯利用一两项分布特征作为分类标准可能会把属于同一类的词分成不同的类，而把属于不同类的词划作同一类。

袁毓林（1995）指出，不管选用什么分布特征作为分类标准，都很难做到真正地把属于同一类的词都划进来，把属于不同类的词都划出去。袁毓林采取的解决办法是下一种基于某类词的优势分布的带有概率性的宽泛定义。同时因为这种宽泛定义太模糊，不能令人满意，又凭借典型成员所独具的分布特征来给词类下一种比较严格的定义。比如，可以先给谓词下一个宽泛的定义：经常做谓语的一类词。再辅之以一个严格定义：谓词是以可用"不"否定的一批词为典型成员的一类词。然后，给形容词下一个宽泛的定义：形容词是经常做谓语和修饰语（定语、状语和补语）的一类词。再辅之以严格定义：形容词是以不能光杆带宾语和能受程度副词修饰的一批谓词为典型成员的一类词。但不能否认的是，这一繁复的定义成立的前提是承认词类是原型范畴，即把表示相同、相似的概念范畴的词概括为一类，把它们填入相同的句法组合位置，即把它们当作同一个功能类去使用，从而赋予它们相同的句法功能。因此，词义对词类的形成和识别具有十分重要的作用，仍旧是词的意义为词的用法提供了可能。

即使声明坚持单一语法功能标准的，也往往无法完全从理据上说服自己，又绕回到意义领域里来。如张伯江、方梅（1996）认为以概念意义划分词类是不可靠的，将“作定语是形容词的基本功能”作为划定现代汉语的形容词词类的唯一标准。而在同一论著的同一章里，为了证明这种划分是有道理的，他们又指出，形容词的典型语法特征不仅是可以自由地作定语，而且是语义上要表示属性意义：

> 我们常说语义在确定词类问题上没有作为依据的资格，那是因为词类的语义范畴中的非典型成员其身份常有游移性。近年来认知语言学的发展已经证明，意义可以作为划分词类的基础，人类语言共有的一些意义范畴必然在各种语言中都有所反映。拿形容词最基本的语义特征来说，几乎所有语言里都有表示度量、色彩、年纪和价值意义的形容词，尼日利亚的伊博语里只有八个形容词，大概是迄今所知的形容词里最少的语言，这八个形容词就是“大”、“小”、“黑（暗）”、“白（明）”、“新”、“老”、“好”、“坏”。具有封闭的形容词的语言也把这些意义范畴赋予形容词的基本成员。
>
> （张伯江、方梅，1996：223—224）

恰恰与自己主张的只能将“作定语是形容词的基本功能”作为划定现代汉语的形容词词类的唯一标准意见相左，自己的论证批驳了自己的论点。实际上，张伯江、方梅（1996：227）自己也承认，说“大方”、“畅通”、“单纯”、“孤独”等词不是形容词，似乎不太符合一般语感，这里的语感恐怕就是出于它们不容回避的表性质状态的意义。

总体来说，20 世纪 50 年代以前，在讲词类时用的是按意义标准分类的体系，可能做到“词有定类”，但“类无定职”，在句法分析时这样的分类用不上，在分析句法时不得不使用另一个词类体系，改用句子成分功能来定类，做到“类有定职”，但是又导致“词无定类”。正如吕叔湘所言，传统语法在一定程度上利用意义，可是对于如何利用，又如何控制，没有很好的论述，这是它在理论方面的弱点（吕叔湘，1954）。莱昂斯

(Lyons) 更是一针见血地指出：“划分词类的依据是词的语法功能，而给其命名却又是从意义出发的。由于词的外部形式并不一定与词的意义完全对应，因此这样划分必然导致一些混乱和交叉。”（参见冷铁铮，1986）。50 年代以后，特别是 80 年代占主导地位的语法体系在词类问题上采用不彻底的句法功能标准，即在确定分类原则的时候采用句法功能标准，但在确定单词归类时，由于非形态语言单词的多功能现象，担心会导致“词无定类”，便改用词义标准，力求定于一类，结果尽管大体上做到了“词有定类”，却导致“类无定职”。由于夹杂了意义标准，与句法功能之间缺乏紧密的联系，因此也不能用来根据词类序列判定句法结构关系。可见究竟怎样才能够做到既“词有定类”又“类有定职”，对现代汉语这种非形态语言来说，的确非常难。从现代汉语划分形容词类的历史、演变和现状看，可以说，划分形容词的标准一直不自觉地在意义和句法功能标准之间摇摆挣扎，直到现在仍存在较大分歧。

问题的关键是要明确词类的定义是什么，划分词类的目的又是为了什么。关于词类的定义，目前形成的共识是，词类是在组合关系中根据组合特征类聚而成的聚合类，而组合关系是由不同聚合类的线性序列来体现的。关于划分词类的目的，早在 30 年代末的文法革新讨论中就明确阐述，最终目的是为了进行句法分析。因此这种词类的定义有为句法分析而设的“主题先行”的嫌疑。以这种词类的定义，语法学家只有采取典型的句法特征或分布特征为标准来划分词类才是合情合理的，并且基本上是心目中有了类的区分再找标准，并没有对提出的标准进行有效的论证。而且从形态上来讲，也经常拘泥于其他语言形容词的形式特征来衡量汉语，对于有语义相类特点的形容词来说，不免会产生水土不服的后果，这种水土不服最集中的反映就是汉语形容词词类地位的不稳固、词类范围的摇摆不定和语义语法研究的脱节。

形容词之所以会在人们的认知世界里汇聚成范畴，是因为形容词所表示的基本语义范畴是人类认知的共性。“对人而言，人类世界从本质上来说大概就是意义的世界。一个没有意义的世界，决不会被称为‘人’的世界。”（A. J. 格雷马斯，1999：1）国外的语法学家如叶斯泊森（Jesperson，1927）认为“形容词表示物质的特性”（张伯江、方梅，1996：217），也是根据意义来描述和定义形容词。语法范畴是具有民族特点的，而意义范畴则是超民族的。吕叔湘在论及要不要拿词的意义作词类划分的标准时坦白地指出：

> 说真的，假如有人说出一些词来问咱们，哪些是名词，哪些是动词，咱们的第一反应是什么？是首先想到它能不能用在这个格式的这个位置上，那个格式的那个位置上，还是先想到它的意义？别位的情形我不敢胡猜，我自己，不怕见笑，第一个反应是意义。
>
> （吕叔湘，1981：344—345）

王力也指出：

> 先有意义范畴还是先有语法范畴？我们认为先有意义范畴。意义是客观事物的反映，语法范畴只是通过意义范畴去反映客观事物。试拿名词为例：各个名词尽管有着各种不同的词汇意义，但它们都能指称事物，这种事物性就是一切这些名词的意义范畴。有了这个意义范畴，然后名词的语法范畴才有了依据。忽略了意义范畴，就是割断了语法范畴和客观事物的联系。龙果夫把名词认为事物范畴，动词认为动作范畴，形容词认为形状范畴，数词认为数量范畴，这样从意义出发去看汉语的词类，我们认为是完全正确的。一般说来，意义范畴对汉语实词的词类划分具有决定性的作用；没有某种意义范畴，决不可能有和它相当的语法范畴。
>
> （王力，1959）

可见，现代汉语形容词的研究必然无法摆脱其与生俱来的普遍意义情结，单一形态或者句法功能标准甚至无法彻底解决形容词的概念界定问题。这一点国内语法学界其实早已认识到，“归总一句话，无论用什么方法划分词类，词义是一项重要的参考标准，如果一种分类法的结果有跟词义大相冲突的地方，准保不受欢迎”（吕叔湘，1954）。

认识到意义的不可回避性，目前有些学者划分形容词类时不再纠缠于关于意义与形式标准无休止的博弈，而是开始结合词的词汇意义、语法意义和句法分布，深入考察形容词的微观语义特征，并以此来为形容词词类和下位词类定位，已经颇有成果。如石毓智（2003）在划分形容词时采用三个特征，即一个语义特征：形容词是描写事物性质状态的词；两个负形式特征：它们不能像动词那样带宾语，也不能像名词那样被数量词修饰。这样的大范围既定的情况下，考察形容词句法分布形式与数量表达方式的对应关系，从而确定形容词内部不同小类的不同量性特征。张国宪（2000）则把功能上的充当定语，语义上的量性、连续性、恒定性以及韵律上的单音形式作为汉语形容词的重要特征。通过对形容词典型特征的揭示，在形容词内部窥视各种特征在性质形容词、状态形容词以及变化形容词中的不同表征，从而确立性质形容词是形容词的典型成员，而其他形容词则是形容词的非典型成员的结论，并可以借此在形容词外部来为形容词作词类定位。虽然具体采用哪些标准，侧重哪种标准，意见也很不一致，但对于形容词意义特点的认识和运用由不自觉转变为自觉，意义标准已经作为一个要素融合在形式特征之中。

李葆嘉（2001）提出语义语法学，指出人类认知的本质是对世界图示的语义符号化，所谓句法不过是语言符号个体扩大了的、语言符号序列内部语义关系的标志化。把语义结构的表层投影的语形作为现代汉语研究的纯正对象，背离了语言结构的真实本体。汉语语法学研究正是因为套用西方语形语法学框架才造成了束手缚脚的状况。形态语法重在形态变化，语义语法重在语义结构，“汉语没有反映着符号配比的形态变化，语义选择直接作用于结构而形成‘语义语法’，因此只要从事语法研究必然触及语义”。（李葆嘉，2001：298—299）追踪溯源，形容词研究的普遍意义情结是汉语作为语义型语言的必然结果。

第三节 对形容词语义研究的回溯

早期形容词研究多局限于词类划分和句法功能的静态描述。王启龙（2003）对2110个现代汉语形容词进行了穷尽式的统计分析和量化考察，是基于语法平面的形容词静态描写的集大成者。引入语义的形容词研究开始是零星的对单一句式或结构与受限形容词语义的选择研究，或者传统语义学领域的形容词词义研究。自20世纪90年代以来，基于现代语义学、认知语言学等的形容词语义研究日渐繁荣，出现了一系列语义语法相结合讨论形容词的文章，如石毓智（1991）从形容词的数量特征的角度讨论形容词的肯定否定的用法，黄国营、石毓智（1993）从形容词的量幅的角度探讨其有无标记的用法，李宇明（1996）从时间、空间的角度尝试确立非谓形容词的词类地位，沈家煊（1997）根据标记理论辨识形容词的基本句法功能，张国宪（1998，1999，2000，2003）则分析形容词的语义结构与体标记之间的搭配关系，等等。据统计，仅至2000年底，国内有关形容词研究的论文已达150余篇（王启龙，2003）。

一　单一句式或结构与受限形容词语义的选择研究

朱德熙（1956）描写了性质形容词和状态形容词在一系列的句法和语义上的对立，虽没有使用语义特征术语，但语义特征的分析方法已经呼之欲出，是较早系统讨论汉语形容词语义的文章。吕叔湘（1966）对于单音节形容词用法的研究也开始涉及语义。但是语义开始引入语法研究，主要是探讨汉语某单一句式或结构与形容词语义的分布制约和语义支配关系，是对进入某特定句式、充当特定句子成分的形容词的语义选择研究，联系了句法和语义，主观性比较强，是微观、分散的研究，并没有形成系统。

（一）形容词重叠式的意义研究

朱德熙（1956）论述了形容词重叠式的感情色彩，认为不管在哪种位置上，形容词的不完全重叠式都表示憎恶、轻视的意味，完全重叠式在状语和补语位置上往往带有加重、强调的意味，在定语和谓语位置上则表示一种轻微的程度，单音节形容词重叠式此时往往还含有爱抚、亲人的意味。黎锦熙（1957）认为形容词“重叠后可以产生特定的附加意义（表示‘量’的范畴的）”：AA式表多而重或少而轻，AABB式表强调，A里AB式表轻微的嫌憎。张爱民（1996）认为形容词重叠式具有两种语法意义：其一是表示程度加深，其二是表示小称爱称，即表示轻微的程度。前者为理性意义，后者为色彩意义。这两种语法意义是矛盾的，相反相承的，加之形容词重叠式处在不同语法位置上所产生的结构意义，使其作状语与作其他成分的区别呈现出错综复杂的情况。

（二）“VA了”述补结构语义分析

陆俭明（1990）、陈颖（2002）统计可以进入以形容词作补语的述补结构“VA了”中的常用形容词有144个，“VA了”述补结构带宾语的功能与这一述补结构中作补语的形容词的语义指向有关。

（三）“触觉感知类”句子中的动宾双系形容词状语研究

郑贵友（1997）从“触觉感知类”句子的结构特征、构件联系、感知性态与客体性态三个方面论述了“触觉感知类”句子中的动宾双系形容词状语（A）以及与之相关的句法、语义问题。郑贵友（1999）讨论了“孩子热乎乎地喝了一大碗粥”类的句子中的形容词状语，指出这类状语在语义上的可选择性、模糊性和状语自身多为复杂性质形容词（即状态形容词）的特征。这类状语在句法上同“喝”等味觉感知义的VP有关，在语义上又与宾语密切相关。

（四）“有”字句对单音反义形容词的句法制约

段益民（1998）研究“有”字句对单音反义形容词的句法制约，讨论了单音反义形容词充当“有”字句成分的句法形态，发现形容词进入“有”字句时，受其分布语形和组合语形的制约，结构形式出现偏离特征；形容词的意义也有称代义、描绘义、兼容义的不同倾向。

（五）可计量形容词的分布研究

孙海丽（2000）研究了可计量形容词的界限、性质。可计量形容词是指前面可以加物量短语构成定中关系短语，表示人或事物的量或度的形容词。孙海丽根据语义将可计量形容词分为宏量级和微量级两类，但是在描写可计量形容词的语法分布时，并没有结合语义，只是分散略举可计量形容词能与不能出现的几个语法环境。

（六）形容词词义转移的比较研究

刘珍（2003）从通感角度出发对英汉感觉形容词词义转移之间的偶同、迥异或无对应性进行了对比分析。通感既是生理或心理现象又是语言或文化现象，在英汉语言词汇里通感语义现象随处可见，通过对比分析，探讨通感对感觉形容词词义转移的影响，并提出在理解或翻译此类形容词的派生意义时应考虑文化因素。

二 形容词的配价研究

形容词的配价研究是形容词语义分析的一个方面，是研究语言结构和意义之间关系的一种方法。20世纪80年代以后，配价语法研究成为汉语语法研究的一个热点。

（一）形容词配价的初步研究

日本学者奥田宽（1982）首先提出现代汉语形容词的配价概念。他以“N1 + N2 + AP”句式（其中N1为大主语，N2为小主语，AP为形容词谓语）为考察对象，根据形容词作谓语同名词性成分的关系将形容词分为“大、小、高、低、长、短”等一价形容词和“积极、仔细、热心、慎重”等二价形容词。“积极、热心”等这类形容词是表示人对某一种事物的态度的，而“大、小、高、低”等这类形容词则不表示人对某一事物的态度，所以在“N1 + N2 + AP”句式里可以在N1前面加上表示对象或方面的介词“对”、介词词组“在……上”进行变换来加以区别。奥田宽的研究是对汉语形容词的配价最早的研究，初步指出了汉语形容词有一价、二价之分这一事实，并依据一定的句式对一价形容词和二价形容词进行了区分。但奥田宽对一价和二价形容词的区分没有给出较严格的形式标准，所以实际上没有解决如何鉴别一价形容词和二价形容词的问题。对一价、二价形容词的语义、句法特点未能作出较为全面的描写。对形容词作谓语时对句法结构的选择考察不足，同时也缺少“可有成分”这一概念，所以有些地方不能自圆其说。

刘丹青（1987）根据形容词和名词在句法结构中同现的情况考察了形容词的“向”（价）。他认为，“同现关系对动词来说基本上就是向。形容词的同现关系其实也可以用向来解释”。他首先确定了形名同现的基本模式，指出显示形名同现关系的有定中和主谓结构两种，两种结构又在深层中统一于主谓结构。据此，刘丹青对形名同现的各种情况进行了分析，并定义了“同现”的概念：同现是词与词在深层必须有而在表层可以有的互为直接成分（或其中心语）的关系。形容词的向应根据这一定义来确定。同现关系本质上是一种深层结构关系，它跟表层结构有时一致，有时不一致。刘丹青从形容词的语义入手，在深层结构中确定形容词的向，又对形容词和名词在表层结构中同现的各种情况作了细致的分析和说明，区分了单向形容词、双向形容词和相向形容词，并对单向形容词的同现给出了严格的公式，拓宽了形容词配价问题的研究领域。

谭景春（1992）根据形容词的语义特点对双向形容词和多向形容词作了细致分类，根据形容词的语义特点和句法分布状况，把双向形容词分为三个小类：表示熟悉和陌生的，如：面生、面熟、陌生、生疏、外行、内行等；表示对人或事物的态度的，如：热情、冷淡、认真、马虎等；表示某种作用或效果的，如：有利、不利、重要、有效等。概括出了双向形容词的语义配置式，并考察了其间的变换关系。将意义上需要和多个个体发生关系的多指形容词分为三类：表示类同、不同或一致、分歧等意义的，如：相同、相反、相似、一致、分歧等；表示完全、齐备、稀密和多少等意义的，如：齐全、完全、多、少、稀少、稠密等；表示彼此关系亲疏、远近等意义的，如：亲近、亲热、生疏、疏远、友好、热乎等。谭景春详尽地描写了双向形容词和多向形容词作谓语时所形成的各种句法格式，考察了其间的变换关系，深入地分析了这两小类形容词构句时对相关句法成分的要求和相关的句法条件，论证了形容词语义上的及物性，为双向形容词乃至于更多向形容词的配价研究找到了理论上的依据。他还分析了形容词句法上联系的“向”和语义上发生关系的“指”，把“双向”和“多指”区分开来。

（二）张国宪的形容词配价研究

张国宪（1993）在以前研究的基础上，对现代汉语形容词的配价进行了全面深入的研究。对形容词的配价进行了分类。根据谓语形容词所带补足语的数量，可分为单价、双价和三价；根据谓语形容词对所带补足语的强制性程度，可分为必有价和可有价；根据补足语是否有标记（介词），可分为有标记价和无标记价；根据谓语形容词所带补足语的稳定性程度，可以分为静态价和动态价。以上分类分别为数量类、性质类、特征类、平面类。以语义平面的静态价为对象，以数量价为基础，参以配价成分（补足语）的性质和标记，对现代汉语形容词的配价状况进行了细致、深入的描述刻画和简单明了的解释。他以形容词的词汇意义为主要参数，结合形容词对句法结构的选择，把现代汉语形容词分为单价、双价和三价三类。这三类根据补足语的性质，还可以进一步分为五类，即带一个必有价的形容词；带一个可有价的形容词；带两个必有价的形容词；带一个必有价和一个可有价的形容词；带一个必有价和两个可有价的形容词——三价形容词。对于单价、双价和三价形容词，张国宪均提出较严格的形式标准。描写了单价、双价、三价形容词对句法结构和补足语的选择限制之后，张国宪对形容词配价和句型的关系进行了分析描述。依据形容词对句法结构选择的宽容度，现代汉语形容词的句型可分为通用句型和非通用句型。

为了全面揭示配价的深刻内涵，建立较完整的形容词配价系统，张国宪又进一步从语义角度对形容词的配价进行分析和刻画。首先，他依据格语法理论，根据补足语的语义作用，赋予形容词补足语一定的格，将其分为 15 个语义类，并给各种格下了定义、提出了格标。然后，他又根据形容词自身的语义特点，依次根据［+/-自变］、［+/-人］等语义特征，对形容词进行语义分类，得出与语义特征相关的形容词分类系统。以形容词对补足语语义角色的指派以及对补足语数量的要求为参数，描写了价载体对其语义配置式的选择。对形容词的语义类和语义格的关系、形容词配价的语义结构和句法结构的关系进行了分析讨论，指出形容词的语义类决定语义格的类别；二者之间并非是简单的一一对应关系，而是一对多的关系。二者之间存在着一定的、有条件的对应规律，目前可以指出的有：施事经常被自主形容词指派，经历者经常被动态形容词指派，感知者经常被感受形容词指派，与事经常被自主形容词指派。同样，配价的语义结构和句法结构之间也存在着相互间的一对多和多对一关系，句法成分的异同及其分布，语义格的异同，再加上补足语的形式类和语义特征，使得二者的一对多现象更为复杂。张国宪（1995）指出，在单价、双价、三价这三类形容词内部，形容词对句法形式和补足语的选择限制是不同的，据此可以在这三类形容词内部进行更细的分类。张国宪（2002）提出三价形容词，并区分了必有补足语、自由补足语和自由说明语。张国宪认为，现代汉语形容词配价研究的最终结果是一部《现代汉语形容词配价词典》，这种词典既可为一般语言学提供参考，又可以为机器翻译、自然语言理解等提供基础。他在上述研究的基础上，提供了一套系统的形容词配价词典的描写方法：形容词的配价可从数量、句法分布、语义分布三个方面进行三级描写。

张国宪的配价研究自成系统。他深入细致地描写了现代汉语形容词的配价状况，对单价、双价、三价形容词作了细致的分类，给出每一配价类形容词的形式标准，分析了形容词的配价和形容词句型的关系。他又进一步从语义角度对形容词的配价进行分析刻画，建立了补足语的格系统和形容词的句法—语义分类系统，描述了单价、双价、三价形容词的各种语义配置式及其语义表达式，指出了价载体对补足语指派语义角色的各种情况，讨论了形容词的语义类和语义格的关系、配价的语义结构和句法结构的关系。最有建设性的是他从应用的角度出发，提出了形容词配价词典的描写方法，并进行了具体的示例。

周国光（1995）对现代汉语形容词的配价研究作了详细述评，认为现代汉语形容词的配价研究达到了相当高的水平，但仍有不少问题有待进一步的研究，比如，如何把动词配价和形容词配价统一起来，形成一个谓词配价系统？词汇意义既然是配价的基础，那么我们应该如何对词语进行更科学的语义分析，以与配价的确定、配价的结构（语义的，句法的）等有关问题联系起来？还有，如何进行两种语言间（如汉语和英语）配价系统的比较研究，从而使汉语配价语法在对外汉语教学、机器翻译、自然语言理解等方面产生更大的应用效益？但是形容词的配价研究似乎最终成了张国宪的一家之言，之后并没有相应的延伸研究。

三　形容词的认知语言学研究

认知语言学是对形式语言学的反动，产生的背景是认知心理学和人工智能学科的发展。汉语研究的认知视角有三个特征，第一，语法不是一个自足的系统，它受现实规则和人们认知的影响；第二，语法结构和标记有理据可循，对它们的解释必须到语言外部去寻找；第三，语法和语义密不可分，语法规则和语义结构之间存在对应关系。汉语认知语言学关心的数量特征、标记和自控等问题跟形容词语义的模糊性暗合，这使得形容词成为认知语言学的研究热点。

（一）有标记与无标记

黄国营、石毓智（1993）将“标记”概念引入形容词研究中。他们认为性质形容词在疑问句中有询问域大小的区别，存在“全量幅”和“半量幅”的对立。在具有反义关系的一对词中，如果一方的询问域包含了另一方，则就是无标记形容词，否则就是有标记的。王晓澎（1995）对这种观点提出商榷意见，认为此种分类违反了汉语的语言事实。比如，黄国营、石毓智（1993）认为“这棵树有多高”，询问范围包括了从上到下的任何高度，即也包括了“低”的高度，因此“高”就表现为无标记的，而“低”用于这个句式的时候，询问的高度范围较小，包含在“高”的询问范围之内，“低”就是有标记的。王晓澎（1995）指出，“高”有“距地面距离远”（$高_1$）和“高度”（$高_2$）两个义项，$高_1$是形容词，$高_2$是名词，“这棵树有多$高_2$?”并不含有这棵树很高的意思，而是问树的实际高度。而按不同词性分开考察，可以发现它们的分布是对立的。因此黄国营、石毓智（1993）的立论就错了。这种争议从一个方面反映出，无形态标准的语言搬用形态语言的研究方法，很有可能出现这种水土不服的现象。英语中的“high”跟“height”是有形态分别的。

胡德明（2003）将形容词标记理论应用到儿童空间维度形容词习得的实践研究中，认为无标记词的使用频率明显高于有标记词，促使儿童优先习得表示积极意义的空间维度形容词。

（二）数量特征

数量特征是人类范畴化过程中的重要因素之一，它在很大程度上决定了词语的句法行为。在国外认知语言学领域，关于语义数量特征的探讨首先始于对名词和动词之间关系的研究，主要是围绕着“有界”与“无界”展开的（Declerk，1979；Dah，1981；Langacke，1987；Talmy，1988；Jackendoff，1991），直至最近才有 Paradis（2001）把这种思想应用于形容词的研究。石毓智（1991）根据能否用“有点儿、很、最”三个程度词分别加以修饰的标准分出定量形容词（肯定形容词）和非定量形容词。强调形容词在量上伸展的幅度，目的是为了考察形容词的肯定与否定的用法。石毓智（1992）、沈家煊（1995）利用“量的特征”下的两个子类——离散和连续探讨了跨词类之间——特别是名词、动词和形容词——之间的联系。张国宪（1993，1996）指出：“定量形容词和非定量形容词是从语义平面划分出来的次类，其目的是为了考察现代汉语形容词的计量方式和对不同量级程度词的选择限制。”但张国宪（1993：9）对于定量形容词和非定量形容词的定义与划分并不严谨。如他所定义的只受表客观量程度词修饰的非定量形容词“深沉”、“辛酸”等，完全可以用表主观量的程度词“有点儿”修饰。绝对非微量表述形容词“疯狂”、“惶恐”也完全可以用表主观量的程度词“有点儿”修饰，张国宪（1996b）表示强调的是形容词是否可以在量上伸展以及如何伸展，至于伸展的幅度不是关注的焦点。因而，在分析上只要形容词能够选择任意一个表客观量的程度词都被认定为是非定量的，定量形容词的名称虽相同，范围却大于上述石毓智（1991）所述。

石毓智（2003）尝试根据数量语义特征对形容词进行分类，并准确预测它们的句法行为。形容词的数量语义特征的类型不限于加程度词一种，它们的句法行为也是丰富多彩的，而且两者之间有一种内在的联系：形容词的数量特征决定它的句法行为。数量特征的外部表现为能否加程度词，或者加什么样的程度词。形容词可以根据数量语义特征，分为量级序列型、极限型、百分比型、正负值型四种类型，句法活动能力具有明显的强弱之分：量级序列类 > 百分比类 > 极限类 > 正负值类，量幅也是由大到小。石毓智将其代入形容词的五种形式特征考察了其句法表现，并以英语为例比较说明，不同的民族由于认知视点不一样，相同范畴的数量特征也不一样，因而它们的句法表现也有所差异。

张国宪（1995，1998）将形容词分为性状形容词和变化形容词两大情状类型。性状形容词的最大特征是它的静态性质，该情状的时间结构是均质的（homogeneous），缺乏内在的自然起始点和终结点，适宜于表述恒定事件；变化形容词的最大特征是它的动态性质，该情状的时间结构是异质的（heterogeneous），可以有内在的自然起始点和终结点，有些变化形容词还可以容纳续段，适宜于表述变化事件。根据变化形容词在时间结构上是否占据续段，可以对变化形容词进行下位分类，给出其次类——终止性形容词和延续性形容词。

（三）自主或可控

所谓形容词的自主或可控，是指其词义中含有主体的可控成分，即主体的能动成分。形容词表示的性质，其形成、显现或程度上加重，可以是人的主动行为，或者是人为的结果，而形成这种人为结果的动机反过来对主体的特定行为、动作有方式等方面的制约作用。80 年代末以来，已经有一些研究者说到现代汉语形容词的自主或可控问题（马庆株，1988；陆俭明，1991；袁毓林，1993；张国宪，1995）。

马庆株（1991）在探讨与“（一）点儿”、“差（一）点儿”相关的句法语义问题时较早提出“可以后加‘点儿/着点儿’构成祈使句的形容词是可控性质形容词，简称为可控形容词”，并指出进入“A 着点儿”的形容词主要有三种情况：（1）形容词表示要求说话人具有的性质的，如“老实、诚实”等；（2）形容词表示要求听话人的动作行为具有的性质的，如“快、慢”等；（3）形容词表示要求听话人动作所影响的事物具有的性质的，如“大、小”等。并且认为“可控形容词的语义特征是［+可控］，其实［+可控］就是［+自主］”。张国宪（1993）依据形容词自身的语义特点，如［+/-自变］、［+/-人］、［+/-可控］、［+/-抽象］对形容词进行了多级层层二分，得到了一个与语义特征相关的形容词的分类系统。袁毓林（1993：122—123）《现代汉语祈使句研究》总结出一个与祈使句相关的形容词的分类系统，用［+/-人］、［+/-可控］、［+/-自主］等特征来刻画与祈使句相关的形容词的小类。

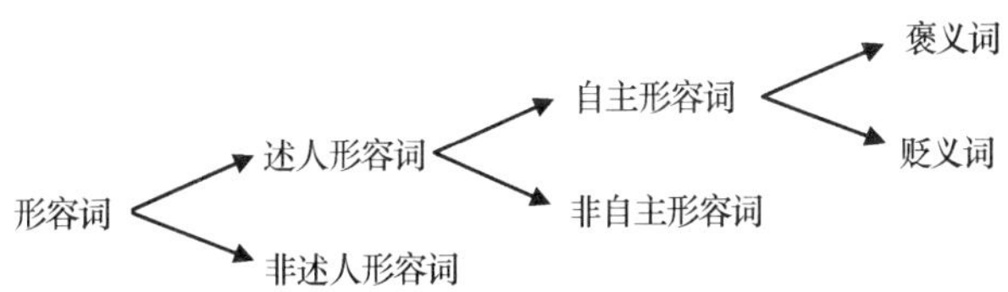

图 1—1

从意义上看，这个分类系统关涉到人对性状的意志问题，因此可以把它称为形容词的意志类系统。

朱景松（2002）说明了确定形容词能动意义的框架，并把相关形容词分为内在的、外在的两类，每类又各分两小类。不同类形容词能动意义的强弱有程度上的差别。句法位置、同现动词的意义、人称、动态等都影响着形容词能动意义的提取，而提取形容词能动意义的典型语境是祈使句。

陈珺（2002）通过探讨意欲性形容词的本质语义特征，从动态角度对形容词的语义特征做了深入研究。陈珺认为，意欲形容词是可以用来表达有生命的意欲主体希望拥有（或使成）、调整或避免的性质、状态或程度的形容词。它出现在句式义是“表达说话人希望听话人的思想行为或听话人的动作行为所涉及的事物表现或不表现出某种性状”的祈使句或带有这种祈使意义的句子中。陈珺探讨了意欲形容词的形式过滤框架和形容词形式上的特点对其意欲性的影响，以及意欲性基本语义特征的提取和语义特征对其进入形式框架的句法功能的制约。由于意欲形容词具有形容词入句之后才体现出来的语义特点，所以其语义特征必须从其入句后与其他单位发生的语义关系的整体中来提取。通过分析形容词入句后的语义指向，提取出了意欲形容词的几个基本语义特征：生命度（广义）、可控度（包括自主和狭义的可控）、自变/使成、本原和感情度。语义特征上的不同特点必然会影响到形容词在不同格式中的不同分布。意欲形容词的语义特征对形容词进入形式过滤框架中的各个格式有着重要的影响。这种“意欲性”的语义特征应该认为是句式带来的，而未必是形容词本身固有的。但是形容词自身却必须具有一些内在的语义特征与意欲性的语义特征相适应，才有可能激发出这种“意欲性”。

（四）体标记

“了、起来、下去”体标记最初只用于动词的研究，张国宪（1998）描写了形容词体的典型形态形式以及对形容词次范畴的选择限制，探究了形容词体标记的形态化历程。张国宪指出现代汉语延续性形容词的体意义的表述是一个相当完备的体系，“起来、下来、下去”以及“着”等体标记各居其位，各司其职，构成一个较为严密的系统：“起来”位于起始点上，表示起始，“下去”处于续段之中，表示延续，“下来”则可以抵达终止点，表示有界的继续，三者共同表述动向性极强的状态继续发展变化的体意义；而“着”则居于续段中间以表述无动向状态的持续义。他认为正、负量形容词与“了、起来、下去”等体标记之间的关联，形容词语义的量幅特征越显著，这种关联也就越紧密，“句义的理解显然是受到了体标记词正负向意义的影响”，“背后隐藏着深刻的词汇意义上的理据性”。

四　形容词的语义学研究

传统语义学着意于词汇语义的研究，但重点在词义的扩大、缩小、转移，多义词、同义词、反义词、词的本义与转义等方面，称之为狭义语义学。20 世纪 80 年代以后，汉语语法学界在反思以往语法研究缺失的同时，把目光更多地转向了语义。在语言研究注重语义的大背景下，汉语语法分析提出语义特征分析方法并逐渐成熟（陆俭明，1991，1993）。义征在词类次范畴划分、句法成分选择限制、名词格、动词配价等研究中都得到了广泛的应用（袁明军、张慧晶，1999）。

（一）义征与义征分析法在形容词研究中的应用

刘叔新（1993）把义征分析法用于汉语词语分析实践。贾彦德（1999）进行了形容词小类的义素分析。曲木铁西（1997）对彝语义诺话颜色词进行义素、义位分析，考察颜色词结构系统和语义构成，然后根据颜色词的语义构成、亲属语言间的比较及颜色词与其他词类组合的情况，从义诺话颜色词中归纳出 13 个义素作为语义的区别特征，从固有义位和比喻义位两方面描写彝语义诺话颜色词的义位，分析了整个颜色词系统的语义层次，揭示了彝语义诺话颜色词语义产生的大致顺序及其语义特点。谭景春（1998）探讨了名词转为形容词的语义基础和手段。他首先将词义分为概念意义和性质意义，性质意义又分为内在性质义和附加性质义。所谓概念意义，就是将名词词义进行义素分析得到的类属义素和性质义素（内在性质义），附加性质义是词义所指的那类事物所含有的性质，是词的特定文化社会意义上的联想色彩。名词是否能够向形容词转变与其所包含的性质义有关，而且成正比，性质义越强转变的可能性越大，性质义越弱转变的可能性越小。名词主要是通过形象比喻和语义偏移向形容词转变，转变后会产生与原来的名词所含的性质义有着密切关联的新的词义。名转形主要通过间接转变、省略转变、直接转变三种途径实现句法功能的转变。形向名转变是通过指代作用使语义发生变化的，即用某种性质（形容词）指代具有那种性质的事物（名词）。如果从义素的角度看，名向形转变是把名词中的性质意义提取出来加以使用，即用具有某种性质的事物（名词）来表示那种性质（形容词），（具有性质义素的）名转形后义素有所减少。所以词所具有的性质义是名词向形容词转变的语义基础，这是义素分析理论在形容词研究中的初步应用。

义征分析法虽然已经用于部分名词、动词及形容词分析，同义词、反义词辨析，语言教学和辞书编纂，但对于这种方法的适用面到底有多大、如何避免主观随意性、如何统一术语、如何制定可行的操作规程等问题，至今尚无定论。（安华林，2003：17）也有人认为义素分析和语义场理论“完全摆脱句法结构，就语义论语义的方法在实际应用中显得陈旧并有局限性，作用不大”（吴颖，2002：8）。

（二）语义场与汉语语义分类体系

20世纪90年代以来，我国学者开始研究汉语的语义场。贾彦德（1992）第一次提出汉语的语义场理论。张普（1992）结合自然语言及速记处理的实际，提出了“场型”的概念。目前国内外对汉语语义分类体系的研究已有了不少成果，如：梅家驹（1983）、林杏光（1987，1998）、陈群秀（1996）、陈晓荷（1998）、董大年（1998）、董振东（1998，1999）等。但由于各家分类体系的目的及应用范围不同，对同一事物可能有不同的定义与归类。这些分类体系都是基于自然科学或常识而独立于语法的。在实际语言分析中，如何将这些语义知识与语法知识有机地结合起来是一件很困难的事情。王惠、詹卫东、俞士汶（2003）提出SKCC语义分类，将形容词分为5大类29小类，与名词的分类互相照应，心理形容词被划分入人性值（property of human）的“关系”类中。这样的分类可以更细致地刻画形名搭配关系，突出特点就是分类的深度与广度取决于语法分析的需要。但问题是这种语义分类是在词的语法分类基础上进行的，并且只对名词、动词、形容词等实词进行语义分类描述，分类较粗。

第四节 形容词语义研究的新视野

一 计算语言学发展对语义形式化的需求

20世纪50年代以来，国内外学者开始采用计算机技术来研究和处理自然语言，时至今日，自然语言处理已经成为一门重要的交叉学科。计算机对自然语言的研究和处理一般应经过三个方面的过程：把需要研究的问题在语言学上加以形式化，使之能以一定的数学形式表示出来；把这种严密而规整的数学形式表示为算法，是指在计算上形式化；根据算法编写计算机程序，使之在计算机上加以实现。汉语信息处理中，就规则方法而言，人要做的工作主要包括：（1）从自然语言中抽取可被形式化的语言知识；（2）以一定的形式化方法表述这些语言知识；（3）将这些语言知识算法化后编制成程序输入计算机（詹卫东，2000）。

50年代初到60年代中期，机器翻译一直是自然语言处理研究的中心课题。60年代中期，人们开始转入对自然语言的语法、语义和语用等基本问题的研究，并尝试让计算机理解自然语言。70年代以来，国外建立了一些立足于语义的自然语言理解系统，使长期不受重视的语义学得到了发展。学者们逐渐意识到，甚至句法的研究也是不可避免地与语义纠缠在一起的。这是因为，自然语言与人工语言有很大的不同：自然语言中充满歧义，人工语言中的歧义是可以控制的；自然语言的结构复杂多样，人工语言的结构相对简单；自然语言的寓意表达千变万化，迄今还没有一种简单而通用的途径来描述它，人工语言的语义可以由人控制；自然语言的结构和语义之间有着千丝万缕、错综复杂的联系，一般不存在一一对应的同构关系，人工语言常常可以把结构和语义分别进行处理，其结构和语义有着整齐的一一对应的关系（冯志伟，1996）。这些不同基本都涉及自然语言的语义，可见，语义的形式化是最难的。

二　语义形式化研究的历史和国内语义形式化研究的进展

语义的形式化研究已经有一段研究历史。乔姆斯基（N. Chomsky）关于表层结构和深层结构的理论，把语义问题提到了相当的高度。卡茨（J. Katz）和弗托等提出了解释语义学，采用成分分析法，利用语义成分、标记和关系来定义词符成分，并加上一些控制和选择限制来演绎地解释句子的语义。这样的研究对自然语言处理很有帮助。菲尔墨（C. J. Fillmore）提出格语法，从句子的深层句法表示来推导句子的表层结构，较好地解决了句法与语义相结合的问题。格语法规则产生的结构，不仅与句法相关，而且与语义相关，给自然语言处理的研究提供了方便，格语法在计算机上的分析效率也比较高。玛考利等提出生成语义学，用语义结构描写句子，通过转换产生出表层结构。威尔克斯（Y. A. Wilks）提出优选语义学并用于机器翻译研究。蒙塔古（R. Montague）提出蒙塔古语法，杉克

(R. C. Schank) 提出概念依存理论，奎尼安 (R. Quillian) 提出语义网络理论，西蒙斯 (R. F. Simmons) 进一步改进了语义网络理论。汉得雷斯 (Handres) 把大量的语义信息植入句法中，形成语义语法。这些理论都十分强调自然语言处理中语义的作用。比如概念依存理论直接以语义模型制导，辅以句法检查，打破了以句法模型制导，辅以语义检查的传统格局，实现了自然语言处理的“句法语义一体化”。1983 年，巴威斯 (J. Barwise) 和佩利 (J. Perry) 提出情景语义学的自然语言模型，把语义和语用紧密结合起来，把自然语言的研究扩展到情景的领域。(参看冯志伟，1996：15—17)

随着语言处理技术的迅速发展，语义形式化分析的重要性与迫切性也越来越突出。80 年代中期开始，世界上许多国家都大力投资开发机用语义词典，如美国的 Wordnet (词网)、Mindnet (义网)、Framenet (框架网)、日本的 EDR 概念词典、新加坡的 SenseWeb (敏感网络) 等。此外，不少计算语言学家还尝试着从机器词典中自动抽取词义知识 (Chodorow，1985；Ide，1993；黄居仁，1998 等)。但迄今为止，现有的规模较大的词义工程，基本上都是采用词义分类的办法，以义项储存词条，有些再加上为数不多的属性描述。这不仅要占用巨大的空间，也难以辨别同义词、近义词的差别，难以确定词与词之间的搭配关系，在自然语言处理系统中起的作用是有限的。

语义形式化也已经成为汉语信息处理的主要难题：

> 汉语信息处理在字处理、词处理两个方面已经陆续取得相对的突破，目前，句处理阶段的攻关已经开始。作为知识工程或智能化系统已经进入实质性的知识获取和智能模拟阶段。在这一阶段，将大力加强句法知识、语义知识、语用知识的基础理论研究。这些基础研究的课题都是语言信息处理领域高难度的前沿课题，已为国内外专家所瞩目，其中，句法知识、语义知识的获取是当前的重点，而语义知识有时是二者中的难点。
>
> (《中文信息学报》1991 年第 3 期编者按)

总体上说，国内的汉语语义知识工程建设主要受到两方面的影响，一是国外语义学理论研究的影响，一是中文信息处理发展的影响。前者大致体现在汉语语义知识的表达方式上，后者则表现在已建成的汉语语义知识库的规模（量）与具体知识内容（质）上。需要说明的是，具体的汉语语义知识工程项目一般都在借鉴国外语义学理论的基础上，根据中文信息处理以及汉语语义知识表示的实际需要，进行适应性调整。也有研究人员提出新的描写汉语语义知识的理论模式。

80 年代国内语法学界面向信息处理进行了两个规模比较大的构建汉语知识库的工作。一是鲁川、张普、林杏光等倡导的基于格语法的汉语语义格关系研究。二是朱德熙、陆俭明、俞士汶等倡导的基于词组本位语法的现代汉语语法信息词典的研究。从抽取汉语语言知识的角度看，这两项工作在建立汉语语义知识和语法知识的基本范畴体系方面都做了相当深入的探索工作。90 年代之后出现的现代汉语述语动词机器词典，是国内研究人员开始借鉴国外语义学理论，并根据汉语的描写需要加以扩充后，进行小规模初步试验的结果；国家“八五”中文信息处理应用平台工程（905 语义工程）、知网、Sino-Trans（中外转换）机器翻译系统中的汉语语义词典、TransEasy（易转）汉英机器翻译系统中内嵌的汉语配价词典，是在借鉴国外理论基础上，紧密联系中文信息处理的实践经验，进行大规模语义知识库建设的产物；概念层次网络理论（HNC，Hierarchical Network of Concept）则是国内研究人员在借鉴国外语义学以及语言学理论基础上，希望走出一条汉语自动分析的新路所做的努力。

王惠、詹卫东、俞士汶（2003）的“现代汉语语义词典”（SKCC）是近期国内面向信息处理的汉语词汇语义研究的主要成果之一。SKCC 是一部面向自然语言信息处理的语义知识库，在语法知识库的基础上构建汉语语义知识库，对现代汉语进行了系统的语义分类，对词义组合信息加以全面描述，尝试建立一个与语言工程应用紧密配合的、合理的语义知识描述框架。它以数据库文件形式收录了 6.6 万余条汉语实词，给出了每个词语所属的词类、语义类，以义项为单位详细描述了它们的配价信息和多种语义组合限制。其中形容词共 3557 个词条，库设 15 个属性字段，包括形容词的配价数、主体和对象。

詹卫东（1999）面向中文信息处理的实际需要，尝试以形式化的方式对现代汉语短语结构的组合规则进行全面的描写，并探讨了解决短语结构歧义问题的主要途径。靳光瑾（2001）提出“函子理论”，在将汉语语句转为高阶逻辑谓词公式之间插入“逻辑函子”中介，从汉语句子生成函子，从函子生成逻辑式，使得整个语义计算成为可能。但并未解决动词义项判别、论元的判别、词语间语法关系的判别等基本问题。

吴颖（2002）基于中文信息处理的现代汉语单音节形容词研究，分析了现代汉语单音节度量、时间和颜色形容词的语义结构，提取抽象类义，试图达到句法形式和语义分析的同构，构建形容词逻辑语义框架，组成单音节形容词语义组合格式，以期建立单音节形容词的语义聚合系统。

王惠（2004）对现代汉语名词各个意义上的组合能力及其在组合中的各种变异进行了详尽的分析，并提出了一个名词义位组合分析的框架，尝试为计算机名词词义自动分析系统提供一个可供操作的平台。

此外还有一些面向信息处理的语义形式化的相关研究，如北京大学正在已有几万词条的汉语语法信息词典的基础上增加语义信息；东北大学正在将 Wordnet 本地化，构造中文的 Wordnet 等等。

三　元语言和义征：面向信息处理形容词语义网络研究的理论与操作工具

从 80 年代中后期开始到现在，国内计算语言学界、汉语研究界在面向信息处理开展的语义研究方面，对确立哪些范畴以及采取何种表达方式来组织规则系统各抒己见。特别是在汉语词的语义描述方面，元语言和义征分析，作为语义形式化和构建语义网络的理论基础及操作工具，其提出和应用，是目前正在开展的有效工作和研究之一。

元语言是基于日常感受性语义及其区分度而人工建构的对象语言的解释性符号系统。从认知理论出发，元语言是植根于人类认知中的最基本的经验性意象单位和意象关联。“我们可以一开始便把语义学涉及的语言分为两个层次：一个是本学科研究的对象，我们继续按术语称其为对象语言；另一个是语义研究中的工具语言，对于对象语言来说，它就是元语言。”（A. J. 格雷马斯，1999：15）比如，现代汉语心理形容词是我们研究的对象语言，是我们熟悉的显性的日常语言系统，而我们提取出来的义征，就是元语言，属于潜在的工具性元语言系统。提出元语言的重要性在于为一种语言语义结构的描写提供一组为数少、覆盖面大的元语集，这个元语集将为产生这种语言的类型学模式提供可靠的数据，而这个语义元语集和这个语言的类型学模式又共同构成支持这种语言高级认知过程的基础机制。（郭承铭，1993）“为数少、覆盖面大”并且有效代表广泛的词汇意义系统，这些特点正是语义形式化工具所亟需的：

一种语言中的语义元语数量要比词和义位的数量少得多。用少量的语义元语来构成大量的语义，就使语义显出了结构性，进而便于进行描写。
（林杏光，1999：274）

关键是使用什么样的辨析单位，又怎样将元语言和它的辨析单位结合起来，应用在语义形式化的具体操作中。

90 年代中期已经有专家指出应该采用义素作为记录词义的基本单位。因为以义素来存储词条，可以使用少量的义素对难以穷尽枚举的词义作形式化的描述，建立不同领域、不同用途的义素系统，根据有关要求逐步从概念中分解出义素，也可以采用目标驱动的途径来试探性地建立义素系统。通过这种义素的分析比较，计算机可以辨别同义词、近义词的细微差别。通过义素分析，计算机可以了解到词与词搭配时在语义上要受到什么限制。只是我们到目前还说不清现代汉语中大概有多少个义素，也“还没有见到应用义素分析法来分析某一语言整个词汇系统的成果”。（冯志伟，1996：381—382）

自然语言的计算机处理是建构语义语法学的直接原因。人类在母语习得过程中建构了基于社会和文化背景的认知语义网络，传统的语形语法学可以满足人—人会话的形式结构理解，却无法解决人—机会话的问题。第五代计算机的研制因为无法穿越语义的瓶颈而停止，恰恰暴露了语形语法学的弊端。实现语言分析生成的目标，必须依赖语义结构的形式化，计算机需要自然语言语义网络的程序化系统。语义语法学的研究目标就是实现语义网络的形式化，语义结构的形式化方法是其基本研究方法。语义结构的形式化方法预设自然语言中存在一个与基本认知能力密切相关的元语言系统，这一系统分为词汇使用层面的词汇元语言系统、词汇解释层面的释义元语言系统和语义分析层面的析义元语言系统。析义元语言系统是分析对象语的语义特征集，主要功能在于义征辨析和义场建构，突出人工规定性。其意义辨析的主要单位是“义征”。提取或描写义征是建立析义元语言系统的关键。（李葆嘉，2001；2003）

作为意义单位、作为词的语义形式化的基本描写工具，义征比义素更具有可操作性。义征指称词的语义区别特征，义素指称词的意义的构成成分，是最小的、不可再分的语义元素。语义形式化并不是描述语义的全部，而是很重要、有区别意义部分的描述。面向中文信息处理的语义形式化只需提取能够满足语义区别和语义关联需要的义征即可，不需要罗列出一个心理形容词所有的意义构成成分。

期望任何方法能够穷尽语义系统所有意义与关系的描写分析是不现实的，这一目标过于奢侈和复杂。但是，鉴于汉语信息处理的迫切需求，在元语言和义征的理论和操作工具基础上，对汉语词汇语义进行逐词的形式化描述，并以此构建语义网络，却是一种务实之举。本课题我们将做的是一种受限研究：即通过词典释义抽取、分布组合特征归纳等方法，对受限的形容词词群的聚合义征进行语义形式化描述，最终构建受限的聚合形容词语义网络系统，使语义和语义网络以数学形式表示出来成为可能。受限的词群语义形式化研究将有可能用来作为一个基础，在受限的词群语义逐一形式化之后，再一一勾连，以期最终形成现代汉语词义的形式化网络。

之前我们所见的语义网络，大多是针对名词、事物这样的具象词汇进行的。比如“桌子”和“家具”代表两个节点，这两个节点之间有一个箭头来表示这样的命题：桌子是一种家具即“IS-A-KIND-OF”这样的语义关系，从而构成一个语义网络。或者是最典型的亲属称谓词群构成的基于血缘关系的语义网络。因为抽象、难以捉摸，针对形容词的语义网络构建较少有研究涉足。以米勒（George A. Miller）为主帅的基于义素分析法的大规模词库 Wordnet（词网），曾构建简单的两极形容词语义网络（Christiane Fellbaum，1998）：

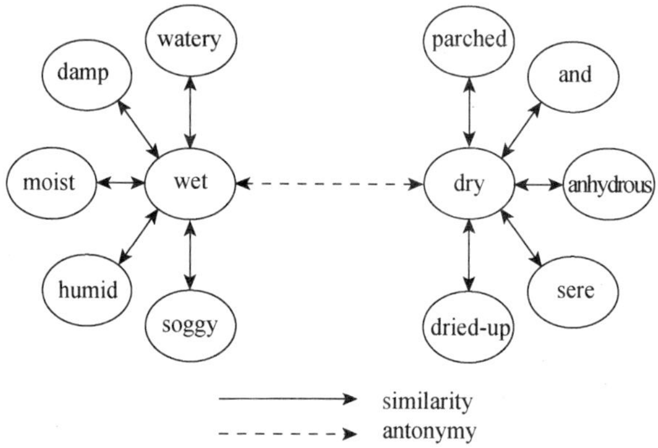

Bipolar Adjective Structure

反义关系（antonymy）和近义关系（similarity）分别用不同的箭头表示；这个语义网络图显示：wet 与 dry 构成反义，moist 不直接跟 dry 构成反义，但通过图中的路径构成间接反义。

这一网络不能显示词与词之间的细微语义分别，如 moist 与 wet 的近义关系使它们构成一个小的语义场，但这两个词之间有什么细微的语义分别？推而论之，“wet”这个语义场中的词群彼此之间有什么意义分别？

本研究尝试构建这样一个心理形容词的语义网络：它不仅可以联络心理形容词语义场中的所有词，而且借助义征描写的成果，使用义征单位直接描述并显示心理形容词内部意义的关联和差别。

由于语形结构是语义结构的部分表层投射，自然语言系统是建立在聚合性语义场和组合性语义场基础上的语义网络，建立心理形容词聚合性语义网络的同时，可以寻找语义和语形之间的对应性，最终给出语形标记系统，给语言信息处理提供可计算化的语义结构文本。（李葆嘉，2001）循着这一思路，也为了验证从词的意义出发提出和归纳的心理形容词的某些下位范畴潜在的合理性，我们还将进行心理形容词义征描写与语形分布之选择关系的初步研究。

第二章

心理形容词的提取标准及其结果

第一节 心理形容词的界定

人是具有心理活动和语言行为的高级动物。心理形容词是描摹人的心理活动与状态的形容词。具体地说，心理形容词就是现代汉语形容词中的性质形容词的一个下位义类。心理形容词是从意义出发，以意义类聚为主要基础、句法分布特征为辅助标准的一组词，综合了意义与形式双重标准。一方面，我们将心理形容词限定在形容词，而且是形容词的简单形式即性质形容词的形式范围之内；另一方面，我们又将性质形容词进行了基于词汇意义的分类，撷取其中与心理描写相关的一类作为受限的研究对象。

之所以采取“形容词”的名称，一是因为“形容词”本来就是从意义出发定义的约定俗成的概念。二是因为人基于词的意义和分布的相似性而得到的词类的概念是建立在日常生活经验的基础之上的，而不是建立在严格的逻辑关系之上的，是极其模糊的，借用语法学家先前的研究成果，“站在巨人的肩膀上”可以望得更远，并且其疑问可供解答，结论可供验证。

选择心理形容词进行研究，正是基于语法学的普遍意义基础，同时考虑到信息处理对于语义分析的缺失和渴求。既然意义范畴是普遍适用的，既然“任何语法体系，包括词类体系在内，都只是语法学家根据主观认识构拟的语法模型”，“一种语法模型在多大程度上符合客观实际，最终只能通过实践来加以检验”（胡明扬，1995a）。为了信息处理的语义形式化分析，可以将我们需要的词类定义界定为：在语言表达中具有相类语义特征的聚合类。由此，不必一定先验地考虑所谓形容词的句法功能，再根据句法功能标准对形容词词类范围修修改改，而是可以根据意义类聚提取出一组词，这种提取有人类认知基础的主观感觉的成分，也有因为意义类聚而决定的相对稳固的、具有区别特征的句法分布特性，是一个主观构拟的相对稳定、具有封闭性的受限研究对象。然后再根据研究对象语义量化的特征和语义网络的勾连，结合语料库的统计分析，映射出其句法分布的特征以及词义与句法的选择关系。

一 心理形容词作为性质形容词的下位义类

（一）形容词的下位分类

从意义标准出发，黎锦熙（1924）将形容词分为性状形容词、数量形容词、指示形容词、疑问形容词，因为形容词定位不明晰，后又从中分出独立词类，如“数词”。

从语法功能角度出发，按能否作谓语，吕叔湘（1979）将“男、女、小型、慢性”等词单独划为一类，称之为非谓形容词（朱德熙称之为区别词）。与非谓形容词相对，叶长荫（1984）把能作谓语的形容词叫做能谓形容词。按能否作状语，陈一将形容词分为一元和二元形容词。按能否用“程度词”修饰，石毓智（1991）将形容词分为非定量形容词和定量形容词。按配价情况，张国宪（1993）将形容词分为一价、双价和三价形容词。

朱德熙（1956，1982）凭借语言单位的外在形式将形容词分为简单形式（性质形容词）和复杂形式（状态形容词）两类。前者包括单音节形容词（如大、红、快）和一般双音节形容词（如大方、干净、伟大）。后者包括单音节形容词的重叠式（如小小儿的、远远儿的）；双音节形容词重叠式（如干干净净、老老实实）；“煞白、冰凉、通红”等；带后缀的形容词（如黑乎乎、灰不溜秋、可怜巴巴）；“f + 形容词 + 的”（“f”代表“很”、“挺”一类程度副词）形式的合成词（如挺好的、很小的）。后又将区别词划出形容词范围单列一类（朱德熙，1982）。

张国宪（1993，2000）将形容词原则上界定在构词范围之内，认为朱德熙的状态形容词除了 C、D 两类之外，其他大都似属构形而不是构词，所以不是严格意义上的形容词。应按照出于一个连续统中的形容词语义的量性特征、连续性特征、恒定性特征等为形容词的次范畴定性，将形容词分为性质形容词、状态形容词和变化形容词。性质形容词和状态形容词是处于同一个连续统中的次类，“大”是典型的性质形容词，“绿油油”是典型的状态形容词。胡明扬（2001）结合语义和形式，将形容词分为性质形容词、非谓形容词、唯谓形容词、情状形容词和状态形容词。在此基础上，韩玉国（2001）对2809个形容词进行考察，将形容词分为性质形容词、唯谓形容词、非谓形容词、复杂形容词、情状形容词五大类，其中性质形容词又分为三个等级，而复杂形容词则包括文言词及状态形容词两个次类。

给实词划分次类或附类的三个基本原则，一是不要只着眼于结构成分的对当关系即句法关系，还须着眼于语义和语用；二是分出的次类虽然不能与结构成分完全对当，但是如果这一类在用法上有特点，就应该划分出来；三是各类实词的次类必须有结构上的对立（文炼、胡附，2000）。以此标准来看，朱德熙关于形容词简单形式和复杂形式的分类方法是有理据的：在语法意义上，性质形容词表属性，状态形容词带有明显的描写性，跟量的观念和人对某种属性的主观评价有关；同时在语法功能上看，这两类形容词始终表现出互相对立的倾向。

我们借用朱德熙关于形容词简单形式的分类方法，将心理形容词限定在简单形式的性质形容词范围内（虽然是性质形容词的一个小类，心理形容词更多的是描写一种心理状态，而不是属性。从这一点来说，将形容词的简单形式称为性质形容词似乎不太妥当）。一方面是因为这种分类方法已经成为共识，在语义和句法功能上都有理据；另一方面，既然致力于语义的形式化研究，必然以语义为最重要的选择要素，而“状态形容词都是以性质形容词为基式通过添加重叠等手段构成的，其基本语义仍来源于其基式，所以性质形容词和状态形容词在语义特征上应该是基本一致的”（陈珺，2002），选择性质形容词不会遗漏心理形容词的基本义征，可以比较全面地构建一个心理场域的语义网络。

（二）性质形容词的意义分类

对性质形容词进行意义分类是为了便于分类后对某一小类形容词进行义征提取和语义分布描写。这是因为，对任何词的意义进行义征提取，都要在适当的范围内即适当的语义场内进行比较，义征提取与分析的本质就是结构语言学的对比原则在语义研究中的运用。心理形容词是指描述人的心理活动、情绪情感状态及程度的形容词。划分性质形容词的下位义类，提取出心理形容词这一概念和词语的集合，客观上就为下一步研究提供了一个可供分析的固有的完整的义位的集合：即心理形容词的语义场。

由于各家分类体系的目的和应用范围不同，对同一词类有不同的定义与归类。目前性质形容词的下位分类主要有两种：一是按语法功能分类。吕叔湘、饶长溶（1981）将性质形容词分为一般形容词和非谓形容词。非谓形容词如“小型”、“慢性”。朱德熙（1982）认为“非谓形容词”不属于形容词，而是体词的一类，称之为“区别词”。二是按语义分类。国内外对词的语义分类体系的研究主要有两个面向，一是自然语言的信息处理用，如詹卫东“汉语实词语义分类体系”、905 工程、知网等的相关分类体系；一是语义词典用，如《朗曼当代英语分类词典》、《同义词词林》、《简明汉语义类词典》等。

从语义出发的词的分类一般不涉及，也不使用句法研究中的词类概念，这使得目前性质形容词的意义分类目标性不明晰，对于我们而言，操作性也不强。性质形容词按照语义被打乱分入框架的各个角落。比如汤姆·麦克阿瑟（Tom McArthur）主编的《朗曼当代英语分类词典》（*Longman Lexicon of Contemporary English*，英国朗曼出版公司 1981 年版），将我们要表达的概念按语义分成具体的、思想感情的、上层建筑的、动态的、运算的、时间和空间等 14 个范畴。905 工程语义分类体系将事、物、时间、空间、属性划分为“事物”类词汇的下位义类，其中“物”下分为具体物、抽象物。“抽象物”又分为对象、意识和信息，“意识”再下分为感性和理性，“感性”类区分为感觉、感受、感情、情绪和欲望，其中就包含了部分心理形容词，还有部分心理形容词则分布在“属性”类中的心理属性和感觉属性中。

但值得一提的是，按语义分类最终构建的词的义类框架和概念，有时仍然与词类概念有某种程度的契合。如跟名、形、动三大语法类相应，詹卫东“汉语实词语义分类体系”最上级也分为“事物”、“性状”、“运动”三个类别。

形容词内部成员的语义类型很不一样，它们的句法表现也很不一样。国内外对形容词的下位分类多是以语义为标准的。如迪克森（Dixon，1991）把英语形容词按语义类型分为十类：度量、物质属性、速度、年纪、色彩、价值、难度、限制、人的好恶、异同。其中“人的好恶”又分为喜欢、怨尤、高兴、估量、意愿、德性六小类。日语形容词大致划分为属性形容词和感觉感情形容词两大类，也有将评价、判断形容词单列为第三类的（任田义雄，1998）。

张志公等（1959）按词汇意义将性质形容词分为三类：表示人或事物的形状（红/高/美丽），表示人或事物的性质（热/好/诚实/优秀），表示动作、行为的状态（快/慢/轻松）。黄伯荣、廖序东（1983）则分为三类：表性质（好/坏/伟大）、表状态（长/短/雪白）、表不定数量（多/少/好些）。

王惠、詹卫东、俞士汶（2003）的体系面向信息处理，将形容词按语义具体划分为事性值、物性值、人性值、空间值、时间值五大类。其中物性值又划分为量化属性值、模糊属性值。量化属性值包括浓度（浓/稀薄）、温度（热/冷/凉爽）、速度（快/慢）、长度（长/短）、高度（高/矮/低）、宽度（宽/窄）、深度（深/浅）、厚度（厚/薄）、硬度（硬/软）、湿度（潮湿/湿润/干燥）、粗细（粗/细）、松紧（松/紧）、大小（大/中/小）、价值（贵/便宜）。模糊属性值包括视感（亮/醒目/清晰/混浊）、触感（紧/松/粗糙/滑/柔）、音质（响亮/低沉/刺耳）、味道（酸/甜/苦/辣/可口）、性质（新/旧/真/假/好/坏/强/弱）、内容（空洞/晦涩/清楚/浅显）、外形（方/圆）、颜色（红/黄/蓝/绿/鲜艳）。人性值包括年龄（年轻/幼小/老）、品格（善良/博学/幼稚/优雅）、关系（亲密/疏远/热情/冷淡）、境况（繁忙/贫穷/危险/疲劳）。空间值包括一维值（远/近）、二维值（平/斜/弯）、三维值（拥挤/杂乱/整齐/满/壮阔）。

理想的意义分类需要满足排他性和完备性，但事实上，目前我们对语义的认识达不到这样的要求，即归入同一个语义类的词，总能找出它们在语义上的差别来，而归入不同语义类的词，也有可能找出它们在语义上的共性来。有鉴于此，我们并不奢望能构造一个四平八稳的语义分类体系，而是力求所建立的语义分类框架线索明晰，这样在针对每个具体的实词操作时能更方便一些。借鉴前人的分类方法，从圈定一个相对稳定、具有封闭性的受限研究对象的目的出发，我们将性质形容词按意义类聚分为三大类：性状形容词、情态形容词和判断形容词。性状形容词指表人、物、社会的形貌和属性的性质形容词，如高、矮、富有、兴盛。情态形容词指表人的心理活动状态和感官感觉的性质形容词，如悲哀、兴奋、红润、刺耳。判断形容词指表对客观事物的主观判断的性质形容词，如肮脏、昂贵、蹩脚。情态形容词又分为心理形容词和感官形容词。感官形容词再细分为视觉、听觉、嗅觉、味觉和触觉形容词。我们将性质形容词的意义分类图示如下：

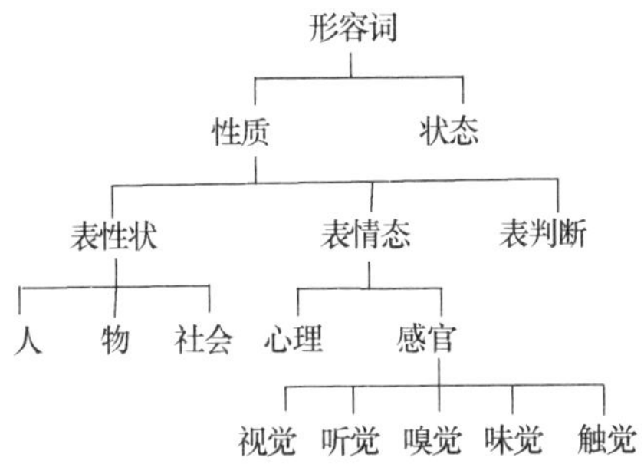

图 2—1 形容词的意义分类

以语义标准分类的性质形容词次范畴并不是离散的群，而是界限相对清晰的原型范畴，赖以范畴化的基础是人类语感与认知。我们选取的心理形容词作为意义类聚的一类，它的义征和语义网络构成是怎样的，它的语义与分布有什么联系，这类词的用法一致到什么程度，有哪些分歧，是否会引起归类的问题，等等。

二 心理形容词作为受限研究对象的选择理由

（一）受限性

本研究的目的和方向是面向中文信息处理的现代汉语语义网络。因此，只有对自然语言的整体进行细密的形式化和量化研究才有可能完成。这无疑是极为庞大的工程，只能选择自然语言的一个小部分、语义结构网络的一个小角落，首先进行受限研究，然后渐次展开与完善。

（二）全息性

语言中的语义网络具有全息性，可以从日常语言开始，把与人类心理活动相关的心理形容词作为现代汉语整体语义网络一个“细胞”，虽然体积小巧，却完美精致，折射着整个肌体的原理和规则。把心理形容词的语义描写清楚，心理形容词的语义网络构建起来，就可能找到现代汉语其他词类的语义网络密码。

（三）特殊性

现代汉语形容词可以充当几乎所有的句法成分，与印欧语系语言的形容词相比，在语法功能上宽泛、强大和复杂得多。从这个角度看，现代汉语形容词具有特殊性。并且在现代汉语语法学界，动词的研究远远比形容词来得深入和有序。对于形容词的认识，从词类划分到句法功能，都处在比较幼稚的阶段。尤其形容词是一个在意义领域纠缠如此深重的聚合类，而对于形容词语义的研究，对于形容词语义与形式关系的合理解释，学界都还十分缺乏相应的认知。从形容词的一个小类着手，进行从语义到形式、从微观到宏观的研究，进而尝试认识心理形容词乃至整个形容词类，就显得意义尤为深远。

（四）典型性

心理形容词作为性质形容词的下位义类之一，从语义上讲，它直接图示人的认知世界，与描写外部性状和对客观事物判断的形容词相比，是语义决定因素最充分的形容词，也是语义模糊度最大的形容词。进行语义形式化的概括和模糊度的量化研究，形容词较之其他词类，难度颇大；心理形容词较之其他形容词的义类，难度尤其大。这恰恰成就了心理形容词语义研究的价值，使其成为语义形式化研究的典型对象。选择现代汉语心理形容词作为义征标注和语义网络构建的对象，逐步形成规则系统，上升为理论并建立模型以指导后续研究，具有真正的科学意义和学术价值。

第二节　心理形容词的提取

在确定心理形容词的提取标准的过程中，我们最初的基本词库是俞士汶主编的《现代汉语语法信息词典》之《形容词表》。为了尽量接近信息处理的需要，《现代汉语语法信息词典》以词性作为编目的基本类别标准，区分了“形容词”和“状态词”，基本与“性质形容词”和“状态形容词”相对应。我们将《形容词表》中的 1471 个性质形容词按我们提出的下位义类的分类方式分类，提取出心理形容词的基本词表。为尽量求全，再充实以《现代汉语词典》（修订本）、《普通话常用三千词表》、《形容词用法词典》、《汉语水平词汇与汉字等级大纲》、《中英日韩对照分类中国语基本语汇》、《现代汉语分类词典》、《新编汉语形容词词典》等中包含的、之前还未收入的心理形容词。因为《现代汉语规范词典》和《现代汉语词典》（2005 修订版）标注了词性，我们以《现代汉语规范词典》为对照，查缺补漏，形成心理形容词词表。

需要说明的是，本研究收入心理形容词时采取单一义项即义位原则，

不管一个词有几个义项，只收入其中描写心理状态的形容词义项；不管是否同形同音，只要占据一个义项，并且是描写心理状态的义项，就作为不同的词收入。比如“骄傲”，一个义项是“自以为了不起，看不起别人：~自满|虚心使人进步，~使人落后”。一个是“自豪：我们都以是炎黄子孙而感到~”。我们将其看作两个词，分别标为“骄傲a”和“骄傲b”。如果一个词有多个义项，但只有一个义项是描写心理状态的，则只收入这一个义项，其他义项不在我们的研究范围之内。如“敞亮”一个义项是“宽敞明亮：三间~的平房”，一个是“（心情）舒展开朗”。我们只取第二个义项。在这样的原则下，我们提取的研究对象是一个心理形容词，实际上也是一个借助某音节的义位。

此外，我们还要确定收入的是人们语感中属于“形容词”范畴的词。有两类词最难以分辨：一是从语义和使用的直觉上似乎属于心理形容词，但《现代汉语规范词典》并未标注为形容词，或者《新编汉语形容词词典》没有作为形容词收入。二是我们对于某些形容词词典注明为形容词的，也存在疑问。主要焦点集中在形容词跟动词的特别是不及物动词的区分上。在形容词和动词的划界问题上，曾经有过种种主张。如“动作行为”或“德性”的意义标准、用作述语或名词附加语的“依句辨品”说、重叠形式“ABAB”和“AABB”的不同、能否带宾语、鉴定字“很”，等等，但或者标准有主观性，或者有不少例外，都不被认可。如前文所述，既然借用了朱德熙先生对于形容词的分类，对于性质形容词的划分和形容词与动词的分界，我们采用朱德熙先生的分布特征标准：

1. 凡受“很”修饰而不能带宾语的谓词是形容词。

2. 凡不受“很”修饰或带宾语的谓词是动词。

同时，

3. 能够受“很”修饰，也能够带宾语，但不能同时受“很”修饰又带宾语的，如“委曲”，带宾语的时候是动词，不带宾语的时候是形容词。

4. 既可以按照动词重叠式“ABAB”重叠，又可以按照形容词重叠式“AABB”重叠的，兼属动词和形容词，如“高兴、舒服、漂亮、热闹”。（朱德熙，1984）

虽然有些形容词在一定情况下可以带宾语，如“大他一岁”，有些形容词不能带宾语，也不能受“很”修饰，如“墨黑、红彤彤”（范晓，

1986)，但这一标准可以区分大部分的动词和形容词。毕竟不能受“很”修饰的形容词基本是状态形容词，不在我们的研究范围之内，因此，在提取心理形容词的过程中，对于一个词是否是形容词，我们首先认可所选词典对词的分类，对于存在疑惑、字典没有认可为形容词的部分词，我们基本采用朱德熙先生的这一标准进行区分，兼属动词和形容词的，也收入研究范围之内。

《现代汉语词典》（第5版）添加了词性标注，区别形容词与动词，这也算一个比较可靠的区分标准。

这样，共提取了449个基本心理形容词，基本涵盖了现代汉语所有用来表达心理活动或状态的性质形容词，形成了一个相对封闭域：

附：现代汉语心理形容词表

A 哀愁 哀戚 哀伤 哀恸 哀痛 哀婉 哀怨 暧昧 安定 安顿 安静 安乐 安宁 安然 安生 安适 安恬 安帖 安慰 安稳 安闲 安心 安逸 黯然 昂奋 昂扬 傲慢 熬心 懊悔 懊恼 懊丧

B 败兴 饱满 抱歉 暴躁 卑怯 悲哀 悲惨 悲愁 悲楚 悲怆 悲愤 悲观 悲苦 悲凉 悲凄 悲戚 悲切 悲伤 悲酸 悲恸 悲痛 悲壮 憋闷 憋气 憋屈 别扭 不安 不定 不忿 不快 不满 不平 不振

C 惭疚 惭愧 惨怛 惨苦 惨戚 惨切 惨痛 苍凉 诧异 缠绵 惝恍 敞快 敞亮 怅然 怅惘 畅怀 畅快 沉闷 沉痛 沉抑 沉郁 沉重 沉着 称心 诚恳 诚挚 惆怅 愁楚 愁苦 愁闷 踌躇 脆弱

D 胆怯 淡漠 淡然 得意 低沉 低落

E 恶心

F 烦 烦愁 烦乱 烦闷 烦恼 烦人 烦忧 烦躁 反感 纷乱 愤慨 愤恨 愤激 愤懑 愤怒 愤然 浮躁 复杂

G 尴尬 感伤 高兴 高涨 孤单 孤独 孤寂 孤苦 怪

H 寒心 害羞 好受 好奇 欢畅 欢快 欢乐 欢慰 欢喜 欢欣 欢愉 欢悦 慌 慌乱 慌忙 慌张 惶惑 惶急 惶遽 惶恐 惶悚 灰心

J 积极 激昂 激动 激奋 激愤 激烈 激越 急 急迫 急切

急躁 寂寥 寂寞 骄傲a 骄傲b 骄躁 焦愁 焦急 焦渴 焦苦 焦虑 焦躁 焦炙 焦灼 侥幸 紧张 惊诧 惊愕 惊骇 惊慌 惊惶 惊恐 惊奇 惊悚 惊喜 惊讶 惊疑 惊异 窘 窘促 窘迫 局促 沮丧 绝望

K 开怀 开朗 开心 可怜a 可怜b 可怕 可喜 可惜 可心 空虚 空洞 恐怖 恐慌 恐惧 苦 苦楚 苦闷 苦恼 苦涩 苦痛 快活 快乐 快慰 快意 宽畅 宽舒 宽松 宽慰 狂怒 狂热 狂喜 狂躁 愧疚 困惑 困窘

L 乐观 乐和 累 冷 冷淡 冷漠 凉 亮堂 乱 落寞

M 麻痹 麻木 闷 迷惑 迷乱 迷茫 迷惘 勉强 明朗 默契

N 耐烦 耐心 难熬 难过 难堪 难受 恼怒 恼人 内疚 宁静 暖和

P 澎湃 疲惫 疲乏 疲倦 疲沓 疲塌 平淡 平和 平缓 平静 迫切

Q 凄惨 凄恻 凄楚 凄怆 凄惶 凄苦 凄冷 凄凉 凄迷 凄切 凄然 凄婉 凄惘 奇怪 奇妙 气愤 气闷 气恼 气馁 虔诚 缱绻 歉疚 歉然 亲切 惬意 轻快 轻松

R 热烈 热切 热情 如意

S 扫兴 伤悲 伤感 伤心 失望 失意 舒畅 舒服 舒适 舒爽 舒坦 舒心 舒展 爽 爽心 爽快 爽朗 顺畅 顺气 顺心 顺意 松快 酸 酸楚 酸苦 酸涩 酸痛 酸辛 酸心 遂心 遂意

T 踏实 泰然 坦诚 坦荡 坦然 坦率 忐忑 讨厌 恬静 恬然 恬适 甜美 甜蜜 痛 痛楚 痛苦 痛快 痛切 痛心 颓废 颓靡 颓然 颓丧 颓唐

W 微妙 为难 委屈 温暖 温馨 稳当 窝憋 窝囊 窝心 无聊

X 喜兴 喜悦 闲适 消沉 消极 心安 心烦 心浮 心寒 心慌 心急 心焦 心静 心宽 心切 心软 心盛 心酸 心碎 心痛 心虚 辛酸 欣快 欣然 欣慰 欣喜 欣幸 欣悦 兴奋 幸福 幸运 羞耻 羞愤 羞愧 羞恼 羞怯 羞臊 羞涩 虚

Y 抑郁 悒郁 意外 阴郁 殷切 忧愁 忧愤 忧惧 忧闷 忧伤 忧悒 忧郁 悠然 悠闲 犹疑 犹豫 愉快 愉悦 郁闷 郁抑

郁悒

Z 躁 着慌 着急 着忙 震惊 镇定 镇静 振奋 振作 真诚 真挚 自傲 自卑 自大 自得 自负 自豪 自疚 自满 自在

说明：使用词典及简称

词 典	编 者	出 版	简 称
现代汉语语法信息词典	俞士汶	清华大学出版社	《信息》
普通话常用三千词表	郑林曦	文字改革出版社，1987	《三千词》
形容词用法词典	郑怀德、孟庆海	湖南出版社，1993	《形容词用法》
汉语水平词汇与汉字等级大纲	国家汉语水平考试委员会办公室考试中心	经济科学出版社，2001	《等级大纲》
中英日韩对照分类中国语基本语汇	上野惠司	（日本）白帝社	《对照分类》
现代汉语分类词典	徐为民	辽宁大学图书馆	《现汉分类》
现代汉语词典（修订本）	中国社会科学院语言研究所	商务印书馆，1997	《现汉》
现代汉语词典（第5版）	中国社会科学院语言研究所词典编辑室编	商务印书馆，2005	《现汉5》
现代汉语规范词典	李行健	外语教学与研究出版社、语文出版社，2004	《现规》
新编汉语形容词词典	安如磐、赵玉玲	经济科学出版社，2003	《新形》

第三节 心理形容词的释义

心理形容词的词典释义主要采用以下词典：

1.《现代汉语词典》（修订本）及电子版（《现汉》）。

2.《现代汉语词典》（第5版）（《现汉5》）。

3.《现代汉语规范词典》（《现规》）。

4.《新编汉语形容词词典》（《新形》）。

鉴于《现代汉语词典》（修订本）及电子版、《现代汉语规范词典》的权威性，首先采用《现代汉语词典》（修订本）及电子版、《现代汉语规范词典》对心理形容词进行逐一释义，包括该词的全部义项；因为《新编汉语形容词词典》对于形容词的释义增加了“用于形容……”的部分，便于我们更好地辨别该词是否用于形容人的心理，进一步录入《新编汉语形容词词典》的相关释义。对于释义和义征标注中产生疑问的形容词，特别是在词性方面，再查证《现代汉语词典》（第5版），并录入其释义，最终完成现代汉语心理形容词的词典释义。在此后的义征描写过程中，我们还将在词典释义的基础上，根据某一语义场中义征提取的情况和相近词汇的义征区别，给出某一心理形容词的“现释义”。

第三章

心理形容词义征分析的方法和步骤

第一节　义征分析的原则与方法

一　义征的概念

哲学家们曾经提出过由规则系统、蕴涵符号、逻辑连词等基本意义组成的意义公设系统。在意义公设系统中，词的意义由一组语义公设来确定。这与语言学里的义素分析法有异曲同工之妙。20世纪40年代初，结构主义丹麦学派的代表人物叶尔姆斯列夫（L. Hjelmslev）提出义素分析法的设想。50年代，美国人类学家朗斯伯里（F. G. Lounsbury）和古德纳（W. H. Goodenough）在研究亲属词的含义时提出义素分析法。60年代初，美国语言学家卡茨（J. Katz）和弗托（J. A. Fodor）提出解释语义学，将义素分析法引入语言学中，为生成转换语法提供语义特征。义素分析法逐渐受到重视。

作为义素分析法的基本单位，义素指称词的意义的构成成分，是最小的、不可再分的语义元素。义征则不然，义征指称词的语义区别特征。具体地说，义征分析是对词语聚合关系和组合关系系统中词语语义元素的个性分析，即从某个特定角度对一个语义类进行细分，使得原来同属一个语义类的词语，可以在某个或某些语义特征上取不同值，从而凸显这些词语相互之间的联系和差异。义征即指这些词语之间相同的语义特征以及使它们区别开来的相异特征。

使用义征而不是义素作为语义分析的基本单位，需要认识到语义分析并不是语义描述的全部，而是很重要的部分描述。一方面语言是个耗散系统，即使用最详尽的语义标注法，做最耐心的语义描写，也很难分析出一个词所有的语义构成成分。况且无论怎样细分，也没有办法把“最小”

的语义剖析出来，尤其是涉及理性意义之外的内涵意义、情感意义等联想意义时，比如，分析“女人”的语义成分，采用［＋人］、［＋成年］、［＋女性］三个义征即可，大可不必罗列［＋爱哭］、［＋可生育］等表达内涵意义的元素。“在语义场内对某一特定词项下定义时，并不是所有的与这一语义场有关的语义对立都需要加以考虑。”“因为潜在的语义对立可能是相当多的，要想把它们毫无遗漏地都列出来是不大可能的。”（利奇，1987：128）另一方面，意义本身是模糊的，即使是指称实物的名词的语义也具有与生俱来的模糊性，比如 Labov 在 1973 年所做的有名的试验，他让受试者给多少有点像杯子的图画贴上标记，结果发现虽然对于用什么构成一只杯子人们基本上意见一致，但对于边缘性的情况人们有些不同的意见和不敢肯定之处。心理形容词强烈的感性与抽象特征使它的语义具有更大的模糊性。但这不影响面向中文信息处理的语义分析和义征分析。如果需要，可以使用程度副词作出标识，进行更细微的对比，如“很悲伤”和“有点悲伤”。这是完成义征分析之后本课题进一步深化研究的主要内容。

事实上面向中文信息处理的语义分析和义征分析只需提取能够满足语义区别和语义关联需要的语义特征即可，不需要也不可能罗列出一个心理形容词所有的意义构成成分。义征分析的直接目标就是把任意两个心理形容词之间可能存在的区别描述出来，其理想状态就是以最适合的概括度统摄最琐碎的有可能存在的区别。因此采用义素这样的语义构成类的术语，不如义征更为妥当。

义征包括两种类型：聚合义征和组合义征。聚合义征是建立在实体范畴化（聚义性语义场）基础上的范畴型知识（即词汇义征集），可以表述为“属性：值”；组合义征是建立在实体关联化（组合性语义场）基础上的规则型知识（即句法义征集），可以表述为“条件→动作”。聚合义征是词未进入具体的语言结构时就存在的，凭经验对客观事物本质了解而分析出来的直接反映客观事物的语义特征，是属于语言共性的东西。组合义征是词语进入特定的语言结构以后，联系结构中相关词语后分析出来的，属于语法范畴。

心理形容词的聚合义征是从心理形容词词典释义和日常认知语感中提取出来的、区别于语义场词群中近义词语义的义征，包括语义类、语义向、语义元和语彩等，其组合义征指从心理形容词相关组合特点和句法分布规律中经过量化或理性归纳总结出的义征，包括量性义征、比较义征、延续性义征等。本课题进行的心理形容词的义征分析主要是心理形容词的聚合义征，基本不涉及组合义征。一方面，我们已经先验地设定了一组组合义征，比如带不带宾语、受不受程度副词修饰等。这些组合义征是前提条件，很容易进行逻辑化表述，每个词都描述一遍没有研究上的必要和价值。另一方面，我们首先瞩意于词的理性意义的研究，并且聚合义征的描写和语义网络的构建只是语义形式化的第一步，在此基础上，再结合语料库的统计分析，从组合层面进行义征研究。如考察其可能出现的多种分布环境，或者以特定格式为聚合标准，析取能出现于该格式的词语的语义特征，或者针对心理形容词的典型特征进行基于语料库的计算和统计，考察其典型特征与语形映射之间的关联。为了方便起见，下文中我们只要提到“义征”，如果不特别说明，就是专指聚合义征。

二 义征提取的基础

根据什么来提取义征？根据什么说一组词有某个共同的义征？这个问题在卡茨（Katz）的分解语义学和乔姆斯基（Chomsky）的标准理论中并没有得到解决。怎样确定义征，应该有哪些义征，是义征标注中争论最多、最困难的问题。实际上，无论是西方还是中国的语义特征分析都动用了背景知识和人类的经验体系。这种经验体系的基础是操本族语的人所共有的“语义能力”，利奇（Leech）用儿童对划分意义的界限所表现出来的那种天然的兴趣和对意义能“本能地体会”来说明这种“语义能力”。拥有这样语义能力的人懂得自己语言中的意义规则，他的思维器官具有能提供那种语言的规则和结构的能力，能够识别某些话语或词语在意义上“不合乎语义”，能从语义上区分异常的句子和有意义的句子。利奇明确指出，当代语言学研究语义学的许多方法所遵循的一个重要原则，就是把语言研究这一任务看作是对操本族语的人的语言能力的说明。（利奇，1987：7—9）义征提取作为我们这项语义研究的最坚实的基石，本身就是应用这一语义学研究的原则的具体实践形式。义征提取的依据是研究人员个人的“语义能力”，并辅之以已经出版的传统的面向人的汉语语文词典和百科知识词典（而这些词典的释义无一不是出自一样的语义能力并已经得到社会的广泛承认）。心理形容词的义征不是抽象的，而是以人类的经验体系和百科知识为基础的。由于依赖知识和经验背景为基础，因此词汇义征比句法义征的抽象度看上去要“低”一些。义征是语义中固有的本体，也是研究人员选择的产物，对义征的相对性应有清醒的认识，否则会造成许多不必要的争论，妨碍探寻真正有价值问题的答案征程。

三 义征提取的原则

以中文信息处理应用为出发点，确立义征提取应遵循三个原则：

一是简化原则。任何一个义位的语义属性都是很多的，有些几乎无限，只选取典型的区别特征即可。人们构造语义知识模型和大规模语义知识库的实践清楚地显示出，以不同的语言单位作为观察对象，跟不同的应用目标相适应，由此形成的语义知识的组织方式也呈现出不同的面貌。在明确地构建中文信息处理语义网络的目标下，所确立的心理形容词的义征够用就可以了，这要求描述某个词所提取的义征足够计算机分辨出这个词来，赋予这个词独一无二的身份验证（ID）。

二是区别性原则。在最小义场中，对下位义位的分析要准确选取共性义征和个性义征，借以区别邻近的下位义位。

三是可形式化原则。义征的设置应该以形式上有可观察的依据为准则。尽管人们谈到“意义”这个不可捉摸的东西时多少有些靠理性品味而不是靠观察，但实际上所有的所谓“意义”问题，都必然要体现为形式问题。一个语义网络的构建者应该尽量以形式化的方式来设置义征，尽可能去发明更多的可计算的义征，来覆盖更广的可观察的语言事实。

简而言之，原则一引导我们考虑义征是否够用，原则二、三则要求语义范畴尽量好用。

四 义征提取的方法

义征的提取主要是通过聚合关系实现的。首先确定考察对象为心理形容词，建立心理形容词语义场，然后以语义为标准，如同义关系、反义关系等，使其形成一个个次语义聚合，再通过意义和比较确定它们的义征。

在心理形容词的义征中设立［+语义类］这一项，包括［+心情］和［+心态］两种不同的语义类，分别搭配［+心情］、［+心态］的语义类的心理形容词，就因这个义征而具有了构成一个语义小类的理据，心理形容词的语义分类里也可能因此而分立出一个小类。同样，我们可以设立［+积极］、［-积极］等几个不同的义征项，直到可以最简洁地勾画出一个心理形容词的 ID。这样，可以析取出心理形容词的元语言基元，将心理形容词的语义描写形式化，处于心理形容词语义场中的所有词可以根据它的义征分析结果勾连成一个有层次、有级别的语义网络。一个词进入到心理形容词的语义网络中时，根据我们对它所做的义征分析，也可以准确地知道它跟相关若干词之间到底是处于一种什么样的关系中。

比如考察“哀愁”的义征，可以通过聚合的方法找出与之具有近义关系的“哀戚”、“哀伤”、“哀恸”、“哀痛”、“哀婉”、“哀怨”等，先求同后求异，先找出共同义征，再找出个性义征。抽象提取其共同的义征[+心情]、[-积极]、[+悲哀]，找出它们之间的区别义征 [+忧愁]、[+痛苦]、[+婉转]、[+书面] 等。由此得出该语义聚合的共同的元语言基元是“悲哀”，并与同样有这一义征的其他心理形容词次聚合类勾连起来。

第二节 心理形容词的义征分析模式

一 心理形容词的词形和意义构成特点

在所收集的 449 个心理形容词中，单音节词 16 个，占 3.6%，双音节词 433 个，占 96.4%。从形态上看，现代汉语心理形容词大多是双音节词。

（一）单音节心理形容词的特点

单音节心理形容词的语义往往是心理形容词的最基本、最稳定的意义，其字形本身很容易成为双音节心理形容词的一个构成语素，语义形成核心义征。如单音节词“酸”作心理形容词，比喻伤心。“酸”出现在语流中的句式十分固定，基本上都是出现在“心里+（发）酸”的句式中：

（1）刘三姐认出此人名叫陆癞子，是一个不可救药的酒鬼兼无赖，听他一说，心里更酸，砰地关上窗子，倒在床上哭了个够。（王小波）

（2）进去之后，闻着屋里淡淡的香粉味，心里又不由的一阵发酸。（老舍）

（3）伊太太看两个姑娘辩论，心中有点发酸。（老舍）

“酸”作为构成语素形成的“心酸、悲酸、辛酸、酸辛、酸涩、酸苦、酸痛、酸楚”等双音节心理形容词，使用则灵活和广泛得多：

(4) 当爱伦·金斯堡在五十年代满怀激情、感伤甚至那么一点酸涩的暧昧发出这样的吟唱时，绝对没有想到，四十年后它已完全变成了绝望的呼喊了。

(5) 写到他们相爱的过程，有一种酸楚。

(6) 她的心也有些酸痛了。

(7) 刘三姐又坐在老地方，听阿牛的歌声，心里绝顶辛酸。（王小波）

实际上，大部分单音节心理形容词作为语素进入双音节心理形容词后，因为长期使用，都失去了独立成词的功能，成为语素。如“安”形容心理状态时，不能作为单音节词出现在句中，必须与“心”或“不”结合成双音节词“心安”、“安心”或“不安”：

(8) 当然我有言在先，我没有欺骗过谁，也没占过谁一分钱的便宜，我自觉心安。

(9) 当事物经过度量、分类、分析或以某种方式计量之后，我才觉得比较安心。

(10) 那些曾经使人不安、半明不白、遥远的传说，到了这个时候，已经变成恐怖的悲剧了。

“安”还与其他语素结合成双音节词“安定、安顿、安乐、安宁、安静、安然、安生、安适、安恬、安帖、安稳、安慰、安闲、安逸”等，形成安恬类心理形容词的核心义征。

（二）双音节心理形容词的构词与意义构成方式

双音节心理形容词的构词方式有联合式、述宾式、偏正式和主谓式。

其中，联合式共318个，占70.8%，是绝对多数。联合式双音节心理形容词的两个语素意义往往没有溢出、相互影响的倾向，是“加义”型的组合，可以分别释义再组装在一起。如“焦苦”＝焦急＋痛苦，释义为“焦急痛苦”，“欢慰”＝欢乐＋慰藉，释义为“欢乐慰藉”。

需说明的是，为了形象描述某一时刻复杂的心理状态，心理形容词倾向于结合为双音节形容词，这使得联合式双音节心理形容词组词自由灵活。词典收入的是使用频率高、稳定化了的那一部分双音节形容词。但因为双音节心理形容词包含的语素意义都很常用，大多数虽然不能独立成词，却很容易相互结合，形成暂时的双音节心理形容词，并且在语流中很容易理解。如：

(11) 她飞奔至蒙天放身畔，紧握他的手，苦寒而抖颤。(李碧华)

(12) 她车子停下来，有点惊诧这意外的、如死般的凄寂，好似希望和光明都灭绝了。(李碧华)

(13) 纪然波则一脸的悲哀戚痛的神情，几乎没有说话。

(14) 街上的人都显出点惊急的样子，步行的，坐车的，都急于回家祭神，可是地上湿滑，又不敢放开步走。

或者虽然在某一例句中用作心理形容词，但作为心理形容词使用并不是该词常用、固定的用法：

(15) 秋天来了，后园里的草萎了，我的心里也很荒凉，就想找些书来读读。

(16) 话虽如此，但我们相信天气虽不会变暖，人心却一定会变暖的。

(17) 因为生计，又不能耽误了清虚庵做小工挣钱，心也慢慢灰下来。

虽然“苦寒”、“凄寂”、“戚痛”、“惊急”、“荒凉”、“暖”、“灰”词等可以很好地传达心理状态，但因为使用的频率低和不稳定性，各类词典都没有收入。我们研究的是已经相对固化的、收入词典的这一部分心理形容词。

述宾式 42 个，占 9.4%：

伤心　酸心　痛心　灰心　寒心　恶心　窝心　熬心　安心　耐心　爽心　舒心　开心　可心　称心　遂心　顺心　顺意　顺气　遂意　得意　如意　开怀　畅怀　失望　失意　绝望　败兴　扫兴　烦人　恼人　憋气　无聊　讨厌　为难　害羞　抱歉　着慌（着急、着忙）　安生　耐烦

偏正式 42 个，占 9.4%：

伤感　反感　难过　难受　难熬　难堪　好受　悲观　乐观　怅然　黯然　淡然　愤然　歉然　安然　恬然　悠然　欣然　泰然　坦然　狂躁　狂怒　狂热　狂喜　震惊　不振　不快　不忿　不平　不满　不安　不定　可怕　可惜　可怜 a　可怜 b　可喜　高涨　快意　惬意　意外

热情

主谓式 29 个，占 6.5%：

心碎 心酸 心寒 心烦 心浮 心急 心切 心焦 心慌 心痛 心虚 心安 心静 心盛 心宽 心软 胆怯 气馁 气闷 感伤 内疚 自疚 自卑 自傲 自大 自负 自满 自豪 自得

联合式之外的各种构词方式中，词的出现有几个相对固定的格式，如述宾式中的“~心”，偏正式中的“~然”，主谓式中的“心~”、“自~”。

另外还有两个借词：“积极”和“消极”。

二 义征分析的符号

（一）义征的选择

用自然语言表述义征的确可能会给人变化不定的感觉，令人怀疑通过自然语言能否有条理地分析词义。“很多人认为成分分析无非是在绕圈子，因为它只是用了一套英语单词来代替另一套英语单词（或者甚至是相同的单词）。”但自然语言“是一种特别方便的和灵活的工具”。人们对表象进行概括而形成的概念，毕竟要落实到词语的形式上。“人们可能抱怨日常语言的含混和不精确，但是，甚至这样的抱怨，也只有应用这种日常语言和在它的架构中才能够被表达出来。”（沙夫，1979：211）实际上面对中文信息处理的需要编制心理形容词的 ID，我们也完全可以不用汉语相关词汇来作为义征分析的符号，而是采用抽象的拉丁字母，或者编制一套简洁并且足够使用的抽象符号来代替。因为电脑所进行的处理主要是对数值和字符的数学运算和逻辑运算，只把文字看成一种数据对其进行运算。利奇回答这一质疑时进行了同样的表达，并且强调：“我选择了用英文单词作为我的符号，因为我想让标记表示我头脑中的意义，所以公式就不是完全由难以理解的符号组合了。”（利奇，1987：134—135）这也就说明，用于描写义征的那些符号，即使跟某个心理形容词的词形完全相同，它也不再是一个心理形容词，而是一个义征分析符号，即析义元语言基元。

在选择心理形容词义征的过程中，我们发现，心理形容词字典释义的一个常见问题是循环释义或释义雷同。如释义雷同：

悲怆 《现汉》（第 52 页）：悲伤。

悲戚　《现汉》(第 52 页)：悲伤。
悲哀　《现汉》(第 52 页)：伤心。
悲痛　《现汉》(第 52 页)：伤心。

这样的释义无法区分“悲怆”与“悲戚”、“悲哀”与“悲痛”有什么意义上的差别。再如循环释义：

愉快　《现规》(第 1597 页)：快乐；舒畅。
高兴　《现规》(第 435 页)：愉快而兴奋。
快乐　《现规》(第 762 页)：高兴；愉快。

用“快乐”解释“愉快”，用“愉快”解释“高兴”，再用“高兴”解释“快乐”，造成没有意义的循环释义。

循环释义和释义雷同的普遍存在，一方面是因为联合式双音节心理形容词占心理形容词大多数，基本是“加义”型的意义组合方式，使两个语素分别释义再相加成为一个普遍释义方式。另一方面则是因为心理形容词描述心理活动状态，意义是感性的，没有实质的物质的形状和属性，没有形容可见的固定形态，只能再以心理形容词来形容。

根据心理形容词的结构和语义组成特点，在义征的提取过程中，我们明确，第一，对于包含有同一语素的双音节心理形容词，其语义有重合的部分，义征的提取必然也有重合，其语义类聚和区分可以很清楚地以其包含的语素语义为对象进行观察。我们在进行义征辨析的时候，主要通过各类词典先定义重合部分的语义的基本义征，在此基础上，根据另一语素语义进行辨析。第二，对于同一语素，尽量使用同一义征，被采用为义征的心理形容词字形，通常为使用频率较高的心理形容词的核心成员。借此可以确定一个语义场中的核心成员和析义元语言基元，如高兴、悲伤、喜悦、忧愁、兴奋等。从语料库中统计来看，这些核心成员和析义元语言基元确实也是最常用的心理形容词。如“高兴”作为心理形容词在卢伟语料库中合计出现 1268 次，每百万字的词频约为 119.51；“兴奋”出现 430 次，每百万字的词频约为 40.53；“孤独”出现 256 次，每百万字的词频约为 24.13；“喜悦”出现 196 次，每百万字的词频约为 18.47；“悲哀”出现 160 次，每百万字的词频约为 15.08。

根据心理形容词的义征分析，我们提取了 176 个析义元语言基元，形成《心理形容词析义元语言基元表》(见附录)。

（二）义征项的设定

根据研究目标，我们设立了心理形容词的5组义征项：语义类、语义向、语义元、原始量征、语彩。

语义类指某一心理形容词形容的心理特征的对象，包括心情和心态。心情指心理感觉，如高兴、悲伤；心态形容心理情态，如闲适、坦荡。

语义向指心理形容词积极或消极的情感倾向。必须区分积极与消极、褒义与贬义这两对概念。积极与消极属于词的理性意义的部分，是词本身包含的语义特征，不会因人的评判、语流的改变或语境的不同而变化。褒义与贬义属于词的情感意义（也有人称之为色彩义），是人的主观评价，可以因语流或语境变化而改变。在心理形容词这样的有关人类心理和感情的词语的研究领域，积极与消极、褒义与贬义尤其容易混淆。常常有人把词的情感意义、情感色彩的分类误解为心理形容词描述的有关人类感情本身的分类。如陈珺（2002）提取"感情度"义素分析形容词，对褒义、贬义和积极、消极的使用就没有进行有意识的分别：

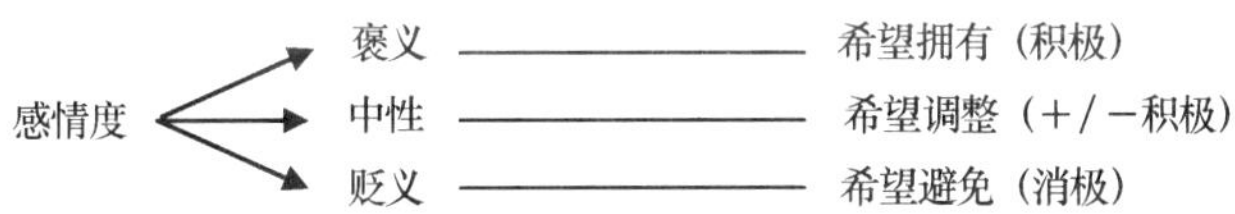

图3—1

人类感情的分类属于心理学范畴，而情感义是依附于理性义基础上显示出说话人对有关对象的褒贬感情，并不是表示感情的词语的理性义分类。形容词和一些心理活动之词，褒贬情感评价有些特殊性……它们的理性意义本来就与人们的态度取向有关系，在它们的理性意义之外，并没有"另外"附上一层情感意义。（董为光，2004：15）即心理形容词的理性义就在于表达某种感情，这种情感倾向就来源于其本身的理性意义。

语义元是关涉心理形容词具体意义的性状义征，主要是根据词典释义和语感，区别心理形容词细微的语义差别提取而来的。

原始量征指的是词的理性意义中存在、不依靠程度副词或比较等量性特征的表达手段就可以体现出的量性特征，设立极端、程度高两个量度。

语彩属于词的社会意义，是根据词的使用域、方言、修辞方式等方面的变异提取的义征，包括书面语、口语、方言、比喻。语彩是5组义征项中唯一不属于词的理性意义的一个义征，设立语彩义征是因为有些处于同一个次语义场中的心理形容词可能唯一的区别就是使用的场合或者修辞方式，语彩就成为唯一可以有效区别两个词，便于形式化后的计算机识别的手段。毕竟我们是面向中文信息处理的使用目的的，没有必要拘泥于某种人为的规范而设置研究的障碍。

这样，一个心理形容词的基本义征标注模式为：

[+语义类] [+语义向] [+语义元] [+原始量征] [+语彩]

为描写得更清楚，特别对是一些语义相对接近字的本义的词语，我们采用了一些辅助符号“s”、“y”、“zh”。s表使令、“使……”的意思，如：

烦人 [+心情] [-积极] s [+烦躁]

表达“使人烦躁”的意思。y表原因、“因为……”的意思，如：

懊悔 [+心情] [-积极] y [+失误] [+后悔]

表达“因为失误而后悔”的意思。

“zh”表主体，如：

内疚 [+心情] [-积极] zh [+内心] y [+过失] [+不安]

表达“内心因过失而不安”的意思。

5组义征项中，语义类、语义元、原始量征、语彩等义征项是多项分类，涉及两个以上的义征符号，比如心情、心态是语义类的义征符号，又比如欢乐、忧愁、悲哀、安定等，则都是语义元的义征符号。语义向属于极性分类，积极和消极之间的对比并不是绝对的，两极处于一个极性轴上，极性可以允许不属任何一极的理想零度状态存在。如“悲伤”是消极形容词，“快乐”是积极形容词，“悲伤”和“快乐”之间有一个理想的零度状态。如图：

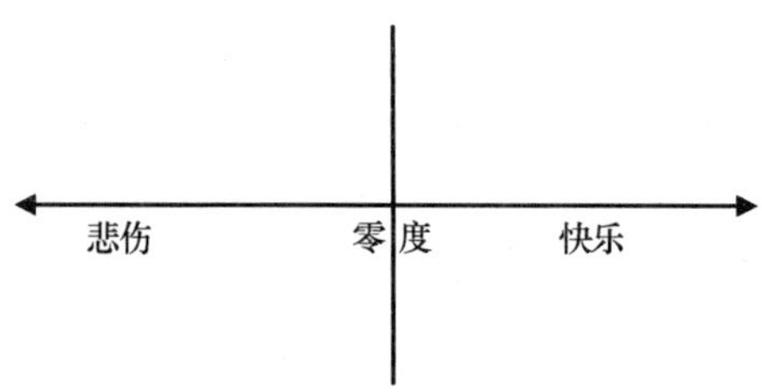

图3—2

“悲伤”和“快乐”的极性轴上存在过渡带，这个过渡带与人的心理状态相关，它能在极性轴上根据心理状态变化位置，以不同的心理形容词或者用各种量性特征表达法表现出来。可以有“极悲伤”，也可以有“稍觉悲伤”；可以说“太快乐了”，也可能“心中慢慢觉出一点快乐”。情感程度的变化是心理形容词的一个最典型的特征，可能与其句法功能互动是我们进一步研究的重点。

义征项之间有层级的区分。[+语义类]、[+语义向]是第一层级，概括心理、心态或积极、消极的性质形容词词类次范畴的语义特征。[+语义元]是第二层级，因为是多项分类，其中有下位语义义征中的共性义征，也有个性义征。如：

忧惧 [+心情][-积极][+忧愁][+害怕]

其中，[+忧愁]是悲伤痛苦类心理形容词中的“愁~/忧~”近义次子场的共性义征，[+害怕]是个性义征。[+原始量征]和[+语彩]是第三层级，是义位语义义征的附属义征，如：

愁苦 [+心情][-积极][+忧愁][+痛苦][+程度高]

[+程度高]即为“愁苦”的附属义征。充当共性义征的词形，如果本身也是心理形容词的话，往往成为核心成员。

三 义征分析的具体说明

每个心理形容词的释义中有“现释义”部分，是我们在根据日常经验和认知进行总结，并综合辨析各种词典中关于“心理”方面义项的释义后，根据其主要语素义征意义进行的心理形容词的释义，基本可以表达我们对该词在某特定语义场词群中的定位。符淮青（1996：145）把“（适用对象）+性状的说明描写”作为表性状词最主要的释义方式，标记为（n）t，（n）代表适用对象，t代表性状特征。如：

悠扬 形容声音 时高时低而和谐
　　　　　n　　　　t

悠忽忽 形容悠闲懒散。
　　　　　t

（n）可以出现，也可以不出现。

心理形容词的释义方式基本为（n）t，因为都是形容心理状态，大多省略（n）。根据某词在语义场中的位置、构词方式和意义组合方式，具体分为以下几种释义与义征分析模式：

1. 对核心成员进行基于本义的释义和义征分析。如：

忧愁　现释义：因为遇到困难而非常苦闷。

忧愁［+心情］［-积极］y［+困难］［+苦闷］［+程度高］

在此基础上，根据双音节心理形容词的构词方式和意义构成直接释义和义征分析。

2. 联合式双音节心理形容词主要采取两个构成语素分别释义，再加以综合的方式。如：

忧闷　现释义：忧愁烦闷。

忧闷［+心情］［-积极］［+忧愁］［+烦闷］

3. 述宾式、偏正式、主谓式双音节心理形容词采取（n）t的释义方式。其中“~然”释义为“形容~的样子”，在现代汉语里，“然”的语义弱化，有补充音节、形成双音节词的作用，义征分析时我们省略这个义征。“可~”、“~人”和“讨厌”释义为“使人~”。

“义项用例”牵涉到我们的语料来源问题，这里作一解释。我们的语料来源于三个途径：一是大规模在线语料库。我们采用了由厦门大学海外教育学院提供科研经费和检索功能的需求、厦门大学语言技术中心第一研究室负责程序开发的卢伟“语料库在线检索系统”。该语料库收集中文自然语料文本大约1061万字次，含《人民日报》1998年1月份所有文章183万字次，2000年12月份所有文章211万字次。涉及的语体有书面语和口语，语域包括文学、科技、新闻、广告、法律、经济、政治、哲学、语言、教育、历史、社会、宗教、艺术、生活、军事、体育、卫生等，体裁包括小说、散文、诗歌、戏剧、影视、曲艺、纪实、传记、公文、文书、论著、演讲、会话等。二是自选语料库。包括老舍的《二马》和《骆驼祥子》，王小波文集、李碧华文集和其他文献。三是互联网搜索补充。主要是作为补充的用途，因为有些心理形容词在两个语料库中都没有出现，我们选择在“Google”键入该词搜索相关例句。在整个论文的写作中，凡不标注出处的例句，均出自卢伟“语料库在线检索系统”；标注为（老舍）、（王小波）、（李碧华）的例句，出自自选语料库；出自自选语料库中其他文献和互联网的例句，在例句后标注作者名、篇名和网址。

第三节　心理形容词义征分析的步骤与示例

下面以“哀”类心理形容词的义征分析为例，具体说明义征分析的步骤。

步骤一：依据同义语素将单词归类，统一于某义位之下，如“哀～”，包括哀愁、哀戚、哀伤、哀恸、哀痛、哀婉、哀怨。

步骤二：分化单词的义项，剔除无关义项，比较“哀～”词群的词典释义和例句，定义同义语素的释义。如“哀”《现汉》第2页：（1）悲伤；悲痛。悲～｜～鸣。（2）悼念。～悼｜默～。（3）怜悯。～怜｜～矜｜～其不幸。《说文》第61页：哀，从口，言声。闵也。闵，吊者在门也。引申之凡哀者皆曰闵。从“哀”的释义看，（2）、（3）义基本用在动词中，形容词中的“哀”为“悲伤；悲痛”义。我们把“哀”解释为“悲哀”。

步骤三：确定单词的基本义征。为确定“哀伤”的基本义征并与“悲伤”相区别，我们需辨析“哀”、“伤”、“悲”的释义。“伤”《现汉》：（1）人体或其他物体受到的损害。内～｜虫～｜探～｜轻～不下火线。（2）伤害。～了筋骨｜出口～人｜～感情。（3）悲伤。～心｜～感。（4）因过度而感到厌烦（多指饮食）。～食｜吃糖吃～了。（5）妨碍。无～大体。伤、悲、哀都表示悲伤，稍有程度差别，伤 < 悲 < 哀，“伤”释义为伤心，“哀”释义为悲哀。

步骤四：通过比对进一步提取区别义征，给出现释义。区别哀婉、哀怨、哀戚等词中的不同义征，并辨析悲恸与哀恸、悲痛与哀痛区别在悲与哀的程度差别。

步骤五：进行义征提取和描写。在以上工作的基础上，给出每个单词的义征表达式：

哀愁［+心情］［-积极］［+悲哀］［+忧愁］
哀戚［+心情］［-积极］［+悲哀］［+忧愁］［+书面］
哀伤［+心情］［-积极］［+悲哀］［+伤心］
哀恸［+心情］［-积极］［+悲哀］［+极端］
哀痛［+心情］［-积极］［+悲哀］［+痛苦］

哀婉 [+心情] [-积极] [+悲哀] [+婉转]
哀怨 [+心情] [-积极] [+悲哀] [+怨恨]

步骤六：提取析义元语言基元：悲哀、忧愁、伤心、痛苦、婉转、怨恨等。

在第四、五、六章中，我们将“词典释义”和“现释义”与我们收集的心理形容词义项用例、语义场词群的特征辨析、最终给出的每个词的义征分析综合在一起。以“哀”类心理形容词的义征分析作一示例：

哀~

哀愁　哀戚　哀伤　哀恸　哀痛　哀婉　哀怨

哀愁

词典释义

《现汉》（第2页）：悲哀忧愁。
《现规》（第2页）：悲哀忧愁。
《新形》未收。

现释义　悲哀忧愁。

义项用例

(1) 她不怕日晒雨淋，不畏洪水冲击，笑迎澎湃的河水，载走人间的哀愁。

(2) 这样的声音在静夜里听起来，更微弱，更凄凉，里面充满了绝望的哀愁。

(3) 但见他那张刀雕斧刻般的老脸上唯有刚毅，言语中并没有更多的哀愁。

哀戚

词典释义

《现汉》（第2页）：〈书〉悲伤。
《现规》（第2页）：〈文〉悲痛；悲伤。
《新形》未收。

现释义　〈书〉悲哀忧愁。

义项用例

(1) 说到这里，抬头向外，嘴角露着一丝微笑，眉间却有哀戚之意。

(2) 有时因在整日静寂的沉思里得了点哀戚，但这种淡淡的凄凉，更令我舍不得去扰乱这情调，似乎在这里面我可以味出一缕甜意一样的。

(3) 海峡两岸交流基金会故董事长辜振甫今天上午正式下葬在屏东县高树乡泰和农场，葬礼不仅充满哀戚，场面庄严隆重；当地乡民希望辜老的墓园能兴建成纪念馆，彰显他对台湾的贡献。(《辜振甫下葬充满哀戚 屏东泰和农场门禁森严》http://www.huaxia.com)

哀伤

词典释义

《现汉》(第 3 页)：悲伤。

《现规》(第 2 页)：悲哀伤心。

《新形》(第 1 页)：伤心难过。形容心情、情绪、颜色和情调、调子等，有时也直接形容人。

现释义 悲哀伤心。

义项用例

(1) 有些东西啮咬着他的意志。不是愁苦哀伤，而是一种控制不了的自恨。(李碧华)

(2) 到 1997 年，我才在不敢碰的哀伤中想通了这些。

(3) 她哀伤地振作起精神，步出窄巷，也试图一步步走出心中的黑暗角落。

哀恸

词典释义

《现汉》(第 3 页)：极为悲痛。伟人长眠，举世～。

《现规》(第 3 页)：极度哀伤。

《新形》未收。

恸，《现汉》：极悲哀；大哭。

现释义 极度悲哀。

义项用例

(1) 小国总理之死，举世哀恸。

(2) 它在读者心中引起的灵魂深处的颤动和哀恸，更不是一般文学作品所能比拟。

(3) 当时正在国丧时期，而那一对的行为，正是哀恸过度的表现。

（王小波）

哀痛

词典释义

《现汉》（第 3 页）：悲伤；悲痛。

《现规》（第 3 页）：哀伤痛苦。

《新形》（第 1 页）：悲伤难过。主要形容人的心情。

现释义　悲哀痛苦。

义项用例

（1）我只是感到在马嘶人喊刺刀见红的肉搏战停息之后许久，阵地上依然弥漫着无边的哀痛。

（2）由美国返青岛，请原谅我不能到机场送别，我也是一个平凡之人，我再也承受不了那种哀痛和感伤。

（3）这样一件举国哀痛的大冤案，在平反时却遇到空前阻力。

哀婉

词典释义

《现汉》（第 3 页）：悲伤婉转。歌声～动人。

《现规》（第 3 页）：哀切婉转。

《新形》未收。

现释义　悲哀婉转。

义项用例

（1）爸爸沉痛地坐下，那双昼夜未眠、布满细细的红血丝的眼睛凝视着我，闪出一种少见的慈蔼、哀婉的神色。

（2）冬夜，在这个被寒月浸透的小木屋前，成排的钻天杨在小径上映出它们光秃的枝杈和纤弱的影子，那丛攀到木屋顶上去的枯萎的鸢尾花藤，仿佛吐出一阵阵荒原上的清气，使一种缠绵哀婉的情感在这积雪茫茫的夜色里飘浮。

（3）如泣如诉的倾吐，哀婉的柔情，如火山一般迸发的爱情，和茫茫的、不知伸向何处的小路……我伸出两只手，手指在各跨越八度的高音和低音部猛地弹跳起来，明亮的琴房和手下一连串美妙的琶音，不禁使我心花怒放。

哀怨

词典释义

《现汉》（第 3 页）：因委屈而悲伤怨恨。倾诉内心的～。

《现规》（第 3 页）：哀伤怨恨。

《新形》（第 1 页）：因委屈而悲伤怨恨。主要形容感情、情调、色调和气氛等。

现释义　悲哀怨恨。

义项用例

（1）“自我”是伟大的，但探索“自我”不能躲进孤独和哀怨中。

（2）光芒，以及秋虫哀怨的鸣声，并不因此消失，至今还深深地扣动我们人类的心弦。

她直瞅我那哀怨的绝望的目光我不忍目睹。

（3）今天我想去抱它，它正好缩在屋角，没处可躲，就用大眼睛瞪着我，眼里充满了无奈、哀怨、防备，那么怯生生又楚楚可怜。

特征辨析

哀　《现汉》（第 2 页）：（1）悲伤；悲痛。悲～｜～鸣。（2）悼念。～悼｜默～。（3）怜悯。～怜｜～矜｜～其不幸。

《说文》（第 61 页）：哀，从口，言声。闵也。闵，吊者在门也。引申之凡哀者皆曰闵。

从“哀”的释义看，（2）、（3）义基本用在动词中，形容词中的“哀”为“悲伤；悲痛”义。我们把“哀”解释为“悲哀”。

伤　《现汉》：（1）人体或其他物体受到的损害。内～｜虫～｜探～｜轻～不下火线。（2）伤害。～了筋骨｜出口～人｜～感情。（3）悲伤。～心｜～感。（4）因过度而感到厌烦（多指饮食）。～食｜吃糖吃～了。（5）妨碍。无～大体。

伤、悲、哀都表示悲伤，稍有程度差别，伤 < 悲 < 哀，“伤”释义为伤心，“哀”释义为悲哀。

悲恸与哀恸、悲痛与哀痛区别在悲与哀的程度差别上。

义征表达式

哀愁［＋心情］［－积极］［＋悲哀］［＋忧愁］

哀戚［＋心情］［－积极］［＋悲哀］［＋忧愁］［＋书面］

哀伤 [+心情] [-积极] [+悲哀] [+伤心]
哀恸 [+心情] [-积极] [+悲哀] [+极端]
哀痛 [+心情] [-积极] [+悲哀] [+痛苦]
哀婉 [+心情] [-积极] [+悲哀] [+婉转]
哀怨 [+心情] [-积极] [+悲哀] [+怨恨]

根据义征分析的结果，我们还将心理形容词进行语义场和次语义场的分类，详见第四、五、六章。

第四章

心理形容词的义征分析(一)

第一节　悲伤痛苦类

一　忧愁同义组

愁楚　愁苦　愁闷　忧愁　忧愤　忧惧　忧闷　忧悒　忧郁　忧伤

愁楚

词典释义

《现汉》(第 179 页):忧愁痛苦。满腹~。

《现规》(第 187 页):忧伤痛苦。

《新形》未收。

现释义　〈书面〉忧愁痛苦。

义项用例

(1) 虽说满腹愁楚,愁绪招之即来,挥却不去,但在我一腔愁怀的内心深处却冲动着一种难以名状的激情。(泪颖恨饮天使泪《追梦往昔情缘》http://campus.sohu.com)

(2) 有一种愁楚,化成细雨,在爱情深处蕴藏。(喻顺祥《距离》http://wenxue.beelink.com.cn)

(3) 唉,见天愁楚是不行,没那个心思……人也老啦!(康濯《我的两家房东》http://www.white-collar.net)

愁苦

词典释义

《现汉》(第 179 页):忧愁苦恼。~的面容。

《现规》(第 187 页):忧愁苦闷。

《新形》（第 110 页）：忧愁苦恼。用于心情、面容、脸色（脸）、眼光（眼）、样子、表情等，也可以直接形容人。

苦 《现汉》：(1) 像胆汁或黄连的味道（跟“甘”相对）。~胆丨这药~极了。(2) 难受；痛苦。~笑丨艰~丨一不怕~，二不怕死丨忆~思甜。(3) 使痛苦；使难受。解放前，一家五口都仗着他养活，可~了他了。(4) 苦于：~旱丨~夏。(5) 有耐心地，尽力地。~劝丨~干丨~思丨勤学~练。(6)〈方〉除去得太多；损耗太过。指甲剪得太~了丨这双鞋穿得太~了，不能修理了。

现释义 忧愁痛苦。

义项用例

(1) 从他的面貌和年纪看起来，他似乎不应当这样愁苦。(老舍)

(2) 他们把这些都留在后边，都带着一团说不出的混乱，爱情，愁苦，出了园门。(老舍)

(3) 琴掉过头看她一眼，触到她的愁苦的眼光。(卢伟)（注：以下未注明出处的语料都出自卢伟“语料库检索系统”）

愁闷

词典释义

《现汉》（第 179 页）：忧虑烦闷。一席话，说得他~全消。

《现规》（第 187 页）：(1) 忧愁苦闷。(2)〈名〉忧愁苦闷的心情。

《新形》（第 111 页）：忧虑烦闷。用于心情、神情、表情、样子和脸色等。

现释义 忧愁烦闷。

义项用例

(1) 谁能知道 32 个小时前我还是一个为工作而愁闷的人呢？

(2) 他看到一本书名《误人子弟》，顿时愁闷不堪。

(3) 老马先生也笑开了，把这几天的愁闷全笑出去了。(老舍)

忧愁

词典释义

《现汉》（第 1519 页）：因遭遇困难或不如意的事而苦闷。

《现规》（第 1580 页）：忧闷愁苦。

《新形》（第 912 页）：因为遇到困难或不顺心的事情而苦闷。形容人、心情、神色、面容、眼光、眼神和行为、动作等。

现释义　因为遇到困难而苦闷。

义项用例

(1) 想到这里，由忧愁改为颓废。(老舍)

(2) 快乐，忧愁，都变成了平静。

(3) 每一次散步，他都像一把嘹亮的小号那样驱散了我的忧愁。

忧愤

词典释义

《现汉》(第1520页)：忧闷愤慨。~而死。

《现规》(第1580页)：忧郁愤慨。

《新形》未收。

现释义　忧愁愤怒。

义项用例

(1) 娃娃脸上时而涨出红笑，时而忧愤之露轻挂眼帘。

(2) 也遇到了令我们感到有点吃惊的崔永元，那种不能抑制的忧愤，那种“一条道走到黑”的对于良心、责任和道德的执著。(《崔永元不能抑制的忧愤》，《南方人物周刊》http://talk.163.com)

(3) 他们，有的是因忧愤贫病而逝，有的是为抗战而捐身躯，有的是在敌人的炮火中罹难，有的是惨遭杀害。虽不尽相同，但皆是由日寇侵华战争导致的非正常死亡。(Sousuo《因日寇侵华而非正常死亡的中国文人》http://www.gardensky.net)

忧惧

词典释义

《现汉》(第1520页)：忧虑害怕。~不安。

《现规》(第1580页)：忧愁恐惧。

《新形》未收。

现释义　忧愁害怕。

义项用例

(1) 麦穗与刺刀可以算作北方人的希望与忧惧的象征。(老舍)

(2) 欢喜或忧惧强迫着人去计划，布置。(老舍)

(3) 惊觉兄长绷紧的身子已近爆发的临界点，展素雁忧惧地揪紧他衣襟，那越见惨白的娇容触动了展司漠冰冷的心。

忧闷

词典释义

《现汉》(第1520页)：忧愁烦闷。心中~。

《现规》(第1580页)：忧愁苦闷。

《新形》未收。

现释义　忧愁烦闷。

义项用例

(1) 因此，当我走进中国高校的学生工作部时，都能感到有种忧闷，有种紧迫。

(2) 赵广涛说，这一封信他写得很长很长，也很悲伤忧闷。

(3) 四月，蜗牛的忧闷事都特别多。(蜗牛《四月的忧闷事都特别多》http://www.pcgames.com.cn)

忧悒

词典释义

《现汉》(第1520页)：〈书〉忧愁不安。

《现规》(第1581页)：〈文〉忧愁不安。

《新形》未收。

现释义　〈书〉忧愁不安。

义项用例

(1) 她大汗淋漓，凄然忧悒又兴奋莫名，偶尔她和我贼心不死冒险一试皆告失败。

(2) 伊变得沉默些，甚至有些忧悒了。作为观者，再反复聆听这段《幽默曲》，就像阅读一位行者写出的留言。

(3) 从广告公司出来，迎曦紧锁的眉心仍然忧悒。(郑媛《下堂妻》小说阅读网 http://www.readnovel.com)

忧郁

词典释义

《现汉》(第1520页)：忧伤；愁闷。神情~。

《现规》(第1581页)：忧愁烦闷，郁郁不乐。

《新形》(第913页)：忧愁烦闷。形容人、脸、脸色、面容、眼睛、眼光、目光、神色、神情、表情、心情、心境、情怀、联想、性格、声音、歌曲、调子、旋律、故事、空气、梦境、日子和状态、行为等。

现释义 忧愁抑郁。

义项用例

(1) 忧郁趁势在她的心里生长起来。

(2) 但是眉目间看出来她是忧郁的，在那静静的长的睫毛的下面。

(3) 因此在这个本来是一个单纯的，好心肠的姑娘身上，涂了一层不调和的忧郁。

忧伤

词典释义

《现汉》(第1520页)：忧愁悲伤。

《现规》(第1580页)：忧愁哀伤。

《新形》(第912页)：忧愁悲伤。形容人、灵魂、情绪、面孔、神色、神情、表情、眼神、眼睛、声音、调子、歌曲、回忆、沉思、叙述和其他行为、动作等。

现释义 忧愁悲伤。

义项用例

(1) 大家躲她，越躲她，她越觉孤独忧伤，于是脾气也越坏。

(2) 颜色金黄，成熟，丰富，但是略带忧伤与死亡的预兆。

(3) 然而在她毫无隐瞒的声音里，我渐渐忧伤起来。

特征辨析

愁 《现汉》：(1) 忧虑。发～｜不～吃，不～穿。(2) 忧伤的心情。愁释义为忧愁。

楚 《现汉》：痛苦。苦～。《说文》(第271页)：茨棘貌。楚释义为〈书〉痛苦。

苦 《说文》(第29页)：大苦，苓也。苦释义为痛苦。

闷 《现汉》：心情不舒畅；心烦。闷释义为烦闷。

忧 《现汉》(第1519页)：(1) 忧愁。～闷｜～伤。(2) 使人忧愁的事。(3) 担心；忧虑。(4) 指父母的丧事。忧释义为忧愁。“忧愁”

已作为义征和元语言基元存在，如果再以《现规》的方式释义为“忧闷愁苦”，会造成循环释义。这里“忧愁”采取《现汉》的释义法。

愤 《现汉》（第373页）：因为不满意而感情激动；发怒。

悒 《现汉》：忧愁不安。忧～｜郁～｜～～不乐。悒释义为不安。

郁 《现汉》：（1）（草木）茂盛。（2）（忧愁、气愤等）在心里积聚不得发泄。忧～｜抑～｜～闷。郁释义为抑郁。

“忧”与“愁”统一解释为“忧愁”。因此愁～、忧～类的心理形容词有共同的主要义征“忧愁”，可以归并为一类。“忧愁”本身作为元语言基元之一，尽量从其本义提取义征。愁闷、忧闷通过替换而语形和语义不发生变化，合并为一个义位。

义征表达式

愁楚 [+心情] [-积极] [+忧愁] [+痛苦] [+书面]

愁苦 [+心情] [-积极] [+忧愁] [+痛苦]

愁闷（忧闷）[+心情] [-积极] [+忧愁] [+烦闷]

忧愁 [+心情] [-积极] y [+困难] [+苦闷] [+程度高]

忧愤 [+心情] [-积极] [+忧愁] [+愤怒]

忧惧 [+心情] [-积极] [+忧愁] [+害怕]

忧悒 [+心情] [-积极] [+忧愁] [+不安] [+书面]

忧郁 [+心情] [-积极] [+忧愁] [+抑郁]

忧伤 [+心情] [-积极] [+忧愁] [+悲伤]

二 悲伤同义组

悲伤 伤悲 悲哀 悲愁 悲楚 悲怆 悲愤 悲惨 悲苦 悲凉 悲凄 悲戚 悲切 悲酸 悲恸 悲痛 悲壮 心酸 酸心 心碎 伤感 感伤 难过 难受 难熬 委屈

悲伤

词典释义

《现汉》（第52页）：伤心难过。

《现规》（第51页）：悲痛伤心。

《新形》（第39页）：伤心难过。用于心情、情绪、感情、话语、调子和行为、动作等。

现释义　心里十分难过。

义项用例

(1) 没有了这些景象，就感到很悲伤。(王小波)

(2) 这使我猛省到，当时的情绪很是悲伤。(王小波)

(3) 我同意金圣叹的意见，因为人遇到了不幸的事件就应该悲伤，哪有一天到晚呵呵傻笑的。(王小波)

悲哀

词典释义

《现汉》(第52页)：伤心。

《现规》(第51页)：极度伤心；哀痛。

《新形》(第39页)：伤心。用于心情、情调、表情、神色、语句、声音和事情等。

现释义　极度悲伤。

义项用例

(1) 悲哀中的礼貌是虚伪。(老舍)

(2) 可是我又发现一点小小的悲哀，就是她把我给她的哈克贝利·芬放到一边去了。(王小波)

(3) 她为他伴奏着似的，无限悲哀。(李碧华)

悲愁

词典释义

《现汉》(第52页)：悲伤忧愁。

《现规》(第51页)：悲伤忧愁。

《新形》(第912页)：因为遇到困难或不顺心的事情而苦闷。形容人、心情、神色、面容、眼光、眼神和行为、动作等。

现释义　悲伤忧愁。

义项用例

(1) 笑意难解真悲愁，相对不洒征夫泪！

(2) 只见一个天仙下凡似的小女孩正坐在他面前，根本没有看到他，好像心里正有着无限悲愁。

(3) 分手时心中总有万般悲愁。(荔淑霞《分手未必是悲愁》http://

www. gansudaily. com. cn)

悲楚

词典释义

《现汉》未收。

《现规》(第 51 页)：哀伤凄楚。

《新形》未收。

现释义 〈书〉悲伤痛苦。

义项用例

(1) 时间一分一秒流逝，我从他眼底看到了那么清晰的悲楚与凄然。(紫萱《你是我的幸福吗?》http：//www. dadao. net)

(2) 心中悲楚、快意、恨怒、滑稽、凄苦、嫉妒……交相翻涌。(树下野狐《仙楚》http：//www. read. hjsm. net)

(3) 陈和我说话，用他生硬的颠三倒四的中文和我说话，递过的纸巾拭不去心里的悲楚，索性由它流去。(李妍《信，我的爱情宝贝》http：//www. eladies. sina. com. cn)

悲惨

词典释义

《现汉》(第 52 页)：处境或遭遇极其痛苦，令人伤心。

《现规》(第 51 页)：(境况) 凄惨，令人伤心。

《新形》(第 35 页)：极其痛苦，令人伤心。用于命运、身世、生活、境遇、遭遇、情景、情况、景象、世界、人间、场面、故事、事实、事件、结局、后果和岁月等。

现释义 极其悲伤痛苦。

义项用例

(1) 我快听不下去了……真的好想睡了……午休被 destroy 已经很悲惨了，为什么我的下课时间也不得安宁，要在这接受八卦轰炸?

(2) 太悲惨了，因此不能不故事滑稽，否则将要闷死。

(3) 犹如人生是永远充满悲惨、性欲与想象的。

悲怆

词典释义

《现汉》(第 52 页)：悲伤。

《现规》(第 51 页)：悲伤。

《新形》(第 36 页)：形容伤心难过。用于感情、声音、曲调、乐曲和气氛等。

现释义　悲伤悲壮。

义项用例

(1) 可是人生悲怆世态炎凉，已让我这个 17 岁的女孩子饱尝够了。

(2) 我心底涌出某种深厚的怨愤和悲怆，我把小圆镜摔在母亲脚下，摔个粉碎，一个人逃到了我的阁楼上。

(3) 现在我每每想起杨明德在那个单元房铁栅门前的仓皇退却，总让我感到莫大的悲怆。

悲愤

词典释义

《现汉》(第 52 页)：悲痛愤怒。~填膺（悲愤充满胸中）。

《现规》(第 51 页)：悲痛愤慨。

《新形》(第 36 页)：悲痛愤怒。用于感情、心情、情绪、面容、眼光和调子等，也可以直接形容人。

现释义　悲伤愤怒。

义项用例

(1) 这孩子爱好摇滚音乐，白天上课，晚上弹吉它唱歌，还聚了几个同好，自称是在“排演”，但使邻居感到悲愤。(王小波)

(2) 箫的眼泪无声地淌过脸颊，绝望和悲愤使箫咬破了嘴唇，她站在冰凉的水泥地上无言以对。

(3) 那些天我极为悲愤，心绪不宁。

悲苦

词典释义

《现汉》(第 52 页)：悲哀痛苦。

《现规》(第 51 页)：悲伤痛苦。

《新形》(第 37 页)：悲哀痛苦。用于心情、神情和行为、动作等，也可以用于事情和场面等。

现释义　悲伤痛苦。

义项用例

(1) 河上的白鸥和小野鸭，唧唧鸭鸭的叫，叫得非常悲苦。(老舍)

(2) 天气还是照常的悲苦，雾里的雨点，鬼鬼啾啾的，把人们打得都缩起脖子，象无精失采的小鹭鸶。(老舍)

(3) 大家说到悲苦的地方，他皱上眉。(老舍)

悲凉

词典释义

《现汉》(第 52 页)：悲哀凄凉。

《现规》(第 51 页)：悲伤凄凉。

《新形》(第 38 页)：悲哀凄凉。用于情绪、心情、感情、心境、话语和声音等，也可以直接形容人的行为。

现释义　悲伤凄凉。

义项用例

(1) 在这种时候谈起小时候的事，带有一点悲凉的意味。(王小波)

(2) 自己也静下来，无端地有点悲凉。(李碧华)

(3) “弑父”夺位，在最后一声声：“身后之人是谁？身后之人是谁？”更显悲凉。(李碧华)

悲凄

词典释义

《现汉》(第 52 页)：悲伤凄切。

《现规》(第 51 页)：悲伤凄凉。

《新形》未收。

现释义　悲伤凄凉。

义项用例

(1) 实习室的墙角传来一阵悲凄的怨叹。(李碧华)

(2) 在这里，人的心灵遇到了人生的问题，遇到它的悲凄和美。

(3) 展司漠抬起湿濡、空洞的双眼，悲凄冷笑。

悲戚

词典释义

《现汉》(第 52 页)：悲伤。

《现规》(第51页)：悲哀忧伤。

《新形》(第38页)：悲伤而忧愁。用于心情、表情、面容、声音、调子和气氛等。

现释义　〈书〉悲伤忧愁。

义项用例

(1) 她的声音带着悲戚的调子绝望地抖了一阵。

(2) 消息终于使他愕然而悲戚：十天前，何老伯辞世归西了。

(3) 亚梅望着母亲悲戚而苍凉的脸庞，终于跪在母亲面前。

悲切

词典释义

《现汉》(第52页)：悲痛。

《现规》(第52页)：悲伤哀痛。

《新形》未收。

现释义　悲伤凄切。

义项用例

(1) 一切人类的悲切，真正内在的悲切，都应该朝它诉说。(王小波)

(2) 她的一切不为人信的悲切会有什么伟大的、超自然的东西知道。(王小波)

(3) 老奶奶悲切地指控着，说到伤心处难免声泪俱下。

悲酸

词典释义

《现汉》(第52页)：悲痛心酸。阵阵~，涌向心头。

《现规》(第51页)：悲痛心酸。

《新形》未收。

现释义　悲伤心酸。

义项用例

(1) 面对一本记录着一名卖淫女爱与梦想的日记，每一个人都应该心怀悲酸。(吴钧《她们的“幸福憧憬”让人悲酸》，http://www.hsb.huash.com)

(2) 一段不期然而然的悲酸恋情。(金鑫, http://www.zhiyin.com.cn/zy/ca6774.html)

(3) 她们对社会潮流和时尚风气的引导,她们的权力和欲望,她们甚至超过丈夫的能力和作为,或者她们“高处不胜寒”的痛苦和悲酸。(木猪《背后的弄权者》, http://world.dayoo.com)

悲恸

词典释义

《现汉》(第52页):非常悲哀。

《现规》(第51页):极度悲伤。

《新形》未收。

现释义　极度悲伤。

义项用例

(1) 这是一幕无法想象出的悲恸与凄怆的场面。

(2) 松下谈起此事,感慨无限,他说这是自己最悲恸的事情。

(3) 何可待悲恸地举起握着拳头的双手说:“因为他没有任何自杀的理由!”

悲痛

词典释义

《现汉》(第52页):伤心。

《现规》(第51页):伤心难过。

《新形》(第39页):非常伤心。用于心情、感情、感受、记忆、面容、眼光、声音和日子等。

现释义　悲伤痛苦。

义项用例

(1) 这念头使她在悲痛之外又感到惊惧。

(2) 这是我意料之中的结局,我没有太大的悲痛。

(3) 那个年纪是无忧无虑的,但是我感觉到很悲痛、很伤心。

悲壮

词典释义

《现汉》(第53页):(声音、诗文等)悲哀而雄壮;(情节)悲哀而壮烈。~的曲调。

《现规》（第 51 页）：悲哀雄壮；悲惨壮烈。

《新形》（第 40 页）：悲哀而雄浑或悲哀而壮烈。用于声音、旋律、语言、诗文、故事、历史、情景、场面、斗争、动作、感觉、心情、气概和年月等。

现释义　悲伤雄壮。

义项用例

（1）我觉得自己悲壮万分就像一个英雄。

（2）看来她并不曾有过那种生是马家军的人，死是马家军的鬼等等悲壮的情感。

（3）想象中的离别大约为风萧萧兮易水寒的悲壮苍凉而事实是被撕裂的软弱身体轻浮。

伤悲

词典释义

《现汉》未收。

《现规》（第 1139 页）：〈文〉悲伤。

《新形》未收。

现释义　悲伤。

义项用例

（1）家中的情况虽不知悉，但哥哥的离去却令我万分伤悲。

（2）俗话说："少壮不努力，老大徒伤悲。"

（3）我看见你的眼有不懂的伤悲。

心酸

词典释义

《现汉》（第 1399 页）：心里悲痛。

《现规》（第 1448 页）：因悲痛而内心酸楚。

《新形》未收。

现释义　比喻心情悲伤。

义项用例

（1）柔嘉也倒在沙发里心酸啜泣。

（2）说话间，她一阵心酸，昔日无拘无束的儿子怎么成了这样？

（3）他们的即使黑夜也没遮掩住憔悴的脸，微微昂起着，淡漠地看着这分离了三个月的小城，止不住有点心酸似的。

酸心

词典释义

《现汉》（第1207页）：（1）心里悲痛。这出戏看了叫人~。（2）胃里发酸。白薯吃多了~。

《现规》（第1248页）：（1）心酸。（2）指胃里发酸。

《新形》未收。

现释义　比喻心情悲伤。

义项用例

（1）近日，看到某个什么酸心学者再说什么刘亚洲先生这样亲美，那样对“人民战争”不屑一顾，实际上是吃了米醋酸了心，其“项庄舞剑，意在沛公”的用心昭然若揭，说穿了，就是依然看不顺眼别人的创新思维，一味地海喊什么“刘”是“亲美派”等等，巴不得把别人整成卖国贼，置于死地才肯罢手。（周碧波《驳斥某些酸心学者的文革思维》，http：//www. laocanmou. net）

（2）中类彩民可用痴心、钻研心、急心、侥幸心、酸心、灰心来概括。（《彩民分为三类人》，http：//www. zhcw. com）

（3）你说这些话惹我酸心，你心里的事，若不实告我说，便是对不过我。（冷佛《春阿氏谋夫案》，http：//www. yifan. net）

心碎

词典释义

《现汉》未收。

《现规》（第1448页）：形容极度悲伤或极度操心。

《新形》未收。

现释义　比喻极度悲伤。

义项用例

（1）我捉住他的手，我又感到那种令人心碎的颤栗。

（2）这个小姑娘稚嫩的嗓音令我心碎，她的呼喊代表着全家人和全村人的心声。

(3) 他远远地躲在屋里，听着那哭声，充满了心碎然而快乐的感觉。

伤感

词典释义

《现汉》(第 1103 页)：因感触而悲伤。

《现规》(第 1139 页)：〈动〉因受外界触动而悲伤。

《新形》：因有所感触而悲伤。形容心情、心理、情绪、样子、话语、调子、时局、东西、成分、气氛、印象和行为等。

现释义 因有所感触而悲伤。

义项用例

(1) 她不大了解她们的心理，但是这伤感的气氛却把她吓倒了。

(2) 周秀兰说，有时候觉得我们之间就靠一根电话线连着，心中很有些伤感。

(3) 爸爸的信，她只看了一遍，因为她太伤感太悲痛了。

感伤

词典释义

《现汉》(第 409 页)：因感触而悲伤。

《现规》(第 425 页)：〈动〉因有所感触而悲伤。

《新形》(第 223 页)：因有所感触而心里不愉快，情绪低沉。可以形容心情、情绪、情调、境界、意味、调子、声音、话语、诗句、成分、色彩、行为等，也可以直接形容人。

现释义 因有所感触而悲伤。

义项用例

(1) 难舍的这份情、这份心，都让温楚备为感伤。

(2) 这声诚挚的祝福正是她所需要的，展素雁有些感伤。

(3) 我看了看那晃动的蜡烛光，有点感伤。

难熬

词典释义

《现汉》(第 913 页)：难以忍受(疼痛或艰苦的生活等)。饥饿～。

《现规》(第 938 页)：难以忍受；难以度过。

《新形》未收。

现释义　难以忍受，比喻痛苦。

义项用例

（1）范小姐发现心里有秘密，跟喉咙里有咳嗽一样的痒得难熬。

（2）下午，她实在寂寞难熬，便一个人偷偷溜到了街上。

（3）假如从事不适合自己的职业，必定会痛苦难熬。

难过

词典释义

《现汉》（第913页）：（1）不容易过活。解放前穷人的日子真~。（2）难受。肚子里~得很｜他听到老师逝世的消息，心里非常~。

《现规》（第939页）：（1）难以度过的。形容生活状态不好。（2）不好受，痛苦。（3）〈动〉不容易通过。

《新形》未收。

现释义　难以忍受，比喻痛苦。

义项用例

（1）每次从江边回来，刘三姐心里都难过得要命。（王小波）

（2）刘三姐走下山岗，心里叫失望咬噬得很难过。（王小波）

（3）妈为了鸣凤的事情常常难过。

难受

词典释义

《现汉》（第913页）：（1）身体不舒服。浑身疼得~。（2）心里不痛快。他知道事情做错了，心里很~。

《现规》（第939页）：（1）有病不舒服，难以忍受。（2）心情不愉快；伤心。

《新形》未收。

现释义　难以忍受，比喻痛苦。

义项用例

（1）琴心里一阵难受，就掉开头。

（2）林先生勉强安慰着，心里的难受，比刀割还厉害。

（3）人家好端端一本书，你也是好端端一个人，没有缘分就应该轻松地擦肩而过，如果明明别扭还要使劲儿缠在一起难受半天，多不好。

（余秋雨）

委屈

词典释义

《现汉》（第1312页）：（1）受到不应该有的指责或待遇，心里难过。诉~｜他辛苦了半天还受埋怨，觉着很~。（2）让人受到委屈。对不起，~你了。

《现规》（第1357页）：（1）受到不公平的对待或指责而心中难受。（2）〈动〉使人委屈。（3）〈名〉指委屈的心情。（跟“委曲”不同。“委屈”表示一种心情；“委曲”是一种对人对事的态度。）

《新形》（第789页）：因为受到不公正的对待而心里难过。可以形容情绪、感觉、行为、口气、样子、生活和事情等，也可以直接形容人。

现释义 因受到不公正的对待而难过。

义项用例

（1）哼，我的眼泪早哭干了，我没有委屈，我有的是恨，是悔，是三十年一天一天我自己受的苦。

（2）他的身量，力气，一向使他自尊自傲，可是在过去的这些日子，无缘无故的他受尽了委屈与困苦。

（3）论良心，祥子并没立意欺人，而且自己受着委屈。

特征辨析

悲 《现汉》：（1）悲伤。~喜交集。（2）怜悯。慈~。悲释义为悲伤。

哀 《现汉》：（1）悲伤；悲痛。悲~。（2）悼念。~悼｜默~。（3）怜悯。~怜。

愤 因为不满意而感情激动；发怒。气~｜公~｜~世嫉俗（对不合理的社会和习俗表示愤恨憎恶）。

凉 （1）温度低；冷（指天气时，比“冷”的程度浅）。阴~｜~水｜过了秋分天就~了。（2）比喻灰心或失望。听到这消息，他心里就~了｜爹这么一说，我就~了半截儿。凉释义为凄凉。

凄 《现汉》：（1）寒冷。风雨~~。（2）形容冷落萧条。~凉｜~清。（3）形容悲伤难过。~然｜~切｜~惨。凄释义为凄凉。

戚 《现汉》：忧愁；悲哀。戚释义为〈书〉忧愁。

切　《现汉》：（1）合；符合。文章～题｜说话不～实际。（2）贴近；亲近。～身｜亲～。（3）急切；殷切。恳～｜回国心～。（4）切实。～记｜～忌。（5）用在反切后头，表示前两字是注音用的反切。如“塑，桑故～”。

酸　《现汉》：（1）能在水溶液中产生氢离子的化合物的统称。这类物质能跟碱中和而生成盐和水，水溶液具有酸味，能使石蕊试纸变成红色，能跟某些金属化合而产生氢和盐，如硫酸、盐酸等。（2）像醋的气味或味道。～菜｜～枣｜青梅很～。（3）悲痛；伤心。辛～｜心～｜悲～。（4）旧时讥讽文人迂腐。穷～｜寒～｜～秀才。

恸　极悲哀；大哭。恸释义为极度悲伤。

痛　《现汉》：（1）疾病创伤等引起的难受的感觉。（2）悲伤。悲～｜哀～。（3）尽情地；深切地。痛释义为痛苦。

悲伤、伤悲、悲楚、悲痛、悲凄、悲凉分别合并为一个义位。难熬、难受、难过释义为难以忍受，形容心里不舒服，合并为一个义位。伤感、感伤合并为一个义位。悲伤、悲惨、难过为元语言基元、核心成员。

义征表达式

悲伤（伤悲）[＋心情][－积极][＋难过][＋程度高]

悲怆 [＋心情][－积极][＋悲伤][＋悲壮]

悲愤 [＋心情][－积极][＋悲伤][＋愤怒]

悲凄（悲凉）[＋心情][－积极][＋悲伤][＋凄凉]

悲切 [＋心情][－积极][＋悲伤][＋凄切]

悲酸 [＋心情][－积极][＋悲伤][＋心酸]

悲壮 [＋心情][－积极][＋悲伤][＋雄壮]

悲愁 [＋心情][－积极][＋悲伤][＋忧愁]

悲戚 [＋心情][－积极][＋悲伤][＋忧愁][＋书面]

悲楚（悲痛）[＋心情][－积极][＋悲伤][＋痛苦][＋书面]

悲惨 [＋心情][－积极][＋悲伤][＋痛苦][＋极端]

悲苦 [＋心情][－积极][＋悲伤][＋痛苦]

悲哀 [＋心情][－积极][＋悲伤][＋程度高]

悲恸 [＋心情][－积极][＋悲伤][＋极端]

伤感（感伤）[＋心情][－积极] y [＋感触][＋悲伤]

心酸（酸心）[＋心情][－积极][＋悲伤][＋比喻]

心碎［＋心情］［－积极］［＋破碎］［＋悲伤］［＋极端］［＋比喻］

难过（难受、难熬）［＋心情］［－积极］［－忍受］［－舒服］

委屈［＋心情］［－积极］y［－公正］［＋难过］

三　痛苦同义组

痛　痛苦　苦痛　痛楚　痛切　沉痛　苦　苦楚　苦闷　苦恼　苦涩

痛

词典释义

《现汉》（第 1268 页）：(1) 疾病创伤等所引起的难受的感觉。头～｜肚子～｜伤口很～｜～痒相关。(2) 悲伤。悲～｜哀～。(3) 尽情地；深切地；彻底地。～击｜～骂｜～歼｜～饮｜～改前非（彻底改正过去的错误）。

《现规》（第 1310 页）：(1) 疼。(2) 悲伤；痛苦。(3)〈副〉表示程度极深。

《新形》未收。

现释义　心里非常难过。

义项用例

(1) 潘金莲受伤的心，又开始隐隐作痛。(李碧华)

(2) 她的心有点昏蒙了，微微地痛。(李碧华)

(3) 男人的手，抓住她，自腕间痛到心头上。(李碧华)

痛苦

词典释义

《现汉》（第 1269 页）：身体或精神感到非常难受。

《现规》（第 1311 页）：(1) 肉体或精神感到非常难受。(2) 沉痛而深刻。(3)〈名〉难受的事情。

《新形》（第 761 页）：身体或精神感到非常难受。形容人、灵魂、面貌、样子、形象、神情、表情、身世、经历、生活、日子、岁月、时间、过程、境界、源泉、事情、思想、思索、回忆、反省、抉择、身影和其他行为等。

现释义　心里非常难过。

义项用例

(1) 你在经历痛苦之后，必然会获得幸福，在今生。

(2) 谁不喜欢这样呢，生活既是那么无聊，痛苦，无望！(老舍)

(3) 我还不致为此感到痛苦，但也有一点轻微的失落感。(王小波)

苦痛

词典释义

《现汉》(第728页)：痛苦。

《现规》(第759页)：〈名〉痛苦的感受。

《新形》(第440页)：非常难受或令人非常难受。形容感觉、精神、声音、岁月等。

现释义　心里非常难过。

义项用例

(1) 酒醒过来，他非常的后悔，苦痛。

(2) 她们的委屈是由生活上的苦痛而来，每一件小事都可以引下泪来。

(3) 我愿在打你的同时，我的手指亲自承受力的反弹，遭受与你相等的苦痛。

痛楚

词典释义

《现汉》(第1268页)：悲痛；苦楚。

《现规》(第1310页)：(1)〈形〉痛苦（肉体或精神感到非常难受)。(2)〈名〉痛苦。

《新形》(第761页)：形容痛苦难受。用于内心、神情、声音、滋味等。

痛　《现汉》：(1) 疾病创伤等所引起的难受的感觉。头～丨肚子～丨伤口很～丨～痒相关。(2) 悲伤：悲～丨哀～。(3) 尽情地；深切地；彻底地。～击丨～骂丨～歼丨～饮丨～改前非（彻底改正过去的错误)。

现释义　〈书〉心里非常难过。

义项用例

(1) 我几乎毫不犹豫地认为：每打你一次，我感到的痛楚都要比你更为久远而悠长。

(2) 我没有再问下去，因为我不想让你在追思中加重痛楚的心情。

(3) 来美国这么多年，那是我第一次把自己的回忆对一个同性和盘端出，不怕她嘲笑我的软弱，失落，痛楚，悲哀，渴望和庸俗。

痛切

词典释义

《现汉》(第1269页)：悲痛而深切。从这次错误中得到了~的教训。

《现规》(第1311页)：沉痛而深切。

《新形》未收。

现释义　痛苦悲切。

义项用例

(1) 郭沫若几经痛切检讨后还保留着位置，但他推荐来的曲信先却遇到了家庭出身问题。

(2) 他再次温习了箫的身体所散发的女性气息，想起他的这段短暂的婚姻经历，小杜痛切地感受到生活的种种矛盾。

(3) 基地飘摇如孤岛，队员痛切大反思。

沉痛

词典释义

《现汉》(第153页)：(1) 深深的悲痛。十分~的心情。(2) 深刻；严重。应该接受这个~的教训。

《现规》(第159页)：(1) 极其悲痛。(2) 深刻而痛心。

《新形》(第91页)：十分悲痛；深感痛心。形容心情、感情、情感、声音、言语、文字、神色和教训等。

现释义　极其痛苦。

义项用例

(1) 我沉痛地看到她在跑道上显然跟不上王军霞、张林丽和所有的队友。

(2) 尤其令人沉痛的是，在兵变10多天以后，马俊仁尚且没有来得及清理一下纷乱思绪，鞍山方面竟传来老父病故的噩耗。

(3) 我半晌没有吭声，我沉痛。

苦

词典释义

《现汉》(第727页)：(1) 像胆汁或黄连的味道(跟“甘”相对)。~胆丨这药~极了。(2) 难受；痛苦。~笑丨艰~丨一不怕~，二不怕死丨忆~思甜。(3) 使痛苦；使难受。解放前，一家五口都仗着他养活，可~了他了。(4) 有耐心地，尽力地。~劝丨~干丨~思丨勤学~练。(5)〈方〉除去得太多；损耗太过。指甲剪得太~了丨这双鞋穿得太~了，不能修理了。

《现规》(第758页)：(1) 难过；痛苦。(2) 对某种情况感到痛苦。

《新形》(第437页)：(1) 像胆汁或黄连的味道。(2) 痛苦或使人感到痛苦。(3) 辛苦；艰苦。(4) 辛勤；刻苦；竭力。(5) 除去得太多；损耗太过。

现释义　比喻痛苦。

义项用例

(1) 相思有点甜味，单思完全是苦的！(老舍)

(2) 我心里也苦！(李碧华)

(3) 除非有奇迹发生，苦多乐少，而奇迹却总是不发生。(王小波)

苦楚

词典释义

《现汉2005》(第788页)：痛苦(多指生活上受折磨)。辛酸~丨满腹~，无处倾诉。

《现规》(第758页)：〈名〉精神上受折磨造成的痛苦。

《新形》未收。

现释义　〈书〉比喻痛苦。

义项用例

(1) 因为受尽苦楚，说话总是横着来。(老舍)

(2) 天天地治病处方，见到的尽是苦楚人脸，不快呻吟。(李碧华)

(3) 因这哑忍，便咬着唇，甜蜜而苦楚的滋味。(李碧华)

苦闷

词典释义

《现汉》(第728页)：苦恼烦闷。

《现规》（第 759 页）：苦恼郁闷。

《新形》（第 438 页）：苦恼烦闷。形容心情、精神、神色、表情、新诗、日子、劲敌、行为和动作等。

现释义　痛苦烦闷。

义项用例

(1) 听着外边的风声，虽然苦闷，可是总还有点“不出去也好”的自慰。(老舍)

(2) 我在陕西非常苦闷！(王小波)

(3) 这些水族，平素修炼苦闷，一点娱乐也没有。(李碧华)

苦恼

词典释义

《现汉》（第 728 页）：痛苦烦恼。

《现规》（第 759 页）：痛苦烦恼。

《新形》（第 439 页）：痛苦烦恼。形容心情、神情、神态、目光、眼光和行为等。

现释义　痛苦烦恼。

义项用例

(1) 可是我自己有我自己的事，做完了事，念我的书，也就不觉得有什么苦恼啦！(老舍)

(2) 他叼着小烟袋，看一会儿外面，看一会儿炉中的火苗，把一切的愁闷苦恼全忘了。(老舍)

(3) 心中原本苦恼，又在极强的灯光下遇见这新异的活东西，他没有了主意。(老舍)

苦涩

词典释义

《现汉》（第 728 页）：(1) 又苦又涩的味道。(2) 形容内心痛苦。~的表情。

《现规》（第 759 页）：(1) 味道又苦又涩。(2) 愁苦。

《新形》（第 439 页）：(1) 又苦又涩。可以形容味道，也可以直接形容有这样味道的东西。(2) 表示内心痛苦。形容心、心情、滋味、表情、爱情、声音、回忆、回味、动作和人生、童年等。

现释义　比喻痛苦。

义项用例

(1) 不知为什么，我觉得出，老曲头的内心是苦涩的，女儿曲云霞同样闷闷不乐。

(2) 十七岁男孩子眼中的一切都那么浅薄，不知道长者在关爱我们的同时是否心动一头，想吐露一点心中的苦涩？

(3) 这就是我在草原上听到的“无牙象基因”之说，它使我苦涩地联想起“物竞天择，适者生存”这一千古不灭的定律。

特征辨析

痛切取《现汉》释义“痛苦深切”。

恼　《现汉》：(1) 生气。~恨｜把他惹~了｜你别~我！(2) 烦闷；心里不痛快。烦~｜苦~｜懊~。恼释义为烦恼。

涩　《现汉》：(1) 像明矾或不熟的柿子那样使舌头感到麻木干燥的味道。(2) 摩擦时阻力大；不滑润。滞~｜轮轴发~，该上油了。(3)(文句) 不流畅；难读；难懂。晦~｜艰~。

痛、痛苦、苦痛合并为一个义位。苦、苦涩合并为一个义位。

义征表达式

痛苦（痛、苦痛）[+心情][-积极][+难过][+极端]

痛楚 [+心情][-积极][+难过][+极端][+书面]

沉痛 [+心情][-积极][+痛苦][+极端]

苦（苦涩）[+心情][-积极][+痛苦][+比喻]

苦楚 [+心情][-积极][+痛苦][+比喻][+书面]

苦闷 [+心情][-积极][+痛苦][+烦闷]

苦恼 [+心情][-积极][+痛苦][+烦恼]

四　悲哀同义组

哀愁　哀戚　哀伤　哀恸　哀痛　哀婉　哀怨

哀愁

词典释义

《现汉》(第2页)：悲哀忧愁。

《现规》(第2页)：悲哀忧愁。

《新形》未收。

现释义　悲哀忧愁。

义项用例

(1) 她不怕日晒雨淋，不畏洪水冲击，笑迎澎湃的河水，载走人间的哀愁。

(2) 这样的声音在静夜里听起来，更微弱，更凄凉，里面充满了绝望的哀愁。

(3) 但见他那张刀雕斧刻般的老脸上唯有刚毅，言语中并没有更多的哀愁。

哀戚

词典释义

《现汉》(第2页)：〈书〉悲伤。

《现规》(第2页)：〈文〉悲痛；悲伤。

《新形》未收。

现释义　〈书〉悲哀忧愁。

义项用例

(1) 说到这里，抬头向外，嘴角露着一丝微笑，眉间却有哀戚之意。

(2) 有时因在整日静寂的沉思里得了点哀戚，但这种淡淡的凄凉，更令我舍不得去扰乱这情调，似乎在这里面我可以味出一缕甜意一样的。

(3) 海峡两岸交流基金会故董事长辜振甫今天上午正式下葬在屏东县高树乡泰和农场，葬礼不仅充满哀戚，场面庄严隆重；当地乡民希望辜老的墓园能兴建成纪念馆，彰显他对台湾的贡献。(《辜振甫下葬充满哀戚　屏东泰和农场门禁森严》，http://www.huaxia.com)

哀伤

词典释义

《现汉》(第3页)：悲伤。

《现规》(第2页)：悲哀伤心。

《新形》(第1页)：伤心难过。形容心情、情绪、颜色和情调、调子等，有时也直接形容人。

现释义　悲哀伤心。

义项用例

(1) 有些东西啮咬着他的意志。不是愁苦哀伤，而是一种控制不了的自恨。(李碧华)

(2) 到 1997 年，我才在不敢碰的哀伤中想通了这些。

(3) 她哀伤地振作起精神，步出窄巷，也试图一步步走出心中的黑暗角落。

哀恸

词典释义

《现汉》(第 3 页)：极为悲痛。伟人长眠，举世~。

《现规》(第 3 页)：极度哀伤。

《新形》未收。

恸 《现汉》：极悲哀；大哭。

现释义 极度悲哀。

义项用例

(1) 小国总理之死，举世哀恸。

(2) 它在读者心中引起的灵魂深处的颤动和哀恸，更不是一般文学作品所能比拟。

(3) 当时正在国丧时期，而那一对的行为，正是哀恸过度的表现。(王小波)

哀痛

词典释义

《现汉》(第 3 页)：悲伤；悲痛。

《现规》(第 3 页)：哀伤痛苦。

《新形》(第 1 页)：悲伤难过。主要形容人的心情。

现释义 悲哀痛苦。

义项用例

(1) 我只是感到在马嘶人喊刺刀见红的肉搏战停息之后许久，阵地上依然弥漫着无边的哀痛。

(2) 由美国返青岛，请原谅我不能到机场送别，我也是一个平凡之人，我再也承受不了那种哀痛和感伤。

(3) 这样一件举国哀痛的大冤案，在平反时却遇到空前阻力。

哀婉

词典释义

《现汉》(第 3 页)：悲伤婉转。歌声 ~ 动人。

《现规》(第 3 页)：哀切婉转。

《新形》未收。

现释义　悲哀婉转。

义项用例

(1) 爸爸沉痛地坐下，那双昼夜未眠、布满细细的红血丝的眼睛凝视着我，闪出一种少见的慈蔼、哀婉的神色。

(2) 冬夜，在这个被寒月浸透的小木屋前，成排的钻天杨在小径上映出它们光秃的枝杈和纤弱的影子，那丛攀到木屋顶上去的枯萎的鸢尾花藤，仿佛吐出一阵阵荒原上的清气，使一种缠绵哀婉的情感在这积雪茫茫的夜色里飘浮。

(3) 如泣如诉的倾吐，哀婉的柔情，如火山一般迸发的爱情，和茫茫的、不知伸向何处的小路……我伸出两只手，手指在各跨越八度的高音和低音部猛地弹跳起来，明亮的琴房和手下一连串美妙的琶音，不禁使我心花怒放。

哀怨

词典释义

《现汉》(第 3 页)：因委屈而悲伤怨恨。倾诉内心的 ~。

《现规》(第 3 页)：哀伤怨恨。

《新形》(第 1 页)：因委屈而悲伤怨恨。主要形容感情、情调、色调和气氛等。

现释义　悲哀怨恨。

义项用例

(1) “自我”是伟大的，但探索“自我”不能躲进孤独和哀怨中。

(2) 光芒，以及秋虫哀怨的鸣声，并不因此消失，至今还深深地扣动我们人类的心弦。她直瞅我那哀怨的绝望的目光我不忍目睹。

(3) 今天我想去抱它，它正好缩在屋角，没处可躲，就用大眼睛瞪着我，眼里充满了无奈、哀怨、防备，那么怯生生又楚楚可怜。

特征辨析

哀 《现汉》（第 2 页）：（1）悲伤；悲痛。悲～｜～鸣。（2）悼念。～悼｜默～。（3）怜悯。～怜｜～矜｜～其不幸。

《说文》（第 61 页）：哀，从口，言声。闵也。闵，吊者在门也。引申之凡哀者皆曰闵。

从“哀”的释义看，（2）、（3）义基本用在动词中，形容词中的“哀”为“悲伤；悲痛”义。我们把“哀”解释为“悲哀”。

伤 《现汉》：（1）人体或其他物体受到的损害。内～｜虫～｜探～｜轻～不下火线。（2）伤害。～了筋骨｜出口～人｜～感情。（3）悲伤。～心｜～感。（4）因过度而感到厌烦（多指饮食）。～食｜吃糖吃～了。（5）妨碍。无～大体。

伤、悲、哀都表示悲伤，稍有程度差别，伤＜悲＜哀，伤释义为伤心，哀释义为悲哀。

悲恸与哀恸、悲痛与哀痛区别在悲与哀的程度差别上。因此形容词的一个典型特征是量性特征。

义征表达式

哀愁［＋心情］［－积极］［＋悲哀］［＋忧愁］

哀戚［＋心情］［－积极］［＋悲哀］［＋忧愁］［＋书面］

哀伤［＋心情］［－积极］［＋悲哀］［＋伤心］

哀恸［＋心情］［－积极］［＋悲哀］［＋极端］

哀痛［＋心情］［－积极］［＋悲哀］［＋痛苦］

哀婉［＋心情］［－积极］［＋悲哀］［＋婉转］

哀怨［＋心情］［－积极］［＋悲哀］［＋怨恨］

五 悲惨同义组

惨怛 惨苦 惨痛 惨戚 惨切

惨怛

词典释义

《现汉》（第 121 页）：〈书〉忧伤悲痛。～于心。

《现规》（第 124 页）：〈文〉忧伤悲痛。心中～。

《新形》未收。

现释义　〈书〉悲惨忧伤。

义项用例

(1) 任晓烟为我而悲凄，暮云为我而惨怛，我的灵魂仿佛如见。(http://www.smileradio.com)

(2) 入元以后的作品则具有惨怛迷离的特征，风格诡幻奇峭、沉郁多气，时见隐晦寄寓。(苗健青《波涛孤树风雨心——遗民诗人郑思肖和谢翱》，http://www.fzu.edu.cn)

(3) 人脸青黄，相顾惨怛。(莫言《红蝗》，http://www.lianzai.china.com)

惨苦

词典释义

《现汉》(第121页)：凄惨痛苦。

《现规》未收。

《新形》未收。

现释义　悲惨痛苦。

义项用例

(1) 远处的灰云把河水，老树，全合成一片灰雾，渺茫茫的似另有一个世界，和这个世界一样灰淡惨苦，只是极远极远，不容易看清楚了。(老舍)

(2) 这时街道文明了，民众安静了，但我们试一推测死者的心，却一定比明明白白而死的更加惨苦。(林贤治《鲁迅的最后十年》，http://www.book.sina.com.cn)

(3) 一股悲凉的感觉袭上心头，难道人类是一种必须通过切身的、惨苦的教训，才能获得知识的动物吗？(SUN《残酷与沉重的代价，换来的仅仅是一个教训》，http://www.qglt.com.cn)

惨痛

词典释义

《现汉》(第121页)：悲惨痛苦。我们不应该忘了这个~的教训。

《现规》(第124页)：悲惨沉痛。~的教训。

《新形》(第69页)：悲惨沉痛。用于事实、事件、消息、结局、悲剧、遭遇、经历、历史、过去、命运、生活、景象、岁月、经验、教训和声音以及叙述、回忆、失败等。

现释义　悲惨痛苦。

义项用例

（1）假如没有母女之间的剑拔弩张，没有那个冬季的离家，她是不是可以避免承受此后的一系列惨痛？

（2）这无疑是她的所谓“情殇”中最惨痛的一段。

（3）二民哇呀呀呀哭得更加惨痛。

惨戚

词典释义

《现汉》未收。

《现规》（第124页）：〈文〉悲伤凄切。~至极，难以言表。

《新形》未收。

现释义　〈书〉悲惨忧愁。

义项用例

（1）河山响应，动天地而泣鬼神，易惨戚为悲歌。

（2）宁省后此吾躬有如许惨戚，以告吾读者。（苏曼殊《断鸿零雁记》，http://www.wenhua.jztele.com）

（3）顿时他的老爹忧虑不堪，他的老姐整日哭泣，“上下愁劳，举家惨戚”。（《我在美丽的宁波》，http://www.southcn.com）

惨切

词典释义

《现汉》未收。

《现规》（第124页）：悲惨凄切。神情~。

《新形》未收。

现释义　悲惨凄切。

义项用例

（1）两人手牵着手，都知道这或许是最后一次见面了，心里有种惨切的快乐——因为分离而惨切，因为见面而快乐；因为将来而惨切，因为这一刻而快乐。（西岭雪《现代聊斋：今世未了情》，http://www.cul.sina.com.cn）

(2) 坐在窗前的，只是个悲凉、寂寞、惨切而心力交疲的小妇人。(琼瑶《一帘幽梦》, http: //www. easysea. com)

(3) 这件惨事虽发生在猿母子身上，但惨切足以催人泪下。(《浮生百感》, http: //www. wzwx. com)

特征辨析

惨　《现汉》: (1) 悲惨；凄惨。~不忍睹｜~绝人寰。(2) 程度严重；利害。敌人又一次~败。(3) 凶恶；狠毒。~无人道。《说文》: 惨，毒也。毒，害也。惨释义为悲惨。

怛　《现汉》: (1) 忧伤；悲苦。惨~｜~伤。(2) 畏惧；惧怕。怛释义为忧伤。

惨苦、惨痛合并为一个义位。

义征表达式

惨怛 [+心情] [-积极] [+悲惨] [+忧伤] [+书面]

惨苦 (惨痛) [+心情] [-积极] [+悲惨] [+痛苦]

惨戚 [+心情] [-积极] [+悲惨] [+忧愁] [+书面]

惨切 [+心情] [-积极] [+悲惨] [+凄切]

六　凄凉同义组

凄惨　凄恻　凄楚　凄怆　凄惶　凄苦　凄凉　凄冷　凄迷　凄切　凄然　凄婉　凄惘　苍凉

凄惨

词典释义

《现汉》(第 992 页): 凄凉悲惨。

《现规》(第 1016 页): 凄凉悲惨。

《新形》(第 604 页): 凄凉悲惨。形容脸色、神色、面容、表情、声音、调子、感觉、印象、故事、气氛、景象、情景和生活等。

现释义　凄凉悲惨。

义项用例

(1) 因了他们的沉默，因了他们脸上所显现出来的凄惨和暗淡，我似乎感到这便是我死的预兆。

(2) 米康的嗓子很沙很喑哑，所以听上去就更凄惨。

(3) 我觉得自己的境遇比琼瑶小说的女主角还凄惨一百倍。

凄恻

词典释义

《现汉》(第992页):〈书〉哀伤;悲痛。

《现规》未收。

《新形》未收。

现释义 〈书〉凄凉悲伤。

义项用例

(1) 这是娴一生中最为缠绵凄恻的年代。

(2) 离乡背井,已有一重别绪,彼此在客居中话别,又多了一重别绪:其中真有无限凄恻。(《开阔的胸襟 豪迈的离歌》,http://www.china-culture.com.cn)

(3) 一个女人涌动一生来爱一个毫无知觉的男人,很凄恻的爱情。(金赫楠《爱在希望与绝望之间》,http://www.hb.xinhuanet.com)

凄楚

词典释义

《现汉》(第992页):〈书〉凄惨痛苦。

《现规》(第1016页):凄凉哀伤。

《新形》未收。

现释义 〈书〉凄凉痛苦。

义项用例

(1) 声音有点凄楚,和呜咽相近。

(2) 一种凄楚的感觉,油然浮上李尚杰的心头。

(3) 在浓郁的秋色中,更让铁花感到一阵阵孤独和凄楚。

凄怆

词典释义

《现汉》(第992页):〈书〉凄惨;悲伤。

《现规》(第1016页):凄惨;悲痛。

《新形》(第604页):形容凄惨或悲伤。用于心情、意味、滋味、环境、身世、眼光、神情、声音等。

现释义 〈书〉凄凉悲怆。

义项用例

(1) 这是一幕无法想象的悲恸与凄怆的场面。

(2) 老妇人凄怆地向那个方向望了望。

(3) 后来他给我细说了一个出生在当代中国贫困农民家庭的大学生所走过的那漫长而凄怆的求学路。

凄惶

词典释义

《现汉》未收。

《现规》(第 1016 页):〈文〉忧伤而惶恐不安。

《新形》(第 605 页):形容悲伤不安。用于心情、神情、神色、颜色、滋味、光景、景况和日子、岁月等。

现释义 〈书〉凄凉恐惧。

义项用例

(1) 半是美丽,半是凄惶。

(2) 眼看女人深圳、日本、美国满世界疯跑瞎窜顿生凄惶之情,莫名地心疼她们,心疼她们喧哗中的寂寞和热闹中的漂泊。

(3) 孔子"未知生,焉知死",以及"死徐自知之"之说,皆系以淡然而静穆的心情,审美地庄重凝视生死的宿命,故无生死间的凄惶,却多对无常的喟叹,如"逝者如斯夫"之类。(许章润《生死间的凄惶》,http://www.civillaw.com.cn)

凄苦

词典释义

《现汉》未收。

《现规》(第 1016 页):凄凉痛苦。

《新形》(第 605 页):形容凄惨空苦。用于心情、心境、处境、景况、日子、生活等。

现释义 凄凉痛苦。

义项用例

(1) 异国独居难言凄苦。

（2）我们一起笑，为了她的面无凄苦和我的不算太丑。

（3）多年来他遇上了说不尽的凄苦，道不完的难堪，他都能以强大的韧性安然渡过。

凄凉

词典释义

《现汉》（第992页）：寂寞冷落；凄惨（多用来形容环境或景物）。

《现规》（第1016页）：（1）荒凉冷落；孤独寂寞。（2）悲伤。

《新形》（第606页）：悲惨；寂寞冷落。形容身世、命运、感觉、神情、表情、动作、声音、语调、调子、清静、景象、气象、景物、生活、日子、岁月、年关、雨夜、地方、处所、境地、境界等。

现释义　寂寞冷落。

义项用例

（1）这样的声音在静夜里听起来，更微弱，更凄凉，里面充满了绝望的哀愁。

（2）他于是没有了敌人，没有了对手，没有了朋友，只有自己在上，一个，孤零零，凄凉，寂寞，便反而感到了胜利的悲哀。

（3）可是，在这个热闹的局面中，他也感觉到一点凄凉难过。

凄冷

词典释义

《现汉2005》（第1067页）：凄凉。内心十分～。

《现规》（第1016页）：凄凉痛苦。

《新形》未收。

现释义　寂寞冷落。

义项用例

（1）我只喜欢那段像冰雪一样晶莹而凄冷的回忆。

（2）中秋月夜有如此小调，稍感凄冷。（河马温柔《弓弦与竖琴》，http：//www.nfcmag.com）

（3）玉女陶醉了，想想天宫的凄冷寂寞，玉女动了真情。（《武夷山大王和玉女动人的爱情故事》，http：//www.wuyiguide.com）

凄迷

词典释义

《现汉》(第992页):〈书〉(1)(景物)凄凉而模糊;凄凉。夜色~。(2)悲伤;怅惘。

《现规》(第1016页):(1)(景物)凄凉迷茫。(2)悲哀惆怅。

《新形》未收。

现释义　凄凉迷茫。

义项用例

(1)舒欣眼光凄迷地望着夕阳,喃喃说道:"夕阳落下去的那个世界又是怎样的呢?"

(2)老翁泪眼凄迷中看到齐大夫,抖着皱纹笑了:"你来了就好。"

(3)死亡凄迷可怖。

凄切

词典释义

《现汉》(第992页):凄凉而悲哀,多形容声音。寒蝉~。

《现规》(第1016页):凄凉悲切。

《新形》未收。

现释义　凄凉悲伤。

义项用例

(1)彭增吉那坚决的口气,与他缅怀纪然冰那凄切的语调完全不同。

(2)艾滋女生的凄切追问——我是自作自受吗?但我更愿意以个体为对象,去解读和体验这个人飘忽而凄切的一生。(苦瓜《一生,那飘忽而凄切的命途》,http://culture.163.com)

(3)我们的诗人,却从那寂寂静夜的凄切琴声中,理解了佳人不遇"知音"的伤情。(潘啸龙,http://www.guoxue.com)

凄然

词典释义

《现汉》(第992页):形容悲伤。~泪下。

《现规》(第1016页):〈文〉形容凄凉伤感的样子。

《新形》(第607页):形容悲伤的样子。

现释义　形容凄凉的样子。

义项用例

（1）其实我并没有决意要学生物学，因为看得他有些凄然，便说了一个慰安他的谎话。

（2）老汉说时神色凄然。

（3）1996年岁末，朱镕基副总理在北京看话剧《商鞅》，为剧情所动，凄然泪下。

凄婉

词典释义

《现汉》（第992页）：（声音）悲哀而婉转。~的笛声。

《现规》（第1016页）：〈文〉（1）悲哀。（2）（声音）哀伤而婉转。

《新形》（第607页）：形容哀伤。用于感情、神情、诗句等。

婉 《现汉》：（1）（说话）婉转。~谢｜~言相劝。（2）〈书〉柔顺。~顺。（3）〈书〉美好。

现释义 〈书〉凄凉婉转。

义项用例

（1）他自以为这凄婉，打得动铁石心肠。

（2）墓地上又响起措辞悲哀凄婉的哭声。

（3）阿冬自己为客人演奏小提琴，那晚他拉的是“沈阳啊沈阳啊我的故乡”那首歌曲，又凄婉又动人，当时我的眼泪就掉了下来。

凄惘

词典释义

《现汉》（第992页）：悲伤失意。

《现规》（第1016页）：感伤怅惘，若有所失。

《新形》未收。

现释义 凄凉失意。

义项用例

（1）每次想到，他那感戴不尽的心情便变得格外凄惘。（雨果《悲惨世界》，http：//www.（P）ku. edu. cn）

（2）兄弟俩被吴新国从工地上赶了出来，无处安身，本来就像一只凄惘的鸟儿，现在窝被端了。（《王斌余事件肇因重在羞辱》，http：//www.（P）hoenixtv. com）

（3）她恢复了那凄惘的神色。（罗兰《西风·古道·斜阳》，http：//

www. white-collar. net)

苍凉

词典释义

《现汉》(第122页)：凄凉。月色~。

《现规》(第125页)：凄凉。~的原野。

《新形》(第74页)：凄凉冷落。形容心情、感觉和声音，也形容景色和气氛等。

现释义　心情旷远悲凉。

义项用例

(1) 说着，挺苍凉地叹口气。

(2) 刘振龙只觉心里一派苍凉。

(3) 说得她耷拉着脑袋不吭了，我心里一阵苍凉，原来自己读了这么多年书，又拼死拼活干了4年，还不如一个傍大款的黄毛丫头有钱。

特征辨析

凄　《现汉》：(1) 寒冷。风雨~~。(2) 形容冷落萧条。~凉丨~清。(3) 形容悲伤难过。~然丨~切丨~惨。凄释义为凄凉。

恻　《现汉》：悲伤。凄~丨~然。恻释义为〈书〉悲伤。

怆　《现汉》：悲伤。怆释义为悲怆。

惶　《现汉》：恐惧。~恐丨惊~。惶释义为恐惧。

迷　《现汉》：(1) 分辨不清，失去判断能力。~了路丨~了方向。(2) 因对某人或某一事物发生特殊爱好而沉醉。~恋丨看电影入了~。(3) 沉醉于某一事物的人。球~丨戏~。(4) 使看不清；使迷惑；使陶醉。金钱~住心窍丨景色~人。

惘　《现汉》：失意。怅~丨~然。惘释义为失意。

切　《现汉》：(1) 合；符合。文章~题丨说话不~实际。(2) 贴近；亲近。~身丨亲~。(3) 急切；殷切。恳~丨回国心~。(4) 切实。~记丨~忌。(5) 用在反切后头，表示前两字是注音用的反切。如“塑，桑故~”。“切”本身只有“急切、殷切”是心理形容词的义项，惨切、悲切中的“切”取“凄切”义，凄凉释义为“清凉悲伤”，以免循环释义。

悲怆为元语言基元，“悲伤”且“悲壮”之意。凄怆较之悲怆，心理情感更丰富。

凄凉为核心成员、元语言基元，从《现汉》释为“寂寞冷落”。

“~然”释义为形容~~的样子。

凄凉、凄冷、凄然合并为一个义位。

义征表达式

凄惨［+心情］［-积极］［+凄凉］［+悲惨］

凄恻［+心情］［-积极］［+凄凉］［+悲伤］［+书面］

凄楚［+心情］［-积极］［+凄凉］［+痛苦］［+书面］

凄怆［+心情］［-积极］［+凄凉］［+悲怆］［+书面］

凄惶［+心情］［-积极］［+凄凉］［+恐惧］［+书面］

凄苦［+心情］［-积极］［+凄凉］［+痛苦］

凄凉（凄冷、凄然）［+心情］［-积极］［+寂寞］［+冷落］

凄迷［+心情］［-积极］［+凄凉］［+迷茫］

凄切［+心情］［-积极］［+凄凉］［+悲伤］

凄然［+心情］［-积极］［+凄凉］

凄婉［+心情］［-积极］［+凄凉］［+婉转］［+书面］

凄惘［+心情］［-积极］［+凄凉］［+失意］

苍凉［+心情］［-积极］［+旷远］［+凄凉］

七　伤心同义组

伤心　痛心　酸　酸涩　酸楚　辛酸　酸辛　酸苦　酸痛

伤心

词典释义

《现汉》（第1104页）：由于遭受不幸或不如意的事而心里痛苦。

《现规》（第1139页）：心里悲伤、痛苦。

《新形》：因遭受不幸或遇到不如意的事而悲伤。形容任何事情、行为等。

现释义　因不幸而悲伤。

义项用例

（1）我本无须乎要他来，但他真的不来却又更令我伤心，更证实他以前的轻薄。

（2）在我看来，白娘娘最大的伤心处正在这里，而不是最后被镇于雷峰塔下。

(3) 孙小姐知道有人爱慕，准会高兴，这消息可以减少她的伤心。

痛心

词典释义

《现汉》(第 1269 页)：极端伤心。

《现规》(第 1311 页)：极度伤心。

《新形》(第 763 页)：极端伤心。形容人、事和行为、动作等。

现释义　极端伤心。

义项用例

(1) 令他自己的女儿不能受大学教育，是他一生最痛心的大憾事。

(2) 倒也不是大公无私，是因为自己的事怎么辩都是窝囊，我没有权利让我的朋友、学生、读者一起分担这份窝囊，窝囊比受伤更让人痛心。

(3) 只说我们这些刚刚得到“解放”消息，还没有“安排”的文艺界朋友，听到了无不惊讶，痛心。

酸

词典释义

《现汉》(第 1206 页)：(1) 能在水溶液中产生氢离子的化合物的统称。这类物质能跟碱中和而生成盐和水，水溶液具有酸味，能使石蕊试纸变成红色，能跟某些金属化合而产生氢气和盐，如硫酸、盐酸等。(2) 像醋的气味或味道。~菜 | ~枣 | 青梅很~。(3) 悲痛；伤心。辛~ | 心~ | 悲~。(4) 旧时讥讽文人迂腐。穷~ | 寒~ | ~秀才。

《现规》(第 1248 页)：悲痛；难过。

《新形》(第 735 页)：(1) 像醋的气味或味道。(2) 形容酸痛无力的感觉。(3) 伤心；悲痛。

现释义　比喻伤心。

义项用例

(1) 刘三姐认出此人名叫陆癞子，是一个不可救药的酒鬼兼无赖，听他一说，心里更酸，砰地关上窗子，倒在床上哭了个够。(王小波)

(2) 进去之后，闻着屋里淡淡的香粉味，心里又不由的一阵发酸。(老舍)

(3) 伊太太看两个姑娘辩论，心中有点发酸。(老舍)

酸涩

词典释义

《现汉》未收。

《现规》(第1248页)：又酸又涩。

《新形》未收。

现释义　比喻伤心苦涩。

义项用例

(1) 想到这个，他心里就生发出一种不是滋味的酸涩。

(2) 我看着眼前这个男孩，觉得心里很酸涩，决两兄弟都是那么善良，我已抛开了决带给我的痛楚。

(3) 当爱伦·金斯堡在五十年代满怀激情、感伤甚至那么一点酸涩的暧昧发出这样的吟唱时，绝对没有想到，四十年后它已完全变成了绝望的呼喊了。

酸楚

词典释义

《现汉》(第1206页)：辛酸苦楚。心头~。

《现规》(第1248页)：辛酸痛楚。

《新形》(第736页)：形容辛酸痛苦。用于心、心情、感觉、意念、感情、行为和回忆等。

现释义　比喻伤心痛苦。

义项用例

(1) 写到他们相爱的过程，有一种酸楚。

(2) 我的心里有一丝丝的柔情和酸楚，我在怀疑浅是否爱上了决。

(3) 陈虎接过烟，心头一阵酸楚，自从陶素玲死后，他不想看到万宝路香烟。

辛酸

词典释义

《现汉》(第1400页)：辣和酸，比喻痛苦悲伤。~的泪。

《现规》(第1449页)：又辣又酸。比喻痛苦和悲伤。

《新形》(第838页):辣和酸,比喻痛苦悲伤。形容心情、感觉、滋味、生活、日子、过去、往事、故事、眼泪、回忆、动作等。

现释义 比喻伤心痛苦。

义项用例

(1) 刘三姐又坐在老地方,听阿牛的歌声,心里绝顶辛酸。(王小波)

(2) 如果说,这歌声在江上久久不去,那么它一定因为含有莫大的辛酸。(王小波)

(3) 我感到一种辛酸慢慢沉了下来。

酸辛

词典释义

《现汉》(第1207页):心酸。

《现规》(第1248页):辛酸。

《新形》未收。

现释义 比喻伤心痛苦。

义项用例

(1) 这"右派"帽子一戴就是二十一年,其中的苦辣酸辛不堪回首。

(2) 因着这个信念,坚强的操采菊付出了一个中国乡村母亲最多的酸辛,这酸辛里充满了泪水、汗水与爱,那是一种何等壮丽博大的爱啊!(《不忍卒读的〈海子〉传》,news. xinhuanet. com)

(3)「抚琴人」书中系列作品,是以深刻的史人文思考,写出离乡背井的悲愁,尘世间的无奈与酸辛,却又肯定其人性的尊严。(altruim01. ecserver. com. tw)

酸苦

词典释义

《现汉》未收。

《现规》(第1248页):(1)(味道)酸而苦。(2)辛酸痛苦。

《新形》未收。

现释义 比喻伤心痛苦。

义项用例

(1) 它第一次在我的云中是酸苦，它那一点点微弱的浅金光儿照着我的泪。(老舍)

(2) (酸苦地，忽而) 天，这谁又料得到，天底下会有这种事，偏偏又叫我的孩子们遇着呢?

(3) 懂事的小金鹏默默地回到自己那间小屋，然而他怎么也忍不住心头的酸苦，眼泪整整流了一天。

酸痛

词典释义

《现汉》(第1207页)：(身体) 又酸又痛。左臂~。

《现规》(第1248页)：指肢体发酸疼痛。

《新形》(第737页)：身体又酸又痛。用于全身或身体的某一部位，也可用于感觉或心情。

现释义　比喻伤心痛苦。

义项用例

(1) 她的心也有些酸痛了。

(2) 心里一阵阵地酸痛起来。

(3) 后来听说母亲为他上学卖血的事，柳旗的心酸痛不已，他不知道应该说什么。(冯景元《七月，城市蒸腾着希望》，http://www.tianjindaily.com.cn)

特征辨析

辛　《现汉》：(1) 辣。(2) 辛苦。~勤 | 艰~。(3) 痛苦。~酸。(4) 姓。辛释义为痛苦。

辛、涩、苦、痛都是比喻痛苦。辛酸、酸辛、酸苦、酸痛、酸涩合并为一个义位。

义征表达式

伤心 [+心情] [-积极] y [+不幸] [+悲伤]

痛心 [+心情] [-积极] [+伤心] [+极端]

酸 [+心情] [-积极] [+伤心] [+比喻]

酸辛 (辛酸、酸苦、酸涩、酸痛) [+心情] [-积极] [+伤心] [+痛苦] [+比喻]

酸楚 [+心情] [-积极] [+伤心] [+痛苦] [+比喻] [+书面]

第二节　消沉压抑类

一　颓废同义组

颓废　颓靡　颓然　颓丧　颓唐

颓废

词典释义

《现汉》(第1282页)：意志消沉，精神委靡。情绪~丨~的生活。

《现规》(第1325页)：意志衰退，精神不振。

《新形》(第767页)：意志消沉，精神委靡。可以形容样子、气象、气息、思想、意识、感情、心理、精神、人生观、生活、文学、歌曲等，也可以直接形容人。

现释义　十分消沉不振。

义项用例

(1) 想到这里，由忧愁改为颓废。(老舍)

(2) 消极地回顾自己的经历是不对的，悲观、颓废、怀疑都是不对的。(王小波)

(3) 几周来，大丑耐心地调养着她，铁花又一次从死神的魔掌中挣脱出来，可是精神颓废到了极点。

颓靡

词典释义

《现汉》(第1282页)：颓丧；不振作。士气~。

《现规》(第1325页)：颓丧萎靡。

《新形》未收。

现释义　颓废萎靡。

义项用例

(1) 我看见真的颓靡的人，他总是不知道在干什么。(巾巾《忧伤忧郁孤独颓靡》，http://bbs.ewen.cc)

(2) 他在有限的时间里放纵自己干没有意义的事，一次又一次的，颓败奢靡，但是他却是不清楚的。他天真得像孩子，还不懂得这就是颓

靡。(巾巾《忧伤忧郁孤独颓靡》, http://bbs.ewen.cc)

(3) 我的颓靡，却是另外一种，说得很清楚，却自己找不到，唯独找不到原因的颓靡，却是最颓靡的颓靡。(狂屈《绘色之颓靡非常》, http://blog.bcchinese.net)

颓然

词典释义

《现汉》(第1282页):〈书〉形容败兴的样子。神情～。

《现规》(第1325页):(1) 形容破败的样子。(2) 形容消沉、萎靡不振的样子。

《新形》未收。

现释义　颓废的样子。

义项用例

(1) 蒙天放颓然。(李碧华)

(2) 他颓然。(李碧华)

(3) 鸿渐颓然倒在椅子里，身上又冷又热，像发疟疾。

颓丧

词典释义

《现汉》(第1282页):情绪低落，精神委靡。他～地低着头，半天不说话。

《现规》(第1325页):消沉沮丧。

《新形》(第767页):情绪低落，精神不振。可以形容心情、精神、神情、神气、表情、面容、脸、话语和行为、动作等，也可以直接形容人。

现释义　颓废沮丧。

义项用例

(1) 看着正象他的脸，因为颓丧把原来的光彩减少了一大些。(老舍)

(2) 他心中忘不了玛力，可是他也看出来了：他要是为她颓丧起来，他们父子就非饿死不可!(老舍)

(3) 她这样的颓丧，难道赶去投靠一个雾水的奸夫么?(李碧华)

颓唐

词典释义

《现汉》(第1282页):(1) 精神委靡。(2)〈书〉衰颓败落。

《现规》(第1325页):(1) 情绪低落,精神不振。(2) 境况衰败。

《新形》(第768页):消沉;不振作。形容神色、神情、模样、样子、颜色、脸色、气味、语调、心情、心绪、情绪、经历和境况等。

现释义　颓废空虚。

义项用例

(1) 这一着急,烦恼苦闷、失意颓唐、迷惑悲观就可能统统袭上心头。

(2) 在冷漠家庭中带着一肚子情绪的人,一踏进企业的大门,便会感到精神颓唐。

(3) 他的样子多了几分颓唐,少了几分戏谑。

特征辨析

颓　《现汉》:(1) 坍塌。~垣断壁。(2) 衰败。衰~|~败。(3) 委靡。~丧|~唐。颓释义为颓废。

废　《现汉》:(1) 不再使用;不再继续。~除|不能半途而~。(2) 没有用的或失去了原来的作用的。~话|~纸|~铁|修旧利~。(3) 残废。~疾(残疾)。

唐　《现汉》:(1)(言谈)虚夸。~大无验。(2) 空;徒然。功不~捐(功夫不白费)。唐释义为空虚。

颓废、颓然合并为一个义位。颓废为核心成员、元语言基元。

义征表达式

颓废(颓然)[+心态][-积极][+消沉][+不振][+程度高]

颓靡[+心态][-积极][+颓废][+萎靡]

颓丧[+心态][-积极][+颓废][+沮丧]

颓唐[+心态][-积极][+颓废][+空虚]

二　疲乏同义组

疲乏　疲惫　疲倦　疲沓　疲塌　累

疲乏

《现汉》（第 966 页）：疲劳。

《现规》（第 991 页）：因脑力或体力消耗过度而困乏无力。

《新形》（第 575 页）：身体或身体的某一部分感到很累。形容感觉、神气、表情、样子和动作等。

现释义　因消耗而无力。

义项用例

（1）他回卧室去，适才的盛气全消灭了，疲乏懊恼。

（2）他又兴奋又疲乏，呆呆地坐着，一动不动，一直到熄灯。

（3）他感到疲乏，可是很痛快的，值得骄傲的，一种疲乏，如同骑着名马跑了几十里那样。

疲惫

词典释义

《现汉》（第 966 页）：（1）非常疲乏。~不堪。（2）使非常疲乏。~敌军。

《现规》（第 991 页）：极其疲乏。

《新形》（第 574 页）：非常疲乏。形容身体、身心、样子、神情、神色、精神、动作、脚步、眼睛、旅途、声音和队伍等。

现释义　极端疲乏。

义项用例

（1）只有在这些琐琐碎碎的家事当中，我才能有实在和安全的感觉，疲惫的心才能再次振作起来。

（2）楚楚则写过一种不平衡的深刻："真想为你好好活着，但我，疲惫已极。"

（3）焦急，疲惫，又小心翼翼。

疲倦

词典释义

《现汉》（第 966 页）：疲乏；困倦。

《现规》（第 991 页）：（1）疲乏。（2）松懈倦怠。跟"厌倦"不同。"疲倦"指生理状态；"厌倦"指心理状态。

《新形》（第 575 页）：疲乏；困倦。形容身体、脸、眼睛、神气、神色、表情、样子、脚步、动作等。

现释义　疲乏厌倦。

义项用例

(1) 大海由中门进，衣服俱湿，脸色阴沉，眼不安地向四面望，疲倦，愤恨在他举动里显明地露出来。

(2) 天是这么长，祥子若是觉得疲倦无聊，虎妞在家中就更寂寞。

(3) 他身心疲倦，神志恍惚，一切听天由命去吧！太阳落山了，昏月升起来。

疲沓

词典释义

《现汉》未收。

《现规》(第991页)：松懈；不振作。(不要写作“疲塌”)

《新形》未收。

现释义　疲乏，松懈。

义项用例

(1) 我拖着疲沓的步子，来到又一座叫什么花园的住宅区。

(2) 队员心态明显疲沓，一旦领先，就心存侥幸，特别是，中场组织不再积极，防守也明显依赖后卫，这是冠军决赛输球的关键原因。(六棵树《钱公子说：我真的很鄙视安切洛蒂》，http：//family. mblogger. cn)

(3) 间隔性多次开庭的情况，往往易使当事人和诉讼代理人产生疲沓感而失去参加诉讼之激情。(赵刚《苏俄民诉法典中的“不间断原则”及其借鉴价值》，http：//www. chinaweblaw. com)

疲塌

词典释义

《现汉》(第966页)：松懈拖沓。也作疲沓。工作~。

《现规》(第991页)：现在规范词形写作“疲沓”。

《新形》(第577页)：也作疲沓。形容松懈拖沓。用于工作、作风、样子、现象等，也可以直接用于人。

现释义　疲乏，松懈。

累

词典释义

《现汉》（第66页）：(1) 疲劳。越干越有劲儿，一点儿也不觉得～。(2) 使疲劳；使劳累。眼睛刚好，不要～着它丨这件事别人做不了，还得～你。(3) 操劳。～了一天，该休息了。

《现规》（第796页）：疲乏。〈动〉使疲乏。操劳。

《新形》（第468页）：疲劳。

现释义 〈口〉疲乏。

义项用例

(1) 经过了许多事，你是不是觉得累。

(2) 忽然间我感到很烦很累，不像二十一岁的人。(王小波)

(3) 来人间一趟，一事无成，反落得四面都是陷阱谗谤。真累！(李碧华)

特征辨析

疲 《现汉》：疲乏；劳累。精～力尽丨～于奔命。疲释义为疲乏。

惫 《现汉》：（旧读bài）极端疲乏。疲～。

倦 《现汉》：(1) 疲乏。疲～。(2) 厌倦。孜孜不～丨诲人不～。倦释义为厌倦。

沓 《现汉》：多而重复。杂～丨纷至～来。

塌 《现汉》：(1) （支架起来的东西）倒下或陷下。倒～丨六孔桥～了一孔。(2) 凹下。～鼻梁。(3) 安定；镇定。～心。

疲沓、疲塌合并为一个义位。疲乏是核心成员、元语言基元。

义征表达式

疲乏［+心态］［－积极］y［+消耗］［+无力］

疲惫［+心态］［－积极］［+疲乏］［+极端］

疲倦［+心态］［－积极］［+疲乏］［+厌倦］

疲沓（疲塌）［+心态］［－积极］［+疲乏］［+松懈］

累［+心态］［－积极］［+疲乏］［+口语］

三 压抑同义组

郁闷 抑郁 郁抑 郁悒 悒郁 阴郁 沉重 沉抑 沉郁

郁闷

词典释义

《现汉》（第 1541 页）：烦闷；不舒畅。

《现规》（第 1603 页）：烦闷；不痛快。

《新形》（第 931 页）：烦闷；不舒畅。形容心情、神色、生活、日子、气息和行为等。

现释义 压抑烦闷。

义项用例

(1) 鸿渐郁闷不乐，老家也懒去。

(2) 本来，方涛是怀着非常郁闷的心绪回去的，但一到家里，首先碰上的竟是愉快事。

(3) 对此，他终日心情郁闷。

抑郁

词典释义

《现汉》（第 1493 页）：心有愤恨，不能诉说而烦闷。

《现规》（第 1553 页）：有怨愤或愁苦不能说出而心中烦闷。

《新形》（第 887 页）：忧郁、愁闷。用于精神、情绪、心情、表情、神情、神色和声音等。

现释义 心情压抑不舒畅。

义项用例

(1) 他的方法是简单的：以身体的劳动，抵制精神的抑郁。(老舍)

(2) 我在抑郁中回到自己位子上。(王小波)

(3) 当他听到有什么消息的时候，总爱来和钱文贵谈谈，以排遣自己的抑郁。

郁抑

词典释义

《现汉》未收。

《现规》（第 1603 页）：抑郁。

《新形》未收。

现释义 心情压抑不舒畅。

义项用例

(1) 手脚并用小心翼翼地爬到山顶时，压抑在心中多日以来的诸多不快，使我不由自主地大喊了起来，随着这些回荡在山谷中声音，我释放了所有的郁抑和烦躁。（冉小毅《人生若得清风月，何处故人不重逢》，http://bbs.chinacourt.org）

（2）心情郁抑的人只能做郁抑的梦，若是更加郁抑，是连梦都不会做的。（村上《且听风吟》，http://www.chinau-g.com）

（3）帮助一位郁抑的人，你便知道郁抑是会传染的！（《如何胜过忧郁》，http://www.cclw.net）

郁悒

词典释义

《现汉》（第1667页）：〈书〉忧愁；苦闷。心境～。

《现规》未收。

《新形》未收。

现释义 〈书〉心情压抑忧愁。

义项用例

（1）有些人遇到危机的时候，焦虑，紧张，郁悒，退缩。（混血儿《“为所欲为”与“为所当为”》，http://forum.o（P）endl.com）

（2）高桥大家都已见过，文弱书生样，皮肤白皙，身材高挑，眉宇间隐有些淡淡的郁悒。（成刚《阿丝地域》，http://www.chenggang.com.cn）

（3）长久地靠在床上，内心轻流着一种郁悒的平静。起身披衣站在阳台，那种郁悒的平静继续在胸间流动。眼前的绿叶微微晃动，天边浮游的白云让人感到天地间有着一种郁悒而又平静的什么在无休止地流动——透明空无地流动。（张伟明《无所适从》，http://www.xiaoyan.com）

悒郁

词典释义

《现汉》未收。

《现规》未收。

《新形》（第888页）：忧郁不安，闷闷不乐。用于心情、情绪、神情等。

现释义 〈书〉心情压抑忧愁。

义项用例

（1）分明是楚楚有什么难言的心事，悒郁不得其解，又没父母替她分忧解惑，才会一走了之。

(2) 颠簸了几步路，怒气又莫名横生的展司漠懒懒收住脚，悒郁地哼笑三声。

(3) 她不要他心情悒郁地离开。

阴郁

词典释义

《现汉》(第1499页)：(1)（天气）低沉郁闷；（气氛）不活跃。(2) 忧郁，不开朗。心情~。

《现规》(第1560页)：(1)（天气）阴暗沉闷。(2) 心情忧郁；气氛不活跃。

《新形》(第893页)：愁闷，不开朗。形容人、脸、面貌、面色、神色、神情、目光、眼光、微笑、感觉、思想、心情、心地和动作等。

现释义　心情压抑不开朗。

义项用例

(1) 我们倚靠着一棵大树，它悄悄地，向每个人的心中注入惨淡阴郁的液汁。

(2) 他口气不定又阴郁，有些卑躬屈膝，以往的傲气不复见。

(3) 并不是我的神经脆弱，而是我会感觉到那些异国亡灵在这条街上盘旋，阴郁而窒闷。

沉重

词典释义

《现汉》(第154页)：分量大；程度深。~的脚步丨这担子很~丨给敌人以~的打击丨他这两天的心情特别~。

《现规》(第159页)：(1) 分量重。(2) 严重；程度深。(3) 心情不开朗；思想负担重。

《新形》(第93页)：不愉快，有压力感。用于心情、情感、思绪、面色、脸色、神情、神态等。

现释义　比喻心情压抑不开朗。

义项用例

(1)“我躲着没给她看见，只跟唐小姐讲几句话——”鸿渐的心那一跳的沉重，就好像货车卸货时把包裹向地下一掼，只奇怪辛楣会没听见。

（2）他沉重地叹口气，摇摇头又点点头，勉强说："不用搞了。"

（3）站在楼前，我们应该感到责任沉重，感到内疚。

沉抑

词典释义

《现汉》（第 153 页）：低沉抑郁；沉郁。心情～｜～的曲调在深夜里显得非常凄凉。

《现规》（第 159 页）：低沉抑郁。内心～。

《新形》未收。

现释义　低沉压抑。

义项用例

（1）此言一出，周围涌起一片叹息之声，那叹息沉抑的如同地底泉水的呜咽。（楚燕狂子《覆雪》，http：//bbs. jycg. com. cn）

（2）近一星期，是没能与天天飞飞好好通声音的，只短信，内心沉抑的丘丘向他俩歉意。（小丘女《在那以后的日子》，http：//www. doyouhike. net）

（3）近年来，从梁少男事件到西北大学事件再到赵燕事件，极端悲壮、沉抑、愤怒、苦闷、敏感的情绪却似乎成了国民心理的主流。（赵灵敏《崛起的中国需要大国心态》，http：//www. phoenixtv. com）

沉郁

词典释义

《现汉》（第 154 页）：低沉郁闷：心绪～。

《现规》（第 159 页）：（1）（情绪）低落忧郁。（2）内心含蕴深沉。

《新形》（第 92 页）：形容沉闷忧郁。用于心情、心绪、性格、神情、神色、脸色、面色、眼光、眼睛、声音和气氛等。

现释义　低沉压抑。

义项用例

（1）那时，伊拉克已经侵占科威特几个月，伊总统萨达姆·侯赛因扬言要让美军在血海中洗澡、抬着棺材回去，人人心中都很紧张和担忧，到处是一片沉郁的气氛。

（2）情势将我们推向了这样一个位置——一个甚至让我们感到有些扭捏的位置上，我们流露出的惊讶、不适、羞涩、沉郁、兴奋、欢喜，也和普通的中国青年并无二致。

(3) 鸿渐脸上严肃沉郁，可是满心惭愧，因为这四年里他从未想起那位未婚妻，出洋时丈人给他做纪念的那张未婚妻大照相，也搁在箱子底，不知退了颜色没有。

特征辨析

郁 《现汉》:(1)(草木)茂盛。(2)(忧愁、气愤等)在心里积聚不得发泄。忧～|抑～|～闷。郁释义为压抑。

悒 《现汉》:忧愁不安。忧～|郁～|～～不乐。悒释义为〈书〉忧愁。

阴 《现汉》:(1)我国古代哲学认为宇宙中通贯物质和人事的两大对立面之一[跟“阳”相对，下(2)(5)(7)(8)(10)(11)同]。(2)指太阴，即月亮。～历。(3)天空中十分之八以上的部分被云遮住时叫做阴。～天|天～了|～雨连绵。(4)(～儿)不见阳光的地方。树～|背～儿。(5)山的北面；水的南面。华～(在华山之北)|江～(在长江之南)。(6)背面。碑～。(7)凹进的。～文。(8)隐藏的；不露在外面的。～沟|阳奉～违。(9)阴险；不光明。～谋。(10)指属于鬼神的；阴间的(迷信)。～司|～曹。(11)带负电的。～电|～极。(12)生殖器，有时特指女性生殖器。(13)姓。

抑郁、郁抑合并为一个义位。郁悒、悒郁合并为一个义位。沉抑、沉郁合并为一个义位。

义征表达式

郁闷 [+心情] [-积极] [+压抑] [+烦闷]

抑郁(郁抑) [+心情] [-积极] [+压抑] [-舒畅]

郁悒(悒郁) [+心情] [-积极] [+压抑] [+忧愁] [+书面]

阴郁 [+心情] [-积极] [+压抑] [-开朗]

沉重 [+心情] [-积极] [+压抑] [-开朗] [+比喻]

沉抑(沉郁) [+心情] [-积极] [+低沉] [+压抑]

四 失意同义组

失意 惝恍 怅然 怅惘 惆怅

失意

词典释义

《现汉》（第 1137 页）：不得志。

《现规》（第 1174 页）：不如意；不得志。

《新形》（第 703 页）：不得志；不如意。形容心情和事情等，也可直接形容人。

现释义　不如意。

义项用例

（1）谁知是因为夏天，抑或失意？（李碧华）

（2）原来小说中这一段空白的日子，你的失意和绝望，完全因为来了香港一趟。（李碧华）

（3）这一着急，烦恼苦闷、失意颓唐、迷惑悲观就可能统统袭上心头。

惝恍

词典释义

《现汉》（第 143 页）：〈书〉（1）失意；不高兴。（2）迷迷糊糊；不清楚。

《现规》（第 137 页）：〈文〉（1）形容失意；伤感。痛婉～。（2）模糊不清。

《新形》未收。

现释义　〈书〉失意伤感。

义项用例

（1）可以有失去生命的种子，但决不会有睡过头，唤不醒的种子，也没有怠惰懒散，迷离惝恍的种子。（詹克明《生命需要等待》，http：//news. xinhuanet. com）

（2）除了哥哥，我们所有人都含着热泪，直到正民的身影完全消失在海关才默默地转身，怀着一颗惝恍不已的心踏上了回家的路。（可爱淘《那小子真帅》，http：//www. （P）eo（P）le. com. cn）

（3）那是一种在期待中偶然流露的迷离惝恍的柔情。（雨果《悲惨世界》，http：//www. pku. edu. cn）

怅然

词典释义

《现汉》(第 144 页)：怅怅。~而返。

《现规》(第 148 页)：形容闷闷不乐或失望的样子。

《新形》(第 83 页)：形容因为不如意而感到不痛快。用于心情、情绪、感觉、动作等，也可以直接用于人。

现释义　形容失意的样子。

义项用例

(1) 苏小姐明知留不住他，可是他真去了，倒怅然有失。

(2) 放下电话，我在心中默默地想着每个朋友，想象着他们回答我的音容笑貌，之后颇为怅然，此时夜风已冷。

(3) 窗外响起激昂的口号和嘹亮的歌声："不要说我们一无所有……"我们为之怅然，继而愤然，终于哗然了。

怅惘

词典释义

《现汉》(第 144 页)：惆怅迷惘；心里有事，没精打采。

《现规》(第 148 页)：因失意或伤感而愁闷迷惘。

《新形》(第 84 页)：形容不如意或无精打采。用于心情、感觉、情绪、情思和行为、动作等。

现释义　失意迷惘。

义项用例

(1) 但苇弟若站起身来喊走时，我又会因怕寂寞而感到怅惘，而恨起他来。

(2) 一阵怅惘之后，你突然感到，你多么希望有一个很好的男孩子和你手拉着手，在春天的原野上奔跑啊!

(3) 可是这欢喜是空的，像小孩子放的气球，上去不到几尺，便暴烈归于乌有，只留下忽忽若失的无名怅惘。

惆怅

词典释义

《现汉》(第 178 页)：伤感；失意。~的别绪丨别离之后，她心里感到一阵~。

《现规》（第186页）：失意；伤感。

《新形》（第110页）：愁闷；伤感。形容心情、心绪、思绪和情绪等。

现释义　失意伤感。

义项用例

(1) 那些故土难离的惆怅，月是故乡明的愁绪，未老莫还乡、还乡须断肠的慨叹，近乡情怯的感受，千百年来占据了独在异乡为异客的游子情怀。

(2) 回首往昔，莫名的惆怅和感伤，情不自禁地浮上心头。

(3) 我也被这昙花一现的虚幻景象迷醉，踱到教楼外的空地上，心随之而惆怅。

特征辨析

怅　《现汉》：不如意。~惘｜惆~。怅释义为失意。

惆　《现汉》：〈书〉失意；悲痛。惆释义为伤感。

失意、怅然合并为一个义位。失意为核心成员、元语言基元。

义征表达式

失意（怅然）[+心情][-积极][-如意]

惝恍[+心情][-积极][+失意][+伤感][+书面]

怅惘[+心情][-积极][+失意][+迷惘]

惆怅[+心情][-积极][+失意][+伤感]

五　失望同义组

失望　凉　冷　心寒　寒心　灰心　沮丧　绝望

失望

词典释义

《现汉》（第1137页）：(1) 感到没有希望，失去信心；希望落了空。(2) 因为希望未实现而不愉快。

《现规》（第1174页）：(1) 因希望落空而不愉快。(2)〈动〉感到没有希望而丧失信心。

《新形》（第703页）：因希望落空而失去信心或因希望未实现而不愉快。形容人、颜色、神情、样子、情绪、因素和叹息等。

现释义　因希望落空而不愉快。

义项用例

(1) 他反倒有些失望，由失望而感到惭愧。(老舍)

(2) 等到后来知道别人也经历过大炼钢铁，我就感到无比的失望。(王小波)

(3) 素贞的失望，倒不是装出来的。(李碧华)

凉

词典释义

《现汉》(第788页)：(1) 温度低；冷（指天气时，比“冷”的程度浅)。阴～｜～水｜过了秋分天就～了。(2) 比喻灰心或失望。听到这消息，他心里就～了｜爹这么一说，我就～了半截儿。

《现规》(第819页)：悲伤。

《新形》(第482页)：(1) 温度低（指天气使一般比“冷”程度低)。(2) 比喻灰心、失望或淡薄。

现释义　比喻失望。

义项用例

(1) 他把这些东西一齐拿起来，心里凉了多半截。(老舍)

(2) 祥子的心凉了一些。(老舍)

(3) 他忽然的不那么昏昏沉沉的了，心中仿佛凉了一下。(老舍)

冷

词典释义

《现汉》(第767页)：(1) 温度低；感觉温度低（跟“热”相对)。～水｜现在还不算～，雪后才～呢｜你～不～？(2)〈方〉使冷（多指食物)。太烫了，～一下再吃。(3) 不热情；不温和。～言～语｜～语冰人。(4) 寂静；不热闹。～落｜～清清。(5) 生僻；少见的。～僻。(6) 不受欢迎的；没人过问的。～货｜～门。(7) 乘人不备，暗中发射的（箭、子弹)。～箭｜～枪。(8) 姓。

《现规》(第797页)：比喻消沉、失望。

《新形》(第468页)：(1) 温度低或感觉温度低（一般比“凉”程度高)。形容天气、季节、空气、天空、处所、地方、风、水、光和身子、手脚等。(2) 不热情；不吻合。形容性情、态度、神情、神色、表情、脸色、面孔、眼睛、眼光、眼神、说话、言语、口气、声音和声调等。(3) 不清洌；低落消沉。形容心、心愿、意愿、意气和愿望等。

现释义　比喻非常失望。

义项用例

(1) 她心冷了一截。(李碧华)

(2) 我感觉到冰凉的汗水在我脸上流淌，就像那十二月的冰水浇在脸上一样，我心里冷得发麻，仿佛失去了感觉。(绮罗无香《半夜窗外有人叫你的名字》，http：//y. sina. com. cn)

(3) 握着电话，我哭了，心里冷得要命。(《爱情就像互相支付的账单》，http：//woman. 263. net)

沮丧

词典释义

《现汉》(第682页)：(1) 灰心失望。(2) 使灰心失望。~敌人的精神。

《现规》(第711页)：灰心丧气。

《新形》(第404页)：灰心失望。可以形容情绪、精神、神气、神情、神色、脸色、脸孔和行为、动作等，也可以直接形容人。

现释义　灰心丧气。

义项用例

(1) 每次我写出这个谜底，都感到沮丧无比。(王小波)

(2) 这时候我觉得沮丧，好像斗败了的公鸡，而且觉得自己在她面前不过是个小叭狗罢了。(王小波)

(3) 半晌，朱莉莉沮丧地回来了。(李碧华)

心寒

词典释义

《现汉》(第1398页)：失望而又痛心。

《现规》(第1446页)：(1) 害怕。(2) 因失望而内心痛苦。

《新形》未收。

现释义　比喻心里极端失望消沉。

义项用例

(1) 现在没打棍子的，也不抓话辫子，十几年前我说句错话，受那罪现在想起来都心寒。

(2) 回忆全运会上的情景，代表团的头头脑脑们仍觉心寒。

(3) 可笑的是，这个二十七年来被他尊称为“父亲”的男人，甚至连句委婉的安慰词也不给，简单一句话便将他的心血抹光，这种父亲怎能不教人心寒。

寒心

词典释义

《现汉》(第496页)：(1) 失望而痛心。(2) 害怕。

《现规》(第512页)：心发冷。形容灰心失望。

《新形》未收。

现释义　比喻心里极端失望消沉。

义项用例

(1) 我对于曾经是我朋友后断交或疏远的那些人，时常想起来寒心，也时常想到他们的好处。如今倒坦然多了，因为当时寒心，是把朋友看成了自己和自己的家人，殊不知朋友毕竟是朋友，朋友是春天的花，冬天就都没有了。(贾平凹《朋友》,《读者》2003年第18期)

(2) 我寒心了，觉得没前途了。

(3) 种种原因，使曾经红极一时的京剧，失落了以往拥有的庞大观众群，出现了令人寒心的萎缩症状。

灰心

词典释义

《现汉》(第558页)：(因遭到困难、失败) 意志消沉。不怕失败，只怕～。

《现规》(第578页)：〈动〉丧失信心。

《新形》(第319页)：因失败或遇到困难而意志消沉。

现释义　失望消沉。

义项用例

(1) 这真不能不令我灰心，我要什么呢，什么也于我无益。

(2) 武龙不虞她也灰心了，一时之间，无言以对。(李碧华)

(3) 他觉得有点灰心了。

绝望

词典释义

《现汉》(第 691 页):希望断绝;毫无希望。感到～|～的呼喊。

《现规》(第 721 页):〈动〉希望破灭。

《新形》(第 408 页):毫无希望。可以形容心境、情绪、感觉、态度、样子、境地、事情、步骤和行动等,也可以直接形容人。

现释义　极端失望。

义项用例

(1) 她不恨,也不恼,只是绝望。(老舍)

(2) 虽然我一生的主题是悲观绝望,但还有一种气质在主题之外。(王小波)

(3) 你的失意和绝望,完全因为来了香港一趟。(李碧华)

特征辨析

寒心、心寒合并为一个义位。失望为核心成员、元语言基元。

义征表达式

失望 [+心情] [-积极] y [-希望] [-愉快]

凉 [+心情] [-积极] [+失望] [+比喻]

冷 [+心情] [-积极] [+失望] [+比喻] [+程度高]

灰心 [+心情] [-积极] [+失望] [+消沉]

寒心(心寒) [+心情] [-积极] [+失望] [+消沉] [+比喻] [+极端]

沮丧 [+心情] [-积极] [+灰心] [+丧气]

绝望 [+心情] [-积极] [+失望] [+极端]

六　低落同义组

低落　低沉　黯然　败兴　扫兴　不振

低落

词典释义

《现汉》(第 289 页):(士气、情绪等)不旺盛;不饱满。士气～|心情～。

《现规》(第 282 页):〈动〉下降;减弱(跟“高涨”相对)

《新形》未收。

现释义　心情不旺盛不振作。

义项用例

(1) 台下情绪有点低落。

(2) 根据地内春荒、夏荒空前严重，有的地方无粮户占35%，群众情绪低落。

(3) 从医院回来后芝的情绪低落到极点。

低沉

词典释义

《现汉》(第266页)：(1) 天色阴暗，云层厚而低。(2)(声音)低。(3)(情绪)低落。

《现规》(第282页)：(1) 云层厚，天色阴沉。(2)(声音)低而厚重。(3)(情绪)低落不振奋。

《新形》(第162页)：低落；不高昂。形容情绪、心情、士气，也可以形容空气和调子等。

现释义　心情不旺盛不振作。

义项用例

(1) 说者无心，听者有意，刘伟的心情更加落寞，情绪更加低沉。

(2) 老马情绪低沉地告诉她们：这账笔笔清楚，谁再要也没有了。

(3) 二爷很快从刚才讲故事的低沉中恢复过来。

黯然

词典释义

《现汉》(第12页)：(1) 阴暗的样子。工地上千万盏电灯光芒四射，连天上的星月也~失色。(2) 心里不舒服，情绪低落的样子。~泪下。

《现规》(第12页)：(1) 形容暗淡无光的样子。(2) 形容内心沮丧、情绪低落的样子。

《新形》(第14页)：(1) 形容阴暗的样子。用于天色和与光线有关的空间等。(2) 形容心里不舒服，情绪低落。用于人的心情、神色和动作。

现释义　形容心情低落沮丧的样子。

义项用例

(1) 末了她有点黯然。(李碧华)

(2) 单玉莲很坚强地黯然。(李碧华)

(3) 芝感到怅然若失，整个世界都变得黯然神伤了。

败兴

词典释义

《现汉》(第30页)：因遇到不希望有的事而情绪低落；扫兴。

《现规》(第28页)：〈动〉兴致遭到破坏；扫兴。

《新形》(第24页)：因为遇到不如意的事而情绪低落。

现释义　因为遇到不愉快的事而情绪十分低落。

义项用例

(1) 那两个浑小子，怎敢不听命老人，只好鼓腮败兴站过一旁。(李碧华)

(2) 只是，那些窃贼来晚了一步，我的家早被小姚领着人搬得差不多了，所以大概那些小偷们也很败兴吧。

(3) 那种在欢呼雀跃中相互感染的能够扫除一年败兴的欢乐，那种在鞭炮声中浓郁起来的过年的气氛，那种摩肩接踵时萌发的感动……这人间的快乐，我多想要。

扫兴

词典释义

《现汉》(第1091页)：正当高兴时遇到不愉快的事情而兴致低落。

《现规》(第1127页)：因遇到不愉快的事情而兴致消退。

《新形》(第679页)：因为遇到不愉快的事情而兴致低落。形容神色、样子、行为、动作、话语和现实等。

现释义　因遇到不愉快的事而情绪低落。

义项用例

(1) 拿破仑一扫兴，跑到后花园对着几株干玫瑰撅上嘴！(老舍)

(2) 鸿渐心里，不是快乐，而是感激，招呼后道："扫兴得很，苏小姐今天不能来。"

(3) 当时张家这婚事一场没结果，周太太颇为扫兴。

不振

词典释义

《现汉 2005》（第 118 页）：不振作；不旺盛。精神～｜一蹶～｜国势～。

《现规》（第 110 页）：不振作。

《新形》未收。

现释义　不振作。

义项用例

（1）一天这样过去了，工作暂告一段落，精神上难免松弛不振、疏忽大意。

（2）话剧工作者在创作上的脱离现实，美学追求上的徘徊，难以涌现优秀话剧作品，与戏剧队伍的流失和士气不振形成恶性循环。

（3）但桑兰并没有在这意外的打击下消沉下去，一蹶不振。

特征辨析

低落、低沉合并为一个义位。低落程度比失望低。低落为核心成员、元语言基元。

义征表达式

低落（低沉）[＋心情][－积极][－旺盛][＋不振]

黯然 [＋心情][－积极][＋低落][＋沮丧]

败兴 [＋心情][－积极] y [－愉快][＋低落][＋极端]

扫兴 [＋心情][－积极] y [－愉快][＋低落]

不振 [＋心情][－积极][－振作]

七　其他

冷淡　冷漠　淡漠　淡然　消沉　消极　空虚　空洞　气馁　悲观　麻痹　麻木　暧昧　不快

冷淡

词典释义

《现汉》（第 768 页）：（1）不热闹；不兴盛。（2）不热情；不亲热；不关心。（3）使受到冷淡的待遇。要热情招待，别～了人。

《现规》（第 797 页）：（1）淡漠；不热情。（2）冷清；不兴旺。

《新形》（第 470 页）：不热情；不亲热；不关心。形容心情、态度、姿态、感情、兴致、神情、表情、脸色、目光、眼光、声调、语气和行为、动作等。

现释义　不热情，不关心。

义项用例

（1）买车的心既已冷淡，对别人家的车就漠不关心。（老舍）

（2）陈清扬对我也冷淡起来。（王小波）

（3）这种冷淡使我痛心。（王小波）

冷漠

词典释义

《现汉》（第 768 页）：（对人或事物）冷淡，不关心。~的态度。

《现规》（第 798 页）：态度淡漠；漠不关心。

《新形》（第 474 页）：冷淡，不关心。可以形容心情、态度、表情、神气、神情、样子、声音、行为、动作等，也可以直接形容人。

现释义　不热情，不关心。

义项用例

（1）我们既不冷漠，又不自私，而且人与自然的关系和谐。（王小波）

（2）只是很冷漠地向尾随身后的一群模特儿留下一句话。（李碧华）

（3）他一听，回复冷漠、倣岸。（李碧华）

淡漠

词典释义

《现汉》（第 248 页）：（1）没有热情；冷淡。（2）记忆不真切；印象淡薄。十几年过去了，这件事在人们的记忆里已经~了。

《现规》（第 264 页）：（1）冷淡；不热情。（2）印象模糊，不真切。

《新形》（第 155 页）：冷淡；不热情。形容心、感情、表情、神情、神色、神气、脸孔、目光、态度和语气等。

现释义　不热情，不关心。

义项用例

（1）他推开病室的门，看见芝的眼睛亮了一下，随之又恢复了原先的淡漠。

（2）面对过那么多受访者，我还是第一次听到有人用这样的口吻来讲述自己离婚的经历，没有感伤、没有疼痛、没有后悔也没有欲罢不能，很平静或者就是很淡漠地讲述人生中的一个如此巨大的变故，庄成的表现令我不解。

（3）茹莹的与她的年龄极其不相称的从容与淡漠，使我猜不出她现在是一种什么样的心境。

淡然

词典释义

《现汉》（第248页）：形容不经心；不在意。～置之｜～地回答。

《现规》（第264页）：形容心情平静，不大在意。

《新形》：形容不经心或不在意。

现释义　不经心；不在意。

义项用例

（1）他淡然地回答，仍然没有抬头向我看，出去了。

（2）她一派淡然。

（3）但是我妈很淡然，她说："行，你自己会处理我就不用教你了。"

消沉

词典释义

《现汉》（第1380页）：情绪低落。意志～。

《现规》（第1428页）：情绪低落。

《新形》（第830页）：低落；不振作。可以形容人、情绪、意志、志气、态度、样子和神气，也可以形容眼光、声音和其他事物。

现释义　心情低落。

义项用例

（1）虽然这个时而激昂、时而消沉，时而狂吠不止、时而一声不吭的圈子，在过去几十年里从来就没教给人一点好的东西，但我还要挤进去。（王小波）

（2）被辜负的女人如在末日，不原谅他又痛恨自己，一直消沉。（李碧华）

（3）李贺在这首诗里寄喻了自己在困厄时的苦闷心情和他不甘在伤感中消沉的决心。

消极

词典释义

《现汉》（第 1380 页）：（1）否定的；反面的；阻碍发展的（跟“积极”相对，多用于抽象事物）。~言论｜~影响｜~因素。（2）不求进取的；消沉（跟“积极”相对）。~态度｜~情绪。

《现规》（第 1428 页）：（1）反面的；阻碍发展的（跟“积极”相对）。（2）不求进取；消沉。

《新形》（第 830 页）：不主动的；不求进取的。形容人、态度、情绪、工作、行动、办法和手段等。

现释义　形容心态不进取。

义项用例

（1）马先生一向是由消极想到积极，而后由积极而中庸，那就是说，好歹活着吧！（老舍）

（2）消极地回顾自己的经历是不对的，悲观、颓废、怀疑都是不对的。（王小波）

（3）但这一点有时候不容易做到，因为会导致悲观和消极。（王小波）

空虚

词典释义

《现汉》（第 721 页）：里面没有什么实在的东西；不充实。敌人后方很~；思想~。

《现规》（第 751 页）：里面没有东西；比喻实际力量薄弱，精神不充实。

《新形》（第 433 页）：里面没有什么实在的东西；不充实。可以形容战场、后方、肚子、声音、话语、梦境、影子、家庭和生活，也可以形容心、心境、感觉、精神、思想、脑子和表情等。

现释义　比喻内心不充实。

义项用例

（1）他头上见了汗，心中空了，空得舒服，象晕倒过去而出了凉汗那么空虚舒服。（老舍）

（2）老两口自迁居新村后生活多有不便，且精神倍感空虚，尤其每当疾病缠身时更感到孤独无援。

(3) 如果你的生活是空虚的，孤寂的，甚至是与世隔绝的，那也就无所谓“源”了，而只能是微波不兴的一池“死水”。

空洞

词典释义

《现汉》(第719页)：没有内容或内容不切实。~无物。

《现规》(第749页)：(1)〈名〉物体上或物体内部的孔隙；窟窿。(2) 比喻言论和文章没有实际内容。

《新形》(第429页)：(1) 里面很空，没有什么东西。(2) 形容空心的物体发出声音。(3) 形容心里空虚或感到空落落的。(4) 没有内容或内容不切实。

现释义　比喻内心不充实。

义项用例

(1) 展司漠抬起湿濡、空洞的双眼，悲凄冷笑。

(2) 一不如意，就走极端，看来卢刚空洞得可以。

(3) 只觉得身体遭了冷遇，周围是一片沙漠般的寂寥，从里向外都空洞了。

气馁

词典释义

《现汉》(第1003页)：失掉勇气。失败了不要~。

《现规》(第1028页)：丧失勇气和信心。

《新形》(第614页)：泄气；失去勇气。可以直接形容人，也可以形容样子等。

馁　《现汉》：(1) 饥饿。冻~。(2) 失掉勇气。气~。(3)〈书〉(鱼) 腐烂。鱼~肉败。

现释义　失去勇气。

义项用例

(1) 蒙天放越发气馁了。(李碧华)

(2) 真气馁，生平第一遭出来勾引男人，竟遇着个不通情的呆子。(李碧华)

(3) 每逢有外国人参观，我都很气馁，很自卑。

悲观

词典释义

《现汉》（第 52 页）：精神颓丧，对事物的发展缺乏信心（跟“乐观”相对）。

《现规》（第 51 页）：消极颓废，对前途缺乏信心（跟“乐观”相对）。

《新形》（第 37 页）：情绪消极低落，没有信心。用于情绪、想法、念头、话语、论点等，也可以直接形容人和人的行为、动作。

现释义　情绪消极低落，没有信心。

义项用例

（1）后来我又告诉她说，我天性悲观，没准会当场哭出来。（王小波）

（2）虽然我一生的主题是悲观绝望，但还有一种气质在主题之外。（王小波）

（3）他曾犹豫不决，看到大家都走了，极其悲观失望，甚至于想拉颗手榴弹自杀。

麻痹

词典释义

《现汉》（第 841 页）：（1）神经系统的病变引起的身体某一部分知觉能力的丧失和运动机能的障碍。（2）失去警惕性；疏忽大意。

《现规》（第 870 页）：疏忽大意；失去警惕性。可以直接形容人。

《新形》（第 509 页）：疏忽大意；失去警惕性。可以形容思想，也可以直接形容人。

现释义　比喻冷淡；反应迟钝。

义项用例

（1）这种日复一日逐渐加深的麻痹，惊悸了楚楚。

（2）我看着候车室大门那儿露着的大缝，不时地有冷风冒着白气从那里钻进来，我的思想、我的欲望、我的希望、我的感情也都在这深冬的夜晚，被冻得麻痹了。

（3）尽管如此，我还是不敢麻痹大意，时刻睁大眼睛，生怕碰上那些神出鬼没的工商稽查人员。

麻木

词典释义

《现汉》（第841页）：由于局部长时间受压迫、接触低温或某些化学物质，或由于神经系统发生某些疾患等，身体的某部分发生像蚂蚁爬那样不舒服的感觉，这种现象叫麻。较严重时局部感觉完全丧失，这种现象叫木。麻木，泛指发麻的感觉。

《现规》（第871页）：(1) 肢体某部分的感觉不灵活完全丧失。(2) 比喻对外界事物反应迟钝，不敏感。

《新形》（第510页）：(1) 感觉失灵或全部丧失。(2) 冷淡；反应迟钝。形容表情、神情、感情、思想、行为和现象等。

现释义　比喻冷淡；反应迟钝。

义项用例

(1) 更多的尘世经验时，他的神经也变得更不锐敏，更加麻木迟钝——尤其是在政界和商界。

(2) 与由两年来所长进见识得来的冲淡的心境相反衬，益发看见我自己目前的麻木与顽硬。

(3) 曾经以为，我的心已麻木。

暧昧

词典释义

《现汉》（第5页）：(1)（态度、用意）含糊；不明白。(2)（行为）不光明；不可告人。关系～。

《现规》（第6页）：（态度、用意）不明朗；（行为）不光明正大。

《新形》（第5页）：含糊不清；不明朗。形容态度、含义、意识、思想、立场等。

现释义　含糊，不明朗。

义项用例

(1) 最好是能在什么时候找个机会看看，暧昧一把。

(2) 抬起头，正好看见站在门口要进来的八卦妹，非常暧昧地对我笑。

(3) 我最怕他这个表情了……乱暧昧的……还有点……莫名其妙地吸引人……

不快

词典释义

《现汉》（第106页）：(1)（心情）不愉快。(2)（身体）不舒服。

《现规》（第106页）：(1) 不高兴。(2) 不舒服。(3) 不锋利。

《新形》未收。

现释义　心情不愉快。

义项用例

(1) 据说希特勒本来是不仇视犹太人的，在《我的奋斗》中他有一段专讲看到奥匈帝国报刊反犹言论时的不快和厌恶心情。

(2) 温楚反感地沉下脸，口气颇为不快。

(3) 有些人心里不快，可以用一种快乐的方式发泄出来，可有些人不快，却要设法把不快转嫁到别人身上。

特征辨析

漠　《现汉》：(1) 沙漠。大～｜～北。(2) 冷淡地；不经心地。～视｜～不关心。

淡　《现汉》：(1) 液体或气体中所含的某种成分少；稀薄（跟“浓”相对）。～墨｜天高云～。(2)（味道）不浓；不咸。一杯～酒｜这个菜太～。(3)（颜色）浅。～青｜～绿；轻描～写。(4) 冷淡；不热心。～然处之｜～～地答应了一声。(5) 营业不旺盛。～季。(6)〈方〉没有意味的；无关紧要的。～话｜～事｜扯～。

冷淡、冷漠、淡漠、淡然合并为一个义位。空虚、空洞合并为一个义位。麻木、麻痹合并为一个义位。悲观不是悲（x），元语言基元不是悲伤，“悲”已经转义。

义征表达式

消沉［+心态］［-积极］［+低落］

消极［+心态］［-积极］［-进取］

悲观［+心态］［-积极］［+低落］［-信心］

气馁［+心态］［-积极］［-勇气］

麻木（麻痹）［+心态］［-积极］［+冷淡］［+迟钝］［+比喻］

冷淡（冷漠、淡漠、淡然）［+心态］［-积极］［-热情］［-关心］

暧昧［+心态］［-积极］［+含糊］［-明朗］

空虚（空洞）［+心情］［-积极］［-充实］［+比喻］

不快［+心情］［-积极］［-愉快］

第三节　烦躁愤恨类

一　烦—烦躁同义组

烦　烦愁　烦乱　烦恼　烦人　恼人　烦忧　烦躁　狂躁　暴躁　浮躁　心浮　心烦

烦

词典释义

《现汉》（第346页）：（1）烦闷。~恼｜心~意乱。（2）厌烦。耐~｜这些话都听~了。（3）又多又乱。~杂｜要言不~。（4）烦劳。~您给带个信儿。

《现规》（第362页）：（1）心情不畅快。（2）厌烦。（3）多而杂乱。〈动〉使厌烦。（客套话，表示请托，有麻烦对方的意思。）

《新形》未收。

现释义　心情不畅快，纷乱。

义项用例

（1）我想这是因为她心里很烦。（王小波）

（2）除了提着一个人造革的黑包去开会没有什么可干的，当然也会烦得要命。（王小波）

（3）朱莉莉烦死了，但也觉得这男人步步为营，很可爱。（李碧华）

烦愁

词典释义

《现汉》未收。

《现规》（第362页）：烦闷发愁。

《新形》未收。

现释义　烦躁忧愁。

义项用例

（1）而我的内心充满烦愁的母亲，已和那些婶子辈的女人们坐在院子里了，向她们寻找……（梁晓声《一个红卫兵的自白》）

（2）红尘岁月里，我们打着滚地成长，打拼的过程中，有了快乐就一时忘记了烦愁，来了烦愁就一时不记得快乐的模样。（山菊满坡《在滚滚的红尘中打滚》，http：//bbs7. news. 163. com）

（3）在这个焚毁的过程中吸烟的人们得到了兴奋或者平静，忘了忧伤或者解了烦愁，变得麻木或者变成智者。（江淮才子《香烟与爱情》，http：//www. jiaoyou. com）

烦乱

词典释义

《现汉》（第346页）：（心情）烦躁不安。心里~极了，不知干什么好。

《现规》（第362页）：心绪烦躁杂乱。

《新形》（第185页）：心情不畅快。心绪不安定。除了形容心情、心绪之外，还可以形容心神、情绪、思绪和动作等。

现释义　烦躁不安。

义项用例

（1）她烦乱地道："女地红！"（李碧华）

（2）这些预料之中的结果加重了他内心的烦乱。

（3）石开强制自己集中精力，但越是这样，心里却越烦乱。

烦恼

词典释义

《现汉》（第346页）：烦闷苦恼。

《现规》（第362页）：烦闷苦恼。

《新形》（第185页）：烦闷苦恼。形容心情、情绪、事情、问题和时候等，也可以直接形容人。

现释义　烦闷苦恼。

义项用例

（1）谁都可以成个英雄，假如他把意志的钢刃斫断了情丝，烦恼！（老舍）

（2）帮助刘家作事，为是支走心中的烦恼。（老舍）

(3) 烦恼皆因强出头，三思呀。(李碧华)

烦人

词典释义

《现汉》(第346页)：使人心烦或厌烦。

《现规》(第363页)：使人心烦。

《新形》未收。

现释义　让人烦躁。

义项用例

(1) 屋子里静得烦人，一开收音机——甭管是以前多少爱听的曲子，一听立刻感觉吵得受不了。

(2) 盛暑已逝，人潮不再，有谁还倾听这种烦人的音乐?

(3) 人生在世，一旦碰见烦人的事，就会想将它们推开，离自己身边远一点儿。

恼人

词典释义

《现汉》(第915页)：生气；发怒。

《现规》(第941页)：使人产生焦躁不安的感觉。

《新形》未收。

现释义　让人烦恼。

义项用例

(1) 抛开那些恼人的感觉……那些事留到晚上睡不着的时候再想吧!

(2) 不再借机损她，展司漠洒下一串恼人的畅笑，擅自打开大门直入电梯等着，留下温楚在原地干瞪眼。

(3) 人与动物，都感觉春色恼人意味，而不自在起来。

烦忧

词典释义

《现汉》(第346页)：烦恼忧愁。

《现规》(第363页)：〈文〉烦躁忧虑。

《新形》未收。

现释义　〈文〉烦闷忧愁。

义项用例

(1) 回云林以来，头一次不带烦忧的，她认真观望云林的好风好景，这才惊奇地发现原来天空这么地蓝、阳光这么地亮、树木这么地青翠。

(2) 我们是来玩的，让我们忘记一切烦忧，一起游海去。

(3) 不论什么时代，不论处于何处，事情都是源源不绝，所以，因之而起的烦忧，也是源源不断。

烦躁

词典释义

《现汉》(第346页)：烦闷急躁。

《现规》(第363页)：心烦焦躁。

《新形》(第187页)：烦闷急躁。可以形容心情、心绪、情绪、声音、时候和行为、动作等，也可以直接形容人。

现释义　心情不畅快，急躁。

义项用例

(1) 可是轻尘依旧往起飞扬，令人烦躁。(老舍)

(2) 这种小心与受骗教他更不安静，几乎有些烦躁。(老舍)

(3) 我感到有点烦躁。(王小波)

狂躁

词典释义

《现汉》(第735页)：非常焦躁，不沉着。要沉住气，不要~。

《现规》(第765页)：极其焦躁。

《新形》未收。

现释义　极端烦躁。

义项用例

(1) 他们不知是厮打还是亲热，或许又是厮打又是亲热，一时上，昏天黑地，什么都退去了，只有一股无名的狂躁。

(2) 他狂躁地在齐膝的荒草里走来走去，踩着地上的枯枝，枯枝将他的脚踝戳破了，流出血来，他才略感平静了一些，垂头丧气地坐倒在地，两手捧着头。

(3) 她是被屯子里的人连绑带押地架到我的内科办公室的，她得的是狂躁型精神病。

暴躁

词典释义

《现汉》(第50页)：遇事好发急，不能控制感情。性情～。

《现规》(第49页)：急躁，好发火。

《新形》(第31页)：不能控制自己的情绪，遇事爱发急或发怒。用于性情、性格、脾气、心情、感觉等，也可以直接形容人或人的动作。

现释义　非常烦躁。

义项用例

(1) 因为此君不但脾气暴躁，急了的时候还会咬人。(王小波)

(2) 不知为何，展司漠暴躁得无法获得平静，不能忍受片刻等待。

(3) 焦东方的暴躁吓得葛萌萌不敢说话。

浮躁

词典释义

《现汉》(第388页)：轻浮急躁。性情～。

《现规》(第404页)：轻浮急躁。

《新形》(第211页)：轻浮急躁；不沉着。形容人的性情、表现、样子和心理状态，也可以直接形容人。

现释义　轻浮烦躁。

义项用例

(1) 西京东四百里地的潼关，这些年出了一帮浪子闲汉，他们总是不满意这个不满意那个，浮躁得像一群绿头的苍蝇。

(2) 我隐隐约约感觉到社会上的浮躁情绪影响着我们记者的情绪。

(3) 温奶奶见孙女浮躁的模样，心生不解。

心浮

词典释义

《现汉》(第1397页)：心里浮躁，不塌实。～气躁。

《现规》(第1446页)：心情浮躁；不踏实。

《新形》未收。

现释义　心情浮躁。

义项用例

(1) 浮躁就是心浮气躁，是成功、幸福和快乐最大的敌人。(宋天天《就是心浮气躁》，http：//book. sina. com. cn)

(2) 上午把自己强压在椅子上，忍啊忍的开了一个多小时的会，又困又烦，心浮气躁。(樱桃爱美丽《心浮气躁 无事乱忙》，http：//blogger. org. cn)

(3) 由于思想准备不足，团体赛遇到困难后，中国队随之变得手忙脚乱、心浮气躁。(厉智《盲目乐观心浮气躁 中国队硬伤毕露》，http：//www. china. org. cn)

心烦

词典释义

《现汉》(第 1397 页)：心里烦躁或烦闷。~意乱。

《现规》(第 1445 页)：心里烦闷或不耐烦。

《新形》未收。

现释义 心情不畅快，纷乱。

义项用例

(1) 心烦的时候，可以打打毛衣，做做习题。(王小波)

(2) 就是真正厌世的人恐怕也有心烦的时候。(王小波)

(3) 母亲怕热，拉得手累心烦，又惦记着丈夫在下面的输赢，不住骂这孩子讨厌。

特征辨析

烦 《新华字典》：苦闷，急躁。烦释义为烦。

躁 《现汉》：性急；不冷静。烦~｜急~｜不骄不~｜性子~。躁释义为急躁或烦躁。

烦、烦躁是核心成员、元语言基元。

烦、心烦合并为一个义位。烦愁、烦忧合并为一个义位。烦人、恼人合并为一个义位。浮躁、心浮合并为一个义位。

烦躁、暴躁、狂躁程度递进。

义征表达式

烦（心烦）[+心情][-积极][-畅快][+纷乱]

烦愁（烦忧）[+心情][-积极][+烦][+忧愁]

烦乱 [+心情] [-积极] [+烦] [+不安]
烦恼 [+心情] [-积极] [+烦] [+苦恼]
烦人(恼人)[+心情] [-积极] s [+烦]
烦躁 [+心情] [-积极] [+烦] [+急躁]
暴躁 [+心情] [-积极] [+烦躁] [+程度高]
狂躁 [+心情] [-积极] [+烦躁] [+极端]
浮躁(心浮)[+心情] [-积极] [+轻浮] [+烦躁]

二 着急—焦急同义组

急 躁 急躁 急迫 急切 迫切 着慌 着急 着忙 心急 心切 焦急 焦躁 焦愁 焦渴 焦苦 焦虑 焦炙 焦灼 心焦

急

词典释义

《现汉》(第591页):(1)想要马上达到某种目的而激动不安;着急。~着要走|眼都~红了。(2)使着急。火车快开了,他还不来,实在~人。(3)容易发怒;急躁。~性子|没说上三句话他就~了。(4)很快而且猛烈;急促。~雨|~转弯|小流很~|炮声甚~|话说得很~。(5)急迫;紧急。~事|~件。(6)紧急严重的事情。告~|救~|当务之~。(7)对大家的事或别人的困难,赶快帮助。~公好义|~人之难(nàn)。

《现规》(第610页):(1)迅速而且猛烈(跟"缓"相对)。(2)紧迫;迫切。(3)急躁。〈名〉紧急严重的事。〈动〉着急;焦躁不安。使着急。气恼;发怒。

《新形》未收。

现释义 紧迫不安。

义项用例

(1)马威有点真急了。(老舍)

(2)他低着头,心里急而脚步不敢放快的往前走。(老舍)

(3)但是这一课没有听众,急得咱们自己都抓耳挠腮。(王小波)

躁

词典释义

《现汉》（第 1573 页）：性急；不冷静。烦～｜急～｜不骄不～｜性子～。

《现规》（第 1635 页）：性情急，不冷静。

《新形》未收。

现释义　不冷静。

义项用例

（1）心慌气躁地好一阵乱弄，也没弄对。（王小波）

（2）浮心躁气的人，就先输了一招儿；没想明白人世道理，就又输了一招儿。（《诗歌鸡肋谈》，http：//news. xinhuanet. com）

（3）球员在场上脾气躁得吓人，今天断了这个的胳膊，明天又折了那个的腿。（易水《中国足球，病急乱投医！》，http：//www. people. com. cn）

急躁

词典释义

《现汉》（第 591 页）：（1）碰到不称心的事情马上激动不安。一听说事情弄糟了，他就～起来了。（2）想马上达到目的，不做好准备就开始行动。～冒进｜别～，大家商量好再动手。

《现规》（第 611 页）：（1）着急不安；遇事不冷静。（2）急于求成而行动不慎重。

《新形》（第 340 页）：碰到不称心的事情马上激动不安。可以形容性子、性情、脾气、心情和态度等，也可以直接形容人。

现释义　着急不冷静。

义项用例

（1）他心中急躁，恨不能立起来打老程一顿才痛快。（老舍）

（2）我用急躁而诡异的眼神望着他。（李碧华）

（3）有时候等到夜里三点多钟他给我打一个电话，我就特别高兴，觉得所有的等待都无所谓，没有什么急躁和失望，就因为他打电话来。

急迫

词典释义

《现汉》（第 591 页）：马上需要应付或办理，不容许迟延。这是当前最～的任务。

《现规》(第 611 页):紧急迫切,不容拖延。

《新形》(第 338 页):马上需要办理或应付,不容许迟延。形容事情、任务、言论、声音和心情、态度等。

现释义　着急不能拖延。

义项用例

(1) 他们能抑制住嘴角纹缕,咬紧牙关压下心头的紧张慌乱,镇定自若的眼神不露痕迹地掩饰内心的焦灼与急迫。

(2) 我愤恨,我急迫,我失望,可我无奈。

(3) 然而,无雪的冬天则很难有这种意境,由此,盼雪的心情越发急迫。

急切

词典释义

《现汉》(第 591 页):(1) 迫切。需要~ | ~地要求到山区去。(2) 仓猝。~间找不着适当的人。

《现规》(第 611 页):(1) 迫切。(2) 仓促。

《新形》(第 339 页):紧急迫切。可以形容心情、态度、神情、行为、动作、语气和声音等,也可以直接形容人。

现释义　着急不能拖延。

义项用例

(1) 越想他越急切,越高兴。(老舍)

(2) 鼻子纵起些纹缕,折叠着些不屑与急切。(老舍)

(3) 他和云霖都说太湿,我却执意要在第二天便搬来,理由是那边太使我厌倦,而我急切地要依着毓芳。

迫切

词典释义

《现汉》(第 984 页):需要到难以等待的程度;十分急切。工人们~要求提高文化和技术水平 | 农民对机械化的要求越来越~了。

《现规》(第 1009 页):十分急切;愿望强烈。

《新形》(第 597 页):难以等待;十分急切。形容心情、感觉、希望、期待、需要、要求、事情、人物、问题等。

现释义　形容心情十分迫切。

义项用例

(1) 尽管每次归来，都是又疲倦，又厌烦，却又很不尽兴的失望，可是每次出发的时候，那期待仍然是热烈而迫切的。

(2) 我又一次品尝着那旧席梦思引导的柔绵方式，这一回，我抱着迫切、弥补的心情来到它的气氛中。

(3) 我几乎是迫切地解释给她听，她倒反而安慰我："没事的，你只要更正一下就行了，不会影响大家喜欢这个版面的，真的没事的。"

着慌

词典释义

《现汉》(第1590页)：着急；慌张。大家都急得什么似的，可他一点儿也不~。

《现规》(第1652页)：〈动〉着急；发慌。

《新形》未收。

现释义　紧迫不安。

义项用例

(1) 每逢战争一来，最着慌的是阔人们。(老舍)

(2) 你也先别着慌！(老舍)

(3) 玉皇一听，心里着慌，可故作镇定。

着急

词典释义

《现汉》(第1590页)：急躁不安。别~，有问题商量着解决丨他把钥匙丢了，正在那儿~呢。

《现规》(第1652页)：〈动〉(面对紧急情况) 焦躁不安。

《新形》(第947页)：急躁不安。可以形容人，也可以形容样子、神气、心情和行动、动作等。

现释义　紧迫不安。

义项用例

(1) 然而他又没有全发昏，有时虽然着急，有时却也泰然。

(2) 心里愈是着急，她那个"呃"却愈是打得多，暂时竟说不出半句话。

(3) 听说矿上正在罢工，老爷很着急的。

着忙

词典释义

《现汉2005》(第1721页)：着急；慌张。别～，等我说完了你再说。|听说孩子病了，她心里有点儿～。

《现规》(第1652页)：〈动〉着慌。

《新形》未收。

现释义 紧迫不安。

义项用例

(1) 遇事不着忙，不能犯急躁。

(2) 他七点十五分醒来，还是不着急不着忙地收拾床铺，吃饭。

(3) 有关专家提醒，市民出门应尽量提前，遇到多日不见的拥堵场面也别着忙。(《节后上班第一天遇堵别着忙》，http://www.beijing.gov.cn)

心急

词典释义

《现汉》(第1398页)：心里急躁；着急。～如焚。

《现规》(第1446页)：急躁；着急。

《新形》未收。

现释义 紧迫不安。

义项用例

(1) 周敏心急，搭了出租车径直去北大街文联大院。

(2) 为了宝贝孙女无故失踪，血压急速攀升，险些中风的温家老奶奶，见老伴绷紧的面容有了笑意，心急的拉拉他。

(3) 碍于穿着湖蓝色小礼服不好伸展手脚，她小碎步心急地盯着珍珠跑，直追到新娘休息室。

心切

词典释义

《现汉》(第1399页)：心情急迫。治水～。

《现规》(第1447页)：心情急切。

《新形》（第 837 页）：形容心情急切。

现释义　着急不能拖延。

义项用例

（1）方豚翁老先生抱孙心切，刚占了个周易神卦，求得　≡，是“小畜”卦，什么“密云不雨”，“舆脱辐，夫妻反目”，“血去惕出无咎”。

（2）老马很快得知广东大老板专程前来，并且谈判心切，也就欲擒故纵，先给何伯权吃个闭门羹，传言不见客。

（3）我很快就发现律师先生不仅记忆力好，求知更是心切。

焦急

词典释义

《现汉》（第 633 页）：着急。~万分｜心里~。

《现规》（第 655 页）：十分着急。

《新形》（第 369 页）：着急。形容心情、神情、样子、脸色、目光、眼睛和声音等，也可以直接形容人。

现释义　极端着急。

义项用例

（1）这种矛盾焦急心理，小林感到是一种折磨，其心理损耗远远超过了白菜的价值。

（2）大家焦急得没工夫觉得饿，倒省了一顿早点。

（3）又是两天过去了，何伯权已经显得有些焦急。

焦躁

词典释义

《现汉》（第 633 页）：着急而烦躁。~不安｜心里~。

《现规》（第 655 页）：焦急烦躁。

《新形》（第 369 页）：着急烦躁。可以形容心情、模样、神气、声音和行为，也可以直接形容人。

现释义　焦急烦躁。

义项用例

（1）忍着，等着，心中非常的焦躁。（老舍）

（2）脸上既非哭，又非笑，那么十分焦躁而无法尽量的发作。（老

舍)

(3) 只有铜铁铺里发出使人焦躁的一些单调的叮叮当当。(老舍)

焦愁

词典释义

《现汉》(第633页):焦急忧愁。母亲为他的病昼夜~。

《现规》(第655页):焦虑忧愁。

《新形》未收。

现释义　焦急忧愁。

义项用例

(1) 孔夫子和一群弟子们不用说仍然没有动,但他们都安了心,没有什么焦愁的了。(郭沫若《孔夫子吃饭》,http://www.cnread.net)

(2) 于是,旧有的焦愁和悲愤,又都重新涌了上来。(叶紫《夜雨飘流的回忆》,http://www.white-collar.net)

(3) 因为这样焦愁着,我需要一点安慰和勉励,嘴巴上挂着"等我写完之后,等我写完之后",托上许多希望。(欧倩兮《石新娘》,http://www.chineseliterature.com.cn)

焦渴

词典释义

《现汉》(第633页):非常干渴。

《现规》(第655页):(1) 十分干渴。(2) 比喻心情急切。

《新形》未收。

现释义　比喻心情十分焦急。

义项用例

(1) 如此焦渴的仰望,却不能把头抬得太高,让你们害怕,也让自己受伤,何苦来哉?(水龙吟《焦渴的仰望》,http://www.westca.com)

(2) 然而,我却也不能不痛苦的承认,阅读的焦渴感,不知道从什么时候开始悄悄地从我内心里遁去了。(资水秀才《阅读是一件美好而艰难的事情》,http://www.whjs.gov.cn)

(3) 原来,曾经失去过自由人,对自由的焦渴的强烈程度,大概也和这个差不多。(张郎郎《迷人的流亡》,http://www.boxun.com)

焦苦

词典释义

《现汉》未收。

《现规》（第655页）：焦急愁苦。

《新形》未收。

现释义　焦急痛苦。

义项用例

（1）领略咖啡时，充溉心灵的全是一种涩涩的焦苦。（《酒与咖啡》，http：//board. verycd. com）

（2）母亲焦苦的声音里，满是怜爱和歉疚。（《霜路无迹》，http：//www. hljdaily. com. cn）

（3）我一面满足于仿佛昔日保守而神秘的风情，一面却抱怨等待的焦苦。（《距离——爱的情结》，http：//life. cnool. net）

焦虑

词典释义

《现汉》（第633页）：着急忧虑。~不安｜万分~。

《现规》（第655页）：着急忧虑。

《新形》（第369页）：着急忧虑。用于心情、情绪、神情、神色、样子等，也可以直接用于人。

现释义　焦急忧虑。

义项用例

（1）历尽了千年的焦虑，终于找到她了。（李碧华）

（2）母亲非常焦虑。

（3）这空白又恰好成为王起明逃避现实摆脱心中焦虑的一片屏障。

焦炙

词典释义

《现汉》（第633页）：形容心里像火烤一样焦急。心情万分~。

《现规》（第655页）：（1）〈动〉烘烤得像要变焦。（2）形容心里像火烤一样焦急。

《新形》未收。

现释义　比喻像火烤一样极端焦急。

义项用例

(1) 泪水滴到长笛上，她的心一下子焦炙起来。(丁君《长笛之音》，http：//myiris. diy. myrice. com)

(2) 我们从探险队的日记中可看到他们日益焦炙的心理。(《ITT 探险家到达北极》，http：//www. itt. com)

(3) 萧嘉的脑里一时不知道该先考虑哪件事情，她的心里是酸是苦是甜，在这个早上的阳光下焦炙着。(ELLA《只要向前走》，http：//longway. blogdriver. com)

焦灼

词典释义

《现汉》(第 633 页)：非常着急。~不安。

《现规》(第 656 页)：心急如焚。

《新形》(第 370 页)：形容非常着急。用于心情、情绪、神色、动作和声音等。

现释义　比喻像火烧一样极端焦急。

义项用例

(1) 他们焦灼万分地写了封长信给他们的老战友方伯伯，爸爸和方伯伯是从一个家乡同时出来参加革命的。

(2) 他们能抑制住嘴角纹缕，咬紧牙关压下心头的紧张慌乱，镇定自若的眼神不露痕迹地掩饰内心的焦灼与急迫。

(3) 一般说来，问题一旦拖到最后，都已经很难解决了，人遇到烦恼，真的不是一件愉快的事，如果再遇到千头万绪抓不到核心的困难，更是使人焦灼难过。

心焦

词典释义

《现汉》(第 1398 页)：由于希望的事情迟迟不实现而烦闷急躁。孩子这么晚了还没回来，做父母的能不~。

《现规》(第 1446 页)：心里烦躁着急。

《新形》未收。

现释义　心情焦急。

义项用例

(1) 她开始有点心焦。(李碧华)

(2) 苏小姐笑道:"快去罢,不怕人等得心焦么?"

(3) 到明年暑假那时候太远了,我想着就心焦。

特征辨析

急 《新华字典》:(1) 焦躁。(引) 气恼,发怒。(2) 匆促。(3) 迫切。急释义为着急。

焦 《现汉》:(1) 物体受热后失去水分,呈现黄黑色并发硬、发脆。树烧~了;舌敝唇~。(2) 焦炭。煤~|炼~。(3) 着急。~急|心~。(4) 中医指身体的某些部位。参看〖上焦〗、〖下焦〗、〖中焦〗。(5) 姓。焦释义为焦急。

虑 《现汉》:(1) 思考。考~|深谋远~。(2) 担忧;发愁。忧~|疑~|顾~|过~|不足为~。虑释义为忧虑。

炙 《现汉》:(1) 烤。(2)〈书〉烤熟的肉。

灼 《现汉》:(1) 火烧;火烫。~伤。(2) 明亮。

急、心急、着急、着慌、着忙合并为一个义位。急迫、急切、心切合并为一个义位。

焦炙、焦灼合并为一个义位。焦急、心焦合并为一个义位。

急切、迫切有程度的区分。着急、焦急为核心成员、元语言基元。

义征表达式

急(心急、着急、着慌、着忙)[+心情][-积极][+紧迫][+不安]

躁[+心情][-积极][-冷静]

急躁[+心情][-积极][+着急][-冷静]

急迫(急切、心切)[+心情][-积极][+着急][-拖延]

迫切[+心情][+积极][+急迫][+程度高]

焦急(心焦)[+心情][-积极][+着急][+极端]

焦躁[+心情][-积极][+焦急][+烦躁]

焦愁[+心情][-积极][+焦急][+忧愁]

焦渴[+心情][-积极][+焦急][+程度高][+比喻]

焦苦[+心情][-积极][+焦急][+痛苦]

焦虑[+心情][-积极][+焦急][+忧虑]

焦炙(焦灼)[+心情][-积极][+焦急][+极端][+比喻]

三　懊悔同义组

懊悔　懊恼　懊丧

懊悔

词典释义

《现汉》（第 14 页）：做错了事或说错了话，心里自恨不该这样。

《现规》（第 14 页）：〈动〉因自己的言行失误而烦恼后悔。

《新形》（第 17 页）：形容因做错了事、说错了话而后悔不安。用于心情、样子、神色、目光、话语、语气等。

现释义　因失误而后悔。

义项用例

(1) 但是她又说，那些话就像咒语一样让她着迷，哪怕为此丧失一切，也不懊悔。(王小波)

(2) 相公懊悔，情愿出家，就在塔旁被剃为僧，修行数年，一夕坐化去了。(李碧华)

(3) 出师未捷身先死，我浑身酸软地在懊悔，何以我不安安分分做一条狰狞的毒蛇？(李碧华)

懊恼

词典释义

《现汉》（第 14 页）：心里别扭；烦恼。

《现规》（第 14 页）：〈动〉烦恼；心里别扭。

《新形》（第 18 页）：形容因心里别扭而烦恼。用于心情、情绪、神色、气色、样子、目光、语气等，也可以直接用于人。

现释义　懊悔烦恼。

义项用例

(1) 过了近三十年，我到了美国圣路易城，在那个著名的不锈钢拱门下和一架垂直起落的鹞式战斗机合影时，才带着一丝淡淡的懊恼想起这件事来。(王小波)

(2) 我的懊恼是因为觉得应该由我把这架飞机发明出来。(王小波)

(3) 他回卧室去，适才的盛气全消灭了，疲乏懊恼。

懊丧

词典释义

《现汉》（第 14 页）：因事情不如意而情绪低落，精神不振。

《现规》（第 14 页）：因为不顺心而情绪低落。

《新形》（第 18 页）：形容因不如意而情绪低落。用于心情、情绪、神色、表情、样子、目光、语气等，也可直接用于人。

现释义　懊悔低落。

义项用例

（1）因我看清了自己在人间的种种不愿舍弃的热望以及每次追求而得来的懊丧，所以连自己也不愿再同情这未能悟彻所引起的伤心。

（2）方老太太非常懊丧，念念不忘许家二小姐，鸿渐倒若无其事。

（3）我心里懊丧。

特征辨析

懊　《现汉》：烦恼；悔恨。~恨｜~恼。懊释义为懊悔。

懊悔是核心成员、元语言基元。

义征表达式

懊悔［+心情］［-积极］y［+失误］［+后悔］

懊恼［+心情］［-积极］［+懊悔］［+烦恼］

懊丧［+心情］［-积极］［+懊悔］［+低落］

四　烦闷同义组

闷　烦闷　气闷　沉闷　憋闷　憋气　憋屈　窝憋　窝囊　窝心　熬心　无聊

闷

词典释义

《现汉》（第 867 页）：（1）心情不舒畅。心烦：愁~｜~~不乐。（2）密闭；不透气。~子车。

《现规》（第 896 页）：（1）烦，不痛快。（2）封闭的，不透气的。

《新形》（第 525 页）：心情不舒畅。

现释义　心情不舒畅。

义项用例

(1) 我闷极了，我快疯了！(老舍)

(2) 越闲越懒，无事可做又闷得慌，所以时时需要些娱乐，或吃口好东西。(老舍)

(3) 回到家中，虎妞正在屋里嗑瓜子儿解闷呢。(老舍)

烦闷

词典释义

《现汉》(第 346 页)：心情不畅快。

《现规》(第 362 页)：心情不舒畅。

《新形》(第 185 页)：心情不畅快。可以形容心情、情绪和生活等，也可以直接形容人。

现释义　心情烦躁，闷。

义项用例

(1) 每当我感到烦闷，想想总算有了自己的家，感觉就会好多了。(王小波)

(2) 刘三姐又被无名的烦闷从梦里唤醒。(王小波)

(3) 宙言心中烦闷。(李碧华)

气闷

词典释义

《现汉》未收。

《现规》(第 1028 页)：(1) 因空气不流通等原因而感到憋闷。(2) 形容心情烦闷不畅快。

《新形》未收。

现释义　比喻心情不舒畅。

义项用例

(1) 祥子心里的惭愧与气闷凝成一团，登时立住了脚，呆在了那里。(老舍)

(2) 我气闷地，非常无聊地拖曳着，脚步写上个长长的“一”字，不知何去何从。(李碧华)

(3) 我只觉得我四面有看不见的高墙，将我隔成孤身，使我非常气闷。

沉闷

词典释义

《现汉》（第 153 页）：（1）（天气、气氛等）使人感到沉重而烦闷。（2）（心情）不舒畅；（性格）不爽朗。

《现规》（第 159 页）：（1）（环境、气氛等）使人感到压抑而烦闷。（2）（心情）低沉；（性格）不开朗。

《新形》（第 89 页）：不舒畅；不爽朗。用于心情、性格、精神、情绪等，也可以直接形容人。

现释义　沉重烦闷。

义项用例

（1）喜儿哭得很简单，可是观众心里却很沉闷。

（2）不能再想起那段沉闷得想扁人的日子，就让它随风而逝吧！

（3）同学们大悟般哄然大笑，一道光芒击醒了上午的倦恹和沉闷，连不知内情的都跟着笑起来了，笑过了再忙问笑什么。

憋闷

词典释义

《现汉》（第 85 页）：由于心里有疑团不能解除或其他原因而感到不舒畅。

《现规》（第 84 页）：（1）由于呼吸不畅而心胸发闷。（2）心里烦闷；心情不舒畅。

《新形》（第 50 页）：不舒畅；不痛快。形容感觉、心情。

现释义　心里很闷。

义项用例

（1）自己素来不大爱说话，可是今天似乎有千言万语在心中憋闷着，非说说不痛快。

（2）可是他心中另有一些事儿，使他憋闷得慌，而且一时没有方法去开脱。

（3）许多日子心中的憋闷，暂时忘记了，听着自己的脚步，和车弓子的轻响，他忘记了一切。

憋气

词典释义

《现汉》（第 85 页）：（1）指由于空气不流通或呼吸受阻碍而引起的窒息的感觉。（2）有委屈或烦恼而不能发泄。

《现规》（第 83 页）：（1）短时间抑制呼吸。（2）呼吸不畅。（3）比喻有委屈或烦恼得不到发泄。

《新形》未收。

现释义　闷，比喻心里委屈。

义项用例

（1）可是，无论从哪方面想，他都觉着憋气。

（2）不过，想想多少个日日夜夜的辛苦，得不到相应的承认，心里还是非常憋气。

（3）而使当年在共和国处于危难时刻站在第一线坚持斗争的同志感到憋气。

憋屈

词典释义

《现汉》未收。

《现规》（第 84 页）：〈口〉心里感到委屈或不畅快。

《新形》未收。

现释义　〈方〉心里闷，委屈。

义项用例

（1）老任，你莫非有什么憋屈。

（2）咱横竖是一个靠粉笔吃饭的人，在什么地方什么时候都是看别人颜色，就说不上有什么憋屈。

（3）另外一个方向的导师给我们上课的时候，随便安排了一个课题，把我们高兴得什么似的，想想真是憋屈呀。（龙渊杜公子《这学上的憋屈呀》，http：//www. blogwhy. net）

窝憋

词典释义

《现汉》（第 1323 页）：烦闷；不舒畅（多指有不如意的事情）。平白无故挨了一顿训，真～。

《现规》（第 1369 页）：某些地区指烦恼憋闷。

《新形》未收。

现释义 〈方〉心里闷，委屈。

义项用例

(1) 我听了心里非常高兴，事情原来是这么容易解决，为此我还踌躇了好几天，早知道这么简单我何必窝憋这么长时间。(《我为公司立了一大功》，http://culture.qianlong.com)

(2) 杵着傻拉巴几的，咱哥们儿侃大山磕打牙解解窝憋儿。(闻雪思《戏说方言》，http://www.haha365.com)

(3) 他们不想出门，更不愿出门，碰上坏天气，根本不敢出门，群众觉得窝憋闷气，路不通成了压在祖祖辈辈心头上的一块大石头。(山东省农村公路建设办公室《"一本万利"何不为》，http://www.moc.gov.cn)

窝囊

词典释义

《现汉》(第1323页)：(1) 因受委屈而烦闷。(2) 无能；怯懦。

《现规》(第1369页)：(1) 〈口〉形容由于受了委屈而烦闷、恼火，又不能表白。(2) 平庸无能，胆小怕事。

《新形》未收。

现释义 因受委屈不能发泄而烦闷。

义项用例

(1) 顿时庄之蝶感到自己活得太累，太窝囊，甚至很卑鄙了。

(2) 真窝囊，前年该评职称了，武坤当了主编，把老头丢在一边。

(3) 凡是到这时还留在十校住"早稻田大学"的，都不免心里窝囊。

窝心

词典释义

《现汉》(第1323页)：〈方〉因受到委屈或侮辱后不能表白或发泄而心中苦闷。

《现规》(第1369页)：碰上不如意的事无法表白或发泄而内心郁闷。

《新形》未收。

现释义 〈方〉因受委屈不能发泄而烦闷。

义项用例

(1) 他窝心，他不但想把那身新衣扯碎，也想把自己从内到外放在清水里洗一回，他觉得浑身都黏着些不洁净的，使人恶心的什么东西，教他从心里厌烦。

(2) 想到家里这些窝心事，刘振龙就头皮发麻。

(3) 窝心的事一件接着一件。

熬心

词典释义

《现汉》(第12页)：〈方〉心里不舒畅；烦闷。

《现规》(第12页)：(1) 心里不舒畅。(2) 操心。

《新形》未收。

现释义　〈方〉心里烦闷。

义项用例

(1) 他们都或多或少感到无限委屈、窝囊，甚至含辛茹苦，非常熬心的。(《关注中国中心》，http：//cdp1998. org)

(2) 太熬心了，我几乎以为这次要耽误塞和他的朋友回家过年。(http://pop. pcpop. com)

(3) 他去日本后我们每月光电话费就12万日元，并且，我难以忍受那种熬心的思念。(曾玉《"晴雯"，追着爱情走》，http：//www. news365. com. cn)

无聊

词典释义

《现汉》(第1329页)：(1) 由于清闲而烦闷。他一闲下来，便感到~。(2) (著作、言谈、行动等) 没有意义而使人讨厌。老谈吃穿，太~了。

《现规》(第1375页)：(1) 精神没有寄托烦闷。(2) 使人感到没有积极意义而生厌。

《新形》(第803页)：(1) 因清闲或有心事而烦闷。形容人的心境、感觉、情绪、动作和时间等。(2) 没有意义或庸俗低下而令人讨厌。形容人、职务、市情、行为、娱乐、游戏、言谈、著作、传闻、故事、书籍、报纸、生活、生涯、岁月等。

现释义　因空闲而烦闷。

义项用例

(1) 假使如羊，如小鸡，他便反觉得胜利的无聊。

(2) 他似乎从来没有经验过这样的无聊。

(3) 看着院内的空棚，被水月灯照得发青，和撤去围裙的桌子，老头子觉得空寂无聊，仿佛看到自己死了的时候也不过就是这样。

特征辨析

憋 《现汉》：(1) 抑制或堵住不让出来。劲头儿～足了｜～着一口气｜他正～着一肚子话没处说。(2) 闷。心里～得慌｜气压低，～得人透不过气来。憋释义为闷。

沉 《现汉》：(1)（在水里）往下落（跟“浮”相对）。石～大海｜星～月落，旭日东升。(2) 使降落；向下放（多指抽象事物）。～得住气；把脸一～。(3)（程度）深。～醉｜～痛。(4) 分量重。这东西很～。(5) 感觉沉重（不舒服）。胳膊～｜头～。沉释义为沉重。

义征表达式

闷［＋心情］［－积极］［－舒畅］

气闷［＋心情］［－积极］［－舒畅］［＋比喻］

烦闷［＋心情］［－积极］［＋烦躁］［＋闷］

熬心［＋心情］［－积极］［＋烦闷］［＋方言］

沉闷［＋心情］［－积极］［＋沉重］［＋烦闷］

窝囊［＋心情］［－积极］y［＋委屈］［－发泄］［＋烦闷］

窝心［＋心情］［－积极］y［＋委屈］［－发泄］［＋烦闷］［＋方言］

憋闷［＋心情］［－积极］［＋闷］［＋程度高］

憋气［＋心情］［－积极］［＋闷］［＋委屈］［＋比喻］

憋屈（窝憋）［＋心情］［－积极］［＋闷］［＋委屈］［＋方言］

无聊［＋心情］［－积极］y［空闲］［＋烦闷］

五 愤怒同义组

愤慨 愤恨 愤懑 愤怒 激愤 愤激 愤然 气愤 气恼 狂怒 恼怒

愤慨

词典释义

《现汉》（第 373 页）：气愤不平。

《现规》（第 389 页）：气愤不平。

《新形》（第 204 页）：气愤不平。可以形容样子、心情、情绪、话语、眼光和成分等，也可以直接形容人。

现释义　愤怒不平。

义项用例

（1）随意的，时而睿智、时而尖锐的指责，体现出富有反叛精神的二十世纪八十年代的学生们内心对政府在对美国政策方面的不满、愤慨与失望，以及对中国所取得的成就的日渐增强的自豪感。

（2）邓朴方采取了当时唯一可行的方式来表示他的愤慨和不平。

（3）温楚有些愤慨。

愤恨

词典释义

《现汉》（第 373 页）：愤慨痛恨。

《现规》（第 389 页）：〈动〉气愤痛恨。

《新形》（第 203 页）：愤慨痛恨。形容情绪、态度、语调和行为、动作等。

现释义　愤怒痛恨。

义项用例

（1）大海由中门进，衣服俱湿，脸色阴沉，眼不安地向四面望，疲倦，愤恨在他举动里显明地露出来。

（2）唐小姐脸上添了愤恨，鸿渐不敢正眼瞧她。

（3）对于家人的这一做法，我心中非常愤恨。

愤懑

词典释义

《现汉》（第 373 页）：气愤；抑郁不平。

《现规》（第 389 页）：气愤不平之情充满心中。

《新形》（第 204 页）：气愤；心中抑郁不平。可以形容心、心情、情绪、情怀、表情、目光、声音和行为、动作等，也可以直接形容人。

现释义　心情愤怒烦闷。

义项用例

(1) 当事情渐渐平息下来，我偶尔听说某某人在其中做了手脚，心里顿时对此人充满了愤懑和恼恨。(张抗抗《雪化一化，就有路了》，《读者》1995 年第 12 期)

(2) 哭泣中的英子此时更没有想到在这桩无奈的婚约中还隐存着一件比眼前的“订婚酒”更愤懑的事……英子哭，她哭自己的命。

(3) 苦闷时就去听摇滚乐歌手的演唱，随着那声嘶力竭的狂热歌声，年轻人拍手跺脚，呼啸唏嘘，借此抒发心中的愤懑。

愤怒

词典释义

《现汉》(第 373 页)：生气（激动到极点）。~火焰在胸中燃烧。

《现规》(第 389 页)：非常生气。

《新形》(第 204 页)：因为非常生气而发怒。可以形容心情、情绪、表情、脸色、目光、字眼儿、事情、声音和行为、动作等，也可以直接形容人。

现释义　极端生气。

义项用例

(1) 这谦逊反使阿 Q 更加愤怒起来，但他手里没有钢鞭，于是只得扑上去，伸手去拔小 D 的辫子。

(2) 我愤怒地叫起来，真想用一句河南话骂他，可惜我不会。

(3) 高松年愤怒得双手握拳，作势向他挥着。

激愤

词典释义

《现汉》(第 587 页)：激动而愤怒。

《现规》(第 606 页)：激动愤怒。

《新形》未收。

现释义　心情愤怒激动。

义项用例

(1) 朱妮由于激愤而面色苍白，但神情并不慌乱。

（2）娴控制不住她的激愤情绪，尖声说，他跟一个护士勾勾搭搭。

（3）说到这里老王头情绪极为激愤悲痛，他跳下炕来站着继续讲：小霞懂事她知道我心里想的啥，她忍住委屈从马路上回到楼里。

愤激

词典释义

《现汉》（第 373 页）：愤怒而激动。

《现规》（第 389 页）：愤怒而激动。

《新形》未收。

现释义　心情愤怒激动。

义项用例

（1）他那难以抑制的兴奋（也许就是愤激）冲出他爆裂的胸腔至今仍回荡在我记忆中的那个夜晚。（大眼蓝狐《躲在角落里的"悲愤"》，http：//wind. yinsha. com）

（2）同样充满愤激的学子穿梭着，呼啸着。（大眼蓝狐《躲在角落里的"悲愤"》，http：//wind. yinsha. com）

（3）要那些养尊处优的人能理解下等人的"愤激"，我认为是非常困难的。（三叶青《写在映洁对强坛有些失望因而暂时离坛之际》，http：//bbs.（P）eo（P）le. com. cn）

愤然

词典释义

《现汉》（第 373 页）：形容气愤发怒的样子。

《现规》（第 389 页）：〈文〉形容气愤的样子。

《新形》未收。

现释义　〈书〉形容愤怒的样子。

义项用例

（1）日本报纸上很斥责他的不逊，爱国青年也愤然，然而暗地里却早受了他的影响了。

（2）展司漠愤然落泪，既不掩面也不拭泪，任由泪水凌乱游走于枯白的面容上，勾勒出内心深处的软弱。

（3）窗外响起激昂的口号和嘹亮的歌声："不要说我们一无所有……"我们为之怅然，继而愤然，终于哗然了。

气愤

词典释义

《现汉》（第 1002 页）：生气；愤恨。他听了这种不三不四的话非常~。

《现规》（第 1027 页）：气恼而愤恨。

《新形》（第 614 页）：生气；愤恨。可以形容样子、模样、话语和行为、动作等，也可以直接形容人。

现释义　心中十分生气。

义项用例

（1）刘四爷的话使人人心中窝住一点气愤不平。（老舍）

（2）他还说，我搞破鞋群众很气愤，如果我不交待，就发动群众来对付我。（王小波）

（3）当时我就很气愤，但还没有想到要揍。（王小波）

气恼

词典释义

《现汉》（第 1003 页）：生气；恼怒。

《现规》（第 1028 页）：生气；恼怒。

《新形》未收。

现释义　生气烦恼。

义项用例

（1）繁荣、气恼、为难。自己来便好，写得太真了，招来看不起，也就认了。（李碧华）

（2）单玉莲气恼了。（李碧华）

（3）但白云飞却有点气恼。（李碧华）

狂怒

词典释义

《现汉 2005》（第 795 页）：极端愤怒。

《现规》（第 765 页）：暴怒。

《新形》未收。

现释义　极端愤怒。

义项用例

(1) 展司漠狂怒，“从你插手管闲事开始，世界已经没有公平可言。”

(2) 最后，当别人离他而去时，便可能觉得被背叛而狂怒不已。

(3) 这种喧嚣和狂怒有多少将会变成行动，现在还很难预料。

恼怒

词典释义

《现汉》(第915页)：生气；发怒。

《现规》(第941页)：〈动〉生气发怒。(2)〈动〉使发怒。

《新形》未收。

《现汉2005》(第983页)：生气；发怒。这些恶毒的攻击，使他十分～。

现释义　烦恼愤怒。

义项用例

(1) 看得出，她对“曝光”颇感意外和恼怒。

(2) 我觉得她又可爱又可气，便故作恼怒地问道：“你真的不要回去了?”

(3) 或者说你恼怒得想一头撞死，却也找不到撞死的地方。

特征辨析

愤　《现汉》：因为不满意而感情激动；发怒。气～｜公～｜～世嫉俗（对不合理的社会和习俗表示愤恨憎恶）。愤释义为愤怒。

慨　《现汉》：(1) 愤激。愤～。(2) 感慨。～叹。(3) 慷慨。～允（慨然允许）。慨释义为不平。

恨　《现汉》：(1) 仇视；怨恨。～入骨髓｜～之入骨。(2) 悔恨；不称心。～事｜遗～。恨释义为痛恨。

懑　《现汉》：(1) 烦闷。(2) 愤慨；生气。愤～。懑释义为烦闷。

恼　(1) 生气。～恨｜把他惹～了｜你别～我！(2) 烦闷；心里不痛快。烦～｜苦～｜懊～。恼释义为烦恼。

愤怒是核心成员、元语言基元。

生气比气愤程度低，气愤比愤怒程度低，愤怒比狂怒程度低。

激愤、愤激合并为一个义位。

义征表达式

愤慨［+心情］［-积极］［+愤怒］［+不平］

愤恨 [+心情] [-积极] [+愤怒] [+痛恨]

愤懑 [+心情] [-积极] [+愤怒] [+烦闷]

愤怒 [+心情] [-积极] [+生气] [+极端]

激愤（愤激）[+心情] [-积极] [+愤怒] [+激动]

愤然 [+心情] [-积极] [+愤怒] [+书面]

气愤 [+心情] [-积极] [+生气] [+程度高]

气恼 [+心情] [-积极] [+生气] [+烦恼]

狂怒 [+心情] [-积极] [+愤怒] [+极端]

恼怒 [+心情] [-积极] [+烦恼] [+愤怒]

六 其他

别扭 讨厌 反感 不忿 不平 不满 恶心

别扭

词典释义

《现汉》（第 87 页）：（1）不顺心；难对付。这个天气真～，一会儿冷，一会儿热｜他的脾气挺～。（2）意见不相投。闹～｜两个人素来有些别别扭扭的，说不到一块儿。（3）（说话、作文）不通顺；不流畅。

《现规》（第 85 页）：（1）不顺心；不舒畅。（2）（性格）执拗难处。（3）意见不合；与人不协调。（4）话语或文章不顺畅。

《新形》（第 52 页）：不顺心，不痛快；不正常，难对付。可以形容人、人的脾气、心情，也可以形容事情、形式，还可以形容天气等。

现释义 不舒畅，不顺心。

义项用例

（1）那点别扭劲儿又忽然回来了。

（2）雪粒打在身上也不容易化，他的衣肩上已积了薄薄的一层，虽然不算什么，可是湿漉漉的使他觉得别扭。

（3）你这说半截话让人听着心里别扭啊！

讨厌

词典释义

《现汉》（第 1233 页）：（1）惹人厌烦。这人说话总是这么罗唆，真～！（2）事情难办令人心烦。这种病很～，目前还不容易彻底治好。

(3) 厌恶；不喜欢。他～这地方春天的风沙。

《现规》（第 1273 页）：（1）惹人厌烦；令人心烦。（2）动词：厌恶。

《新形》未收。

现释义　使人厌恶。

义项用例

(1) 可是，他并不想杀人，他只觉得夏先生讨厌，可恶，而没有法子惩治他。

(2) 还要哭，请你转家去哭，我看见眼泪就讨厌……

(3) 他三天两天写信给我，信上的话我也不必说，可是每封信都说他失眠，看了讨厌！

反感

词典释义

《现汉》（第 348 页）：反对或不满的情绪。

《现规》（第 364 页）：(1) 不满。(2)〈名〉不满的情绪。

《新形》未收。

现释义　不满。

义项用例

(1) 但从报章上看见他禁称“蜜斯”之类，却很起了反感：我以为这些事情是不必半农来做的。

(2) 文学哲学，对教会给我的教育及其他一切均生反感。

(3) 可馨听了这话，不知是安慰还是反感。

不忿

词典释义

《现汉》（第 104 页）：不服气；不平。心中颇有～之意。

《现规》（第 103 页）：不服气；不平。

《新形》未收。

现释义　因不服气而不平。

义项用例

(1) 这样处理，使人感到不忿。(《现规》第 103 页)

（2）他出于不忿，说了几句公道话。（《现规》第103页）

（3）心中颇有不忿之意。（《现汉》第104页）

不平

词典释义

《现汉》（第107页）：（1）不公平。（2）不公平的事。（3）因不公平的事而愤怒或不满。愤愤～。（4）由不公平的事引起的愤怒和不满。消除心中的～。

《现规》（第107页）：（1）不公平。（2）〈动〉因不公平的事而愤慨或不满。

《新形》未收。

现释义 因不公平而不满。

义项用例

（1）他在街上走，人也看他，然而不说什么话，阿Q当初很不快，后来便很不平。

（2）松下允许员工当面发表不平和不满。

（3）心中常存感激之情，不平或不满之前，先以谦虚的态度，想到彼此间的缘分，然后以喜悦的心情，凭诚意与热忱，加深相互的关系。

不满

词典释义

《现汉》（第106页）：不满意。

《现规》（第106页）：不满意。

《新形》（第60页）：不满意，主要用于情绪，也可以用于语言、神色、面孔和样子等。

现释义 心里不满意。

义项用例

（1）然而，最后的结果只是不平与不满，引起吵架与摩擦，当自己内心黯然神伤时，似乎周围的一切也跟着黯然失色。

（2）就像刘备对庞统的第一印象是很不好的，认为他“形貌古怪”、“举止傲慢”，因此心中大为不满。

（3）部分人心目中产生了悲观不满情绪。

恶心

词典释义

《现汉 2005》（第 335 页）：有要呕吐的感觉。胃里不舒服，一阵一阵地～。

《现规》（第 345 页）：有想呕吐的感觉。

《新形》（第 180 页）：（1）形容要呕吐的感觉。（2）形容厌恶或使人感到厌恶。

现释义　比喻感到厌恶。

义项用例

（1）这么一想后，就觉得很恶心。（王小波）

（2）我从来没有见过，没想到它是这么的丑陋，这么的可怕，这么的令人恶心！

（3）方浩冷静地看着千钟欲盖弥彰的表演，而心里泛起一阵阵恶心。

特征辨析

忿　《现汉》：同“愤”。

愤　《现汉》：因为不满意而感情激动。发怒：气～｜公～｜～世嫉俗（对不合理的社会和习俗表示愤恨憎恶）。

不满、反感合并为一个义位。

义征表达式

别扭［＋心情］［－积极］［－舒畅］［－顺心］

讨厌［＋心情］［－积极］s［＋厌恶］

恶心［＋心情］［－积极］［＋厌恶］［＋比喻］

不满（反感）［＋心情］［－积极］［－满意］

不平［＋心情］［－积极］y［－公平］［＋不满］

不忿［＋心情］［－积极］y［－服气］［＋不平］

第五章

消极类心理形容词义征分析(二)

第一节　羞窘类

一　为难同义组

窘　窘促　困窘　窘迫　局促　尴尬　为难　难堪

窘

词典释义

《现汉》（第 673 页）：（1）穷困。解放前她家里很～。（2）为难。我事前没做准备，当时很～。（3）使为难。不要用话去～他。

《现规》（第 701 页）：难堪；为难。

《新形》未收。

现释义　很为难。

义项用例

（1）我看到格桑花远远地跑过来，他跑到我跟前时似乎有些窘，低着头往我手里塞了一把粉红色的小花。（小树《通往幸福的格桑花》，《读者》2005 年第 12 期）

（2）在去洛岩家的途中，我向他讲起了自己刚才的窘境。

（3）我见自己的心思全让他那双小眼睛给看破了，心里好窘，但嘴上却说："笑话，我有什么不放心的，我空着身子怕个毬！"

窘促

词典释义

《现汉》（第 673 页）：〈书〉窘迫。

《现规》（第 701 页）：〈文〉处境困难。

《新形》未收。

现释义　为难，局促。

义项用例

(1) 夏平一直被自己的窘促困扰着，一路上是因为自己的打扮引人注目而窘促，现在是为进入这样的交际场合而窘促，眼下遇到一位比自己还窘促的人，倒稍稍放松了一些。(柯云路《衰与荣》，http://www.book.sina.com.cn)

(2) 进了门，她见贾大亮露出一副窘促相，心里有种胜利的预感。(刘儒《官场女人》，http://www.book.5seecn.com)

(3) 各样各色的使她为难，窘促，压迫她，使她无路可走，想到了该诅的，可怕但是必须亲近的死！(胡也频《家长》，http://www.chineseliterature.com.cn)

困窘

词典释义

《现汉》(第740页)：(1) 为难。他～地站在那里，一句话也说不出来。(2) 穷困。家境～｜～的生活。

《现规》(第765页)：(1) 贫困窘迫。(2) 为难；感到难办。

《新形》未收。

现释义　为难，难以摆脱。

义项用例

(1) 不忍见莫宜芳如此困窘，抬首道："快两点了，我们一起下楼到会议室。"

(2) 社交活动中使用名片很常见，你在递送接受之时可曾让自己让别人如下列情况一样陷入困窘的境遇？

(3) 在八卦流言里辩解不清的困窘情境，圣诞舞会前的练习，和舞会时萦绕耳际的他的声音。

窘迫

词典释义

《现汉》(第674页)：(1) 非常穷困。生计～。(2) 十分为难。处境～。

《现规》(第701页)：(1) 十分为难。(2) 非常穷困。

《新形》（第400页）：（1）穷困。形容生活、生计和日子等。（2）为难。形容人的处境。

现释义 为难，局促。

义项用例

（1）因为没地方去，才越觉得自己的窘迫。

（2）看到他的窘迫，我挺开心，这个伊喜比那个侃侃而谈的官员要亲切的多。

（3）理发师老王窘迫至极，矢口否认两只戒指的存在。

局促

词典释义

《现汉》（第681页）：（1）狭窄；不宽敞。房间太～，走动不便。（2）〈方〉（时间）短促。三天太～，恐怕办不成。（3）拘谨不自然。～不安。

《现规》（第710页）：（1）狭小；不宽敞。（2）拘谨，不自然。

《新形》（第403页）：拘谨不自然。可以形容神情、神气、举止、脸色、感觉、行为、动作和空气等，也可以直接形容人。

现释义 拘谨不自然。

义项用例

（1）汪先生的脸开始发红，客人都局促地注视各自的碗筷。

（2）柔嘉经不起她这样看一遍，局促不安。

（3）就像一个磁场，她在我身边会让我局促不安。

尴尬

词典释义

《现汉》（第407页）：（1）处境困难，不好处理。（2）〈方〉（神色、态度）不自然。

《现规》（第424页）：（1）处境困难或事情棘手，难以处理。（2）神态不自然；难为情。

《新形》（第222页）：（1）左右为难，不好处理。可以形容处境、境地、地位、场面、局面、空气、气氛、生活和角色等，也可以直接形容人。（2）不自然。形容神情、神色、面孔、样子、态度等。

现释义 不自然。

义项用例

(1) 作为女主人，我很尴尬。

(2) 他很可能会认为你要请他去大吃一顿，无论他是“笑纳”还是拒绝，都会使你的处境很尴尬。

(3) 她也是最受辱、最尴尬的一人。

为难

词典释义

《现汉》(第1307页)：(1) 感到难以应付。~的事|叫人~。(2) 作对或刁难。故意~。

《现规》(第1352页)：〈动〉感到难办。给别人造成困难；刁难。

《新形》(第786页)：感到难以应付。形容神情、神色、神气、样子，表示行为、动作和事情等。

现释义 难以应付。

义项用例

(1) 淑英听了这句话，现出为难的样子。

(2) 那女人不下车，打开提篮，强孙小姐吃她带的米粉糕，赵方二人怕寡妇分糕为难也下车散步去了。

(3) 孙小姐沉吟说：这次订婚已经没得到爸爸妈妈的同意，幸亏他们喜欢我，一点儿不为难。

难堪

词典释义

《现汉》(第913页)：(1) 难以忍受。~的话|天气闷热~。(2) 窘。予人~|他感到有点~，微微涨红了脸。

《现规》(第939页)：(1) 难以忍受的。(2) 尴尬；不好意思。

《新形》(第553页)：(1) 难以忍受。形容话语、事情、生活、局面和痛苦、折磨等。(2) 为难。可以形容人，也可以形容样子、心情、感觉和动作等。

现释义 很为难。

义项用例

(1) 难堪渐渐变为羞恼，他的火也上来了。

(2) 独自拉着座儿还好办，赶上拉帮儿车的时候，他猛孤丁地收住步，使大家莫名其妙，而他自己非常的难堪。

(3) 关小丽看出梁子挺难堪，就说自己还想再看一遍。

特征辨析

窘释义为为难。

促 《现汉》：(1) 时间短。短～｜急～。(2) 催；推动。抓革命，～生产，～工作，～战备｜督～。(3)〈书〉靠近。～膝谈心。促释义为局促。

困 《现汉》：(1) 陷在艰难痛苦中或受环境、条件的限制无法摆脱：为病所～｜想当年当无可当，卖无可卖，真把我给～住了。(2) 控制在一定范围里；包围。围～｜把敌人～在山沟里。(3) 疲乏。～乏｜～顿。(4) 疲乏想睡。你～了就先睡。(5)〈方〉睡。～觉｜天不早了，快点～吧。

局 《现汉》：(1) 棋盘。棋～。(2) 下棋或其他比赛一次叫一局。下了一～棋｜打了个平～。(3) 形势；情况；处境。结～｜战～｜顾全大～。(4) 人的器量。～量｜器～｜～度。(5) 旧时称某些聚会。饭～｜赌～。(6) 圈套。骗～。(7) 拘束。～促｜～限。

局促、为难是核心成员、元语言基元。

窘、难堪合并为一个义位。窘迫、窘促合并为一个义位。

义征表达式

局促［+心态］［-积极］［+拘谨］［-自然］

为难［+心态］［-积极］［-应付］

窘（难堪）［+心态］［-积极］［+为难］［+程度高］

窘促（窘迫）［+心态］［-积极］［+为难］［+局促］

困窘［+心态］［-积极］［+为难］［-摆脱］

尴尬［+心态］［-积极］［-自然］

二　羞耻同义组

羞耻　羞愧　羞愤　羞恼

羞耻

词典释义

《现汉》(第 1417 页)：不光彩；不体面。不知～。

《现规》(第 1468 页)：不光彩；不体面。

《新形》未收。

现释义　不光彩；不体面。

义项用例

(1) 我发现我真够傻的，这种事不说还好，一说出来更羞耻，我向她道歉时，她故作糊涂，问为什么。

(2) 今晚坐在桌前，她确实感到饿了，为此她又深深地感到羞耻，自己的男人与公爹让强盗杀死，而自己坐在强盗的席前竟然有了胃口，真真的不可饶恕。

(3) 就这几天，我突然对于国木一寸寸建立起来的房子、地毯、冷暖气、沙发、彩色电视、音响和汽车，感到刺心的羞耻。

羞愧

词典释义

《现汉》(第 1417 页)：感到羞耻和惭愧。

《现规》(第 1468 页)：羞耻惭愧。

《新形》(第 852 页)：形容感到羞耻和惭愧。用于心理、内心、神色、眼色等，也可以直接用于人。

现释义　羞耻惭愧。

义项用例

(1) 对虎姑娘，他觉得有点羞愧。

(2) 方鸿渐羞愧得无地自容，记起《沪报》那节新闻，忙说，这一定是从《沪报》看来的。

(3) 我非常羞愧，大脑的隐秘处却有一丝这回终于解脱的放松。

羞愤

词典释义

《现汉》(第 1417 页)：羞愧和愤恨。一脸的～。

《现规》(第 1468 页)：羞愧而愤恨。

《新形》未收。

现释义　羞耻愤怒。

义项用例

(1) 鸿渐已经羞愤得脸红了，到小舅子把报拿来，接过一看，夹耳根、连脖子、经背脊红下去直到脚跟。

(2) 好容易克制自己没把报纸掷在地下，没让羞愤露在脸上，可是嗓子都沙了。

(3) 所有历年来的不幸，加上这一天的悲惨，令他羞愤得想自杀，他恨上天不公平，恨老爸太天真，来美国当次等国民，好好生活不过，来这边让人当狗、当下人，他恨！

羞恼

词典释义

《现汉》未收。

《现规》(第1468页)：羞愧而恼怒。

《新形》未收。

现释义　羞耻恼怒。

义项用例

(1) 难堪渐渐变为羞恼，他的火也上来了。

(2) 她抖着嘴唇，羞恼地说："他们欺负人！"

(3) 为了赶走羞恼，他倒换了枕在头下的手。(柯云路《夜与昼》，http://book.sina.com.cn)

特征辨析

羞　《现汉》：(1) 怕别人笑话的心理和表情；难为情；不好意思。怕～｜害～｜～红了脸。(2) 使难为情。用手指划着脸～他。(3) 羞耻。遮～｜～辱。(4) 感到耻辱。～与为伍。羞释义为羞耻或害羞。

羞耻是核心成员、元语言基元。羞恼比羞愤程度低。

义征表达式

羞耻［+心情］［-积极］［-光彩］［-体面］

羞愧［+心情］［-积极］［+羞耻］［+惭愧］

羞愤［+心情］［-积极］［+羞耻］［+愤怒］

羞恼［+心情］［-积极］［+羞耻］［+恼怒］

三 害羞同义组

羞怯 羞臊 羞涩 害羞

羞怯

词典释义

《现汉》(第1417页):羞涩胆怯。孩子见了生人还有几分~。

《现规》(第1468页):又害羞又胆怯。

《新形》(第853页):又害臊又胆怯。形容人、样子、表情、微笑、动作和心情等。

现释义 害羞胆怯。

义项用例

(1) 他记得,他就是那么样无所谓好奇、无所谓羞怯地,抬着头望着伊。

(2) 在大学一年级的时候,我在女孩子面前还是放不开的,挺羞怯,因为我在中学里没怎么和女孩子接近过。

(3) 我有点羞怯。

羞臊

词典释义

《现汉》(第1417页):害臊;害羞。

《现规》(第1468页):怕羞害臊。

《新形》未收。

现释义 十分害羞。

义项用例

(1) 他羞臊得受不了,想不洗万万不行,妈妈说什么也不答应。(兰泊宁《还玩不玩了》,http://www.booktide.com)

(2) 现在也就是打打擦边球,沟通一下感情,如果真的这么说出来,还不被羞臊死。(说不得大师《佣兵天下》,http://www.yesho.com)

(3) "羞臊!羞臊!"当我向黄志明提出做生存实录时,这位35岁、长得五大三粗的男人急得脸色通红,连连说着"羞臊"二字。(年月《太阳每天都是新的》,http://www.csnn.com.cn)

羞涩

词典释义

《现汉》（第 1417 页）：难为情，态度不自然。他站在同学们中间，~地看着大家。

《现规》（第 1468 页）：难为情。

《新形》（第 853 页）：难为情，不自然。可以形容神情、表情、笑容、红晕、眼光、声音和动作等，也可以直接形容人。

现释义　害羞，不自然。

义项用例

（1）我从田部长铜锣般的脸上看到羞涩，军人永远都对官阶耿耿于怀，他那时比我父亲职务低，现在也依然。

（2）但他立即把羞涩扫去，仿佛一块油布把金属拭亮。

（3）陈景润崇敬老师，别看他平时沉默寡言，但向老师请教，毫不羞涩和胆怯。

害羞

词典释义

《现汉 2005》（第 533 页）：因胆怯、怕生或做错了事，怕人嗤笑而心中不安；怕难为情。她是第一次当众讲话，有些~丨你平时很老练，怎么这会儿倒害起羞来了？

《现规》（第 509 页）：〈动〉难为情；不好意思。

《新形》未收。

现释义　难为情。

义项用例

（1）但是琴的安慰而鼓舞的眼光触到她的脸上，她觉得自己不再害羞了。

（2）我知道我得保护自己，我觉出我身上好像有什么可贵的地方，我闻得出我已有一种什么味道，使我自己害羞，多感。

（3）方鸿渐听了，又害羞，又得意。

特征辨析

臊　《现汉》：羞。害~丨~得脸通红。

涩　《现汉》：（1）像明矾或不熟的柿子那样使舌头感到麻木干燥的

味道。(2) 摩擦时阻力大；不滑润。滞 ~ | 轮轴发 ~，该上油了。(3)(文句) 不流畅；难读；难懂。晦 ~ | 艰 ~。

害羞是核心成员、元语言基元。

羞臊是害羞的极端表现。

义征表达式

害羞 [+心情] [-积极] [+难为情]

羞怯 [+心情] [-积极] [+害羞] [+胆怯]

羞臊 [+心情] [-积极] [+害羞] [+极端]

羞涩 [+心情] [-积极] [+害羞] [-自然]

四　不安同义组

惭愧　内疚　愧疚　惭疚　歉疚　自疚　歉然　抱歉　不安　不定　紧张　乱　纷乱　忐忑

惭愧

词典释义

《现汉》(第 120 页)：因为自己有缺点、做错了事或未能尽到责任而感到不安。

《现规》(第 123 页)：因自己有过失或对不起别人而内心不安。

《新形》(第 68 页)：因为有缺点或做错了事而感到不安。用于心情、感觉、表情、面容和行为、动作等。

现释义　因过失十分不安。

义项用例

(1) 读书求知，广泛涉猎，学无止境，永不满足，真使我们这些一瓶子不满，半瓶子晃荡的后来人，深深感到惭愧。

(2) 可馨更是无比惭愧，不仅经常跟卖菜和卖水果的小贩发生口角，还经常在睡梦中梦见天外飞来横财。

(3) 鸿渐惭愧得比忘了国庆日和国耻日都厉害，忙说："我记得。"

内疚

词典释义

《现汉》(第 919 页)：内心感觉惭愧不安。~于心。

《现规》(第 945 页)：因做错事或对不起人而心情不安；惭愧。

《新形》(第 555 页):内心感到惭愧不安。可以形容心情、语调、行动、动作等,也可以直接形容人。

现释义 内心因过失而不安。

义项用例

(1) 其实这种有意的冷淡在他也很痛苦,也很内疚,觉得对不起人,但他到底是个男子汉,咬咬牙就算了。

(2) 沈伟家的人为了平息他们心中的内疚,大张旗鼓地上演孝敬老人的正剧。

(3) 他想拥抱她,对她说出内心的一切内疚、一切痛苦、一切爱。

愧疚

词典释义

《现汉》(第 739 页):惭愧不安。

《现规》(第 769 页):惭愧内疚。

《新形》(第 451 页):形容惭愧内疚。用于心情、情绪、感觉等。

现释义 惭愧内疚。

义项用例

(1) 说到这儿,肖国良惆怅、伤感的脸上露出一丝愧疚的神色。

(2) 我换不掉那种尴尬和愧疚。

(3) 与高 IQ 的女性不同,这种人很少觉得焦虑、愧疚或陷入沉思。

歉疚

词典释义

《现汉》(第 1015 页):觉得对不住别人,对自己的过失感到不安。

《现规》(第 1043 页):惭愧不安,内疚。

《新形》未收。

现释义 抱歉内疚。

义项用例

(1) 儿子眼中一闪而逝的悲愤竟然击痛展中延心扉,他体内因愤怒而逆行上冲的血液为某种不知名的歉疚逐渐趋缓。

(2) 我觉得对他很歉疚。

(3) 这些年我觉得很歉疚,如果找到他呢,也不失为一个好朋友。

自疚

词典释义

《现汉》(第 1667 页)：对自己的过失感到惭愧不安。深感~。

《现规》(第 1731 页)：〈动〉自己感到内疚。

《新形》未收。

现释义　内心因过失而不安。

义项用例

(1) 一方面是自疚，觉得惹得别人讨厌，另一方面就不消说了。(王小波)

(2) 许仙马上自疚了。(李碧华)

(3) 是的，我不能让父亲太内疚。(《少妇日记》，http：//la. book. sohu. com)

歉然

词典释义

《现汉》(第 1015 页)：形容歉疚的样子。~不语。

《现规》(第 1043 页)：惭愧的样子。

《新形》未收。

现释义　形容抱歉的样子。

义项用例

(1) 她可能看出了我因为名字的事而在没劲，显出一种歉然的样子。

(2) 我返回车内，非常歉然地朝人们点了点头。

(3) 郭靖听他答应治伤，心中大喜，一转头间，忽见那书生与农夫横眉凸睛、满脸怒容地瞪着自己，当即心中歉然："我们来到此处，全凭蓉儿使诈用智，无怪他们发怒。"

惭疚

词典释义

《现汉》未收。

《现规》(第 123 页)：惭愧内疚。

《新形》未收。

现释义　惭愧歉疚。

义项用例

(1) 我以国民党党员一分子的立场说，只有感到无限的惭疚。(《恳切规劝　令人诚服》，http://www.zytzb.org.cn)

(2) 对于这件事，他心里一想起来就感到无限惭疚。(萧逸《风雨燕双飞》，http://www.mypcera.com)

(3) 不管畜牲是有心无意，君不悔却赖以逃过一劫，在感受中，竟有一股深浓的惭疚与悲怆……(柳残阳《傲爷刀》，http://www.mypcera.com)

抱歉

词典释义

《现汉》(第49页)：心中不安，觉着对不住别人。因事负约，深感～。

《现规》(第48页)：〈动〉觉得对不起别人而内心不安。

《新形》未收。

现释义　因过失而不安。

义项用例

(1) 他们双方都没经受过托举的训练，不会借助巧力而使身体轻便，他只会死死地攀负在人背上，一心的惶惑与抱歉终是无用。

(2) 一想起你的为难之色，我不禁万分的抱歉，难过，在茫茫世上，唯有我是你所喜欢的人，而带来的却是你更大的苦恼，实在大不应该，原谅我！

(3) 这近于盲从《新青年》，自己也很抱歉，但茂才公尚且不知，我还有什么好办法呢。

不安

词典释义

《现汉》(第101页)：(1) 不安定；不安宁。忐忑～丨动荡～。(2) 客套话，表示歉意和感激。老来麻烦您，真是～。

《现规》(第101页)：(1) (环境等) 不安定；(心情) 不安宁。(2) 客套话，表示歉意和感谢，略相当于“不好意思”。

《新形》(第56页)：不安定；不安宁。形容心、心情、心神、感觉、情绪、神气、神情和气氛、状态等。

现释义　心情不安定。

义项用例

(1) 正因如此，它成了投资分析家们最为焦灼不安的一天。

(2) 那些曾经使人不安、半明不白、遥远的传说，到了这个时候，已经变成恐怖的悲剧了。

(3) 局势稳定时投资者的金融投资行为非常大胆，而一旦出现风吹草动，长期隐蔽存在的市场不安情绪则立即转化为普遍的金融恐慌心理。

不定

词典释义

《现汉2005》(第111页)：不稳定；不安定。摇摆～｜心神～。

《现规》(第102页)：不稳定；不确定。

《新形》未收。

现释义　心情不安定。

义项用例

(1) 林先生坐在账台里，心总不定。

(2) 总是隔着无形的墙，思念得明昧不定。(李碧华)

(3) 它一定心底嘲弄，为了什么，就大家揣摸不定?(李碧华)

紧张

词典释义

《现汉》(第657页)：(1) 精神处于高度准备状态，兴奋不安。第一次登台，免不了有些～。(2) 激烈或紧迫，使人精神紧张。～的劳动｜～动人的情节｜球赛已经进入～阶段｜工作～。(3) 供应不足，难于应付。

《现规》(第682页)：(1) 精神处于高度不安的状态。(2) 紧迫；激烈。(3) 紧缺；不充裕。(4) 节奏快，不拖拉。

《新形》(第380页)：精神处于高度准备状态，兴奋不安。可以形容心情、精神、神经、神志、思想、情绪、神情、神色、颜色、样子、脸色和目光以及动作等，也可以直接形容人。

现释义　精神高度不安。

义项用例

(1) 我紧紧地拉住云雁的手，不自禁地有点儿紧张。

（2）是呀，人家考大学这般紧张还说得过去，我们考个高中就这个样子，世界末日般惶惶不可终日，整日神经兮兮的。

（3）她撒开两条又粗又长的腿，像一只母鹿似的跑，心跳着，好像被一只狼追着，紧张极了，却又快乐极了，就格格地笑了。

乱

词典释义

《现汉》（第830页）：（1）没有秩序，没有条理。快刀斩～麻｜～七八糟｜这篇稿子改得太～了，要重抄一下。（2）战争；武装骚扰。变～｜叛～｜兵～｜避～。（3）使混乱；使紊乱。扰～｜惑～｜以假～真。（4）（心绪）不宁。心烦意～。（5）任意；随便。～吃｜～跑｜～出主意｜～说～动。（6）不正当的男女关系。淫～。

《现规》（第860页）：（1）没有秩序和条理。（2）（社会）动荡不安。（3）（心绪）不宁；烦乱。（4）两性关系不正当。

《新形》（第505页）：（1）没有次序；不整齐。（2）没有头绪；混乱；不安宁。可以形容心、心情、心绪、思想、心绪和脑子等。

现释义　没有条理，不安宁。

义项用例

（1）祥子的心里由乱而空白，连这些声音也没听见。（老舍）

（2）这种时候我心里很乱。（王小波）

（3）他吓了一跳，心有点乱。（李碧华）

纷乱

词典释义

《现汉》（第370页）：杂乱；混乱。～的脚步声。

《现规》（第386页）：杂乱；烦乱。

《新形》（第201页）：杂乱；混乱。形容雪花、长发、人群、队伍、地方、世界、环境、场合、生活、情景、气氛、事情、声音、时刻、心、心绪、情绪、思想、思绪、思路和头脑等。

现释义　情绪杂乱。

义项用例

（1）只待我俩一时心焦，意绪纷乱，便乘虚现身，步步进逼。（李碧华）

(2) 他用很凶狠的方式塞过去——一壁纷乱地暴瞪着她。(李碧华)

(3) 可是喝彩的声音越大，舞台后的心绪的纷乱也越厉害。(林语堂)

忐忑

词典释义

《现汉》(第1224页)：心神不定。~不安。

《现规》(第1265页)：形容心神不定；胆怯。

《新形》(第744页)：心神不定。形容心、心情、意味和行为等。

现释义　〈书〉内心不安。

义项用例

(1) 他这时确也有些忐忑了，慌张的将烟管插在裤带上，就想去舂米。

(2) 阿Q虽然有些忐忑，却并不很苦闷，因为他那土谷祠里的卧室，也并没有比这间屋子更高明。

(3) 我心里一阵忐忑，想象该怎样采访半夜用牙刷柄戳人家眼睛的人?

特征辨析

疚　《现汉》：对于自己的错误感到内心痛苦。负~|内~于心。疚释义为内疚。

惭　《现汉》：惭愧。大言不~。

愧　《现汉》。惭愧：羞~|问心无~。惭、愧释义为惭愧。

不安、不定合并为一个义位。抱歉、歉然合并为一个义位。内疚、自疚合并为一个义位。愧疚、惭疚合并为一个义位。乱、纷乱合并为一个义位。

不安为核心成员、元语言基元。

义征表达式

不安(不定)[+心情][-积极][-安定]

紧张[+心情][-积极][+不安][+程度高]

乱(纷乱)[+心情][-积极][-条理][+不安]

抱歉(歉然)[+心情][-积极]y[+过失][+不安]

惭愧[+心情][-积极]y[+过失][+不安][+程度高]

内疚（自疚）［+心情］［-积极］zh［+内心］y［+过失］［+不安］

愧疚（惭疚）［+心情］［-积极］［+惭愧］［+内疚］

歉疚 ［+心情］［-积极］［+抱歉］［+内疚］

忐忑 ［+心情］［-积极］［+不安］［+书面］

第二节 惊慌类

一 奇怪—惊讶同义组

惊愕 惊骇 惊慌 惊惶 惊恐 惊悚 惊疑 惊奇 惊讶 惊异 惊诧 震惊 诧异 奇怪 怪 意外

惊愕

词典释义

《现汉 2005》（第 719 页）：〈书〉吃惊而发愣。

《现规》（第 691 页）：〈动〉因吃惊而失神发呆。

《新形》未收。

现释义 惊讶发愣。

义项用例

（1）郭燕呆呆地原地站着，惊愕、思念、怨恨、麻木，这错综复杂的感情，围绕着她。

（2）一阵惊愕，一阵激动，还夹杂了隐隐的窘色。

（3）观众被琴声征服了，等演奏完毕亮灯一看，原来坐在钢琴前的竟是肖邦，观众大为惊愕，却又深深地为肖邦的才能所折服，肖邦终于成功了。

惊骇

词典释义

《现汉 2005》（第 719 页）：〈书〉惊慌害怕。

《现规》（第 692 页）：〈动〉〈文〉惊恐惧怕。

《新形》未收。

现释义 惊讶恐惧。

义项用例

(1) 我愕然无语，我还完全没有老练到能预想到夫家一大堆亲戚的地步，妈妈所描绘的凶神般的河南女人群体，令我惊骇。

(2) 回头看了看老太太的房间，越发惊骇不安，锁了门就往文联大院这边来。

(3) 方鸿渐惊骇得几乎饭碗脱手。

惊慌

词典释义

《现汉》(第666页)：害怕慌张。~失措。

《现规》(第692页)：〈动〉惊恐慌张。

《新形》(第384页)：害怕慌张。可以形容神色、神态、神情、样子、面容(脸)、目光、举动、声音、气氛和现象等，也可以直接形容人或人的心理状态。

现释义　惊讶慌张。

义项用例

(1) 这么好几次，他开始看惯了苇叶的微动，听惯了鸟鸣，决定不再惊慌。

(2) 老乡们用惊慌的目光望着我们，谁都否认知道李金锁的下落。

(3) 惊慌、迷惘，无处求助，当一双双严厉的目光直视着陈景润时，他感到从未有过的恐怖，仿佛被整个世界抛弃了。

惊惶

词典释义

《现汉2005》(第719页)：惊慌。

《现规》(第692页)：惊惧。

《新形》未收。

现释义　惊讶恐惧。

义项用例

(1) 然而我的惊惶却不过暂时的事，随着就觉得要来的事，已经过去，并不必仰仗我自己的“说不清”和他之所谓“穷死的”的宽慰，心地已经渐渐轻松。

(2) 高松年直跳起来，假惊异的表情做得维妙维肖，比方鸿渐的真惊惶自然得多。

（3）或者看他人被屋压倒而祸将及身，也只有惊惶，不会发笑。

惊恐

词典释义

《现汉》（第 666 页）：惊慌恐惧。~失色 | ~万状。

《现规》（第 692 页）：〈动〉惊慌害怕。

《新形》（第 385 页）：惊慌恐惧。形容心理状态、神色、表情、目光、眼睛、颜色和行为、动作等。

现释义　惊讶恐惧。

义项用例

（1）我惊恐地抓住他的手，这一次全无美妙的感触，只有同等频率的颤栗像接力棒似的传了过来。

（2）县里的居民记得“一·二八”那一次没受敌机轰炸，这次想也无事，还不甚惊恐。

（3）但很多人不仅不惊恐，还漠不关心。

惊悚

词典释义

《现汉 2005》（第 719 页）：惊慌恐惧。

《现规》未收。

《新形》未收。

现释义　惊讶恐惧。

义项用例

（1）隆冬寒大，冰川崩裂，步履其上，如临深渊，其峻，其险，令人神魂惊悚。

（2）司漠丕变的神情太过柔和，让人不知该怎么形容这种又矛盾又惊心的感觉，那是只有在看恐怖片才会出现的惊悚。

（3）他倍感惊悚地认识到：四代赤贫但曾经拥有最高社会地位的工人家庭现在是个炸药包，真真是不能给点火星子。

惊疑

词典释义

《现汉 2005》（第 720 页）：惊讶疑惑。他脸上露出~的神色。

《现规》(第682页):〈动〉惊讶疑惑。

《新形》未收。

现释义　惊讶疑惑。

义项用例

(1) 他惊疑不已，到报馆一打听，才知道她丈夫已受伪职，她也到南京去了。

(2) 半晌，朴园惊疑地望着她，繁漪像一座石像似的仍站在门前。

(3) 他永远没尝受过这种惊疑不定的难过，与绝对的寂闷。

惊异

词典释义

《现汉》(第666页):惊奇诧异。令人～。

《现规》(第692页):〈动〉惊奇。

《新形》(第385页):惊奇诧异。可以形容心情、神情、神色、眼光和行为、动作等，也可以直接形容人。

现释义　惊讶诧异。

义项用例

(1) 老马先生知道英国妇女处处要逞强，有点什么好东西总要出其不意的拿出来，好叫人惊异叫好儿。(老舍)

(2) 使他惊异的倒是凭两位太太的体面漂亮，怎能屋里脏得下不去脚!(老舍)

(3) 我听了高思师长这番话，心里怦怦直跳，想起小时候看的童话书中灰姑娘在一夜之间变成公主，也不会有我那一时刻表现出这么多的惊异!

惊讶

词典释义

《现汉》(第666页):感到奇怪；惊异。～的目光。

《现规》(第692页):感到意外、奇怪。

《新形》(第387页):因事情发生的突然或出乎意料而感到奇怪。形容心情、神情、神色、表情、样子、微笑、眼光、声音、口气和行为、动作等。

现释义　感到吃惊奇怪。

义项用例

(1) 琴有点惊讶，就带着怜惜的眼光去看她。

(2) 那位沈老先生有点仙风道骨，那么大年纪还每天爬山，有时居然亲自提一小篮子家栽时鲜水果，到半山小屋来送给我，让我既惊讶又感动。

(3) 当一所新的房屋竣工时，每个路过的父母都会以平静而毫无惊讶的神情告诉自己的孩子，这是一件几天以前还没有的新东西。

惊诧

词典释义

《现汉》(第665页)：惊讶诧异。这是意料中的事，我们并不感到～。

《现规》(第692页)：〈动〉感到惊讶诧异。

《新形》未收。

现释义　惊讶诧异。

义项用例

(1) 宁宁厌恶父母对于她几年前的怀孕表露出这种惊诧。

(2) “中国梦露”的败迹，不仅让教她的李老师料想不及，更使所在学校一片惊诧。

(3) 我惊诧这里的肮脏，可是肮脏中却散发着生气。

惊奇

词典释义

《现汉》(第666页)：觉得很奇怪。这里的变化之大，令人～。丨眼里射出的～目光。

《现规》(第692页)：惊讶奇怪。

《新形》(第385页)：觉得很奇怪。形容心情、神情、眼光、眼睛、光芒和行为、动作等。

现释义　惊讶奇特。

义项用例

(1) 方鸿渐惊奇，董斜川厌倦，苏小姐迷惑，赵辛楣大声道：“妙，分析得真精细，了不得!”

(2) 鸿渐一眼瞧见李先生的行李箱，衬了狭小的船首，仿佛大鼻子阔嘴生在小脸上，使人起局部大于全体的惊奇，似乎推了几何学上的原则。

(3) 这座寂静又破烂的院落突然来了这么多车，附近的住户和行人都露出满脸惊奇。

震惊

词典释义

《现汉》(第1601页)：(1) 使大吃一惊。~世界。(2) 大吃一惊。大为~。

《现规》(第1663页)：极其惊讶。

《新形》未收。

现释义　极其惊讶。

义项用例

(1) 我只是太震惊了。

(2) 初听这事，我除了强烈的震惊外，心里怎么也不太容易接受这件事实。

(3) 旁听席上又一片震惊。

诧异

词典释义

《现汉》(第133页)：觉得十分奇怪。听了这突如其来的消息，我们都十分~。

《现规》(第137页)：奇怪，惊异。

《新形》未收。

现释义　感到十分奇怪。

义项用例

(1) 我们简直诧异万分。

(2) 我从来不曾见主席这种办公法，大为诧异，却无论如何听不出他哼什么。

(3) 从不知烦恼为何物的大男孩竟无端叹起气来，令温楚颇觉诧异。

奇怪

词典释义

《现汉》（第994页）：（1）跟平常的不一样。海里有不少~的动植物。（2）出乎意料，难以理解。真~，为什么这时候他还不来呢？

《现规》（第1019页）：（1）稀奇少有，异乎寻常。（2）出人意料。难以理解。

《新形》（第608页）：跟平常的不一样。形容人和其他动物以及植物等，也可以形容天空、土地、地方、东西、物品、气味、声音、话语、小溪、事情、现象、名称、方法、力量、举动、神色、表情、梦境、念头、心理和情绪等。

现释义　因不理解而感到意外。

义项用例

（1）郭靖和黄蓉却听得奇怪之极，心道："一灯大师不做皇帝做和尚，已令人十分诧异，原来他许多祖先都是如此，难道做和尚当真比皇帝还要好么？"

（2）祥子看到这里，觉得非常的奇怪，心中更加慌乱，因为平日没拿她当过女人看待，骤然看到这红唇，心中忽然感到点不好意思。

（3）连他自己也觉着奇怪，为什么他能说得这么长，而且说得这么畅快。

怪

词典释义

《现汉》（第461页）：（1）奇怪。~事。（2）觉得奇怪。大惊小~。（3）〈口〉很；非常。~不好意思的｜箱子太沉，提着~费劲的。（4）怪物；妖怪（迷信）。鬼~。

《现规》（第477页）：奇异的，不常见的。

《新形》（第255页）：奇怪。可以形容天气、气候、地方、自然景物、物品、东西、作品、味道、事物、样子、模样、问题、现象、表情、颜色、眼睛、主意、想法、脾气等。

现释义　因不理解而感到意外。

义项用例

（1）我立刻投身其中，问他们出了什么事，怪的是这些孩子都不理我。（王小波）

（2）看完以后，心里充满了怪怪的想法。（王小波）

(3) 小雪儿突然感觉到心中怪怪的，两抹红云直往她俏脸上升起，她开始觉得内心慌乱而不知所措，心跳得快飞出胸口，怎么了?

意外

词典释义

《现汉》(第 1496 页)：(1) 意料之外。感到～。(2) 意外的不幸事件。煤炉子一定要装烟筒，以免发生～。

《现规》(第 1556 页)：意料之外的；料想不到的。

《新形》未收。

现释义　意料之外的。

义项用例

(1) 雪儿没有回嘴倒令他有些意外。

(2) 我感到有点意外。

(3) 当年她和司漠纠葛得难分难解，彻底拜倒在司漠怀里，若她公报私仇或因男女私爱靠向弟弟那边，谁都不会感到意外。

特征辨析

惊　《现汉》：(1) 由于突然来的刺激而精神紧张。～喜｜胆战心～。(2) 惊动。～扰｜打草～蛇。(3) 骡马因害怕而狂跑不受控制。惊释义为惊讶。

愕　《现汉》：惊讶；发愣。～然｜惊～。愕释义为发愣。

骇　《现汉》：惊吓；震惊。惊涛～浪｜～人听闻。

悚　《现汉》：害怕。～然。

讶　《现汉》：诧异。惊～｜～然。

奇怪比诧异程度低。惊讶与奇怪义征有交叉。奇怪、惊讶为核心成员、元语言基元。

惊惶、惊恐、惊悚、惊骇合并为一个义位。惊诧、惊异合并为一个义位。奇怪、怪合并为一个义位。

义征表达式

惊愕 [+心情] [-积极] [+惊讶] [+发愣]

惊慌 [+心情] [-积极] [+惊讶] [+慌张]

惊恐(惊惶、惊悚、惊骇) [+心情] [-积极] [+惊讶] [+恐惧]

惊疑 [+心情] [-积极] [+惊讶] [+疑惑]
惊诧（惊异）[+心情] [-积极] [+惊讶] [+诧异]
奇怪（怪）[+心情] [-积极] y [-理解] [+意外]
诧异 [+心情] [-积极] [+奇怪] [+程度高]
震惊 [+心情] [-积极] [+惊讶] [+极端]
惊讶 [+心情] [-积极] [+吃惊] [+奇怪]
惊奇 [+心情] [-积极] [+惊讶] [+奇特]
意外 [+心情] [-积极] [+超出] [+意料]

二 慌张—恐慌同义组

惶惑 惶急 惶遽 惶恐 惶悚 恐怖 恐慌 恐惧 可怕 胆怯 卑怯 慌 慌乱 慌忙 慌张 心慌

惶惑

词典释义

《现汉》（第557页）：因不了解情况而害怕。

《现规》（第576页）：恐惧而疑惑。

《新形》（第317页）：因不了解情况而害怕疑惑。可以形容精神、心情、神情、样子、眼光、眼睛和行为、动作等，也可以直接形容人。

现释义 恐慌而迷惑。

义项用例

（1）他们特别清楚地记得自己刚到这里时没人来接而产生的恐惧和惶惑。

（2）可是，当我真的力排众议地选择了之后，我却惶惑了，恐惧了，委屈了。

（3）他只会死死地攀负在人背上，一心的惶惑与抱歉终是无用。

惶急

词典释义

《现汉》未收。

《现规》（第576页）：恐惧慌忙。

《新形》未收。

现释义 恐慌而匆忙。

义项用例

(1) 我很悚然，一见她的眼盯着我，背上也就遭了芒刺一般，比在学校里遇到不及预防的临时考，教师又偏是站在身旁的时候，惶急得多了。

(2) 六人心中惶急，垂手侍立，不敢作声。

(3) 辛楣正要转身，肩膀给人粗暴地拉住，耳朵里听得汪太太惶急的呼吸，回头看是高松年的脸，露着牙齿，去自己的脸不到一寸。

惶遽

词典释义

《现汉》(第 557 页)：〈书〉惊慌。神色～。

《现规》(第 573 页)：〈文〉惊慌不安。

《新形》未收。

现释义　〈书〉恐慌而匆忙。

义项用例

(1) 果然高松年写信收回成命，同时有一种不出所料的满意，惶遽地说："没有呀!"

(2) 我们拿着喊话筒、在行军拉练中高喊着"一不怕苦、二不怕死"的女排长啊，现在像一个惊恐惶遽的孩子一样，大声哭嚎：我害怕呀!

(3) 她害怕那惶遽将是苦难的深渊，她拒不见他。(石楠《一代名妓柳如是》，http://book.sina.com.cn)

惶恐

词典释义

《现汉》(第 557 页)：惊慌害怕。

《现规》(第 576 页)：惊慌恐惧。

《新形》(第 317 页)：惊慌害怕。可以形容心情、神色、神情、气氛和行为、动作等，也可以直接形容人。

现释义　十分恐慌。

义项用例

(1) 方鸿渐为这事整天惶恐不安，向苏小姐谢了又谢，反给她说"婆婆妈妈"。

(2) 慌忙吹灭了灯，溜回竹榻，倒惶恐了半天。

(3) 五时，我们吃着油煎年糕，水仙花的馥郁香味充满着屋子，我惶恐地感觉到我已犯了戒。

惶悚

词典释义

《现汉》(第554页)：〈书〉惶恐。~不安。

《现规》(第573页)：不沉着，举止失去常态。

《新形》未收。

现释义 〈书〉十分恐慌。

义项用例

(1) 忽然想到了什么，金薇又惶悚地问："为什么……君惟明……你要饶我?"(柳残阳《断肠花》，http：//www. mypcera. com)

(2) 窦应泰在题为《致琼瑶夫妇的一封公开信》中表示，琼瑶夫妇在他眼里的形象"一向善意待人"，但他看了他们前段时间对《琼瑶与平鑫涛的坎坷之恋》一书的声明，却"令人惶悚"。(何炜《窦应泰称琼瑶夫妇有失厚道!》，http：//news. xinhuanet. com)

(3) 又走了三十里，就要用手拽着藤蔓，用脚登着伸出来的岩石，吓得心神惶悚，一身冷汗。(《道家修炼故事：段恝一念失道缘》，http：//www. epochtimes. com)

恐怖

词典释义

《现汉》(第722页)：(由于生命受到威胁而引起的) 恐惧。

《现规》(第752页)：(1) 感到危险可怕而非常惊恐。(2) 非常可怕。

《新形》(第434页)：因为受到某种威胁而害怕或因为能构成某种威胁而令人害怕。形容心、心理、思想、神色、颜色、表情、样子、眼睛、味道、成分、印象、影子、爪印、毒物、影片、景象、场面、环境、气氛、氛围、空气、幻象、声音、日子、时刻、事实、消息、手段、政策和统治等。

现释义 极端可怕。

义项用例

(1) 惊慌、迷惘，无处求助，当一双双严厉的目光直视着陈景润时，他感到从未有过的恐怖，仿佛被整个世界抛弃了。

(2) 我走进小门，心中夹杂着惊悸、恐怖、渴望。

(3) 我无法形容我记录下这件可怕事件的心情：我全身的汗毛因恐怖而嗖嗖发凉，心颤抖着。

恐慌

词典释义

《现汉》(第 722 页)：因担忧、害怕而慌张不安。

《现规》(第 753 页)：因害怕而慌张。

《新形》(第 435 页)：因担忧、害怕而慌张不安。形容人心、脸色和动作等。

现释义　恐惧而慌张。

义项用例

(1) 方鸿渐看大势不佳，起了恐慌。

(2) 不看犹可，一看我就恐慌起来。

(3) 展素雁心头微惊，有种被道破心事的恐慌。

恐惧

词典释义

《现汉》(第 722 页)：惧怕。~不安。

《现规》(第 753 页)：畏惧；害怕。跟“恐怖”不同。“恐惧”没有名词用法；做形容词时，“恐怖”的语义比“恐惧”重，多指因生命受到威胁而产生的惧怕。

《新形》(第 435 页)：因遇到或感到危险而害怕。可以形容神情、神色、表情、眼光、心理、心情和行为等，也可以直接形容人。

现释义　非常害怕。

义项用例

(1) 希望使他快活，恐惧使他惊惶，他想睡，但睡不着，四肢像散了似的在一些干草上放着。

(2) 我是做医生的，文字对我是一种快乐，我不想让它沾染忧郁与恐惧。

(3) 那几天，我沉浸在莫名其妙的喜悦与期待当中，甚至还有几丝恐惧。

可怕

词典释义

《现汉 2005》（第 772 页）：使人害怕。

《现规》（第 742 页）：让人害怕的。

《新形》（第 315 页）：令人害怕。可以形容人和人的样子、神气、面目、脸色、眼睛、思想、情绪等，也可以形容某些动物和自然物，还可以形容声音、环境、市情、疾病以及其他令人害怕的事物，使用范围较广。

现释义　让人害怕。

义项用例

（1）现在，他可以自由的看一眼了，可是他心中觉得这个景色有些可怕：那些灰冷的冰，微动的树影，惨白的高塔，都寂寞的似乎要忽然的狂喊一声，或狂走起来！

（2）他等着，他怀疑院里也许没有人，要不然为什么这样的安静呢，安静得几乎可怕。

（3）暗里的摸索哀鸣，更使人可怕。

胆怯

词典释义

《现汉 2005》（第 267 页）：胆小；缺少勇气。

《现规》（第 262）胆小；害怕。

《新形》（第 152）胆小；畏缩。形容人的样子、心理状态等，也可以直接形容人。

现释义　胆小，害怕。

义项用例

（1）连祥子都有些胆怯了！

（2）这时我已知道自己也还是完全一个愚人，什么踌躇，什么计划，都挡不住三句问，我即刻胆怯起来了。

（3）阿 Q 近来虽然比较的受人尊敬，自己也更高傲些，但和那些打惯的闲人们见面还胆怯，独有这回却非常武勇了。

卑怯

词典释义

《现汉》（第 52 页）：卑鄙怯懦。

《现规》(第50页)：卑下怯懦。为人～。

《新形》(第33页)：卑鄙怯懦。用于行为、举动、话语、事情、心理和心理等，也可以直接形容人。

现释义　卑鄙害怕。

义项用例

(1)“落水狗”有三种，大都在可打之列今之论者，常将“打死老虎”与“打落水狗”相提并论，以为都近于卑怯。

(2)我以为“打死老虎”者，装怯作勇，颇含滑稽，虽然不免有卑怯之嫌，却怯得令人可爱。

(3)倘遇前二种，便即附和去打，自然过于无聊，或者竟近于卑怯。

慌

词典释义

《现汉》(第553页)：慌张。惊～｜恐～｜心～｜～手～脚｜沉住气，不要～。表示难以忍受(用做补语，前面加“得”)。疼得～｜累得～｜闷得～。

《现规》(第573页)：(1)慌张；忙乱。(2)〈口〉用在“得”后面做补语，表示前面所说的情况程度高，让人难以忍受(读轻声)。

《新形》(第314页)：慌张；恐惧不安。形容心，也可以直接形容人。

现释义　心里不沉着。

义项用例

(1)祥子有点慌。(老舍)

(2)我要是一天看不见你，我心里就发慌！(老舍)

(3)我一听慌了，坚决拒绝说：“不去不去，我等着晚上吃吧。”(王小波)

慌乱

词典释义

《现汉》(第554页)：慌张而混乱。

《现规》(第573页)：慌张而忙乱。

《新形》(第314页)：慌张而混乱。可以形容心情、情绪、神情、眼睛和腔调以及行为、动作等，也可以直接形容人。

现释义　慌张混乱。

义项用例

(1) 祥子看到这里，觉得非常的奇怪，心中更加慌乱，因为平日没拿她当过女人看待，骤然看到这红唇，心中忽然感到点不好意思。

(2) 忽然慌乱，四面八方的乱卷，像不知怎么好而决定乱撞的恶魔。

(3) 偏这时听见摩托车声，慌乱中站起来一看，恰恰就是庄之蝶，急拉起了溜脱在脚脖处的米黄色裤裙，颤和和跑出来。

慌忙

词典释义

《现汉》(第554页)：急忙；不从容。

《现规》(第573页)：慌张匆忙。

《新形》(第314页)：急忙；不从容。可以形容样子、神气、状态、步子、说话和动作等，也可以直接形容人。

现释义　慌张匆忙。

义项用例

(1) 李子荣慌忙跑进来，把地上的东西都收拾起来，然后让马老先生到柜房里坐。(老舍)

(2) 我在一瞬间慌忙地回顾了一下自己的一生。(王小波)

(3) 冬儿慌忙中，把瓶罐都碰撞倒地。(李碧华)

慌张

词典释义

《现汉》(第554页)：心里不沉着，动作忙乱。神色~。

《现规》(第573页)：不沉着，举止失去常态。

《新形》(第315页)：心里不沉着，动作忙乱。可以形容心情、情绪、神情、神气、神色、样子、脸相和行为、动作等，也可以直接形容人。

现释义　心里不沉着。

义项用例

(1) 你也可以说它是中国人走向现代的起点，但是，哪一个民族走向现代时的步履会像在上海那样匆促、慌张、自怯、杂乱无章?

(2) 温楚圆瞪大眼，既慌张又显得无比惊讶，淡淡泛红的小脸一下子便涨成了猪肝红。

(3) 于是我试着用英文和他对话，这下一来他又把我当成了美国人，眼睛里一副既恭敬又慌张的神色，可他一句英文也听不懂。

心慌

词典释义

《现汉》（第1398页）：(1) 心里惊慌。~意乱。(2)〈方〉心悸。

《现规》（第1446页）：(1) 心里慌乱。(2)〈动〉心跳加速、加强或不规则。

《新形》未收。

现释义　心里不沉着。

义项用例

(1) 那个过程当中我经常觉得不舒服、心慌、浑身较劲。

(2) 泪眼蒙眬的，她哽咽得太严重无法回答，只是缩着身子更偎入温暖的怀抱里，像个找不到路的小孩，以哭声发出心慌的抗议。

(3) 显然林小姐的叫声也是异样的，林先生跳起来，又惊又喜，着急地想跑到柜台前去看，可是心慌了，两腿发软。

特征辨析

惶　《现汉》：恐惧。~恐｜惊~。惶释义为恐慌。

遽　《现汉》：(1) 匆忙；急。匆~｜情况不明，不能~下定论。(2) 惊慌。惶~。遽释义为〈书〉匆忙。

恐　《现汉》：(1) 害怕；畏惧。惶~｜惊~｜有恃无~。(2) 使害怕。~吓。(3) 恐怕。~另有原因。

卑　《现汉》：(1)（位置）低下。~贱｜地势~湿。(2)（品质或质量）低劣。~鄙｜~劣｜~不足道。(3)〈书〉谦恭。~词厚礼。卑释义为卑鄙。

怖　《现汉》：害怕。恐~｜可~。

怯　《现汉》：(1) 胆小；害怕。胆~｜~场。(2) 旧时北京人贬称外地方音（指北方各省）。他说话有点儿~。(3)〈方〉不大方，不合时；俗气。这两种颜色配起来显得~。怯释义为害怕。

慌　《现汉》：慌张。惊~｜恐~｜心~｜~手~脚｜沉住气，不

要~。<u>慌释义为慌张。</u>

害怕比恐惧程度低，恐惧比恐怖程度低。

慌、慌张、心慌合并为一个义位。

慌张、恐慌是核心成员、元语言基元。

义征表达式

惶惑［+心情］［-积极］［+恐慌］［+迷惑］

惶急［+心情］［-积极］［+恐慌］［+匆忙］

惶遽［+心情］［-积极］［+恐慌］［+匆忙］［+书面］

惶恐［+心情］［-积极］［+恐慌］［+程度高］

惶悚［+心情］［-积极］［+恐慌］［+程度高］［+书面］

恐慌［+心情］［-积极］［+恐惧］［+慌张］

恐惧［+心情］［-积极］［+害怕］［+程度高］

胆怯［+心情］［-积极］［+胆小］［+害怕］

卑怯［+心情］［-积极］［+卑鄙］［+害怕］

恐怖［+心情］［-积极］［+害怕］［+极端］

可怕［+心情］［-积极］s［+害怕］

慌乱［+心情］［-积极］［+慌张］［+混乱］

慌忙［+心情］［-积极］［+慌张］［+匆忙］

慌张（慌、心慌）［+心情］［-积极］［-沉着］

三　迷惑同义组

困惑　迷惑　迷乱　迷茫　迷惘

困惑

词典释义

《现汉》（第740页）：感觉疑难，不知道该怎么办。

《现规》（第771页）：疑惑不解。

《新形》（第452页）：弄不明白，不知道该怎么办。形容心情、神情、表情、行为、动作、境地等。

现释义　困顿疑惑。

义项用例

（1）与其说这些迥然相异的观点有助于我们认识人类，不如说它们往往给我们带来困惑。

(2) 对于旧中国而言这是一个充满心灵困惑的转变过程。

(3) 对我们知青的困惑，老乡们的解释是瘦死的。

迷惑

词典释义

《现汉2005》(第938页)：辨不清是非，摸不着头脑。~不解。

《现规》(第900页)：分不清是非；弄不明白。

《新形》未收。

现释义　弄不清楚，疑惑。

义项用例

(1) 一种明知不妥，而很愿试试的大胆与迷惑紧紧地捉住他的心，小的时候去用竿子捅马蜂窝就是这样，害怕，可是心中跳着要去试试，像有什么邪气催着自己似的。

(2) 这些疑问，使我第一次认真地抬起头来，迷惑地注视街道和人群。

(3) 遥望那些山坡灰蓝色的变幻，及白云在山顶上奇怪的，任意的漫游，感到迷惑和惊奇。

迷乱

词典释义

《现汉》未收。

《现规》(第900页)：(思维) 迷惑混乱。

《新形》未收。

现释义　迷惑混乱。

义项用例

(1) 我迷乱，惊慌失措，但没有反抗的力气，不是没有，而是因为梦子的力量太大。

(2) 我一般隔三天提笔向她倾泄，挖空心思以抒情般成熟的辞藻安慰身陷迷乱又寂寞小县城的玉。

(3) 那身体的路线令人困惑不已，哪是上，哪是下，一时有些迷乱。

迷茫

词典释义

《现汉》（第 872 页）：（1）广阔而看不清的样子。大雪铺天盖地，原野一片～。（2）（神情）迷离恍惚。神色～丨小姑娘用～的眼光打量着陌生的来客。

《现规》（第 900 页）：（1）广阔而模糊。（2）迷惑茫然。

《新形》（第 530 页）：迷离恍惚。形容神情、目光、表情、笑容、感觉和行为等。

现释义　迷惑茫然。

义项用例

（1）不知过了多久，王起明从痛苦的迷茫当中“醒”过来。

（2）常常觉得是孤独的，内心深处很孤独，沉重的责任感和义务感压得我不能轻轻松松地生活，对未来又是一片迷茫和不可知。

（3）“在这种宁静中，我看清了自己的灵魂……”他的话有点哲学的味道，我理解不了多少，尽管这样，我还是体味到了其中的一丝迷茫。

迷惘

词典释义

《现汉》（第 872 页）：由于分辨不清而感到不知怎么办。

《现规》（第 900 页）：迷惑；因分辨不清而不知所措。

《新形》（第 531 页）：形容因分辨不清而感到困惑或不知该怎么办。用于神气、神情、神经、表情、意识、感觉和眼睛等，也直接用于人。

现释义　心境迷惑失意。

义项用例

（1）我充满迷惘。

（2）他怀着激动、好奇而又有几分迷惘的心情，迈进了新华书店的门槛。

（3）我不像他那么想，虽然我对这个国家还是抱着一点抽象的希望，但我心中有的，更多的是迷惘和绝望。

特征辨析

惑　《现汉》：（1）疑惑；迷惑。惶～丨大～不解丨智者不～。（2）使迷惑。～乱丨～人耳目丨谣言～众。感释义为疑惑。

迷　《现汉》：（1）分辨不清，失去判断能力。～了路丨～了方向。（2）因对某人或某一事物发生特殊爱好而沉醉。～恋丨看电影入了～。

(3) 沉醉于某一事物的人。球～丨戏～。(4) 使看不清；使迷惑；使陶醉。金钱～住心窍丨景色～人。迷释义为迷惑。

惘　《现汉》：失意。怅～丨～然。惘释义为失意。

义征表达式

困惑［+心态］［-积极］［+困顿］［+迷惑］

迷惑［+心态］［-积极］［-清楚］［+疑惑］

迷乱［+心态］［-积极］［+迷惑］［+混乱］

迷茫［+心态］［-积极］［+迷惑］［+茫然］

迷惘［+心态］［-积极］［+迷惑］［+失意］

第三节　孤寞类

寂寞　落寞　寂寥　孤单　孤独　孤寂　孤苦

寂寞

词典释义

《现汉》(第 601 页)：孤单冷清。晚上只剩下我一个人在家里，真是～。

《现规》(第 621 页)：(1) 孤独冷清。(2) 寂静。

《新形》(第 342 页)：孤单冷清；清静。可以形容心、心境、生活、情境、场面、气氛、市情、影子、处所、家庭、日子、岁月、名声、声音等，也可以直接形容人、人的脸和微笑的表情。

现释义　孤独冷清。

义项用例

(1) 再不交朋友，他的寂寞恐怕就不是他所能忍受的了。(老舍)

(2) 这就使红拂觉得寂寞得很。(王小波)

(3) 他仍然寂寞，但不孤单。(李碧华)

落寞

词典释义

《现汉》(第 839 页)：寂寞；冷落。

《现规》(第 869 页)：冷落；寂寞。

《新形》(第 508 页)：形容寂寞或冷落。用于心情、心境、感觉、荒丘、山林或环境等。

现释义　心情冷落寂寞。

义项用例

(1) 说者无心，听者有意，刘伟的心情更加落寞，情绪更加低沉。

(2) 他是那么的苍凉，那么的落寞，那么的心力交瘁……我真想去安慰他。

(3) 我已经确信你在国外过得很好的时候，你却回来了，带着一身的落寞，你让我心疼。

寂寥

词典释义

《现汉》(第601页)：寂静；空旷。

《现规》(第621页)：寂静。

《新形》(第342页)：形容寂静或空旷。用于地方、天地、宇宙、原野、夜空、夜晚和心情、心境等。

现释义　心情寂寞空虚。

义项用例

(1) 而钢琴正是这样一朵鲜花，它能抚慰我这颗寂寥而又苦恼不安的灵魂。

(2) 一般的老百姓，都是长日寂寥，无所事事，甚是希冀有些嚼舌的报由，搬弄他人是非。(李碧华)

(3) 墙角有只蜘蛛，寂寥地吐着银丝，困围着自己。(李碧华)

孤单

词典释义

《现汉》(第448页)：(1) 单身无靠，感到寂寞。(2) (力量)单薄。

《现规》(第464页)：(1) 单独一个，没有依靠。(2) (势力)单薄。

《新形》(第245页)：单身无靠，感到寂寞。主要形容人，也可以形容人的审视、精神、行为、动作等。

现释义　独自没有依靠。

义项用例

(1) 箫感到一种真正的孤单和恐惧。

(2) 在这苦恼里，他们是极其的孤单了。

(3) 实在是因为你太孤单，我不忍心撇下你。

孤独

词典释义

《现汉》(第448页)：独自一个人；孤单。

《现规》(第464页)：孤单寂寞。

《新形》(第245页)：独自一个，没有依靠；与人没有来往，感到寂寞。形容人以及人的感觉、情绪、行为、生活和地位等。

现释义　独自没有依靠。

义项用例

(1) 我庆幸有一班懂得爱我的朋友，令我在人生路上不再孤单孤独。

(2) 虽然虎妞能替他招待，可是他忽然感到自家的孤独，没有老伴儿，只有个女儿，而且长得像个男子。

(3) 这是一句极其悲凉的话，居然有那么多人赞成，人生之孤独和艰难，可想而知。

孤寂

词典释义

《现汉》(第448页)：孤独寂寞。

《现规》(第464页)：孤独寂寞。

《新形》(第247页)：孤独寂寞。可以形容心、心灵、感觉、表情、生活、日子、环境、境地和处所等，也可以直接形容人。

现释义　孤独寂寞。

义项用例

(1) 这些学生来了又去，暂时的热闹更增加他的孤寂，辗转半夜睡不着。

(2) 且已年届花甲，渐渐息影舞台，不免有些孤寂惶惑之感。

(3) 工作之余，他最怕孤寂，希望身边的工作人员能表现得随便些，可以开玩笑。

孤苦

词典释义

《现汉》（第448页）：独自一个人；孤单。

《现规》（第464页）：无依无靠，孤独凄苦。

《新形》（第247页）：无依无靠，生活困苦。用于生活、境遇和人物等。

现释义　孤独痛苦。

义项用例

（1）我想用黑暗来沉积心头的孤苦与忧伤，我更是在让黑暗之剑磨钝太多流血的心胸。

（2）他们又孤苦又焦灼，身心受着这样的煎熬，却非但不憔悴，反而越来越茁壮，越来越旺盛。

（3）大约四岁我在玉所居住的银行宿舍和她有一面之缘，那时她坐在门槛上，孤苦又冷漠，如梦般洁郁的神情仿佛是幻影。

特征辨析

寂　《现汉》：（1）寂静。沉～｜～无一人。（2）寂寞。枯～｜～寥。寂释义为寂寞。

寞　《现汉》：安静；冷落。寂～｜落～。

寥　《现汉》：（1）稀少。～落｜～若晨星。（2）静寂；空虚。寂～。寥释义为空虚。

孤　《现汉》：（1）幼年丧父或父母双亡的：～儿。（2）单独；孤单。～雁｜～岛。（3）封建王侯的自称。孤释义为孤独。

寂寞、孤独是核心成员、元语言基元。

孤独、孤单合并为一个义位。

义征表达式

寂寞［＋心情］［－积极］［＋孤独］［＋冷清］

落寞［＋心情］［－积极］［＋冷落］［＋寂寞］

寂寥［＋心情］［－积极］［＋寂寞］［＋空虚］

孤独（孤单）［＋心情］［－积极］［＋独自］［－依靠］

孤寂［＋心情］［－积极］［＋孤独］［＋寂寞］

孤苦［＋心情］［－积极］［＋孤独］［＋痛苦］

第四节　犹豫类

犹豫　犹疑　踌躇

犹豫

词典释义

《现汉》(第 1522 页):拿不定主意。~不定丨犹犹豫豫。

《现规》(第 1583 页):迟疑;拿不定主意。

《新形》(第 919 页):形容拿不定主意。用于态度、心情、行为、动作、神色、样子等。

现释义　难以决定。

义项用例

(1) 我有一些犹豫,我说希望他给我一个假期的时间考虑。

(2) 我用“目的”这个名词时有点犹豫。

(3) 可馨在底层发现电梯暂停使用就想打道回府,办公室在九楼,高不高低不低,犹豫半天她还是决定徒步走上去。

犹疑

词典释义

《现汉》(第 1522 页):犹豫。

《现规》(第 1583 页):犹豫。

《新形》未收。

现释义　犹豫迟疑。

义项用例

(1) 在他灰暗的眼神里,你看见了不定,犹疑,怯弱同冲突。

(2) 我却还站在原地,犹疑着。

(3) 我发现柳莺总是在讲到与吸毒有关的内容时陷入沉默,这时她的目光会变得犹疑,转动戒指的速度也会加快。

踌躇

词典释义

《现汉》(第 179 页):(1) 犹豫。他毫不~地冒着生命危险去抢修堤坝。(2)〈书〉得意的样子。~满志（对自己取得的成就非常得意）。

《现规》（第188页）：(1) 犹豫。(2) 形容志得意满的样子。

《新形》未收。

现释义　难以决定。

义项用例

(1) 正踌躇间又听她说看样这活你是没干过啦，真可怜的，我教你吧。

(2) 我在极短期的踌躇中，想，这里的人照例相信鬼。

(3) 她踌躇了一下，不知道说什么话才好。

特征辨析

犹豫、踌躇合并为一个义位。

义征表达式

犹豫（踌躇）[+心态][-积极][-决定]

犹疑 [+心态][-积极][+犹豫][+迟疑]

第五节　骄傲类

骄躁　傲慢　骄傲b　自傲　自大　自负　自满

骄躁

词典释义

《现汉》（第632页）：骄傲浮躁。~情绪。

《现规》（第654页）：骄傲浮躁。

《新形》（第369页）：着急烦躁。可以形容心情、模样、神气、声音和行为、动作，也可以直接形容人。

现释义　骄傲浮躁。

义项用例

(1) 平时的学习中，一旦找到了那种又烦闷又充实、又骄躁又兴奋的感觉的时候，说明你又到了学习的极点，坚持下去会大有收获。(《超越极点》，http://www.hongen.com)

(2) 骄躁是文人通病，是可以改正的。(范文澜《历史研究中的几个问题》，http://www.guoxue.com)

(3) 面对苦难与厄困，邓公处之泰然；面对成功和掌声，邓公亦不骄躁。(《邓小平一生体现基督精神——邝广杰忆邓公》，http://www.takungpao.com)

傲慢

词典释义

《现汉》(第14页)：轻视别人，对人没有礼貌。态度~。

《现规》(第13页)：看不起别人；对别人怠慢不尊重。

《新形》(第16页)：形容轻视别人，对别人没有礼貌。用于态度、姿态、气派、神气、样子、模样、面貌、笑容、嘴脸、行动、表情、情调、性格、印象和口气、语调等。

现释义　骄傲轻慢。

义项用例

(1) 她对同胞表现出的极端不耐和傲慢，使我联想到那些曾在电话中表现出惊惶、辛酸、抠唆和蔫头蔫脑的众多中国人。

(2) 美国要摆正自己在世界上的位置，就得先调整心态，切戒傲慢。

(3) 杨明德很可能觉察到了敌视的目光和处境，他更加傲慢地在寝室里走来走去以示大无畏。

骄傲 b

词典释义

《现汉》(第632页)：(1) 自以为了不起，看不起别人。~自满丨虚心使人进步，~使人落后。(2) 自豪。我们都以生活在社会主义的新中国而感到~。(2) 值得自豪的人或事物。雷锋是我们青年人的~。

《现规》(第654页)：(1) 自负；看不起人。(2) 自豪。

《新形》(第366页)：自以为了不起，看不起别人。可以形容情绪、态度、表现、模样和神气等，也可以直接形容人。

现释义　自以为很了不起。

义项用例

(1) 越是那一瓶子不满半瓶子逛荡的人，比较容易骄傲。

(2) 他骄傲地笑着，比起来，这母女的单纯的欢欣，他更是粗鄙了。

(3) 我所骄傲的是“地位”吗？

自傲

词典释义

《现汉》（第 1666 页）：自以为有本领而骄傲。

《现规》（第 1729 页）：自以为了不起而看不起别人。

《新形》未收。

现释义　自以为很了不起。

义项用例

（1）我想从八十年代到现在我有这样的问题，但我认为这恰恰不是问题而是值得自傲的地方。（朱伟《〈三联生活周刊〉：永远自傲于超前思维》，人民网）

（2）在员工会上，他曾写了一副对联：有功自傲非君子，无怨无悔真豪杰。（刘涛《万明坚："有功自傲非君子 无怨无悔真豪杰"》，《中国企业家》2004 年 3 月）

（3）李子荣咚的一声站起来，颇有点自傲的神气。（老舍）

自大

词典释义

《现汉》（第 1666 页）：自以为了不起。自高～。

《现规》（第 1730 页）：自以为比谁都强，看不起别人。

《新形》（第 988 页）：自以为了不起，看不起别人。用于神气、样子、表现、毛病、缺点等。

现释义　觉得自己极为了不起。

义项用例

（1）因为不那么自卑，于是也就不那么自大。

（2）他开始狂妄、自大、傲慢，不可一世。

（3）特别是其中某些天赋较高，学业优秀如卢刚者，更是狂妄自大，不可一世，视自己为"天之骄子"。

自负

词典释义

《现汉》（第 1667 页）：自以为了不起。这个人很～。

《现规》（第 1730 页）：自以为了不起。

《新形》（第 989 页）：自以为了不起。可以形容人、神气、神色、笑容、口气、意味和行为、动作等。

现释义　觉得自己极为了不起。

义项用例

(1) 他只是不能接受有人对他的魅力免疫而已，真是自大又自负又膨胀过度的孔雀男。

(2) 乐后也不免觉得，蒋子翼诚然聪明，也很自负，却终是有“见事太迟”的弱点。

(3) 说什么“天下无难事”，多自负、天真的想法！

自满

词典释义

《现汉》(第 1668 页)：满足于自己已有的成绩。骄傲 ~ | 不自卑，也不 ~ 。

《现规》(第 1732 页)：满足于自己已有的成绩。

《新形》(第 989 页)：满足于自己已有的成绩。形容人、神气、情绪等。

现释义　觉得自己了不起。

义项用例

(1) 心里没有自满，必然不失敬爱之念。

(2) 在不知不觉中，有一天，发现自己确实喜欢与别人较量，以致招来骄傲、自满、叹息、消沉。

(3) 自满、自大的情绪滋长起来，一些超阶段的想法和认识也随之而生。

特征辨析

骄　《现汉》：(1) 骄傲。戒 ~ 戒躁 | 反 ~ 破满。(2) 〈书〉猛烈。~ 阳。

傲　《现汉》：骄傲。~ 慢 | 倨 ~ 。骄、傲均释义为骄傲。

慢　《现汉》：态度冷淡，没有礼貌。傲 ~ | 怠 ~ 。慢释义为轻慢。

骄傲 b 为核心成员、元语言基元。

骄傲 b、自傲合并为一个义位。自大、自负合并为一个义位。

义征表达式

骄躁 [+ 心态] [- 积极] [+ 骄傲] [+ 浮躁]

傲慢［+心态］［-积极］［+骄傲］［+轻慢］

骄傲b（自傲）［+心态］［-积极］［+自以为］［+了不起］［+程度高］

自大（自负）［+心态］［-积极］［+自以为］［+了不起］［+极端］

自满［+心态］［-积极］［+自以为］［+了不起］

第六节 其他

勉强 可惜 可怜b 脆弱 复杂 虚 心虚 自卑

勉强

词典释义

《现汉》（第877页）：（1）能力不够，还尽力做。这项工作我还能~坚持下来。（2）不是甘心情愿的。~答应下来了。（3）使人做他自己不愿意做的事。他不去算了，不要~他了。（4）不充足。这个理由很~，怕站不住脚。（5）将就；凑合。这点儿草料~够牲口吃一天。

《现规》（第905页）：（1）〈副〉表示不能、不愿而不得不做。（2）〈动〉让人做他不愿做的事。（3）理由不充分。

《新形》（第535页）：（1）能力不够还尽力去做。（2）不是甘心情愿的。（3）不充足。（4）讲究；凑合。

现释义 不情愿的。

义项用例

（1）我知道他对我选择去公司发展的勉强态度。

（2）可馨勉强笑笑算作回答。

（3）回避多时，展中延正式与儿子交锋，语气里的勉强连三岁小孩也听得出来。

可惜

词典释义

《现汉》（第714页）：值得惋惜。

《现规》（第744页）：值得惋惜的。

《新形》（第421页）：值得惋惜。大多形容事情，有时也形容光阴、物品。

现释义　值得惋惜。

义项用例

(1) 想起来我就觉得可惜。

(2) 大家又回忆起王海全在部队时的旧事，觉得真是可惜了，混到了这个份儿上真是挺惨的。

(3) 我写过很多东西都是为他，后来都撕掉了，真的很可惜。

可怜 b

词典释义

《现汉》（第 713 页）：（1）值得怜悯。他刚三岁就死了父母，真是个～的孩子！（2）怜悯。对这种一贯做坏事的人，绝不能～他。（3）（数量少或质量坏到）不值得一提。少得～｜知识贫乏得～。

《现规》（第 743 页）：（1）值得怜悯的。（2）形容数量少得很。

《新形》（第 419 页）：值得怜悯。可以形容任何人的模样、眼光、表情、行为、动作等，也可以形容生活、光景、境遇、境况和地位，还可以形容某些动植物。

怜　《现汉》：（1）怜悯。可～｜～惜｜同病相～。（2）爱。～爱。

现释义　值得怜悯。

义项用例

(1) 温都太太看着女儿怪可怜的，可是自己更可怜。（老舍）

(2) 你看我现在坐在你身旁，可怜的像个没毛的鹌鹑，心里痛苦。（王小波）

(3) 她不要赢得世人可怜。（李碧华）

脆弱

词典释义

《现汉》（第 217 页）：禁不起挫折；不坚强。感情～。

《现规》（第 228 页）：（1）（体质）弱。（2）不坚强；经受不住困难与挫折（跟“坚强”相对）。

《新形》（第 138 页）：禁不起挫折；不坚强；不结实。可以形容人、身体、神经、生命、心、心灵、感情、精神、性格、能力、表现和声音等，也可以形容花草、堤坝、基础、体制和论据等。

现释义 不坚强。

义项用例

(1) 小雪儿大多时候都开朗而顽皮，但偶尔也有脆弱敏感的时候，很容易受伤。

(2) 冷漠如冰的亲子关系，空虚的华丽生活，沉重了二哥和她的心灵，即使表面佯装洒脱、不在意，在情感最脆弱的时候，心脏还是会阵阵抽痛。

(3) 意志坚强的她，也有脆弱的时候。

复杂

词典释义

《现汉》(第396页)：(事物的种类、头绪等) 多而杂。颜色~｜~的问题｜阶级斗争尖锐~。

《现规》(第412页)：事物种类多，头绪繁杂。(跟简单、单纯相对)

《新形》(第213页)：多而杂。可以形容情形、情况、现象、环境、地形、地方、气候、颜色、声音、种类、程序、方式、事情、事实、问题、关系、社会、生活、背景、工作、斗争、内容、条文、看法、动机、思想、思绪、心情、心理、反应、情绪、感情和意味等，有时也直接形容人。

现释义 多而杂。

义项用例

(1) 她咽了口吐沫，把复杂的神气与情感似乎镇压下去。(老舍)

(2) 校长，这孩子复杂得很！(王小波)

(3) 而他自己，却不知如何，对始皇帝有一种复杂而矛盾的感觉。(李碧华)

虚

词典释义

《现汉》(第1419页)：(1) 空虚 (跟“实”相对)。~幻｜~浮｜乘~而入。(2) 空着。~位以待。(3) 因心里惭愧或没有把握而勇气不足。胆~｜心里有点~。(4) 徒然；白白地。~度｜箭不~发｜不~此行。(5) 虚假 (跟“实”相对)。~伪｜~名｜~构。(6) 虚心。谦~。(7) 虚弱。气~｜血~。(8) 指政治思想、方针、政策等方面的道理。

务～｜以～带实。(9) 二十八宿之一。

《现规》(第1470页)：(1) 空虚 (跟“实”相对)。(2) 虚心，不自满。(3) 体质弱。(4) 虚假 (跟“实”相对)。(5) 胆怯；勇气不足。

《新形》未收。

现释义　比喻因惭愧而胆怯。

义项用例

(1) 向来没进过她的屋里去，这次进去，心里还是有点发虚，提手蹑脚的走，好象唯恐叫人看见，虽然明知屋里没有人。(老舍)

(2) 别嘴巴硬，心里虚。(中关村在线动感社区，http：//group. aol. com. cn)

(3) 只要一看到“正规院校”四个字，我就一下子矮了几分，心里虚得直掉汗。(尚杰《我的工作在哪里?》，http：//news. xinhuanet. com)

心虚

词典释义

《现汉》(第1400页)：(1) 做错了事怕人知道：做贼～。(2) 缺乏自信心：对于这种生疏的工作，我感到～。

《现规》(第1448页)：(1) 做错了事而胆怯。(2) 心里没把握，缺乏自信心。

《新形》未收。

现释义　比喻因惭愧而胆怯。

义项用例

(1) 她心虚了，很害怕。(李碧华)

(2) 他愠恼又有些心虚，无论如何都没法子平心静气。

(3) 站在路旁，我做贼般心虚。

自卑

词典释义

《现汉》(第1666页)：轻视自己，认为无法赶上别人。～感｜不自满，也不～。

《现规》(第1730页)：自己瞧不起自己，认为自己处处不如别人。

《新形》(第987页)：轻视自己，自认为不如别人。形容人、民族、心理、感觉、表现、语调、烙印和动作等。

现释义 轻视自己。

义项用例

(1) 陈虎，我坦率地告诉你，你不要自卑，是的，在你貌似强大的独立人格的深处，隐藏着一种因出身低微的自卑。

(2) 在那里，我会忘记自己已有的痛苦与自卑，感觉的是集体的温暖和快乐。

(3) 一种崭新的、活跃的、具有生命力的气氛把几日里纠缠我的孤独、痛苦、懦弱和自卑赶得无影无踪。

义征表达式

勉强 [+心态] [-积极] [-情愿]

可惜 [+心情] [-积极] [+值得] [+惋惜]

可怜 b [+心情] [-积极] [+值得] [+怜悯]

脆弱 [+心态] [-积极] [-坚强]

复杂 [+心情] [-积极] [+多] [+杂]

心虚（虚）[+心态] [-积极] y [+惭愧] [+胆怯] [+比喻]

自卑 [+心态] [-积极] [+轻视] [+自己]

第六章

积极类心理形容词的义征分析

第一节　安恬类

一　安定同义组

安定　安顿　安乐　安宁　安静　安然　安生　安适　安恬　安帖　安稳　安慰　安闲　安心　安逸　心安　泰然　镇定　镇静　沉着　宁静　踏实

安定

词典释义

《现汉》（第6页）：（1）（生活、形势等）平静正常；稳定。生活～|社会秩序～。（2）使安定。～人心。

《现规》（第6页）：稳定正常，没有波动。

《新形》（第5页）：平静正常。形容生活、环境、形势、局面、因素和心情、心神、情绪、神情等。

现释义　稳定平静。

义项用例

（1）在家里呢，处处又是那么清洁，永远是那么安静，使他觉得舒服安定。

（2）这时才到了几个年轻的妇女，她们挤在一道瞧一个绣了花的枕头，接着又津津有味地去谈到丝线绒花的市价，她们完全不可能注意到她们妇女主任不安定的心情。

（3）他们像蜜蜂似的嗡嗡了一阵，他们猜疑，他们害怕，他们热望，不安定，他们起过各种各样的心，可是像夏天的阵头雨一样，一会儿就过去了。

安顿

词典释义

《现汉》（第6页）：(1) 使人或事物有着落；安排妥当。~老小。| 妈妈把家务事~得井井有条。(2) 安稳。睡不~。| 只有把事情做完心里才~。

《现规》（第6页）：安宁；安稳。事情没办好，心里老不~。

《新形》未收。

现释义 安定有着落。

义项用例

(1) 这两天您心里安顿了吧？

(2) 薛姨妈听了，一则薛蟠可以回家，二则完了宝钗的事，心里安顿了好些。（曹雪芹《红楼梦》，http：//www. chinese. pku. edu. cn）

(3) 大地上还蒙着一层雾气，就像是蒙着质地蓬松的淡绿色丝绸。光滑潮润的绸子似的感觉，使梅芸娘心里安顿了许多。（阎延文《沧海神话》，http：//www. longbook）

安乐

词典释义

《现汉》（第6页）：安宁和快乐。

《现规》（第7页）：安宁快乐。

《新形》（第7页）：安宁快乐。形容生活、日子、环境等。

现释义 安定快乐。

义项用例

(1) 我还是做些心里安乐的事情吧。（《讲述DIYer自己的故事》，http：//it. yunnan. cn）

(2) 这一点点时间，你能做几分对人对己有益的事的话，这一生才有意义，不然就是吃饭睡觉，而且心里不会有安乐。（林钰堂《无常面面观》，http：//www. yogichen. org）

(3) 算是找到了组织，心里安乐了一阵，可是组织并不发安家费，话说回来，组织也没向我们收会员费。（h雪千寻p《金庸群侠传online日记》，http：//article. rongshuxia. com）

安宁

词典释义

《现汉》（第 6 页）：（1）秩序正常，没有骚扰。（2）（心情）安定；宁静。

《现规》（第 7 页）：安定宁静。

《新形》（第 7 页）：安定；平静。形容生活、环境和心境、心神等。

现释义　安定平静。

义项用例

（1）站在大树的荫里，会受到一种博大的感染和安宁情绪的笼罩。

（2）她什么也不去想，让脑子一片空，让思想得到一阵安闲，让情绪得到一刻的安宁。

（3）我知道北京有一些地方可以做那种手术，就是……给那种已经不是处女的人修复……我给她准备了一笔钱，这样我心理也会安宁一点儿。

安静

词典释义

《现汉》（第 6 页）：（1）没有声音；没有吵闹和喧哗。病人需要～。（2）安稳；平静。孩子睡得很～。

《现规》（第 6 页）：（1）没有声音，不嘈杂。（2）安稳平静。跟“平静”有所不同，“安静”多形容人的行为动作和环境；“平静”多形容人的心情、表情或社会、国家的秩序。

《新形》（第 6 页）：（1）没有声音；没有吵闹和喧哗。形容处所、环境和时间等。（2）安稳平静。形容人的心情、心境、外表、模样、神色、脸色、表情、笑容、态度和行为。

现释义　安宁平静。

义项用例

（1）未庄的人心日见其安静了。

（2）奇怪，心里安静的很！

（3）像有个小虫在心中咬我似的，我想去看妈妈，非看见她我心中不能安静。

宁静

词典释义

《现汉》（第932页）：（环境、心情）安静。游人散后，湖上十分～丨心里渐渐～下来。

《现规》（第957页）：（环境、心境）安静；平静。

《新形》（第559页）：安静。形容环境、处所、境界、夜晚、黄昏、空气、气氛、生活、心情、心神、心绪、表情、行为、动作等。

现释义　安宁平静。

义项用例

（1）于是我有了一种殉道般的宁静。

（2）他的不宁静、容易冲动是显而易见的。

（3）在那间整洁的小办公室里，阳光暖暖地照射着这张“古老”得油漆尽褪的桌子和桌子的主人，书桌上整齐有序的文件和书籍散发出主人宁静的心绪。

安然

词典释义

《现汉》（第7页）：（1）平安；安安稳稳地。～无事。（2）没有顾虑；很放心。只有把这件事告诉他，他心里才会～。

《现规》（第7页）：心情安定，没有忧虑和牵挂的样子。（2）平安；平平稳稳。

《新形》（第8页）：平安；安稳。形容人的心境、人和事物所处的状态等。

现释义　形容安定的样子。

义项用例

（1）1959年秋天的一个夜晚，芝躲到厕所间吞下了半瓶安眠药，然后她安然地回到床上躺在邹杰身边。

（2）所以，率直的心胸就是无论在什么情况之下，都能够对一切事物保持冷静、安然应付的心胸。

（3）例如，病了就叫起来，饱了就安然睡去。

安生

词典释义

《现汉》（第7页）：（1）生活安定。（2）安静；不生事（多指小孩子）。这孩子一会儿也不~。

《现规》（第7页）：安静；不生事。

《新形》（第9页）：安定；安静。形容生活、日子、环境和人的心境、行为、举止等。

现释义　〈口〉安定。

义项用例

（1）他们想成心折腾我，不让我睡，不让我安生。

（2）我不能输，输了我今后几十年心里不会安生，打赢了，这辈子我也就心满意足！

（3）她言出必行，什么事都做得出来，要是真的有一天死在我家里头，我一辈子可就不得安生了。

安适

词典释义

《现汉》（第7页）：安静而舒适。~如常｜心里~｜病员在疗养院里过着~的生活。

《现规》（第7页）：安宁舒适。

《新形》（第9页）：安静舒适。形容心情、感觉、情调、处所、环境、情况、条件和生活等。

现释义　安定舒服。

义项用例

（1）今天的苦算吃完了，明天的苦还远得很，这一夜的身心安适是向不属今明两天的中立时间里的躲避。

（2）家庭中充满愉快的气氛，则每一成员都会感到轻松幸福，心境安适。

（3）三言两语敷衍完，算是聊表心意，顾不得猛然抬头吹胡子瞪眼睛的父亲，展司漠一派安适地径自埋头吃他的饭。

安恬

词典释义

《现汉》（第7页）：安逸恬适；安静。~地睡了一觉。

《现规》（第7页）：安宁恬静。心情~。

《新形》未收。

现释义　安定恬静。

义项用例

（1）清晨，常常是安恬的。安恬得没有一丝涟漪，就像是刚睡醒还没睁开惺忪眼睛的脸，还羞怯地蒙着一层薄薄的面纱。（张岐《俺家门前的海》，http://www.mypcera.com）

（2）门框、雨水打湿的砖墙、树干坚硬的枣树，我只要接触到那些熟悉的杂草，我就会安恬下来，像一头愤怒得太久的畜生，像盲目的大海。（橡子《王菲为什么不爱我》，http://www.booker.com.cn）

（3）让我们在月光下借助这些清浅柔淡的音符轻抚疲惫的灵魂，在如梦似幻的旋律中独享一份闲适与安恬。（《催眠音乐》，http://www.i118.com）

安帖

词典释义

《现汉》（第7页）：安定；塌实。事情都办妥，心里才算～。

《现规》（第8页）：（1）安定平静。内心～。（2）妥帖。

《新形》未收。

现释义　安定妥帖。

义项用例

（1）晓荷心中还不十分安帖，可是又不敢劳动皇后御驾亲征，只好答应下来。（老舍《四世同堂》，http://www.xys.org）

（2）我和儿子、儿媳、孙子一家人都住进了帐篷，心里才真安帖了。（杨春卫《"24小时搬迁"检验政府动员能力》，http://www.sd.xinhuanet.com）

（3）自觉受了太多的恩惠的缇萦，这时感于要想为阳虚侯做些什么事，心里才能安帖。（《缇萦》，http://www.bookhome.net）

安稳

词典释义

《现汉》（第7页）：（1）稳当；平稳。这个船大，即使刮点风，也很～。（2）平静；安定。睡不～｜过～日子。（3）〈方〉（举止）沉静；稳重。

《现规》（第 8 页）：（1）平稳；安定。（2）（行为举止）稳重；沉着。

《新形》（第 10 页）：稳当；没有变化和波动。形容人的心境、状况、行为、动作和事物的状态、性质。

现释义　安定平稳。

义项用例

（1）拒外界骚扰于铁栅栏之外，却又将自己的某种自由囿于铁栅栏之内，但在人的心理上却是安稳的，“平安是福”，因为失去了安全，一切都将成为虚幻。

（2）这种暴力压制并不会让这些愚父、愚母们那颗“忧患”的心安稳多久。

（3）这些年，上海人又开始有点不安稳。

安慰

词典释义

《现汉》（第 7 页）：（1）心情安适。（2）使人心情安适。

《现规》（第 8 页）：心情安适。

《新形》未收。

现释义　安定慰藉。

义项用例

（1）我俩同一阵线了。她很安慰。（李碧华）

（2）伊姑娘似乎心中安慰了一些，看了马威一眼，刚一和他对眼光儿，她又看到别处去了。（老舍）

（3）他喜欢这个声音，象夜间忽然听到鸡鸣那样使人悲哀，又觉得有些安慰。（老舍）

安闲

词典释义

《现汉》（第 7 页）：安静清闲。

《现规》（第 8 页）：安适清闲。

《新形》（第 10 页）：安静清闲。形容心情、态度、神态、样子、脸色、行为、动作和口吻等。

现释义　安定闲适。

义项用例

(1) 她什么也不去想，让脑子一片空，让思想得到一阵安闲，让情绪得到一刻的安宁。

(2) 他坐在飒飒的风声中，心情万般的安闲和宁静，这种心情只有在对自己的过去感到满意，对现在和未来充满信心，没有任何事情牵挂的时候才会有。

(3) 以前他什么也不怕，现在他会找安闲自在：刮风下雨，他都不出车。

安心

词典释义

《现汉》（第 8 页）：心情安定。~工作。

《现规》（第 8 页）：心神安定，没有波动。

《新形》（第 12 页）：心情安定。

现释义　形容心态安定。

义项用例

(1) 不幸，那个女的和那点钱教他不能安心。

(2) 纵使你对自己的记忆力充满自信，这无疑是让对方感到安心的一种方法。

(3) 当事物经过度量、分类、分析或以某种方式计量之后，我才觉得比较安心。

安逸

词典释义

《现汉》（第 8 页）：安闲舒适。也作安佚。

《现规》（第 8 页）：安闲舒适。不宜写作安佚。

《新形》（第 12 页）：安静清闲而舒适。形容生活、环境、日子和人的心境、感觉、趣味以及某些行为、动作等。

现释义　安定闲适。

义项用例

(1) 我乘她不再紧接的问，迈开步便走，匆匆的逃回四叔的家中，心里很觉得不安逸。

(2) 人心真正的安逸，是对一切事物，都怀着感谢的心情去接触。

(3) 如果好好静下来想想，在短暂的时间内，在疲乏的心中，也会隐约地涌现出安逸来。

心安

词典释义

《现汉》未收。

《现规》（第 1445 页）：心情坦然安稳。

《新形》未收。

现释义　形容心态安定。

义项用例

(1) 想起她讲的是中文，方心安了一些。

(2) 问到林吴梅不懂英语怎么旁听，林老太太却也随和地一笑，“我愿给阿云一点信心，有母亲坐在庭上，她就会心安了。”

(3) 当然我有言在先，我没有欺骗过谁，也没占过谁一分钱的便宜，我自觉心安。

镇定

词典释义

《现汉》（第 1601 页）：遇到紧急的情况不慌不乱。神色～。

《现规》（第 1663 页）：(1) 在紧急情况下沉着而不慌乱。(2)〈动〉使镇定。

《新形》（第 952 页）：沉着，不慌乱。可以形容神态、神色、神情、姿势、心神、精神、情绪、气色、口气和行为、动作，也可以直接形容人。

现释义　安定不慌乱。

义项用例

(1) 曹先生还很镇定，可是神色不大好看。

(2) 几天沉闷伤心的日子过去，芝开始镇定下来。

(3) 当时我特别特别镇定而且特别冷淡，其实我心里是挺激动的。

镇静

词典释义

《现汉》（第 1602 页）：情绪稳定或平静。

《现规》（第 1663 页）：（1）（情绪）稳定；不慌乱。（2）〈动〉使镇定。

《新形》（第 953 页）：稳定；平静。可以形容心、心神、情绪、神态、神色、样子、外表、态度、表情、表现、声音、口气和行为、动作等，也可以直接形容人。

现释义　安定平静。

义项用例

（1）镇静了半天，他想要把那片血变成的简单的字，流泻出来。

（2）我将替他愿望那世界上最可爱，最美的女人……日记，苇弟看过一遍，又一遍了，虽说他曾经哭过，但态度非常镇静，是出我意料之外的。

（3）只要有率直的心胸，即使遇到偶发的重大事故，也能够不惊慌失措，而镇静地处理。

沉着

词典释义

《现汉》（第 154 页）：镇静；不慌不忙。勇敢～。

《现规》（第 159 页）：（遇事）镇静；从容不迫。

《新形》（第 94 页）：遇事镇静；从容不迫。用于神态、姿态、表情、表现、心情、行为、动作、眼光、眼神和声音等。

现释义　安定从容。

义项用例

（1）他还是卅口了，显然桌旁那个男人比他还沉着。

（2）中国人长期以沉着和宽厚的心情看待这个光怪陆离的世界。

（3）经历了许多的磨难，除了雄心之外，松下比过去多了些沉着、冷静和谦逊。

泰然

词典释义

《现汉》（第 1221 页）：形容心情安定。处之～。

《现规》（第 1261 页）：形容心神安定、不在意的样子。

《新形》（第 743 页）：心情安定。可以形容心情、脸色、神色、样子、行为、动作等，也可以直接形容人。

现释义　形容稳定平静的样子。

义项用例

（1）那时孔子的学生都非常恐慌，倒是孔子泰然地安慰他们说："我继承了古代圣贤的大道，传播给世人，这是遵奉上天的旨意"。

（2）然而，总有一天，"台风"将会来袭，不景气的热潮将会涌到，置身于那种情境，仍然可以保持泰然自若的心境吗？

（3）可是我等都是凡人，凡夫俗子，有喜有悲，有情有欲，很难对身边的一些无中生有、无理取闹的话语无动于衷，处之泰然！

踏实

词典释义

《现汉》（第1216页）：（1）（工作或学习的态度）切实；不浮躁。（2）（情绪）安定；安稳。事情办完就~了丨翻来覆去睡不~。

《现规》（第1256页）：（1）实在；不浮躁。（2）（情绪）安定。

《新形》（第742页）：安定；安稳。可以形容心境、感觉、行为、动作等，也可以直接形容人。

现释义　安定，不浮躁。

义项用例

（1）我一听我这心里才踏实下来，这回不枪毙我了吧？

（2）于是，我们惶惑浮动的心立刻踏实下来。

（3）看到办成的一桩桩实事，老百姓高兴，我心里也踏实。

特征辨析

安　《现汉》：（1）安定。心神不~丨坐不~，立不稳。（2）使安定（多指心情）。~民丨~神。（3）对生活、工作等感觉满足合适；心安。~之若素。（4）平安安全（跟"危"相对）。公~丨治~丨转危为~。（5）使有合适的位置。~插丨~顿。（6）安装；设立。~门窗丨~电灯丨咱们村上~拖拉机站了（7）加上。~罪名。（8）存着；怀着（某种念头，多指不好的）。你~的什么心？（9）姓。安释义为安定。

顿　《现汉》：（1）稍停。他~了一下，又接着往下说。（2）书法上指用力使笔着纸而暂不移动。一横的两头都要~一~。（3）（头）叩地；（脚）跺地。~首丨~足。（4）处理；安置。整~丨安~。（5）立刻；忽然。~然｜~悟。（6）量词，用于吃饭、斥责、劝说、打骂等行为的次数。一天三~饭｜被他说了一~。（7）姓。

适 《现汉》：（1）适合。~当｜~用。（2）恰好。~中｜~得其反｜~可而止。（3）舒服。舒~｜身体不~。适释义为舒服。

恬 《现汉》：（1）恬静。~适。（2）满不在乎；坦然。~不知耻｜~不为怪。恬释义为恬静。

帖 《现汉》：（1）服从；顺从。服~。（2）妥当；稳当。妥~。帖释义为妥帖。

慰 《现汉》：（1）使人心情安适。~劳｜~问｜~唁。（2）心安。欣~｜得信甚~。慰释义为慰藉。

逸 《现汉》：（1）安乐；安闲。安~｜以~待劳｜一劳永~。（2）逃跑。奔~｜逃~。（3）散失；失传。~文｜~书｜~事｜~闻。（4）超过一般。超~｜~群。逸释义为闲适。

镇 《现汉》：（1）压；抑制。~纸｜~痛。（2）安定。~静｜~定。（3）用武力维持安定。~守｜坐~。（4）镇守的地方。军事重~。（5）行政区划单位，一般由县一级领导。（6）较大的市集。（7）把食物、饮料等同冰块放在一起或放在冷水里使凉：冰~汽水｜把西瓜放在冷水里~一~。（8）姓。镇释义为安定。

宁 《现汉》：（1）安宁。~静。（2）南京的别称。宁释义为安宁。

安定是核心成员、元语言基元。

安定、泰然、心安、安心、安然合并为一个义位。安宁、安静、宁静合并为一个义位。安闲、安逸合并为一个义位。

义征表达式

安定（泰然、心安、安心、安然）[+心态] [+积极] [+稳定] [+平静]

安顿 [+心态] [+积极] [+安定] [+着落]

安乐 [+心态] [+积极] [+安定] [+快乐]

安宁（安静、宁静）[+心态] [+积极] [+安定] [+平静]

安生 [+心态] [+积极] [+安定] [+口语]

安适 [+心态] [+积极] [+安定] [+舒服]

安恬 [+心态] [+积极] [+安定] [+恬静]

安帖 [+心态] [+积极] [+安定] [+妥帖]

安稳［+心态］［+积极］［+安定］［+平稳］
安慰［+心态］［+积极］［+安定］［+慰藉］
安闲（安逸）［+心态］［+积极］［+安定］［+闲适］
镇定［+心态］［+积极］［+安定］［-慌乱］
镇静［+心态］［+积极］［+安定］［+平静］
沉着［+心态］［+积极］［+安定］［+从容］
踏实［+心态］［+积极］［+安定］［-浮躁］

二　闲适同义组

恬静　恬然　恬适　闲适　悠然　悠闲

恬静

词典释义

《现汉》（第 1249 页）：安静；宁静。环境幽雅～｜～的生活。

《现规》（第 1289 页）：宁静；清静。心里十分～｜～的山村。

《新形》（第 754 页）：安静；宁静。可以形容地方、处所、天空、草原、湖泊、柔波、颜色、光线、空气、气氛、氛围、清晨、境界、生活和岁月等，也可以形容人、家、脸、眼睛、心情、心境、精神和行为、动作等。

现释义　闲适平静。

义项用例

（1）只有两个人的境界是多么令人欣喜若狂：我们俩面对大自然，虔诚，恬静，爱慕一切。这里不仅不如想象的那么可怕，反倒有一种令人愉快的恬静气氛。

（2）我们总在牵牛花下回忆我们相识相恋的故事，谈过去谈将来，那种恬静、愉悦、安宁的心境，真是人生不可多得的美妙时光。

（3）现在，坐在没有水晶吊灯，也没有大理石柱和绚丽刺眼的壁画的小小的木屋里，我忽然感受到一种从未有过的恬静和平安。

恬然

词典释义

《现汉》（第 1249 页）：满不在乎的样子。处之～｜～不以为怪。

《现规》（第 1289 页）：安然；形容毫不在意的样子。

《新形》未收。

现释义 形容恬静的样子。

义项用例

(1) 最后，重病即将夺走她的生命，她却恬然适然，觉得死于青春华年，倒可给世界留下一个最美的形象。

(2) 她的微笑很恬然。

(3) 说他奇只因为面对滔滔浔阳江，萧萧浔阳城，未如前人一般哀叹泣涕，用他自己的话说是“恬然自安”了。(红消香断《同是天涯沦落人》，http://www.oklink.net)

恬适

词典释义

《现汉》(第1249页)：〈书〉恬静而舒适。

《现规》(第1289页)：恬静舒适。

《新形》未收。

现释义 〈书〉恬静而舒适。

义项用例

(1) 再看身边的女主人，自在恬适中有股自信，想来山居的日子并不像常人想象的轻松自在！(南风《入山访道人》，http://www.baus.org)

(2) 忧惧之人可以恬适：心中有太多的畏惧、忧愁、挂念，对人体实非益事。(《调适》，http://www.fgs.org.tw)

(3) 这一年，我们二十岁，心里恬适，骑着单车，一路走去。(《生如孔雀》，http://xw.gzhu.edu.cn)

闲适

词典释义

《现汉》(第1363页)：清闲安逸。~的心情。

《现规》(第1410页)：悠闲舒适。

《新形》(第822页)：形容安闲舒适，用于内心、心情、心境、感觉、气氛、样子、动作、乐趣、生活等，也可以直接用于人。

现释义 清闲安逸。

义项用例

(1) 当他闲适地躺在沙滩上，而不是在办公室里工作时，他的灵魂才会喊道："人生真美丽啊!"

(2) 池塘、古典碑铭、摩崖石刻及阁楼亭榭间的某些畛域，也因栅栏的圈围而让人感到安稳、幽僻、闲适或所在环境的珍贵。

(3) 这里好读书，陈景润心中感到从未有过的轻松和闲适。

悠然

词典释义

《现汉》(第1521页)：悠闲的样子。~自得 | ~神往。

《现规》(第1581页)：形容悠闲舒坦的样子。

《新形》(第918页)：形容从容安适，无所牵挂。用于心情、姿态、动作、声音、腔调和生活等。

现释义　形容闲适自得的样子。

义项用例

(1) 从古庙到读书室那条冷僻的荒路，我已经走得悠然陶然，几乎记不得年月了。

(2) 当我穿好了衣服心里就悠然多了，经过过厅的时候我看红莲还在蒙头大睡，她对面的床空着。

(3) 松下当时的心境，不断地想到应该做些什么事，真的无法悠然自在。

悠闲

词典释义

《现汉》(第1521页)：闲适自得。态度~。

《现规》(第1581页)：清闲舒适。

《新形》(第918页)：清闲自得。形容人、样子、神态、神色、神情、心情、态度、姿势、生活、日子、事情、处所、境界、声音和行为、动作等。

现释义　闲适自得。

义项用例

(1) 记得在路上，我的心中有着一种说不出来的悠闲，这多半儿是由于沿途风景的天堂般的美。

(2) 比如此时此刻，如果不是丈夫孩子都远在他乡，我也难得这样悠闲自得，给孩子包书皮，洗衣服，不论干什么事都得开灯，亮着灯光是很难注意到月亮的。

(3) 有的享受银行一次性贷款，但毕竟失去了“无债一身轻”的悠闲。

特征辨析

悠　《现汉》：(1) 久；远。~久｜~扬。(2) 闲适；闲散。~闲｜~然。悠释义为闲适。

闲适是核心成员、元语言基元。

恬静、恬然合并为一个义位。悠闲、悠然合并为一个义位。

义征表达式

恬静（恬然）[+心态][+积极][+闲适][+平静]

恬适 [+心态][+积极][+恬静][+舒适][+书面]

闲适 [+心态][+积极][+清闲][+安逸]

悠闲（悠然）[+心态][+积极][+自得][+闲适]

三　平静同义组

平和　平缓　平静　平淡　心静

平和

词典释义

《现汉》（第978页）：(1)（性情或言行）温和。(2)（药物）作用温和；不剧烈。(3)〈方〉（纷扰）停止。

《现规》（第1003页）：(1)（性情等）温和。(2)（药物）作用和缓。

《新形》（第590页）：(1) 温和；平静。可以形容性格、性情、心情、心虚、情绪、样子、声音、口气、话语、方法、生活、行为和动作等，也可以直接形容人。(2) 药物作用温和，不会有副作用。

现释义　平静温和。

义项用例

(1) 她开了音箱放小夜曲，为的是有这种轻音乐，双方的情绪就会渐渐平和，丈夫却一脚把音箱踢翻了。

(2) 但它仰头注视了一片空白的天空，终于平和下来，而一声长笑了。

(3) 但是，在一阵热闹之后，让人冷静下来想一想，总觉得他们有些走极端，或者言词过激，有失平和。

平缓

词典释义

《现汉》(第978页)：(1)(地势)平坦，倾斜度小。黄河中下游地势~。(2)(心情、声音等)缓和；平和。

《现规》(第1003页)：(1)(地势)平坦，倾斜程度小。(2)(速度等)平稳缓慢。(3)(心情、语气等)平静和缓。

《新形》(第591页)：(3)缓和；平和。用于心情、声音、语调等。

现释义　平静缓和。

义项用例

(1) 她静静地吸着烟，缓缓地追述着那些环环相扣，似乎永无底止的古老往事，一直讲到那个随人远去的淑贞……她讲得平缓而冷静，甚至那苍老的声音都不再颤抖。

(2) 皑皑白雪让我极度不安的心情平缓下来。(花想容《神秘的雪人》，http：//forum. sina. com. cn)

(3) 我打开窗户，希望吹吹风能使焦虑的心情平缓下来。(《台北爱情故事》，http：//www. yifan. net)

平静

词典释义

《现汉》(第978页)：(心情、环境等)没有不安或动荡。激动的心情久久不能~｜风浪已经~下去了。

《现规》(第1003页)：(心情、环境等)平和安静。

《新形》(第592页)：没有不安；没有动荡；没有纷扰。形容心、心情、心气、心潮、心境、表情、神态、态度、脸色、行为、声音、语调、生活、年代、地方、气氛、空气、天空、水流、波涛、风浪、环境、风景、田野、村屋、土地和夜晚等。

现释义　心情没有不安或动荡。

义项用例

(1) “只等二表哥明年毕业，那时我也早戴满了孝，我们就可以……”

琴很有把握地答道，她很平静，而且没有犹豫，但说到“可以”两个字，就把下面的话咽住了。

(2) 心跳了一阵，渐渐又平静下来。

(3) 这样混过了一个来月，他心中觉得很平静。

平淡

词典释义

《现汉》(第977页)：(事物或文章) 平常；没有曲折：~无奇｜~无味。

《现规》(第1002页)：平平常常；没有曲折变化。

《新形》(第589页)：平常；没有曲折或出奇之处。形容生活、日子、内容、情节、细节、声音、语气、语言、文章、文字、滋味、感觉、神色和动作等。

现释义 平静淡然。

义项用例

(1) 她的平淡，更使鸿渐疑惧，觉得这是爱情热烈的安稳，仿佛飓风后的海洋波平浪静，而底下随时潜伏着汹涌翻腾的力量。

(2) 可是心里却出奇的平淡，还有些怅怅的。

(3) 我现在的心情应该说是平淡了。

心静

词典释义

《现汉》(第1398页)：心里平静。

《现规》(第1446页)：内心平静。

《新形》未收。

现释义 内心平静。

义项用例

(1) 庄之蝶说：“真正有禅，心静就是最大的静了，禅讲究的是平常心，可你什么时候放下过尘世上的一切?”

(2) 此时此刻，我们心静如水，复得返自然。

(3) 要学习就要有志气，就要心静。

特征辨析

平　《现汉》：（1）表面没有高低凹凸，不倾斜。~坦｜马路很~｜把纸铺~了。（2）使平。~了三亩地。（3）跟别的东西高度相同；不相上下。~槽｜~列｜~局。（4）平均；公平。~分｜持~之论。（5）安定。风~浪静｜心~气和。（6）用武力镇压；平定。~叛｜~乱。（7）抑止（怒气）。你先把气~下去再说。（8）经常的；普通的。~时｜~谈。（9）平声。~仄｜~上去入。（10）姓。平释义为平静。

平静、心静合并为一个义位。平静是核心成员、元语言基元。

义征表达式

平静（心静）[+心情][+积极][-不安][-动荡]

平和[+心情][+积极][+平静][+温和]

平缓[+心情][+积极][+平静][+缓和]

平淡[+心情][+积极][+平静][+淡然]

四　其他

温暖　温馨　暖和　耐烦　耐心　稳当　亲切　殷切

温暖

词典释义

《现汉》（第1317页）：（1）暖和。天气~；他深深地感到革命大家庭的~。（2）使感到温暖：党的关怀，~了灾区人民的心。

《现规》（第1362页）：（1）暖和。（2）〈动〉使感到温暖。（3）〈名〉受到关怀爱护的感觉。

《新形》（第792页）：使人感到情意深厚、关系亲密。形容感觉、心境、友情、人情、神情、目光、话语、生活和环境等。

现释义　比喻心中温馨。

义项用例

（1）那里什么时候都是人声鼎沸灯火辉煌的，想着就令人温暖。

（2）想到此地，鸿渐心理像冬夜缩成一团的身体稍觉温暖，只恨她不在身畔。

（3）我像一个迷路的小孩找到了家，温暖而又安全。

温馨

词典释义

《现汉》（第 1317 页）：温和芳香；温暖。

《现规》（第 1363 页）：温暖芳香；充满温情的。

《新形》（第 794 页）：形容温和芬芳或亲切幸福。用于感觉、气息、感情、爱情、生活、日子、家庭、夜晚、诗句、话语、音符和记忆等。

现释义　温和芳香。

义项用例

（1）面对这些印刷精美、色彩斑斓的贺卡，读着那些诗句、那些祝辞，喜悦、激动、欣慰之情油然而生，温馨、甜蜜的感觉更是丝丝缕缕，细腻绵长……

（2）那感觉，是因为这三个袖珍饺子，格外温馨起来，让我感到窗外整个苏黎世的夜色都变得格外美好起来，非常像是置身在北京的万家灯火之中了。

（3）她几乎要流泪，由于这样孤独的温馨体验。

暖和

词典释义

《现汉》（第 939 页）：（1）（气候、环境等）不冷也不太热。北京一过三月，天气就 ~ 了 | 这屋子向阳，很 ~。（2）使暖和。屋里有火，快进来 ~ ~ 吧！

《现规》未收。

《新形》（第 565 页）：不冷也不太热；温暖。可以形容天气、空气、阳光、处所和衣着等，也可以形容身体和心里的感觉。

现释义　比喻心中温馨。

义项用例

（1）我从中南海出来，凌晨的寒气使我感到一阵冷，可是心里却十分暖和，好像看见了几个小时后就要上升的朝阳。

（2）这种想法，真让我心里暖和。（赵琰《星期天遇到瞎子》，http：//cul. sina. com. cn）

（3）我去了拉萨，这个美丽的城市，不愧是“日光城”，让人心里暖和。（王文文《西藏支教，我找到了快乐和爱情》，http：//www. people. com. cn）

耐烦

词典释义

《现汉》（第 911 页）：不急躁；不怕麻烦：不厌烦。

《现规》（第 936 页）：形容有耐心，能忍受麻烦。

《新形》未收。

现释义　不急躁，不厌烦。

义项用例

（1）设若骆驼们要是像骡马那样不老实，也许倒能教他打起精神去注意它们，而骆驼偏偏是这么驯顺，驯顺得使他不耐烦。

（2）鸿渐不耐烦，一次以后，不再肯陪她，她也不要他陪，自去请教她的姑母。

（3）不论这种解释对他们来说多么吃力，一遍两遍甚至三遍，但你绝不会从他们脸上看到一丁点儿不耐烦的情绪。

耐心

词典释义

《现汉》（第 911 页）：心里不急躁，不厌烦。~说服。

《现规》（第 936 页）：（1）能在长时间里不急躁；不厌烦。（2）不急躁、不厌烦的心情。

《新形》（第 552 页）：心里不急躁，不厌烦。可以形容做事、工作和行为、动作等，也可以直接形容人。

现释义　不急躁，不厌烦。

义项用例

（1）郭燕在这个时候，并不火上浇油，只是劝他再耐心一点，再等，再等……偶尔也来一个两个电话，不是嫌地点不合适，就是嫌价钱不合适。

（2）我开始恐怖地感到，自己似乎有点要失去耐心。

（3）黄胆汁质的人对于情绪的刺激非常敏感，意志容易动摇，没有耐心，情绪忽冷忽热。

稳当

词典释义

《现汉》（第 1321 页）：稳重妥当。办事~。

《现规》（第 1367 页）：（1）稳重妥当；不浮躁。（2）稳定牢靠。

《新形》（第 797 页）：安稳；平稳。形容车、船、地方、道路、买卖、家计、心境、脚步和动作等。

现释义　平稳妥当。

义项用例

（1）他觉得钱在自己手里比什么也稳当。（老舍）

（2）我内心拼命鼓励自己："要沉住气，要稳当。"

（3）然而你看到越来越小的 PCB，能省就省的用料，越来越少的电容，你真的觉得心里稳当踏实？（望月狼《何谓"性价比"？只追价格是误区》，http：//www. pconline. com. cn）

亲切

词典释义

《现汉》（第 1025 页）：（1）亲近；亲密。他想起延安，像想起家乡一样～。（2）形容热情而关心。老师的～教导。

《现规》（第 1055 页）：（1）非常亲近。（2）真挚而恳切。

《新形》（第 631 页）：亲密；贴近。形容朋友、友谊、感情、感觉、气息、声音、称呼、话语、经验以及其他有关事物，也可以形容握手、交谈、会见、会谈、会议以及其他行为等。

现释义　亲密，贴近。

义项用例

（1）就是在奔跑的时节，他的心中也没忘了这件事，并非清清楚楚的，有头有尾的想起来，而是时时想到一个什么意思，或一点什么滋味，或一些什么感情，都是渺茫，而又亲切。

（2）这一部分为全书的六、七两卷，中国人写中国事，读起来倍感亲切。

（3）当我们结束时，我产生出一种和她之间还从未有的亲切感觉。

殷切

词典释义

《现汉》（第 1501 页）：深厚而急切。～的期望。

《现规》（第 1561 页）：深厚而急切。

《新形》（第 894 页）：深厚而急切。形容心情、话语、目光和期望、盼望、希望、等待、叮咛、申请等。

现释义　深厚贴近。

义项用例

(1) 在欢庆春节之际，我们盼团圆、求统一的拳拳之心更为殷切。

(2) 也许，员工在紧要关头射向老板的眼光最为殷切。

(3) 回答她殷切呼唤的是门的冷漠和寂静。

特征辨析

当　《现汉》：(1) 合宜；合适。恰～｜得～｜用例不～。(2) 抵得上。一个人～两个人用。(3) 作为；当做。把集体的事～自己的事。(4) 以为；认为。我～大家都回去了，原来还在这儿。(5) 指事情发生的（时间）。～时｜～天。当释义为妥当。

切　《现汉》：(1) 合；符合。文章～题｜说话不～实际。(2) 贴近；亲近。～身｜亲～。(3) 急切；殷切。恳～｜回国心～。(4) 切实。～记｜～忌。(5) 用在反切后头，表示前两字是注音用的反切。如“塑，桑故～”。切释义为贴近。

殷　《现汉》：(1) 丰盛；丰富。～实｜～富。(2) 深厚。～切｜期望甚～。(3) 殷勤。招待甚～。殷释义为深厚。

耐烦、耐心合并为一个义位。温暖、暖和合并为一个义位。

义征表达式

耐烦（耐心）[+心情][+积极][-急躁][-厌烦]

稳当 [+心态][+积极][+平稳][+妥当]

亲切 [+心情][+积极][+亲密][+贴近]

殷切 [+心情][+积极][+深厚][+贴近]

温暖（暖和）[+心情][+积极][+温馨][+比喻]

温馨 [+心情][+积极][+温和][+芳香]

第二节　兴奋类

一　高涨同义组

昂奋　昂扬　振奋　振作　兴奋　高涨　心盛　饱满

昂奋

词典释义

《现汉》（第 12 页）：（精神）振奋；（情绪）高涨。

《现规》（第 12 页）：（情绪）振奋；高涨。

《新形》未收。

现释义　昂扬兴奋。

义项用例

（1）换个角度看，她依然是一位弱女子，我们站着说话不腰疼，貌似昂奋，孰对孰错？

（2）我还从来没有领略过和一位青春少女同时置身于这幽谧的大自然中的美妙感觉，所有血液都涌上来，躯体内激荡着那种昂奋的原始冲动。

（3）已然三张开外、好歹也当了一二十年刑警的他，真还没这么“昂奋”和“茫然”过。（陆天明《高纬度战栗》，http：//www. daynews. com. cn）

昂扬

词典释义

《现汉》（第 12 页）：（情绪）高涨。斗志 ~ 。

《现规》（第 12 页）：（1）（情绪）饱满高涨。（2）（声音）高而响亮。

《新形》（第 16 页）：高涨；奋发向上；高昂。用于斗志、志气、意气、朝气、意志、气魄、精神、心情、情绪、调子和声音等。

现释义　情绪高涨奋发。

义项用例

（1）陈景润虽然没有郭沫若那样的诗情敏捷，但他的感受，同样是如此昂扬、振奋。

（2）一个无聊的日子，我百无聊赖，无意中看到光华招新员工的海报，就莫名其妙地报了“家教部”，又随即斗志昂扬地闯过了怎么也没有想到的激烈的初试与复试，就这样心满意足而又踌躇满志地闯进了那个不大的半间小屋。

（3）司马懿虽然也被激怒了，但他毕竟老谋深算，知道蜀军人人怀着建功的心愿而来，斗志昂扬，在没有力竭以前，绝不好对付。

振奋

词典释义

《现汉》（第12页）：（情绪）高涨。斗志~。

《现规》（第12页）：（1）（情绪）饱满高涨。（2）（声音）高而响亮。

《新形》（第16页）：高涨；奋发向上；高昂。用于斗志、志气、意气、朝气、意志、气魄、精神、心情、情绪、调子和声音等。

现释义　振作，兴奋。

义项用例

（1）他像海绵那样，置身艺术海洋中，尽情地吸收无穷无尽的艺术养分，心情振奋，满意极了。

（2）一个即将毕业的财经门类的大学生，在他即将告别心目中这所神殿时，怀着崇敬的心情，又听了一次他刚入学时，令他振奋不已的那位老师的课。

振作

词典释义

《现汉》（第1601页）：使精神旺盛，情绪高涨；奋发。~精神｜~起来。

《现规》（第1662页）：（1）精神振奋，情绪饱满。（2）〈动〉使振作。

《新形》未收。

现释义　情绪饱满高涨。

义项用例

（1）这次比赛总体上看并不好，大家拼搏意识并不顽强，连连失利，从气势上很令人着急，最主要的原因是思想上心理上大家根本就振作不起来。

（2）我希望我能做些什么，让他重新振作。

（3）我发觉，只有在这些琐琐碎碎的家事当中，我才能有实在和安全的感觉，疲惫的心才能再次振作起来。

兴奋

词典释义

《现汉》（第 1405 页）：（1）振奋；激动。（2）大脑皮层的两种基本神经活动过程之一，是在外部或内部刺激之下产生的。兴奋引起或增强皮层和相应器官机能的活动状态，如肌肉的收缩、腺体的分泌等。（3）使兴奋。~剂。

《现规》（第 1455 页）：激动；激奋。〈动〉使激奋。〈名〉生物体对刺激发生的反应之一。如人类大脑神经细胞可在内部或外部的刺激下兴奋或抑制，从而引起肌肉的收缩或松弛，腺体的分泌或抑制等。

《新形》（第 844 页）：形容振奋或激动。可以形容心情、情绪、精神、神情、神气、神色、样子、脸色、笑容、眼光、泪花和声音、语气等，也可以直接形容人。

现释义　情绪高涨激动。

义项用例

（1）赴会的，看会的，都感到一些热情，虔诚，与兴奋。

（2）一说这两个字我就兴奋得要浑身颤抖！

（3）上岸时的兴奋，都蒸发了，觉得懦弱、渺小，职业不容易找，恋爱不容易成就。

高涨

词典释义

《现汉》（第 418 页）：（物价、运动、情绪等）急剧上升或发展。河水~。

《现规》（第 435 页）：〈动〉（物价、情绪等）迅速而猛烈地上升（跟“低落”相对）。

《新形》（第 236 页）：形容急剧上升或发展。用于物价、费用、身价、运动、斗争、革命、潮流、思潮、热潮、呼声、气氛、热情、情绪、士气、劲头、气焰和信誉等。

《现汉 2005》（第 454 页）：新增形容词释义：（士气、情绪等）旺盛；饱满。

现释义　情绪猛烈上升。

义项用例

（1）我这时猛然高涨的心绪又跌下来。

（2）鸿渐也每见她一次面，自卑心理就像战时物价又高涨一次。

（3）观众的情绪是高涨的，演出的场次似乎永远不能满足人们的欲望。

心盛

词典释义

《现汉 2005》（第 1513 页）：情绪高，干劲大。求学～｜年轻～，敢想敢干。

《现规》（第 1447 页）：（1）心切。（2）情绪高，干劲足。

《新形》未收。

现释义　情绪高涨。

义项用例

（1）有人给他往学堂里荐举去教英文，作官心盛，哪肯去拿藤子棍儿当小教员呢。（老舍）

（2）榆林城里最心盛的是那些少年。（王小妮《陕黔记》，http：//www. bookhome. net）

（3）到底是年轻人心盛，看见说书的先生来了，生意也不做了！（柔弱雪《说书》，http：//forum. sina. com. cn）

饱满

词典释义

《现汉》（第 43 页）：（1）丰满。颗粒～。（2）充足。精神～。

《现规》（第 41 页）：（1）充实；丰满。（2）充沛；旺盛。

《新形》（第 28 页）：（1）充实；丰满；不干瘪。用于籽粒、果实和人体前额、胸脯等部分，也可以用于字体及其他有形的事物。（2）充足；旺盛。用于精神、精力、感情、热情、激情、情绪、生机和力量等。

现释义　情绪充足旺盛。

义项用例

（1）没有发言稿，效果反而更好，情绪也的确饱满。

（2）甚至久而久之我已经在享受由此带来的一系列感觉，好的、坏的，都使我的生命和内心世界变得饱满，饱满到没有语言可以表达。

（3）我体会到一种纯真，饱满，吞噬我整个身心的快乐。

特征辨析

昂　《现汉》：（1）仰着（头）。~首挺胸。（2）高涨。~贵｜激~。昂释义为高涨。

扬　《现汉》：（1）高举；往上升。飘~｜趾高气~｜~帆。（2）往上撒。~场｜把种子晒干~净。（3）传播出去。表~｜颂~｜赞~｜~言。扬释义为高涨。

振　《现汉》：（1）摇动；挥动。~翅｜~笔疾书。（2）奋起。~奋｜~作｜~起精神来｜听说比赛开始，观众精神一~。振释义为振作。

高涨、心盛合并为一个义位。高涨是核心成员、元语言基元。

义征表达式

高涨（心盛）[+心情][+积极][+猛烈][+上升]

昂扬[+心情][+积极][+高涨][+奋发]

兴奋[+心情][+积极][+激动][+高涨]

振作[+心情][+积极][+饱满][+高涨]

昂奋[+心情][+积极][+昂扬][+兴奋]

振奋[+心情][+积极][+振作][+兴奋]

饱满[+心情][+积极][+充足][+旺盛]

二　激动同义组

激昂　激动　激奋　激烈　激越　澎湃

激昂

词典释义

《现汉》（第587页）：（情绪、语调等）激动昂扬。~慷慨。

《现规》（第606页）：（情绪、语调等）激奋昂扬。

《新形》（第335页）：激动高昂。可以形容态度、神情、表情、心情、感情、情绪、意思、声音、话语、议论、论调、文章、军乐、节奏、行列和行为、动作等，也可以直接形容人。

现释义　激动昂扬。

义项用例

（1）情绪激昂，一时失控，他轻藐地上下扫睨温楚言遍，脱口嘲弄道：“你是出于私人理由，还是认真思考过？”

（2）与会者无不悲愤激昂。

（3）他弹奏的时候，嘴唇的轮廓变得更加清晰，眼角的阴影也似乎更加深沉，他那急促的呼吸和激昂的内心不断地把人的感情带到一个又一个旋律的高峰。

激动

词典释义

《现汉》（第587页）：（1）（感情）因受刺激而冲动。情绪～。（2）使感情冲动。～人心。（2）激荡。

《现规》（第606页）：〈动〉因受刺激而感情冲动；使激动。

《新形》未收。

现释义　因受刺激而冲动。

义项用例

（1）觉民有点激动，睁着一双眼睛带了祈求的眼光望着他的继母，等着从那张小嘴里滚出来的像珠子一般的话。

（2）我这无用的弱者，我没有胆量去承受那激动，我还是希望我能不见着他。

（3）然而，她却以她的平静打破了我的平静，掀起我心海的波澜，她的寂寞安详传递给我的，是久已暌违的激动。

激奋

词典释义

《现汉》（第587页）：激动振奋。

《现规》（第606页）：激动振奋。

《新形》未收。

现释义　激动兴奋。

义项用例

（1）当孩子们看着女巫把魔布撒向进攻者，欲使天龙阴魂附体时，恐惧以及随之而来的欢乐使他们在母亲的怀抱中激奋不安。

（2）这疾呼唤醒了正在意外之中的观众，看台上顿时群情激奋。

（3）话筒在观众中传递，几乎每一个站起来的都发出同样的感慨，就差有人站起来呼口号了，电影院内群情激奋。（廖杰《影片放罢剧组上台〈紫日〉令广州观众群情激奋》，http：//ent. sina. com. cn）

激烈

词典释义

《现汉》（第 587 页）：（动作、言论等）剧烈。百米赛跑是一项很 ~ 的运动 | 大家争论得很 ~ 。

《现规》（第 607 页）：（1）剧烈；猛烈。（2）激昂慷慨。

《新形》（第 335 页）：不平和，力量大；不调和，露锋芒。可以形容战争、战斗、斗争、战场、炮火、搏斗、角逐、冲突、风潮、变动、枪声、声音，也可以形容言论、主张、措辞、政论、思想、情绪、热情、性情和行为、动作、手段等，还可以直接形容人。

《现汉 2005》（第 634 页）：（性情、情怀）激奋刚烈。

现释义　情绪激动猛烈。

义项用例

（1）或是有所不满时有感而发，都是自然流露，顺乎天性，刚猛激烈。

（2）你会有爱情的浪花，但是不会是激烈的。

（3）他们表达感情的方式非常激烈，无法控制激动的情绪。

激越

词典释义

《现汉》（第 588 页）：（声音、情绪等）强烈、高亢。雄浑 ~ 的军号声 | 感情 ~ 。

《现规》（第 607 页）：（1）（声音）高亢清远。（2）（情绪）激烈高昂。

《新形》（第 336 页）：形容高昂、强烈。用于心情、感情、情绪、胸襟、精神等。

现释义　情绪激动高亢。

义项用例

（1）屋顶上那群星似的灯光，闪烁着令人激越的异彩。

（2）寓激越的情感于淡泊平静的大山之中，这算是我画山的信念吧。

（3）打一开始，她为了平复自己激越的内心，以公事做开场白，提出了合作的计划。

澎湃

词典释义

《现汉》（第 960 页）：（1）形容波浪互相撞击。～的波涛｜奔腾～。（2）比喻声势浩大，气势雄伟。热情～的诗篇。

《现规》（第 987 页）：形容大浪相撞击的样子，比喻气势雄伟。

《新形》（第 573 页）：形容波浪互相撞击，比喻声势浩大，气势雄伟。用于波涛、激流、热潮、心潮、思潮、激情、热情、生气和水声等。

现释义　比喻心情十分激动。

义项用例

（1）《百年恩来》，百年讴歌，激发多少人捧出澎湃于胸的激情。

（2）大家随村长看了当年闹“大包干”的小草屋，又看了一幢幢的新楼房，再看那立在村头的“农业生产责任制纪念碑”，都不由心潮澎湃。

（3）骑在夜路上，我心潮澎湃。

特征辨析

越　《现汉》：（1）跨过（阻碍）；跳过。～墙｜翻山～岭。（2）不按照一般的次序；超出（范围）。～级｜～权。（3）（声音、情感）昂扬。激～｜声音清～。越释义为昂扬。

激动是核心成员、元语言基元。

义征表达式

激动［+心情］［+积极］y［+刺激］［+冲动］

激昂［+心情］［+积极］［+激动］［+昂扬］

激奋［+心情］［+积极］［+激动］［+兴奋］

激烈［+心情］［+积极］［+激动］［+猛烈］

激越［+心情］［+积极］［+激动］［+高亢］

澎湃［+心情］［+积极］［+激动］［+极端］［+比喻］

三　热情同义组

热情　热烈　热切　狂热

热情

词典释义

《现汉》（第 1060 页）：（1）热烈的感情。爱国～｜工作～。（2）有热情。农民对下放干部非常～。

《现规》（第 1094 页）：感情热烈。

《新形》（第 663 页）：有热烈的感情。可以形容表情、眼光、目光、性格、名声、语言、赞歌、声调、问候、呼唤、支援、支持、鼓励、帮助、接待等，也可以直接形容人。

现释义　比喻心情急切温厚。

义项用例

（1）他的浪漫是光荣的死，热情在心里，刀在腰间。

（2）热情鼓舞着她，许多有力的论证自然地涌上她的心头，她很畅快地说了出来。

（3）赴会的，看会的，都感到一些热情，虔诚与兴奋。

热烈

词典释义

《现汉》（第 1060 页）：兴奋激动。～的掌声｜小组会上发言很～。

《现规》（第 1094 页）：情绪高昂激烈；气氛活跃热闹。

《新形》（第 661 页）：兴奋激动。形容心、心情、感情、情绪、欲望、愿望、希望、气概、事业心、表情、神情、态度、目光、眼睛、声音、声调、口气、语气、言词、文章、风景、场面、情况、气氛、谈话、讨论、政论、发言、喝彩、鼓掌、握手、祝贺、庆祝、欢迎、拥护、响应等。

《现汉 2005》（第 1143 页）：情绪高昂，兴奋激动。

现释义　热情激烈。

义项用例

（1）互相逗闹，再没那么热烈开心的了。

（2）比我们周遭许多百万富翁更有青春热烈的心情。

（3）热烈的心性是不足应付环境的，热情必须和智与勇结合起来。

热切

词典释义

《现汉》（第 1060 页）：热烈恳切。～的愿望。

《现规》（第 1094 页）：热烈而恳切。

《新形》（第 662 页）：热烈恳切。形容心、心情、希望、期望、愿望、欲望、盼望、思念、崇敬、关心、目光、手势、动作和呼声、说话等。

现释义　热情恳切。

义项用例

(1) 面对文玉的热切，沉默的是我。

(2) 很高兴我俩还是旧时一般的热切。(李碧华)

(3) 北岛的诗在冷峻的否定的外表下表现了作者在历史转折阶段的愤意痛苦的心情，以及对于新的时代与现实的焦灼热切的期待。

狂热

词典释义

《现汉》(第735页)：一时所激起的极度热情。小资产阶级的~性。

《现规》(第765页)：(1) 极度热情。(2) 〈名〉极度热烈的情绪。

《新形》(第449页)：怀有一时所激起的极度的热情。形容人物、情绪、感情、眼光、行为、动作、气氛、程度、阶段、时候和舞曲等。

现释义　极度热情。

义项用例

(1) 因此我的狂热更炎炽了。

(2) 我的一时一刻都没有虚度，一时一刻都是我的喜怒哀乐，都是我的冷漠和狂热，都是我的酣眠和梦。

(3) 可"国产爱情"，说不上怎么，激发不起我的任何欲望和狂热。

特征辨析

热　《现汉》：(1) 物体内部分子不规则运动放出的一种能。物质燃烧都能产生热。(2) 温度高；感觉温度高（跟"冷"相对）。~水 | 趁~打铁 | 三伏天很~。(3) 使热；加热（多指食物）。~一~饭 | 把菜汤~一下。(4) 生病引起的高体温。发~ | 退~。(5) 情意深厚。亲~ | ~爱 | ~心肠儿。(6) 形容非常羡慕或急切想得到。眼~ | ~中。(7) 受很多人欢迎的。~货 | ~门儿。(8) 放射性强。~原子。热释义为热情。

热情是核心成员、元语言基元。

义征表达式

热情［+心情］［+积极］［+急切］［+温厚］［+比喻］

热烈［+心情］［+积极］［+热情］［+激烈］

热切［+心情］［+积极］［+热情］［+恳切］

狂热［+心情］［+积极］［+热情］［+极端］

第三节 愉快类

一 欢乐同义组

高兴 欢畅 欢快 欢乐 欢慰 欢喜 欢欣 欢愉 欢悦 愉快 愉悦 甜美 甜蜜 开怀 开心 畅怀

高兴

词典释义

《现汉》（第418页）：（1）愉快而兴奋。（2）带着愉快的情绪去做某件事；喜欢。我~看电影，不去看戏了。

《现规》（第435页）：（1）愉快而兴奋。（2）〈动〉喜欢；有兴趣（做某事）。

《新形》（第236页）：愉快而兴奋。可以形容心情、表情、神情、样子、事情、消息、日子和时候等，也可以直接形容人。

现释义 愉快兴奋。

义项用例

（1）他越想越高兴，越想越得意，心里比喝了蜜还甜。

（2）“好，我赞成劈兰。”琴难得看见觉新有这样的兴致，心里也高兴，就接口说。

（3）第一次被他叫去谈话并向他道谢，心里又高兴又害怕，感觉很复杂，当时松下在心中发誓要在这里拼命工作。

欢畅

词典释义

《现汉》（第548页）：高兴，痛快。

《现规》（第566页）：欢乐痛快。

《新形》未收。

现释义　欢乐畅快。

义项用例

(1) 那爱抚好像是从毛孔里渗透了，注进了血液，血是那样欢畅地高歌着在血管里流淌。

(2) 方涛也轻轻地笑着、笑着，感到轻松、感到欢畅，心里燃烧起希望。

(3) 现代摇滚则给我们的感官以强烈刺激，给我们以全身心投入的欢畅。

欢乐

词典释义

《现汉》(第 548 页)：快乐（多指集体的）。广场上 ~ 的歌声此起彼伏。

《现规》(第 567 页)：欢欣快乐。

《新形》(第 309 页)：快乐。形容心情、表情、童年。

现释义　非常高兴。

义项用例

(1) 这些曾经为革命赴汤蹈火的老前辈如今安度晚年，看见有这么多亲人来送温暖，表爱心，贺新年，心里充满了幸福和欢乐。

(2) 语言玄妙得不可思议而又可会意，超越感官尺度而惊心动魄的形体变换，感怀人生的种种艰辛或欢乐，均应楚楚动容，才能塑造多姿多彩的“小品人物”。

(3) 我只想寻找短暂的欢乐来麻痹自己痛苦的神经。

欢快

词典释义

《现汉》(第 548 页)：欢乐轻快。~ 的心情 | ~ 的乐曲。

《现规》(第 566 页)：欢乐而轻快。

《新形》(第 308 页)：欢乐轻快。形容心情、情绪、神色、模样、表情、声音、乐曲、日子、境界、气氛和行为等。

现释义　欢乐轻快。

义项用例

（1）我们在这种和谐的人格中，看见一种生的欢快和爱好。

（2）同学们无奈地长叹一声，方才的那份欢快已荡然无存。

（3）琪琪格对这一切似乎并不在意，她欢快地唱起了牧歌。

欢慰

词典释义

《现汉》未收。

《现规》（第567页）：喜悦欣慰。

《新形》未收。

现释义　欢乐欣慰。

义项用例

（1）我的脚已踏着了祖国的田野，我心中复杂的蕴结着欢慰与悲凉！（冰心《寄小读者》，http：//www. ywtd. com. cn）

（2）此一反常的现象不曾使杜月笙沾沾自喜，引起欢慰，相反地他却认为照这样下去，他肩膀上的担子势将越来越重。（王俊《杜月笙野史》，http：//book. sina. com. cn）

（3）而在我们中国，转眼就是抗战第九年了，欧战胜利是我们的一个极大的欢慰。（《60年前他们这样记录胜利》，http：//gb. chinabroadcast. cn）

欢喜

词典释义

《现汉》（第548页）：（1）快乐；高兴。满心~｜欢欢喜喜过春节｜她掩藏不住心中的~。（2）喜欢；喜爱。他~打乒乓球。

《现规》（第567页）：欢乐；喜悦。

《新形》（第309页）：快乐；高兴。可以形容心情、神情、行为、动作等，也可以直接形容人。

现释义　欢乐喜悦。

义项用例

（1）有人说：有些胜利者，愿意敌手如虎，如鹰，他才感到胜利的欢喜。

（2）我身上有一点变化都使我害怕，使我欢喜，使我莫名其妙。

（3）祥子是立在高兴那一面的，街上的热闹，叫卖的声音，节赏与零钱的希冀，新年的休息，好饭食的想象……都使他象个小孩子似的欢喜，盼望。

欢欣

词典释义

《现汉》（第 549 页）：快乐而兴奋。~鼓舞。

《现规》（第 567 页）：喜悦而兴奋。

《新形》（第 310 页）：快乐而兴奋。形容心情、情调、眼睛、脸面、行为、动作和景象等。

现释义　欢乐而欣喜。

义项用例

（1）难掩一点羞耻，转瞬又被欢欣盖过。（李碧华）

（2）母女二人相对默然地笑了一笑，刹那间，她们脸上又浮出欢欣，这次是由衷升起来愉快的笑。

（3）每次下晚自习归来入睡，大约也是在独享一份充实而寂寞的欢欣吧？

欢愉

词典释义

《现汉》未收。

《现规》（第 567 页）：欢乐愉快。

《新形》（第 310 页）：形容欢乐愉快。用于心情、情绪、笑容等，也可以直接用于人。

现释义　欢乐愉快。

义项用例

（1）在有限的时光里偷得一些欢愉应当不为过，而且她能拥有的就这么微薄了。

（2）她使我得知“家”的温暖与欢愉，自然这一切同样是无法言说得清楚的呵……

（3）每当方涛做个鬼脸叫声“亮亮”靠近孩子，孩子准会咧开小嘴巴咯咯咯笑起来，是那么自然、真诚，反映出满心的欢愉。

欢悦

词典释义

《现汉》（第 549 页）：欢乐喜悦。满心～｜～的笑声。

《现规》（第 567 页）：欢快喜悦。

《新形》未收。

现释义　欢乐喜悦。

义项用例

(1) 金钱的杀伤力有时与它的作用一样伟大，让你在心想事成的欢悦中万念俱灰、痛感人生虚无缥缈。

(2) 我渐渐明白了老板几乎每天连轴转却乐此不疲的原因——我带给别人快乐，自己自然欢悦。

(3) 这熊熊点燃的篝火使我充满了一种轻柔如水、飘忽如梦的欢悦之情。

愉快

词典释义

《现汉》（第 1536 页）：快意；舒畅。～的微笑｜心情～｜生活过得很～。

《现规》（第 1597 页）：快乐；舒畅。

《新形》（第 929 页）：舒畅；高兴。形容人、脸、脸色、颜色、神情、样子、表情、眼光、笑声、歌声、心情、心神、思想、思绪、情绪、感觉、精神、行为、动作、劳动、工作、气氛、梦境、活动、事情、消息、新闻、日子、时节和眼泪等。

现释义　快乐舒畅。

义项用例

(1) 虽然是累得那么着，林先生心里却很愉快。

(2) 当他们听到某些恶霸被惩罚的时候，当他们听到去分散那些坏人家财的时候，他们并不掩藏他们的愉快。

(3) 这首词和下一首词作于这段心情愉快的时期。

愉悦

词典释义

《现汉》（第 1536 页）：喜悦。怀着十分～的心情。

《现规》（第 1597 页）：(1) 快乐；喜悦。(2)〈动〉使快乐、喜悦。

《新形》（第 929 页）：愉快；喜悦。用于心情、精神、情绪、神色和气氛、表情等。

现释义　愉快喜悦。

义项用例

（1）清静地写这份论文，我只觉得是愉悦的。

（2）李连成深深呼吸，一种轻松愉悦的感觉油然而生。

（3）松针映着阳光，通明翠绿，令人愉悦。

甜美

词典释义

《现汉 2005》（第 1350 页）：（1）甜。这种苹果多汁而～（2）愉快；舒服；美好。音色～丨～的生活。

《现规》（第 1289 页）：形容感觉愉快、舒服、美好。

《新形》（第 755 页）：形容感到美好、愉快或舒服。形容声音、话语、歌喉、日子、生活、梦境、境界、感觉、感情、爱情、微笑、记忆、回忆等。

现释义　比喻幸福愉快。

义项用例

（1）爱情的甜美是要暗中咂摸的，就是心中想到经济问题，也不能不设法包上一层爱的蜜皮儿。（老舍）

（2）他稍微有点后悔；舒服一会儿，又想起那点甜美。（老舍）

（3）想象一下温暖的血液润抚着你的喉咙，多么甜美，多么舒畅。

甜蜜

词典释义

《现汉》（第 1249 页）：形容感觉幸福、愉快、舒适。孩子们笑得那么～丨日子过得～。

《现规》（第 1289 页）：形容感觉幸福、愉快、舒适。

《新形》（第 756 页）：形容感到愉快、舒适或幸福。形容声音、话语、境界、梦境、生活、事业、感觉、希望、爱情、笑容、微笑、会议、欢聚以及其他行为等。

现释义　比喻幸福愉快。

义项用例

(1) 面对这些印刷精美、色彩斑斓的贺卡，读着那些诗句、那些祝辞，喜悦、激动、欣慰之情油然而生，温馨、甜蜜的感觉更是丝丝缕缕，细腻绵长……

(2) 他们谁也不急于起身，躺在床上望着窗外，享受着这极度疲劳之后的从未感受过的慵懒和甜蜜的幸福。

(3) 我看得心里一阵甜蜜的忧伤。

开心

词典释义

《现汉》(第701页)：(1) 心情快乐舒畅。同志们住在一起，说说笑笑，十分~。(2) 戏弄别人，使自己高兴。别拿他~。

《现规》(第732页)：(1) 心情愉快；高兴。(2) 〈动〉取笑；取乐。

《新形》(第414页)：快乐舒畅。可以形容人，也可以形容神气、行为、动作和事情等。

现释义　比喻高兴。

义项用例

(1) 汤米听得笑了起来，很开心地把自己挂在木栅上晃来晃去。

(2) 看到他的窘迫，我挺开心，这个伊喜比那个侃侃而谈的官员要亲切的多。

(3) 自从小孩子的时候，我一见机器便非常的开心，似被迷惑。

开怀

词典释义

《现汉》(第699页)：心情无所拘束，十分畅快。~畅饮。

《现规》(第729页)：敞开胸怀。比喻内心无拘无束；很高兴。

《新形》未收。

现释义　比喻很高兴。

义项用例

(1) 亲友们在节日中相聚，更有理由开怀狂饮。

(2) 原以为他会生气，没想到他竟开怀地笑着，像个孩子似的。

(3) 李赛明老师见老伴一脸狐疑，便开怀地公开了一个心中的“秘密”。

畅怀

词典释义

《现汉》（第 144 页）：尽情；开怀。~痛饮 | ~大笑。

《现规》（第 149 页）：心怀畅快；尽情。

《新形》未收。

现释义　比喻畅快高兴。

义项用例

(1) 我们谈神户地震，谈诗，谈过去与现在的知识分子待遇，谈经济大潮对于学术研究的影响。心有深忧，无言以畅怀。（孙玉石《“相见匪遥 乐何如之”——林庚先生燕南园谈诗录》，http：//chinese. pku. edu. cn）

(2) 辟有观日楼、赏星广场等设施，是漫步、捡石的好所在，另有规划完善的自行车步道，骑乘起来无比畅怀。（《花莲海岸半日游》，http：//tour. poja. com. tw/index1. html）

(3) 物与神游，境随心迁，借物畅怀，用笔墨传情。（金兆韬《说话畅怀》，http：//art. henan. com. cn）

特征辨析

欢　《现汉》：(1) 快乐；高兴。~喜 | ~乐 | ~迎 | ~送 | ~呼。(2)〈方〉起劲；活跃。火着得很~ | 雨越下越~ | 文娱活动搞得挺~。欢释义为欢乐。

畅　《现汉》：(1) 无阻碍；不停滞。~达 | ~行无阻。(2) 痛快；尽情。~谈 | ~所欲言。(3) 姓。畅释义为畅快。

悦　《现汉 2005》（第 1684 页）：高兴；愉快。悦释义为喜悦。

愉　《现汉》：愉快。~悦 | 面有不~之色。愉释义为愉快。

欢喜、欢悦、欢欣合并为一个义位。甜美、甜蜜合并为一个义位。

高兴、欢乐、愉快是核心成员、元语言基元。

义征表达式

高兴 [+心情] [+积极] [+愉快] [+兴奋]

开心 [+心情] [+积极] [+高兴] [+比喻]

开怀 [+心情] [+积极] [+高兴] [+比喻] [+程度高]

畅怀 [+心情] [+积极] [+畅快] [+高兴] [+比喻]

欢乐［+心情］［+积极］［+高兴］［+程度高］
欢畅［+心情］［+积极］［+欢乐］［+畅快］
欢快［+心情］［+积极］［+欢乐］［+轻快］
欢慰［+心情］［+积极］［+欢乐］［+慰藉］
欢喜（欢悦、欢欣）［+心情］［+积极］［+欢乐］［+喜悦］
欢愉［+心情］［+积极］［+欢乐］［+愉快］
愉快［+心情］［+积极］［+舒畅］［+快乐］
愉悦［+心情］［+积极］［+愉快］［+喜悦］
甜美（甜蜜）［+心情］［+积极］［+幸福］［+愉快］［+比喻］

二 喜悦同义组

惊喜 可喜 狂喜 喜兴 喜悦 欣悦 欣快 欣然 欣慰 欣喜 欣幸

惊喜

词典释义

《现汉》（第666页）：惊和喜。~交集。

《现规》（第692页）：〈动〉又惊又喜。

《新形》（第386页）：又吃惊又高兴。形容心情、感觉、神色、样子、光芒和行为、动作等。

现释义 惊讶喜悦。

义项用例

（1）他呼唤着，眼里闪着激动惊喜的光芒。

（2）阿Q仿佛文童落第似的觉得很冤屈，他慢慢走近园门去，忽而非常惊喜了，这分明是一畦老萝卜。

（3）这一消息让人们惊喜，也让人们发愁。

可喜

词典释义

《现汉》（第714页）：令人高兴；值得欣喜。

《现规》（第743页）：值得欣喜的。

《新形》（第421页）：令人高兴；值得欣喜。可以形容消息、事情、现象、形势、收成、收获、成绩、成就和进展、变化等，也可以形容某些自然景物。

现释义　值得喜悦。

义项用例

(1) 人类本来就是“感情的动物”，每个人都有感情，遇到可喜的事情时会高兴，不如意时会生气，伤心时会流泪。

(2) 成功固然可喜，失败也不必灰心，应该探讨失败的原因，汲取失败的教训，继续争取成功。

(3) 那半天没有动作的柳条象猛的得到什么可喜的事，飘洒的摇摆，枝条都象长出一截儿来。(老舍)

狂喜

词典释义

《现汉》(第 450 页)：极端高兴。他们相见时~地拥抱起来。

《现规》(第 766 页)：极端喜悦。

《新形》(第 450 页)：形容非常高兴。用于心情、神色、样子、动作等。

现释义　极端高兴。

义项用例

(1) 我忽然觉得，那一脸的狰狞正是快乐的极致，正是狂喜的顶点，正是瞬间的真面目。

(2) 我压抑着狂喜问：“你买这么多的报纸干什么用呢？”

(3) 我看见了群群，一阵狂喜涌上心头。

喜兴

词典释义

《现汉》(第 1350 页)：〈方〉欢喜；高兴。~事儿丨今天他显得格外精神和~。

《现规》(第 1396 页)：〈口〉欢喜，高兴。

《新形》未收。

现释义　〈口〉喜悦。

义项用例

(1) 袁老太充分感受着大家庭共度佳节的喜兴，大家庭中的每个成员也都沉浸在其乐融融的幸福之中。

(2) 那胖乎乎的圆脸又恢复了一笑两酒窝，透出惹人疼爱的喜兴劲儿。

(3) 秋天的美，在于它拥有迷离的伤感，沉寂的落寞，也有动人的喜兴。(《友情、爱情从网络开始》，http://www.gxonlion.com.cn)

喜悦

词典释义

《现汉》(第 1350 页)：愉快；高兴。~的心情。

《现规》(第 1396 页)：欣喜；愉快。

《新形》(第 814 页)：愉快。形容心、心情、感情、情绪、神色、表情、眼睛、眼光、光、光芒、光彩、光泽、微光、动作、事情等。

现释义　非常愉快。

义项用例

(1) 侧目再看黄蓉，只见她洋洋得意，想是女孩儿折服了一位饱学的状元公，掩不住的心中喜悦之情，心想："我且取笑她一番，好教她别太得意了!"

(2) 喜悦胜过了惭愧，他打定了主意：刚才不是听到鸡鸣么?

(3) 那几天，我沉浸在莫名其妙的喜悦与期待当中，甚至还有几丝恐惧。

欣悦

词典释义

《现汉》未收。

《现规》(第 1449 页)：喜悦。

《新形》未收。

现释义　非常愉快。

义项用例

(1) 现在一想起那样子，柳月莫名其妙地就感到一阵欣悦。

(2) 读这本书，我仿佛听到了一个饱满的雨点，欣悦地滴落进大海的音响。

(3) 她很欣悦地站了起来。

欣然

词典释义

《现汉》（第 1401 页）：〈书〉愉快地。~前往｜~接受｜~命笔。

《现规》（第 1449 页）：（1）形容高兴的样子。（2）〈副〉高兴地。

《新形》（第 839 页）：形容愉快的样子。用于人和人的行为、动作。

现释义　形容喜悦的样子。

义项用例

（1）王胡惊得一跳，同时电光石火似的赶快缩了头，而听的人又都悚然而且欣然了。

（2）会有什么事情发生，她欣然前往。

（3）大家都笑，汪先生欣然领略自己的妙语。

欣快

词典释义

《现汉》未收。

《现规》（第 1449 页）：欣喜快乐。

《新形》未收。

现释义　喜悦快乐。

义项用例

（1）旧时的小脚女人在密室里，一定也是怀着同样的欣快感，解开自己的裹脚布。（王小波）

（2）不少人在饮酒较多量后，会产生一种头重脚轻、令人陶醉的飘飘然的欣快感受。（《酒后欣快——脑缺氧》，http：//www. sh. xinhuanet. com）

（3）这时的知觉状态类似梦境，而且非常令人欣快，并有很强的安适感。（《吸毒的后果》，http：//www. aizhi. org）

欣慰

词典释义

《现汉》（第 1401 页）：喜欢而心安。脸上露出~的笑容。

《现规》（第 1449 页）：喜悦而心安。

《新形》（第 839 页）：喜悦而心安。可以形容心情、感触、表情、神情、颜色、动作和眼泪等，也可以直接形容人。

现释义　喜悦慰藉。

义项用例

(1) 而那些尚未完全适应新的环境的成年人，虽然他们无法根据鸟的叫声正确地辨明时节，但却可能为孩子们有了较好的生活环境而感到欣慰。

(2) 我感到欣慰，但同时又感到这是一个必须付出全部代价予以抵制的诱惑，尤其在一个中年人和老年人都把年轻看成是诱人的慰藉的国家中更是如此。

(3) 能有这样一个机会，表示一下我的心情，感到无比的欣慰。

欣喜

词典释义

《现汉》（第 1401 页）：欢喜；快乐。~若狂。

《现规》（第 1449 页）：高兴；欢喜。

《新形》（第 840 页）：欢喜；快乐。形容心情、神情、面孔、笑容、眼光和动作等。

现释义　非常愉快。

义项用例

(1) 如今，《重逢日记》将要以成集的形式与读者见面了，怎不为你欣喜呢？

(2) 王起明猜到了是什么，但还要问，疑问中充满了欣喜。

(3) 他的欣喜、惊喜和那纯真、憨厚、永恒的微笑，幻出一首美丽壮阔的史诗。

欣幸

词典释义

《现汉》（第 1401 页）：欢喜而庆幸。书失而复得，实是~。

《现规》（第 1449 页）：欣喜并庆幸。

《新形》未收。

现释义　喜悦庆幸。

义项用例

(1) 在现代思想进步的过程中，“魔鬼”是第一个被弃掉的东西，这是值得欣幸的事。

(2) 你放心吧，涵瑜，我怕委屈了你，很欣幸你有这样的一位林君。(彭家煌《皮克的情》, http://gd.cnread.net)

(3) 多年疑团，一朝冰释，学者多么欣幸！(罗济平《古籍整理和出版工作随想》, http://www.guoxue.com)

特征辨析

欣　《现汉》：喜悦。欢～｜～喜｜～慰｜～逢佳节。欣释义为喜悦。

愉快是核心成员、元语言基元。慰藉为元语言基元。高兴、喜悦、狂喜程度渐高。

喜悦、欣喜、欣悦、欣然合并为一个义位。

义征表达式

喜悦（欣喜、欣悦、欣然）[+心情] [+积极] [+愉快] [+程度高]

狂喜 [+心情] [+积极] [+喜悦] [+极端]

惊喜 [+心情] [+积极] [+惊讶] [+喜悦]

可喜 [+心情] [+积极] [+值得] [+喜悦]

喜兴 [+心情] [+积极] [+喜悦] [+口语]

欣快 [+心情] [+积极] [+喜悦] [+快乐]

欣慰 [+心情] [+积极] [+喜悦] [+慰藉]

欣幸 [+心情] [+积极] [+喜悦] [+庆幸]

三　如意同义组

如意　幸福　幸运　侥幸　快意　顺气　顺心　顺意　可心　遂心　遂意　称心　得意　惬意

如意

词典释义

《现汉》(第1075页)：符合心意。称心～。

《现规》(第1111页)：符合心愿。

《新形》(第671页)：符合心意。形容事情、动作、家景、办法、打算和心情等。

现释义 符合心意。

义项用例

(1) 人生不如意事常八九，我们这一代本来就是交织着承担幸运与不幸的一代。

(2) 最不如意的时候在这里歇脚，能够在一生的奋斗归于平淡的时候在这里安居。

(3) 自我陶醉能够使人忘掉很多不如意。

幸福

词典释义

《现汉》(第1411页)：(1) 使人心情舒畅的境遇和生活。我们今天的~是先烈们流血流汗得来的。(2)(生活、境遇) 称心如意。生产越来越提高，人民越来越~。

《现规》(第1461页)：(生活、境遇) 美满如意。〈名〉美满如意的生活和境遇。

《新形》(第847页)：愉快美满；称心如意。可以形容生活、光景、日子、时期、时刻、道路、前程、环境、家庭、感觉、回忆、憧憬、会见、眼光、微笑等，也可以直接形容人。

现释义 称心如意。

义项用例

(1) 没有痛苦的时候，那种消极的感受便是幸福。

(2) 但是从这中间，我所感到的是我所想象的那些会醉我灵魂的幸福吗？

(3) 我是抱着满腔幸福的感觉，抱着游子还家的感觉投奔延安的。

幸运

词典释义

《现汉》(第1412页)：(1) 好的运气；出乎意料的好机会。(2) 称心如意。

《现规》(第1462页)：(1) 运气好；称心如意。(2)〈名〉好运气。

《新形》(第847页)：形容运气好或称心如意。用于人、观众，也用事情、感觉等。

现释义 运气如意。

义项用例

(1) 那时我的生活是平静的、幸福的，而且我觉得比别的同时代的女性更幸运。

(2) 你应该为奴隶主感到幸运，他们的心情是多么幸福地走完了一生，就像你庆幸自己是个人，而不是其他什么动物。

(3) 播种，耕耘，收获，遵循劳作的常规法则，能够在付出艰辛之后，得到应有的成果，自然是一种幸运和安慰。

侥幸

词典释义

《现汉》(第634页)：由于偶然的原因而得到成功或免去灾害。心存～|～心理。

《现规》(第657页)：形容意外或偶然地获得利益或免去不幸。

《新形》(第370页)：由于偶然的原因而得到成功或免去灾祸。可以形容心理、念头和事情等，也可以直接形容人。

现释义　意外幸运。

义项用例

(1) 方鸿渐那时候心上虽怪鲍小姐行动不检，也觉兴奋，回头看见苏小姐孙太太两张空椅子，侥幸方才烟卷的事没落在她们眼里。当天晚上，起了海风，船有点颠簸。

(2) 起初他曾存侥幸之心。

(3) 我暗自侥幸：他们没有看见，不然就会上来让我罚款。

快意

词典释义

《现汉》(第732页)：心情爽快舒适。微风吹来，感到十分～。

《现规》(第763页)：(1) 心情愉快舒畅。(2)〈名〉愉快舒畅的心情。

《新形》(第444页)：形容爽快舒适，称心如意。用于心情、情绪、感觉、表情、事情、经验、议案、道路和笑声等。

现释义　快乐舒畅。

义项用例

(1) 这一节，听的人都叹息而且快意，因为阿Q本不配在举人老爷家里帮忙，而不帮忙是可惜的。

(2) 当然新添上一种不快意，可是这种不快意是透风的，见得天日的，不比买文凭的事像谋杀迹灭的尸首，对自己都要遮掩得一丝不露。

(3) 通名之后，方鸿渐倒窘起来，同时快意地失望。

顺气

词典释义

《现汉》未收。

《现规》(第1229页)：(1) 顺心；舒畅。(2)〈动〉中医指使体气顺畅。

《新形》未收。

现释义 符合心意。

义项用例

(1) 虽说摆出个英雄谱，纸上谈兵没什么意义，但至少看着有趣，心里顺气。(admin《水浒人物》，http://www.shdgy.com)

(2) 以前和老太两人在家，时间一长就憋得慌，每天老惦记着要来牌摊边上走走坐坐，看看这么多人，心里就顺气。(建伟《南湖广场魅力之谜》，http://www.yangtse.com)

(3) 事情清楚了，心里也顺气了。(王杨《公选支书谋富民》，http://www.ahmasdj.gov.cn)

顺心

词典释义

《现汉》(第1188页)：合乎心意。诸事~。

《现规》(第1229页)：称心如意；符合心意。

《新形》(第725页)：合乎心意。用于事情、工作、日子等。

现释义 符合心意。

义项用例

(1) 他拉上了包月。哼，和拉散座儿一样的不顺心！(老舍)

(2) 自从我被拿到了奶奶那里以后，我就从来没有再有过像小时候在外婆家的那种顺心了。

(3) 我知道黄可这小子，不顺心就会魂不守舍。

顺意

词典释义

《现汉 2005》(第 1285 页)：顺心；如意。他遇到了不~的事。

《现规》(第 1229 页)：适合心意。

《新形》未收。

现释义　符合心意。

义项用例

(1) 来到加拿大之后，Mike 开始找工作，生活也一样开始得磕磕巴巴，并不事事顺意。(芙郎《移民路上，谁是你最感谢的人?》，http：//www. chinanews. com. cn)

(2) 俺所有的辛勤付出就是为了业主大人能住得安心顺意。(段松江《尊贵的业主俺心里有点憋屈儿》，http：//www. jlsina. com)

(3) 从诗作上可知，作者眼下并不闲，一定是经过一番的拼搏和挣扎，事事难顺意，心里不能静下来，总有澎湃汹涌之势潜荡着。(龙康《极点》，http：//www. lifeswindow. com)

可心

词典释义

《现汉》(第 714 页)：恰合心愿；合意。

《现规》(第 744 页)：称心；合意。

《新形》未收。

现释义　非常符合心意。

义项用例

(1) 这一拿没拿动，看了看下款儿，再看知县在旁边站着哪，回手一拍这知县的肩膀儿："太好啦，太好啦，这个真可心，这个真可心!"

(2) 在文化路农贸市场，一位 30 多岁的下岗女工笑着对记者说："这儿的东西又便宜又好，我们能买上可心菜、放心肉。"

(3) 最为可心的是，张力还担负做晚餐。

遂心

词典释义

《现汉》(第 1210 页)：合自己的心意；满意。~如意。

《现规》(第 1252 页)：可心；满意。

《新形》（第738页）：形容满意或合乎心意。

现释义 非常符合心意。

义项用例

（1）我家百事遂心，唯有一样不如愿：辈辈单传。

（2）如果不熟相机的话会觉得方便，熟的话就觉得不够遂心了，毕竟不像调焦相机一样可以自主。（http：//www. doyouhike. net）

（3）我觉得生活的全部总是穷出不仅的，有时候遂心随意地活着才真实，人类最终的追求还会是精神上的自由和无束。（蓝色理想《国内设计新锐作品赏析——北邦》，http：//www. blueidea. com）

遂意

词典释义

《现汉》（第1210页）：遂心。

《现规》（第1252页）：遂心。

《新形》未收。

现释义 非常符合心意。

义项用例

（1）我对他说，人在很多时候是无法遂意的，那就随意吧，随意是一种艺术。（红尘逸仙《世界真的很美好》，http：//xz2. 2000y. net）

（2）将来老爷起了服，只怕又不能遂意了。（曹雪芹《红楼梦》，http：//chinese. pku. edu. cn）

（3）唯愿心想事成，凡事遂意。（荷叶雨《手机遭遇》，http：//pub. club. 163. com）

称心

词典释义

《现汉》（第156页）：符合心愿；心满意足。~如意。

《现规》（第161页）：〈动〉符合心意；感到满足。

《新形》（第95页）：符合心意；心满意足。形容东西、物品、事情、工作、做法和行为等，也可以直接形容人。

现释义 符合心意。

义项用例

(1) 近几年，电影厂常来小镇拍一些历史题材的片子，小镇古色古香，后来干脆避开一切现代建筑方式，很使电影导演们称心，但哪来那么多群众角色呢？

(2) 现在要你们孝顺我们，我没有这个梦想了，你们对你们的夫总要服侍得他们称心的。

(3) 你不懂男人好坏，以后我会给你找个称心的。

得意

词典释义

《现汉》(第 261 页)：称心如意（多指骄傲自满）。自鸣 ~ | ~扬扬 | ~忘形。

《现规》(第 277 页)：称心如意；感到满意。

《新形》未收。

现释义　感到满意。

义项用例

(1) 随后我看到好多小孩子将他围在了中间，看起来他很得意。(小树《通往幸福的格桑花》，《读者》2005 年第 12 期)

(2) 那种还带着稚气的踌躇满志让我感到，他对他自己现在的生活状态还是很有几分得意的。

(3) 阿 Q 此后倒得意了许多年。

惬意

词典释义

《现汉》(第 1024 页)：满意；称心；舒服。

《现规》(第 1054 页)：〈文〉意愿得到满足而感到愉快；舒服。

《新形》(第 628 页)：形容因意愿得到满足而轻松畅快。用于心情、感觉、表情、样子、行动、笑容、事情、处所、时候、消息、新闻等。

现释义　感到满意舒服。

义项用例

(1) 原本我最讨厌班务会什么的，但书亭的每星期三的例会却使我感到了相互间的交流是那样亲情和必要，尤其说到幽默话题时开怀大笑的欢乐真叫人惬意无比。

(2) 一阵小风从我身上拂过，我觉得很惬意。

（3）休闲和消遣意味着寻找乐趣、惬意，感到舒服，给自己的个性提供发展的机会，寻找协调。

特征辨析

惬 《现汉》：（心里）满足。~意。惬释义为满意。

如意、顺心、顺意、顺气合并为一个义位。遂心、遂意、可心、称心合并为一个义位。前者程度比后者低。

如意是核心成员、元语言基元。

义征表达式

如意（顺心、顺意、顺气）[+心情][+积极][+符合][+心意]

遂心（遂意、可心、称心）[+心情][+积极][+符合][+心意][+程度高]

幸福[+心情][+积极][+称心][+如意]

幸运[+心情][+积极][+运气][+如意]

侥幸[+心情][+积极][+意外][+幸运]

得意[+心情][+积极][+得到][+如意]

惬意[+心情][+积极][+满足][+如意]

快意[+心情][+积极][+快乐][+如意]

四 快乐—畅快同义组

快乐 快活 快慰 痛快 轻快 轻松 松快 开朗 明朗 畅快 爽 爽心 爽快 爽朗 顺畅 乐和

快乐

词典释义

《现汉》（第731）：感到幸福或满意。~的微笑。

《现规》（第762页）：高兴；愉快。

《新形》（第442页）：感到幸福或满意。可以形容心情、表情、神气、样子、情景、空气、事情、游戏、歌声、笑声、童年等，也可以直接形容人、家庭等。

现释义 幸福满意。

义项用例

(1) 大家有了这种想法，烦恼就会消失掉，不慌不忙，不慌张的心情就安定而快乐。

(2) 那种在欢呼雀跃中相互感染的能够扫除一年败兴的欢乐，那种在鞭炮声中浓郁起来的过年的气氛，那种摩肩接踵时萌发的感动……这人间的快乐，我多想要。

(3) 它使我有一刹那的恍惚，心里胀胀的，涌起一种无法言说的，快乐与悲伤交织的情怀。

快活

词典释义

《现汉》(第731页)：快乐。他提前完成了任务，心里觉得很~。

《现规》(第762页)：快乐。

《新形》(第442页)：高兴；欢畅。可以形容心情、模样、颜色、表情、行为、动作、事情、日子、空气和生活等，也可以直接形容人。

现释义　幸福满意。

义项用例

(1) 希望使他快活，恐惧使他惊惶，他想睡，但睡不着，四肢像散了似的在一些干草上放着。

(2) 我一直有一个梦想：等我发了财，要给她买好多的首饰，让她开心，让她快活。

(3) 淑贞看见喜儿进来就变了脸色，又听见她的话，心里更不快活。

快慰

词典释义

《现汉》(第732页)：痛快而心里感到安慰；欣慰。

《现规》(第762页)：感到愉快和欣慰。

《新形》(第443页)：愉快而感到安慰。形容心情、神气、表情、微笑、行为、动作和事情等。

现释义　快乐慰藉。

义项用例

(1) 突然看到侄子带来了一个女孩前来探望，他获得的一点快慰可以从他慌慌忙忙地倒上两杯开水，又抓起一大把茶叶放进杯子的动作中看出来。

（2）刚见着两年未见的亲儿女，神色还是快慰地闪着快乐的光彩。

（3）听着满腹经纶的何大爷寄兴寓情的赞誉，童志成心中涌出一种如饮琼浆的快慰，然而肩上的感觉却又是沉甸甸的。

痛快

词典释义

《现汉》（第 1269 页）：（1）舒畅；高兴。看见场上一堆一堆的麦子，心里真~。（2）尽兴。这个澡洗得真~丨痛痛快快地玩一场。（3）爽快；直率。队长~地答应了我们的要求丨他很~，说到哪儿做到哪儿。

《现规》（第 1311 页）：（1）高兴；舒畅。（2）尽情；尽兴。（3）爽快；干脆；利索。

《新形》（第 762 页）：（1）高兴；舒畅。形容心情、感觉、事情等。（2）尽情；尽兴。形容行为、动作。（3）爽快；直率。形容人和人的动作。

现释义　十分畅快。

义项用例

（1）解开了纽扣，凉风飕飕的吹着胸，他觉到痛快，好像就这么跑下去，一直跑到不知什么地方，跑死也倒干脆。

（2）自己素来不大爱说话，可是今天似乎有千言万语在心中憋闷着，非说说不痛快。

（3）我现在已经会用看女人的眼光去看这些，我觉得女人身上有时候有一种破坏欲，就是我一定要把一个本来很好的东西毁坏给你看，你难受我才痛快，即使这个好东西本来也是她自己喜欢和拥有的。

轻快

词典释义

《现汉》（第 1030 页）：（1）（动作）不费力。脚步~。（2）轻松愉快。

《现规》（第 1060 页）：（1）（动作）敏捷；不费力。（2）（感觉）轻松愉快。

《新形》（第 638 页）：轻松，愉快。可以形容心情、表情、神色、神态、情调、调子和行为、动作等，也可以形容旋律、节奏、乐曲等。

现释义　轻松快乐。

义项用例

（1）为了朋友们轻快舒适，莎菲便为朋友们死在西山也是应该的！

（2）赵老太太站起来招呼，文纨安坐着轻快地说："方先生，好久不见，你好啊？"

（3）上午十一点半考试结束，考生们浩浩荡荡涌回宿舍、食堂，阳光普照，地面上跃动着张张明媚轻快又无邪的笑脸。

轻松

词典释义

《现汉》（第 1030 页）：不感到有负担；不紧张。~活儿丨~愉快。

《现规》（第 1061 页）：不太费力气；不劳累；不紧张。〈动〉放松；使不紧张。

《新形》（第 640 页）：不感到劳累或有负担；轻快而不紧张。形容感觉、心情、心底、精神、态度、神色、样子、表现、表情、动作、脚步、口气、声调、声音、话语、笑声、乐曲、旋律、工作、劳动、事情、活动、气氛和日子等。

现释义　无负担，不紧张。

义项用例

（1）先前的一刻她的心上还仿佛压着一块石头，如今忽然轻松多了。

（2）然而我的惊惶却不过暂时的事，随着就觉得要来的事，已经过去，并不必仰仗我自己的"说不清"和他之所谓"穷死的"的宽慰，心地已经渐渐轻松。

（3）应该为友情卸除重担，也让朋友们轻松起来。

松快

词典释义

《现汉》（第 1199 页）：轻松爽快；宽畅。

《现规》（第 1240 页）：（1）轻松舒服。（2）宽松；宽敞。

《新形》（第 730 页）：轻松爽快；舒畅。用于心情、心境、感觉等。

现释义　轻松快乐

义项用例

（1）也没有什么名句逼我吟诵，也没有后人的感慨来强加于我，也没有一尊庄严的塑像压抑我的松快，它始终只是一条自然功能上的长堤，树木也生得平适，鸟鸣也听得自如。

（2）离婚以后我妈觉得很松快了。

（3）他却觉得心里松快了，也稍稍平静了。

开朗

词典释义

《现汉》（第700页）：（1）地方开阔，光线充足。豁然~。（2）（思想、心胸、性格等）乐观、畅快，不阴郁低沉。胸怀~，精神焕发。

《现规》（第730页）：（1）开阔明亮。（2）（思想）豁达；（性格）爽朗。

《新形》（第412页）：乐观畅快，不阴郁低沉。形容心、心思、心胸、心怀、心情、心地、心绪、心境、心智、胸襟、思想、性格、神态、神气、神色、表情、脸色和行为等。

现释义　乐观畅快。

义项用例

（1）态度是那样和善亲切，心地是那样豁达开朗。

（2）这些年经过唐品谦深情的滋润，她眼底惯带的忧愁已不复见，整个人开朗不少。

（3）从此，在老师和同学们的眼里，刘向阳变得干什么事都异常稳健，格外踏实，而且心境也显得开朗了。

畅快

词典释义

《现汉》（第144页）：舒畅快乐。心情~。

《现规》（第149页）：（1）舒畅痛快。（2）爽直。

《新形》（第84页）：舒畅快乐。形容心情、表情、感觉、语言和生活等。

现释义　舒畅快乐。

义项用例

（1）她觉得心里很畅快，感激地把身子偎着琴，头挨过去，在琴的耳边低声说："你看我真蠢，你反复地提醒我，我还是不明白。"

（2）想出去，可是腿真懒得动，身上非常的软，好像洗澡没洗痛快那样，汗虽出了不少，而心里还不畅快。

(3) 从来都没有像今天这样畅快淋漓，从来都没有像今天这样心情舒朗。

爽

词典释义

《现汉》（第 1181 页）：（1）明朗；清亮。神清目～｜秋高气～。（2）（性格）率直；痛快。豪～｜直～。（3）舒服。身体不～。

《现规》（第 1221 页）：（1）清凉；明朗。（2）（性格）开朗直率。（3）舒适；畅快。

《新形》未收。

现释义　〈口〉畅快。

义项用例

(1) 我和她跳舞真的非常默契，那种感觉真是太爽了。

(2) 我神清气爽，精力从未有过的充沛，我不知疲倦地走来走去，满意于脚下的稻草咯吱作响。

(3) 当年没买房子，银子相对富余，讲的就是干什么都要心里爽，有发生什么事不就是用钱砸吗的思想。（zt2003598《开慢车、开礼让车的心情真好》，http://auto.sina.com.cn）

爽心

词典释义

《现汉》（第 1181 页）：心中清爽愉快。～悦目。

《现规》（第 1222 页）：心情爽朗愉快。

《新形》未收。

现释义　心中畅快。

义项用例

(1) 当顽强的沙尘暴不断地骚扰我们时，"春风拂面爽心"已经变成了"春风拂面闹心"。（《春风拂面爽心 京郊踏青选择多》，http://www.china.org.cn）

(2) 首次触大球感觉爽心不爽口。（http://www.zaobao.com）

(3) 爽心茶很香，喝此茶时，茶气扑面，眼鼻口也十分舒爽，因此或许也具有提神功效。（彼彼《花草茶之"爽心茶"》，http://

teabbs. zjol. com. cn)

爽快

词典释义

《现汉》（第 1181 页）：（1）舒适痛快。谈了这许多话，心里倒 ~ 了些。（2）直爽；直截了当。

《现规》（第 1221 页）：（1）舒服畅快。（2）说话痛快；办事利索。

《新形》（第 721 页）：（1）舒适痛快。可以形容身体、心情、精神、感觉，也可以形容世人感到舒适痛快的事物。（2）直爽；直截了当。形容人、性格脾气、话语、办法和办事、为人等。

现释义　舒畅快乐。

义项用例

（1）今天见了，精神分外爽快。

（2）轻尘中却又有那长长的柳枝，与轻巧好动的燕子，使人又不得不觉到爽快。

（3）清晨的微风吹在身上，吹着有汗的地方，我觉得爽快极了。

爽朗

词典释义

《现汉》（第 1181 页）：（1）天气明朗，空气流通，使人感到畅快。深秋的天空异常 ~ | 户外比室内 ~ 得多。（2）开朗；直爽。~ 的笑声 | 这人很 ~，有说有笑。

《现规》（第 1221 页）：（1）天空晴朗，使人感到舒畅。（2）直率开朗。

《新形》（第 722 页）：（1）晴朗；明朗。形容天空、早晨、地方和风景等。（2）开朗；直爽。可以形容性格、性情、心地、心情、作风、风度、感觉、说话、为人、口气、声调、笑声、笑脸，也可以直接形容人。

现释义　畅快开朗。

义项用例

（1）他的眼中没有泪花和忧郁，他好像在讲一个童话故事，并且不时发出爽朗的俄罗斯人的哈哈大笑。

（2）王芳使我的心境变得宽阔、爽朗起来。

（3）她总是忙忙碌碌，心情爽朗。（王小波）

顺畅

词典释义

《现汉》(第 1187 页)：顺利通畅，没有阻碍。

《现规》(第 1228 页)：(1) 顺利畅达。(2) 顺心；舒畅。(3) (思路、话语、文字) 通顺。

《新形》(第 724 页)：顺利通畅，没有阻碍。用于水流、道路、交通、行文、文笔、语句、思路、思想、心情和做事等。

现释义　顺心畅快。

义项用例

(1) 口语考试，考官会非常注意"顺畅感"，不是指你说得顺畅，而是指他自己听了，心里顺畅。(谢正宜《刘烨影册尺度与态度》，http：//ent. sina. com. cn)

(2) 眼睛哭成了桃子，心里顺畅多了，可是现实的问题又回来了，连动都动不了了。(张静初《命运让我和姐姐狭路相逢》，http：//ent. sina. com. cn)

(3) 这样想着的时候，心里顺畅了许多，也逐渐平静下来。(《你不该看我的眼神，更不该为爱所困》，http：//cn. bbs. yahoo. com)

明朗

词典释义

《现汉》(第 889 页)：(1) 光线充足 (多指室外)。那天晚上的月色格外～丨初秋的天气是这样～清新。(2) 明显；清晰。态度～丨听了报告，他的心里～了。(3) 光明磊落；开朗；爽快。性格～丨这些作品都具有～的风格。

《现规》(第 916 页)：(1) 光照充足；明亮。(2) 明显；清楚。

《新形》(第 543 页)：开朗；爽快。形容性格、心境、神情、声音、调子、笑声、风格等。

现释义　比喻心情开朗。

义项用例

(1) "送花人" 的心境明朗朗。

(2) 不过后来他发现自己当回 "送花人" 之后，竟然心境也变得明朗起来。

(3) 她在歌声中，对爱情的表达是如此的热烈，如此的率真，如此的明朗，如此的奔放不羁，从头到尾，盛满了温柔而粗犷的激情，叫人难以抵挡。

乐和

词典释义

《现汉》(第763页)：〈方〉快乐(多指生活幸福)。解放后日子过得挺~。

《现规》(第793页)：〈口〉快乐；高兴。

《新形》未收。

现释义 〈口〉快乐。

义项用例

(1) 您怎么每天还这么乐和呀?

(2) 生活虽然苦了点，但每天看到缘缘回家后又蹦又跳地给我们讲故事，唱歌，我们的心里乐和着呢。(白素君《老夫妇养育重病弃婴八年鬓添霜》，http://www.women.org.cn)

(3) 其实算算，现在挣的钱还弥补不上以前的损失，但是心里乐和，早就忘了过去，都要向前看嘛！(周昊男《又值"三八"节 献给走在股市K线上的女人》，http://www.gog.com.cn)

特征辨析

轻快、松快合并为一个义位。畅快、爽快、爽心合并为一个义位。快乐、快活合并为一个义位。

快乐、畅快是核心成员、元语言基元。

义征表达式

开朗 [+心情] [+积极] [+乐观] [+畅快]

明朗 [+心情] [+积极] [+开朗] [+比喻]

畅快(爽快、爽心) [+心情] [+积极] [+舒畅] [+快乐]

爽 [+心情] [+积极] [+畅快] [+口语]

爽朗 [+心情] [+积极] [+畅快] [+开朗]

顺畅 [+心情] [+积极] [+顺心] [+畅快]

痛快 [+心情] [+积极] [+畅快] [+程度高]

快乐(快活) [+心情] [+积极] [+幸福] [+满足]

乐和 [+心情] [+积极] [+快乐] [+口语]

快慰 [+心情] [+积极] [+快乐] [+慰藉]

轻松 [+心情] [+积极] [-负担] [-紧张]

轻快（松快）[+心情] [+积极] [+轻松] [+快乐]

五 舒服同义组

宽畅 宽舒 宽松 宽慰 舒服 舒适 舒爽 舒畅 舒坦 舒心 舒展 敞快 敞亮 亮堂 心宽 自在 好受

宽畅

词典释义

《现汉》（第 732 页）：（心里）舒畅。胸怀～。

《现规》（第 763 页）：（心情）开朗舒畅。

《新形》未收。

现释义 宽松舒畅。

义项用例

（1）岸边是整齐的大柳树，柳丝儿低垂，一排几十里，“猫子”心里很宽畅。

（2）传说每天都有人前来向“枯竹叟”讨“金刚水”，这时见门楼下没有任何人，陈天澜心里宽畅了不少。（忆文《飞虹玉女》，www. wuxiawu. com）

（3）决心一定，心里也觉得宽畅多了。（陈开泰《难忘一四三五》，http：//www. jszjzx. com）

宽舒

词典释义

《现汉》（第 733 页）：（1）舒畅。心境～。（2）宽敞舒展。街道用大石铺成，也还平整～。

《现规》（第 764 页）：（1）愉快舒畅。（2）宽敞舒适；宽阔舒展。

《新形》未收。

现释义 宽松舒畅。

义项用例

（1）苏小姐听他还跟赵辛楣在怄气，心里宽舒，笑说："好！"

（2）鸿渐虽然觉得辛楣可怜，同时心境宽舒，似乎关于自己的"闲话"因此减少了严重性。

（3）或许是因为那位讨厌的胖脸男人走了的缘故，兰梦妮心里感觉宽舒多了。（独木《与爱告别》，http：//wenxue. beelink. com. cn）

宽松

词典释义

《现汉》（第733页）：（1）宽绰；不拥挤。（2）宽畅。（3）放松。（4）宽舒；松快。（5）宽裕。（6）（衣服）肥大。

《现规》（第764页）：（1）宽大不拥挤；舒松不局促。（2）（环境、气氛、心情等）轻松；不紧张。（3）（经济）宽裕。

《新形》（第448页）：松缓；不紧张。可以形容衣服、肌肤、关节，也可以形容心情、环境和气氛等。

现释义 比喻心情缓和不紧张。

义项用例

（1）国土也好，人民也好，都给人一种雍容大度，宽松平和的感觉。

（2）喜来乐见王爷到来，心里宽松了许多，声言作为朝廷钦差大臣，不能没有官服。（《神医喜来乐》，http：//ent. sina. com. cn）

（3）明年我打算到普通宿舍去住，一方面可以减轻些家里的负担，另一方面我也想让自己的心里宽松些。（王歆效、张杰《是谁制造了中国校园里的贫富差距？》，http：//www. china. org. cn）

宽慰

词典释义

《现汉》（第733页）：宽解安慰。听他说这个办法可能解决问题，我心里才～了些。

《现规》（第764页）：（1）〈动〉宽解安慰。（2）宽松欣慰。

《新形》未收。

现释义 宽松慰藉。

义项用例

（1）她看见倩儿的背影出了房门，宽慰地嘘了一口气。

（2）每次看到你豪爽、豁达、乐观的神情一如往昔，或者与我们共同的朋友沈文英、秦秋谷两位大姊谈到你的近况时，也都为此感到宽慰和赞佩。

(3) 我心里感到一阵宽慰。

舒服

词典释义

《现汉》（第1170页）：(1) 身体或精神上感到轻松愉快。睡得很~。(2) 能使身体或精神上感到轻松愉快。窑洞又~，又暖和。

《现规》（第1210页）：肉体或精神感到舒适愉快。

《新形》（第714页）：(1) 感觉轻松愉快。可以形容人的身体或某一部位的感觉，也可以形容心里的感觉。(2) 能使感到轻松愉快。形容地方、设备、饭食和生活等。

现释义　缓和愉快。

义项用例

(1) 几口把它吃完，舌头有些麻木，心中舒服。

(2) 她恨自己出不去，又疼爱自己而不肯出去，不出去又憋闷得慌，所以只好多买些东西来看着还舒服些。

(3) 一时之间被她的沉闷感染得有些不舒服。

舒适

词典释义

《现汉》（第1170页）：舒服安逸。

《现规》（第1210页）：舒服安适。

《新形》（第715页）：舒服安适。形容身体、心境、地方、家具、设备、住房、生活、环境和工作等。

现释义　舒服安适。

义项用例

(1) 她的语言是那么平和、温柔，里面虽没有什么激情洋溢的句子，也从未像火一般滚烫过他的心，却总是使他像沐浴着春风似地感到舒适、温存。

(2) 这个屋子只要我觉得舒适，亲切，熟悉即可。

(3) 我在这繁响的拥抱中，也懒散而且舒适，从白天以至初夜的疑虑，全给祝福的空气一扫而空了，只觉得天地圣众歆享了牲醴和香烟，都醉醺醺的在空中蹒跚，预备给鲁镇的人们以无限的幸福。

舒爽

词典释义

《现汉》未收。

《现规》（第1210页）：舒服爽快。

《新形》未收。

现释义　舒服畅快。

义项用例

（1）精神一舒爽，不可思议的，连躁人的热风也徐徐沁凉了。

（2）也就是这种时候，我带着一种舒爽的心情怀上了我和黄军爱情的结晶。

（3）什么时候，布什同志能够如与我同游的那位领导一样，稀里哗啦，心里舒爽了，什么时候美军就会从伊拉克撤军了。（正宗中原老怪《拉屎是人生第一快》，http：//www. gs. xinhuanet. com）

舒畅

词典释义

《现汉》（第1170页）：开朗愉快；舒服痛快。心情～｜车窗打开了，凉爽的风吹进来，使人非常～。

《现规》（第1210页）：舒适畅快。

《新形》（第714页）：开朗愉快；舒服痛快。形容心情、心胸、胸怀、神气、笑脸和眼睛等。

现释义　舒服畅快。

义项用例

（1）想象一下温暖的血液润抚着你的喉咙，多么甜美，多么舒畅。

（2）即使是短短的几句话，也会让对方一股暖流涌上心头，从而阴翳尽去，心情舒畅，愉快地投入工作。

（3）我静听着窗外似乎瑟瑟作响的雪花声，一面想，反而渐渐地舒畅起来。

舒坦

词典释义

《现汉》（第 1170 页）：舒服。心里～。

《现规》（第 1210 页）：舒服。

《新形》（第 715 页）：舒服。可以形容心、身心、身体、生活、日子、地方、感觉和动作等。

现释义 舒服安定。

义项用例

(1) 况且小事做多了也就成了一种习惯，一来多活动活动对身体好，二来自己心里也舒坦。

(2) 不管有多么忙，多么累，只要是看上一眼自家的小楼，王起明的心里就舒坦下来，清静下来。

(3) 工资照发，不愁吃喝，社会地位又比较高，精神上极舒坦。

舒心

词典释义

《现汉》（第 1171 页）：心情舒展；适意。日子过得挺～。

《现规》（第 1210 页）：心情舒畅。

《新形》（第 715 页）：心情舒展；舒服安逸。用于事情、日子、行为、动作等，也可以直接用于人。

现释义 心情舒服不拘束。

义项用例

(1) 相反，上海人可以崇拜一个在外地并不得志，而自己看着真正觉得舒心的人物。

(2) 他的团也真争气，他请了客也舒心。

(3) 曾有几天，我闷闷不乐，心情烦躁，觉得割草不再舒心美气，它和锄地挖土挑担推磨一样，需要付出无尽的汗水，经受种种艰难、痛苦，才能换回老黄牛的饱餐和大人们的称赞。

舒展

词典释义

《现汉 2005》（第 1264 页）：（身心）安适，舒适。

《现规》（第 1210 页）：放得开；不拘束。

《新形》（第 716 页）：形容安适或舒适，用于身心。

现释义 心情舒服不拘束。

义项用例

(1) 魏泓的表情舒展起来，而且她的苍白的脸上居然放射出一种自信的光芒。

(2) 她闻着花草的香味，看着从树叶间透过的几条日光，心里觉得舒展了好些。(老舍)

(3) 一个终生都没有得到舒展的人。

敞快

词典释义

《现汉》(第 144 页)：爽快。他是一个 ~ 人，说做就做。

《现规》(第 148 页)：爽快；畅快。室内光线充足，使人心情 ~ 。

《新形》未收。

现释义　比喻舒展开朗。

义项用例

(1) 只要民主了、公开了、透明了，民众心里就敞快了、气顺了、自由了、自主了、满意了，人权的主体资格和地位也就体现出来了。(杨以谦《建设政治文明是治理腐败的本策》，http：//www. opentimes. cn)

(2) 现在她一头短发，有点发胖，面色黄黄的，不算漂亮，不过总是呵呵笑，言谈通达敞快，挺给人好感的。(《回忆加州》，http：//uwstudentweb. uwyo. edu)

(3) 从此，我每天上班时告别了自行车，徒步走在新铺设的人行路上，心情敞快极了。(吴鸿鹏《电视栏目经营 AB 谈》，http：//www. lntv. com. cn)

敞亮

词典释义

《现汉》(第 144 页)：宽敞明亮。三间 ~ 的平房 | 听了党委书记的报告，心里更 ~ 了。

《现规》(第 148 页)：(1) 宽敞明亮。(2) (心情) 舒展开朗。

《新形》(第 823 页)：心胸开朗，不阴郁低沉。

现释义　比喻舒展开朗。

义项用例

(1) 大家都说跟着郭燕干活心里痛快、敞亮，累点没关系，心里好受。

(2) 说句不中听的敞亮话，二爷占山为王。

(3) 想到这里，王亦兵心里敞亮了许多。(张一波、李恕《控诉》，http：//book. sina. com. cn)

亮堂

词典释义

《现汉》(第 792 页)：(1) 敞亮；明朗。新盖的礼堂又高大，又 ~。(2)(胸怀、思想等) 开朗；清楚。经过学习，心里更 ~。

《现规》(第 823 页)：(1) 豁亮；明朗。(2) (心胸) 开朗；(认识) 明确。

《新形》(第 484 页)：(1) 敞亮；明朗。形容空间。(2) 开朗；清楚。形容心、心情、心眼、脑子、脑筋和眼睛、眼神等。

现释义　比喻舒展开朗。

义项用例

(1) 可咱心里亮堂、踏实，因为看到虹儿能有出息，能上完大学，现在又能找到一份能发挥他才能的工作，我们全家一点儿不感觉冤。

(2) 我感到上大学打工很自然，也不觉得丢人，就是在被欺被辱时也忍得过去，因为我心里是亮堂的，没有什么比自己是个大学生更光荣和自豪的……又一个大学“童话”。

(3) 杨先生表示：通过科技检测的手段断明是非，即使输了，心里也亮堂。(《虽然输了心里亮堂》，http：//www. dlxsb. com. cn)

心宽

词典释义

《现汉》(第 1398 页)：心胸宽阔，对不如意的事情想得开。

《现规》(第 1447 页)：心境宽阔，不把不如意的事放在心上。

《新形》未收。

现释义　心胸宽阔舒展。

义项用例

(1) 普通的人们在这种波浪中，有的心宽量大，随着这个波浪游下去，在这种波浪中，他们得到许多许多的自由。(老舍)

（2）心宽，天地阔。把心放宽了，人生何处不开阔。（《心宽，宽心》，http：//www. books. com. tw）

（3）屋宽不如心宽。（《智慧格言》，http：//www. trustme. idv. tw）

自在

词典释义

《现汉》（第 1670 页）：安闲舒适。主人太客气了，反而使他有些不～。

《现规》（第 1734 页）：形容没有拘束和精神负担。

《新形》未收。

现释义　心情舒服不拘束。

义项用例

（1）后悔使他对一切都冷淡了些，干吗故意找不自在呢？

（2）这天他又带着一种高兴而来，但钱文贵对这新闻却表示冷淡，无动于衷的，任国忠便觉得有些不自在。

（3）婀打量着邹杰，她的直露而奇怪的目光使邹杰很不自在，芝也一样。

好受

词典释义

《现汉》（第 503 页）：感到身心愉快；舒服。白天太热，夜里还～｜你别说了，他心里正不～呢！

《现规》（第 519 页）：〈动〉感到愉快、舒服。

《新形》未收。

现释义　心情宽松舒服。

义项用例

（1）方涛心里又高兴又酸酸地不太好受，他紧紧地搂住柳霞，用他整个的身心。

（2）我只要当着你的面说出来，说出来我心里就好受多了！

（3）大家都说跟着郭燕干活心里痛快、敞亮，累点没关系，心里好受。

特征辨析

舒　《现汉》：(1) 伸展；宽解（拘束或憋闷状态）。~眉展眼 | ~经活血 | ~了一口气。(2)〈书〉缓慢；从容。~徐（形容从容不迫）| ~缓（从容缓和）。(3) 姓。舒释义为舒服。

坦　《现汉》：(1) 平。~途 | 平~。(2) 坦白。~率。(3) 心里安定。~然。坦释义为安定。

敞　《现汉》：(1)（房屋、庭院等）宽绰；没有遮拦。宽~ | 这屋子太~。(2) 张开；打开。~着门 | ~着口儿。敞释义为舒畅。

宽畅、宽舒合并为一个义位。舒爽、舒畅合并为一个义位。敞快、敞亮、亮堂合并为一个义位。舒展、舒心、自在合并为一个义位。

舒服、宽松、安适、舒展是元语言基元。

义征表达式

宽畅（宽舒）[+心情] [+积极] [+宽松] [+舒畅]

宽松 [+心情] [+积极] [+缓和] [-紧张]

宽慰 [+心情] [+积极] [+宽松] [+慰藉]

舒服 [+心情] [+积极] [+缓和] [+愉快]

舒适 [+心情] [+积极] [+舒服] [+安适]

舒爽（舒畅）[+心情] [+积极] [+舒服] [+畅快]

舒坦 [+心情] [+积极] [+舒服] [+安定]

舒展（舒心、自在）[+心情] [+积极] [+舒服] [-拘束]

敞快（敞亮、亮堂）[+心情] [+积极] [+舒展] [+开朗] [+比喻]

心宽 [+心情] [+积极] [+宽阔] [+舒展]

好受 [+心情] [+积极] [+宽松] [+舒服]

六　其他

乐观　积极

乐观

词典释义

《现汉》（第 762 页）：精神愉快，对事物的发展充满信心（跟“悲观”相对）。用革命的~精神去战胜困难。

《现规》（第 793 页）：精神愉快，对未来充满信心（跟“悲观”相对）。

《新形》（第466页）：精神愉快，对事物的发展充满信心。可以形容态度、精神、性格、感觉、情绪、神色、意思、想法、志趣、情势、前途、前景、幻梦、论调、判断、估计、报道、行为和步子等，也可以直接形容人。

现释义 愉快有信心。

义项用例

（1）从EQ的角度来看，乐观是让困境中的人不致流于冷漠、无力感、沮丧的一种心态。

（2）她就不这样，总是那么乐观、轻松地活着，你就这么沉重！

（3）在简陋的办公室里，郑朝铨副厂长表示了谨慎的乐观。

积极

词典释义

《现汉》（第584页）：（1）肯定的；正面的（跟“消极”相对，多用于抽象事物）。起~作用｜从~方面想办法。（2）进取的；热心的（跟“消极”相对）。~分子｜他对于社会工作一向很~。

《现规》（第603页）：（1）正面的；起促进作用的（跟“消极”相对）。（2）主动；热心；努力。

《新形》（第334页）：（1）肯定的；正面的。形容目标、目的、意义、思想、态度、办法、因素、方面、出发点、事业、成果、作用、反应、影响和评价。（2）进取的；热心的。可以形容人，也可以形容态度、表现、行动和生产、劳动、工作、学习、办事等。

现释义 形容心态进取。

义项用例

（1）马先生一向是由消极想到积极，而后由积极而中庸，那就是说，好歹活着吧！（老舍）

（2）我保持着乐观、积极的态度，起码在插队时是这样的。（王小波）

（3）最喜欢挺起胸脯走路，做人做事，都表现得积极。（李碧华）

特征辨析

乐观的“乐”与悲观的“悲”不同，似乎并没有失去本义。积极是元语言基元。

义征表达式

乐观［+心态］［+积极］［+愉快］［+信心］

积极［+心态］［+积极］［+进取］

第四节　诚恳类

坦诚　坦荡　坦然　坦率　真诚　真挚　诚恳　诚挚　虔诚

坦诚

词典释义

《现汉》（第1224页）：坦率诚恳。

《现规》（第1265页）：直率诚恳。

《新形》（第745页）：形容坦率诚恳。用于心地、态度、话语、动作等，也可以直接用于人。

现释义　坦荡诚恳。

义项用例

（1）也许生命本来就是一种缘，就再让我们用一颗坦诚的心对待彼此吧！

（2）他也受不了我的直率和坦诚。

（3）如果遮遮掩掩，别人不仅会认为你缺乏坦诚，甚至会以为你心怀鬼胎、别有用心。

坦荡

词典释义

《现汉》（第1224页）：（1）宽广平坦。前面是一条～的大路。（2）形容心地纯洁，胸襟宽畅。胸怀～。

《现规》（第1265页）：（1）平坦而宽广。（2）形容心地纯洁，胸怀宽广。

《新形》（第745页）：形容心地纯洁，胸襟宽畅。用于心情、心境、胸怀、正气、谈吐和笑声等。

现释义　心态纯洁，胸襟宽阔。

义项用例

（1）他顾全大局，胸怀坦荡，光明磊落，不计个人得失。

（2）这就是说，一个人只要心地坦荡，光明磊落，自然会产生无比的勇气，事情才能顺利取得成功。

（3）他心里想笑，志的好奇心太强了，可是却不坦荡。

坦然

词典释义

《现汉》（第 1224 页）：形容心里平静，无顾虑。～无惧｜～自若。

《现规》（第 1265 页）：形容心里平静，没有顾虑的样子。

《新形》（第 746 页）：心里安定，没有顾虑。可以形容心情、神色、神态、神气、表情、表现、行为、动作和口吻等。

现释义　形容心里坦荡的样子。

义项用例

（1）我对于曾经是我朋友后断交或疏远的那些人，时常想起来寒心，也时常想到他们的好处。如今倒坦然多了，因为当时寒心，是把朋友看成了自己和自己的家人，殊不知朋友毕竟是朋友，朋友是春天的花，冬天就都没有了。（贾平凹《朋友》，《读者》2003 年第 18 期）

（2）鸿渐不安，假装坦然道："随他们去说，只要你不在乎，我是不怕的。"

（3）伤口虽然疼得抽筋，心里却坦然多了。

坦率

词典释义

《现汉》（第 1224 页）：直率。

《现规》（第 1265 页）：坦白直率。（跟"坦白"、"坦荡"不同，多形容性格、态度）

《新形》（第 746 页）：坦白直率。形容心地、性格、言行、为人、话语、会谈和对话等。

现释义　坦荡直率。

义项用例

（1）他的坦率多少让我有些吃惊。

（2）不论任何人，都有这种坦率之情的。

（3）这样做就可以真切地了解自己了，但审视自己时必须是坦率无私的。

真诚

词典释义

《现汉》（第 1598 页）：真实诚恳；没有一点虚假。~的心意丨~的帮助。

《现规》（第 1660 页）：真心诚意；不虚伪。

《新形》（第 948 页）：真实诚恳，不虚假。形容人、样子、态度、劲儿、表情、声音、话语、语气、诗文、意思、心、心意、心地、动机、愿望、感情、友谊、出发点、待人和安慰、劝告、关心、希望、帮助、支持、合作、退让、检查等。

现释义　真实诚恳。

义项用例

(1) 把花送到顾客手里，是一件容易的事，但送花的功夫在花外——你送去的不是花，是你的真诚，你要给顾客带去一片温馨！

(2) 山里人对我的接待，比城里人要真诚得多，这让我感到非常欣慰，他们从不在我面前摆出高高在上的倨傲神气。

(3) 过了几天，他们看出来他一点没有卖好讨俏的意思，他是那么真诚自然，也就无话可说了。

真挚

词典释义

《现汉》（第 1598 页）：真诚恳切（多指感情）。~的友谊。

《现规》（第 1660 页）：真诚恳切。

《新形》（第 951 页）：真实恳切。可以形容友谊、感情、感觉、心情、诗文和谈话、同情、怀念，称赞以及其他行为等，也可以直接形容人。

现释义　真实诚恳。

义项用例

(1) 他爱惜人才完全出自于自己的一颗真挚之心。

(2) 小草崇尚生养自己的土地，他怎么能忘却华老的一片真挚之情。

(3) 他们谈得挺热闹，也蛮真挚的。

诚恳

词典释义

《现汉》（第 160 页）：真诚而恳切。

《现规》（第 167 页）：真挚而恳切。

《新形》（第 97 页）：真诚而恳切。可以形容心、态度、神情、样子、面貌、语气、口气、声调和待人接物等，也可以直接形容人。

现释义　真实恳切。

义项用例

（1）展司澈语出惊人，态度很诚恳。

（2）祥子是那么诚恳，弄得老头子有点不好意思了。

（3）看着他诚恳小心的样子，我犹豫了一下，答应了下来。

诚挚

词典释义

《现汉》（第 160 页）：诚恳真挚。会谈是在～友好的气氛中进行的。

《现规》（第 167 页）：诚恳而真挚。

《新形》（第 99 页）：诚恳真挚。形容感情、表现、言语、口气、行为、目光和气氛等，也可以直接形容人。

现释义　真实恳切。

义项用例

（1）这声诚挚的祝福正是她所需要的，展素雁有些感伤。

（2）楚楚倾身诚挚地再次将好友抱个满怀。

（3）由此看来，人类必须在家庭、社会、团体、国家或者世界等各种场合，不计个人利害得失和感情，以诚挚的心，来为正当的事情交换意见，努力集合众智。

虔诚

词典释义

《现汉》（第 1012 页）：恭敬而有诚意（多指宗教信仰）。

《现规》（第 1040 页）：恭敬而有诚意（多指宗教或信仰）。

《新形》（第 617 页）：恭敬而有诚意。可以形容心、心情、态度、样子、神态、神色、感情、态度、样子、神态、神色、感觉、信念和行为、动作等，也可以形容教徒、信念、香客、朝香等。

现释义　形容心态恭敬诚恳。

义项用例

（1）没有一个人真正虔诚地服从那平日挂在嘴上的崇高的道德和信念。

（2）唯有虔诚疲惫的心还在微弱跳动。

（3）直挺挺地跪在高香前面，他不晓得求的是什么神，可是他心中想要虔诚。

特征辨析

坦　《现汉》：（1）平。~途｜平~。（2）坦白。~率。（3）心里安定。~然。坦释义为坦荡。

诚　《现汉》：（1）真实的（心意）。~心~意｜开~布公。（2）〈书〉实在；的确。~然。诚释义为诚恳。

率　《现汉》：（1）不加思考；不慎重。轻~｜草~。（2）直爽坦白。直~｜坦~。（3）〈书〉大概；大抵。大~如此。（4）同“帅2”。率释义为直率。

挚　《现汉》：诚恳。真~｜恳~。挚释义为诚恳。

虔　《现汉》：恭敬。~诚｜~心。虔释义为恭敬。

坦荡、坦然合并为一个义位。诚恳、诚挚、真诚、真挚合并为一个义位。

坦荡、诚恳是核心成员、元语言基元。

义征表达式

坦荡（坦然）［+心态］［+积极］［+纯洁］［+宽阔］

坦诚［+心态］［+积极］［+坦荡］［+诚恳］

坦率［+心态］［+积极］［+坦荡］［+直率］

诚恳（诚挚、真诚、真挚）［+心态］［+积极］［+真实］［+恳切］

虔诚［+心态］［+积极］［+恭敬］［+诚恳］

第五节　其他

骄傲 a　自豪　自得　可怜 a　缠绵　缱绻　心软　默契　微妙　奇妙　好奇

骄傲 a

词典释义

《现汉》（第 632 页）：（1）自以为了不起，看不起别人。~自满｜虚心使人进步，~使人落后。（2）自豪。我们都以生活在社会主义的新中国而感到~。（2）值得自豪的人或事物。雷锋是我们青年人的~。

《现规》（第 654 页）：（1）自负；看不起人。（2）自豪。〈名〉值得自豪的人或事物。

《新形》（第 366 页）：自以为了不起，看不起别人。可以形容情绪、态度、表现、模样和神气等，也可以直接形容人。

现释义 自豪。

义项用例

（1）他感到疲乏，可是很痛快的，值得骄傲的，一种疲乏，如同骑着名马跑了几十里那样。

（2）他俩不生气我的嘲笑，他俩还骄傲着他们的纯洁，而笑我小孩气呢。

（3）我临时失掉了我所有的自尊和骄傲，我完全被那仅有的一副丰仪迷住了。

自豪

词典释义

《现汉 2005》（第 1806 页）：因为自己或者与自己有关的集体或个人具有优良品质或取得伟大成就而感到光荣。

《现规》（第 1731 页）：自己感到骄傲和光荣。

《新形》（第 989 页）：因为自己或者与自己有关的个人、集体具有优良品质或取得伟大成就而感到光荣。形容人、神情、神气、感觉、感情和行为、动作等。

现释义 自己感到光荣。

义项用例

（1）当它终于从 14500 张卡片中跳出来时，像舞台追光样打在上边的刑警的目光又饱含着多少喜悦，多少兴奋，多少激动，多少自豪。

（2）随意的，时而睿智、时而尖锐的指责，体现出富有反叛精神的 20 世纪 80 年代的学生们内心对政府在对美国政策方面的不满、愤慨与失望，以及对中国所取得的成就的日渐增强的自豪感。

（3）当看到这些中国出产的商品标上昂贵的价格，摆设在装潢考究的名牌橱窗中，心里真有说不出的喜悦、安慰和自豪！

自得

词典释义

《现汉 2005》（第 1805 页）：自己感到得意或舒适。扬扬～｜安闲～。

《现规》（第 1730 页）：形容自己感到得意或舒适。

《新形》（第 988 页）：自己感到得意或舒适，形容人、样子、神气、行为、动作等。

现释义　自己感到得意。

义项用例

（1）她的一举一动都像个多年的媳妇，麻利，老到，还带着点自得的劲儿。（老舍）

（2）大家都如初生婴儿般烂漫天真和自得。（李碧华）

（3）武汝大竟有点自得起来。（李碧华）

可怜 a

词典释义

《现汉》（第 713 页）：（1）值得怜悯。他刚三岁就死了父母，真是个～的孩子！（2）怜悯。对这种一贯做坏事的人，绝不能～他。（3）（数量少或质量坏到）不值得一提。少得～｜知识贫乏得～。

《现规》（第 743 页）：（1）值得怜悯的。（2）形容数量少得很。（3）〈动〉怜悯。

《新形》（第 419 页）：值得怜悯。可以形容任何人的模样、眼光、表情、行为、动作等，也可以形容生活、光景、境遇、境况和地位，还可以形容某些动植物。

现释义　值得疼爱。

义项用例

（1）正踌躇间又听她说看样这活你是没干过啦，真可怜的，我教你吧。

（2）我赶紧砍断我的心绪，看那老在白纸罩上的小青虫，头大尾小，向日葵子似的，只有半粒小麦那么大，遍身的颜色苍翠得可爱，可怜。

（3）那时我妹子才五岁，可爱可怜的样子，还在眼前。

缠绵

词典释义

《现汉》（第136页）：（1）纠缠不已，不能解脱（多指病或感情）。～病榻。（2）宛转动人。歌声是那样的柔和～。

《现规》（第130页）：（1）（情意）深切浓厚，不能分解。情思～。（2）〈动〉纠缠住；摆脱不开。～病榻。（3）（声音）婉转动人。

《新形》未收。

现释义　情意深厚，不能分开。

义项用例

（1）人在多年艰辛拼杀之后，为什么不可以转而追求缠绵温情与婚姻幸福？

（2）那从攀到木屋顶上去的枯萎的鸢尾花藤，仿佛吐出一阵阵荒原上的清气，使一种缠绵哀婉的情感在这积雪茫茫的夜色里飘浮。

（3）满楼辰河风，满楼春意浓，缠绵得茶客们依依恋恋，难舍难离。

缱绻

词典释义

《现汉》（第1014页）：形容感情好，难舍难分。

《现规》（第1042页）：感情深厚；情意缠绵。

《新形》未收。

现释义　情意深厚，不能分开。

义项用例

（1）那种轻柔如水，飘忽如梦的缱绻柔情，已经使我销魄荡魂。

（2）这种爱情是如此温柔缱绻、含蓄隽永，深沉的情怀带有几分伤感和忧郁，就像一朵带露珠的嫩弱的康乃馨，又有着几分野气，甚至性幻想。

（3）比起北大荒小屋里的缱绻的柔情和理性的抉择，那种对知识如饥似渴的探求精神和对人生意义的追求，是那些滥用避孕套，在滚石乐中扭摆狂叫，用熏灰的手指一个接一个地传递着、贪婪无厌地抽吸着毒品，喷吐出一圈圈烟雾，和以能用针头往静脉里注射昂贵的上等可卡因为自豪的美国青年所根本无法理解，也根本无法比拟的。

心软

词典释义

《现汉》（第 1399 页）：容易被外界事物感动而生怜悯或同情。

《现规》（第 1447 页）：容易产生怜悯或同情。

《新形》未收。

现释义　容易产生同情。

义项用例

（1）我是那种特别心软的女孩，我第一次看见大男人这么伤心流泪，我也忍不住流泪了。

（2）自己不爱她，而偏为她弄得心软，这太不公道！

（3）孙小姐心软了，低头不看，可是觉得坐着不安，直到车开，偷眼望见那寡妇也有了位子，才算心定。

默契

词典释义

《现汉》（第 899 页）：（1）双方的意思没有明白说出而彼此有一致的了解。（2）秘密约定。（3）秘密的条约或口头协定。

《现规》（第 925 页）：形容彼此无需用语言表达，即可心灵相通。

《新形》（第 550 页）：双方的意思或动作不用明白表示或事先商定而能一致或得到配合。

现释义　形容彼此无需表达即可理解。

义项用例

（1）两人又默契地忆及初见面的惊心情景，不禁相视哈哈大笑。

（2）人来得很齐，三年级了，对老一套也自有心照不宣的默契。

（3）心与心之间没有契约或法律规定，只有互谅互解，才会有默契。

微妙

词典释义

《现汉》（第 1307 页）：深奥玄妙，难以捉摸。～的关系｜这个问题很～。

《现规》（第 1351 页）：深奥玄妙；很难捉摸。

《新形》（第 784 页）：深奥复杂，难以捉摸。形容心情、心理、感觉、感情、滋味、涵义、念头、表情、眼色、话语、理论、戏剧、关系、因素、要素、原因、功夫、会议、事情、问题、部分、情况、情景、局势、时候、年岁、音响、变化和冲突等。

现释义　形容内心精微玄妙。

义项用例

（1）领导者以上的经验和能力的培养固然不易，但有了这经验和能力之后，还须注意一个问题，那就是要以坦率的心情去领导部属，洞察人心的微妙。

（2）我时常感到同这微妙的气息一起沁入我心中的，是甜蜜而温柔的春愁。

（3）而于廉，从我见到他的第一眼起，就有了一种从内心深处滋生起来的微妙的感觉，就像磁石对铁产生的吸引力一样。

奇妙

词典释义

《现汉》（第995页）：希奇巧妙（多用来形容令人感兴趣的新奇事物）。

《现规》（第1019页）：神奇美妙。

《新形》（第609页）：希奇巧妙。可以形容雨雪、色彩、物品、机器、建筑、地方、英姿、声音、语言、音乐、关系、方式、作用和效果，也可以形容人、感觉、心理、心情、联想、表现力和创造、表演、把戏等。

现释义　神奇美妙。

义项用例

（1）人的感觉是奇妙的，在他谈了《城南旧事》之后，我和他的距离好像一下子缩小了，我奇怪为什么以前我遇到他时总是不屑一顾，甚至没有想到要和他攀谈几句。

（2）我与我丈夫相识的全过程中，我没有过这种奇妙的感受。

（3）这两种心情交织在一起，那种感觉，实在很奇妙，只有亲身一试，才能够体会。

好奇

词典释义

《现汉》（第505页）：对自己所不了解的事物觉得新奇而感兴趣。～

心 | 孩子们~，什么事都想知道个究竟。

《现规》（第 521 页）：对不了解的事物感到新奇，发生兴趣。

《新形》（第 283 页）：对自己所不了解的事物觉得新奇而发生兴趣。可以形容心理、心情、欲望、意味、神色、神气、神采、目光、眼光、眼睛、口吻和声音等，也可以直接形容人。

现释义　因新奇而产生兴趣。

义项用例

（1）"他爱人在我们学院？"我好奇极了。

（2）老夫妇的好奇心无法满足，又不便细问蒙头躺着的鸿渐，只把门房考审个不了，还嫌他没有观察力，骂他有了眼睛不会用，为什么不把苏小姐看个仔细。

（3）她今天穿了新衣服来的，胆气大壮，并且有点好奇。

特征辨析

自豪、骄傲 a 合并为一个义位。缠绵、缱绻合并为一个义位。

义征表达式

可怜 a［+心情］［+积极］［+值得］［+疼爱］

缠绵（缱绻）［+心情］［+积极］［+深厚］［-分开］

微妙［+心情］［+积极］［+精微］［+玄妙］

奇妙［+心情］［+积极］［+神奇］［+美妙］

好奇［+心情］［+积极］y［+新奇］［+兴趣］

心软［+心态］［+积极］［+容易］［+同情］

默契［+心态］［+积极］［-表达］［+理解］

自得［+心态］［+积极］［+自己］［+得意］

自豪（骄傲 a）［+心态］［+积极］［+自己］［+光荣］

第七章

心理形容词的聚合语义网络

第一节　聚合语义网络的概念

一　词义研究：从原子主义到系统化

传统训诂学的目的是解读古籍，其词义分析重点是汉字形音义关系以及字义本身的变迁发展，对词义归纳和探讨词义系统等问题涉及甚少，大多是“随文解义，略无系统”。（沈兼士，1986：186）

传统语义学以单个词的意义及其发展为研究对象，对词、客观事物和概念三者之间的关系，多义词、同义词、反义词以及词义色彩等一系列问题进行了专门的研究，因为观点的孤立分散和较少涉及语义系统，被称为“原子主义”（张志毅、张庆云，2001：3），这一弱点使传统语义学在理论方法上显得相当薄弱，大大束缚了传统语义学研究的广度和深度。

不过，即使在随文解义的训诂学时期和原子主义的传统语义学阶段，也出现过系统化的词义研究的萌芽。编纂于公元前2世纪的世界上第一部义类词典《尔雅》，即根据字（词）义的类别，考虑到字（词）义的相同、相近、相关或同类而归类。汉代佚名的《小尔雅》、魏张揖的《广雅》、唐陆佃的《埤雅》、明朱谋玮的《骈雅》和方以智的《通雅》等，都沿袭了这种按义类编排词语的体例。19世纪末欧洲出现的《英语词汇宝库》、法语《概念词典》、《德语词典》等义类词典，对词汇进行了基于意义的类别划分。这些都是早期的语义系统观念的实践。

“词义是成系统的”是一个比较古老的假说，提出词义系统假说的理论依据是：（1）客观事物是成系统的，反映它的义位自然也是成系统的。（2）思维是成系统的，体现概念的义位也是成系统的。（3）洪堡特把语言结构比喻为一张巨大的有机网络整体。（张志毅、张庆云，2001：160）尽管大多数人认同“词义是成系统的”这一命题，但早期对于词汇集的划分往往带有规定主义的特质，对它的客观实际证明也一直处于初级阶段。

索绪尔第一次提出词义既包括词与外部世界的指称意义，也包括词汇系统内部各要素之间的系统意义。20世纪初，欧洲的一些语言学家用结构主义方法研究语义。1924年，德国学者伊普森（Ipsen）提出“语义场”，30年代特里尔（J. Trier）提出概念场、词汇场理论，把语言的意义看作系统，认为词义存在于词汇系统中，词与词之间的各种关系总和构成了词义，必须在系统中研究词义，现代语义学开始真正自觉地在语义系统中研究词义。韩礼德在60年代指出语言组织有单位、类别、结构、系统四个范畴，到70年代，韩礼德将系统由并列范畴之一提高到上位中心范畴，提出语言是由许多小系统组成的大系统，即语言是系统的系统。60年代以后，乌尔曼（Ullmann，1962）、利奇（1974，1983）、帕尔默（Palmer，1976）等结构语义学家开始对词义的聚合关系进行透彻分析，在词的同义、反义、上下位等词义聚合关系研究方面都取得了较大进展。莱昂斯（Lyons，1977）在综合了以往研究成果的基础上，将词义关系归纳为5类：同义关系、对立和对比关系、上下位关系、不相容关系、部分与整体关系。1980年，捷尼绍夫指出词汇的有序性是有联系的积聚物，并列举了10个显示词汇系统性的语义空间词群概念。凯特瑞（Kittray，1987）进一步把词义关系概括为对比、相似两种基本关系，前者包括不相容关系（排斥关系）、反义关系、逆反关系、互补关系等；后者包括同义关系、近义关系、上下位关系、部分和整体关系等。萨迪（Saeed，2000：53）在总结词汇语义学的两大描写任务时，将说明词义之间的相互关系列为除对语言中每个词的意义进行描述之外的又一主要任务。

汉语的语义系统由大量处于聚合关系和组合关系中的语义单位构成，与语言反映的极为复杂的主客观世界联系密切，是汉语言中单位最多、单位关系最复杂和最难研究的一个层面。研究无形的语义，要靠其有形的表现。词义是语义系统中现成的单位，是组成言语作品的基本的语义材料。（贾彦德，1999：28）80年代我国学者开始借鉴结构语义学的语义场理论和义素分析法对汉语词义进行全新的探索，在词义系统、词义聚合关系研究方面取得成绩。张志毅（1980）提出“同义词群”概念，认为同义词群有系统性、共时性，处于同一个同义词群中的词能归结出一个主要的共同意义，而且其中有一个成员处于核心地位，是核心词。“同义词群及其核心词的确定，是一项开拓性的研究，有待于进一步的发展。”（王惠，2004：18）80年代，开始把反义关系纳入词义系统结构中进行研究，提出反义聚合的概念，并对现代汉语反义聚合的性质和形成条件分别进行了细致的分析。石安石、詹人凤（1983）提出反义词聚可分为三类：（1）极性对立，如“长—短”，两个词处于同一轴线的两极，两极之间存在着中间状态。（2）互补对立，如“真—假”，两个词义间具有逻辑学中的矛盾关系，否定此一方即意味着肯定另一方。（3）反向对立，包括三小类：一是方位和时间的反向对立，如“东—西”；社会关系上的反向对立，如“师傅—徒弟”；行为活动的进程上的反向对立，如“买—卖”。这种分类借鉴了利奇的“极性对立”概念，同时也有自己的创新。符淮青（1988，1989）借鉴语义场理论，从组成词群的词的构成、意义内容、意义关系和词的语法性质等方面对汉语表“红”的颜色词群作了分析。为构建现代汉语共时结构体系，刘叔新（1990）开始探寻词语间的结构关系，建立了一个包含11个系统的汉语词汇语义体系，但这一体系只有一个层次。刘叔新没有解决词汇语义体系的层次性问题，于是提出“体系状态并不是描写词汇学的根本研究目标。它只是研究词语的各种意义关系和组织结构的一种可能的结果。对于现代汉语词汇的共时研究来说，最要紧的还是弄清楚词语可能在什么样的关系中存在，由此形成什么样的结构组织。因此，词语间的结构关系的研究……是比体系性的探讨远为根本和重要的，应占据描写词汇学中最受重视的位置”。（刘叔新，2000：383—384）刘叔新建筑了一个很好的研究“词语的各种意义关系和组织结构”的基石，却没有很好地应用。实际上，词语的各种意义关系和组织结构的明晰，是建构整个现代汉语词汇语义网络的最基础的一步，但刘叔新至此止步不前了。90年代，学者们开始把对词语语法及搭配特点的考察应用于词义研究，强调在组合中分析词义。

词义从原子主义传统走向系统化的研究，为进一步深入探析词义的内在规律和对词义进行形式化描写打下了理论基础。在词义系统化研究的观念下，才可能提出语义场与语义网络的概念，而有了这样的概念，语言的信息处理才有了理论与实践工具。

二 语义场与心理形容词聚合语义网络

19 世纪中期，洪堡特提出语言学中的场观念。此后，索绪尔提出词的联想关系，他的学生沙·巴利（Charles Bally）1909 年将联想关系缩小范围，提出一个词的意义的联想的聚合，叫做联想场。后来的学者认为，词的联想场由复杂的联想网络组成，可能因为名称、意义或者所指有联系而构成，这样的场是开放的、有主观性的。联想场可以根据心理经验，也可以用语言学的方法建立。1924 年德国学者伊普森（G. Ipsen）提出语义场，认为在语义场中，词就像拼成一个东西的片状物那样存在，人们的经验的粗糙的感受在场中是用独特的方式来分析和提炼的。1931 年特里尔（Trier）提出概念场，认为词汇场是词汇的各个部分，在场中，每个成分都同其相邻的成分相制约，因此一个词汇成分的意义只有通过联系同它相邻、相对立的词汇成分的意义才能加以确定。20 世纪中期，特里尔的学生威斯杰伯把语义场理论应用到近代德语研究中，调查研究了空间、时间、植物、动物、亲属、人体颜色等语义场，在广度和深度上推进了语义场理论，被称为“特里尔—威斯杰伯”理论。特里尔学派在语义场的研究方面成绩突出，不足之处是对语义场的划分过于主观和简单化，忽视了场内的重叠交叉关系和可能存在的意义空缺。50—60 年代，法国学者马托雷从社会标准出发研究了十几个语义场，发展了词场理论。70 年代，莱昂斯提出场的历时分析的五种变化情况，以克服原子主义的毛病。

语义场是义位形成的系统。义位的系统性是指词义能够划分出稳定性和确定性的单位如义征等，这些单位可以形成类别、位置、层级等结构关系，组成一个有序整体。要确定一个词的意义构成成分，须将该词的意义和同一语义场内的词，或邻近场内的词的意义进行比较。如果若干个义位含有相同的表彼此共性的义征和相应的表彼此差异的义征，因而连结在一起，互相规定、互相制约、互相作用，那么这些义位就构成一个语义场。因此，语义场是语义中固有的完整义位的集合。一个语义场内的各个义位不只是在意义上有关，而且在意义上互相规定。可以看出，语义场是基于理性意义的关系场，同时也是一种完全虚化的、非物质的空间领域，这一空间体现为构成词义的义征的分布情况。

汉语语义场的数量很大，它们沿不同线索逐层交错地联系在一起。语义层总在不停地发展变化，总的语义场是开放性的。所有义位互相联系、互相制约，就构成了语义总场，语义总场又可以进一步分为若干子场，一层层分下去，分到不能再分时，就叫做最小子场。语义场中的义位以共性语义特征相聚合，以个性语义特征相区别。大多数语义场的切分包含着习俗、文化、心理、意识等主观因素。

语义场与语义网络不是一个概念。语义场是现代语义学关于语义的重要单位，语义网络则是面对信息处理的一张虚拟的、形式化的网。但义素、义征、义位和语义场等语义单位为语义网络的构建提供了工具和基础。前边我们说过，语义场是一种完全虚化的、非物质的空间领域。正是这种有着内部意义关联的虚拟的空间领域，为信息处理建立网络提供了可能性。对信息处理来说，研究现代汉语总语义场不仅重要而且紧迫。按总语义场的原理列出的词义系统表最符合自然语言，对信息处理也最适用。信息处理很需要一张形式化的词义系统表。依靠词义勾连形成的形式化的词义系统表现为具有层级、连线与结点的语义网络。1968 年美国心理学家奎尼安（R. Quillian）研究人类联想时提出语义网络的概念。1972 年，美国人工智能专家西蒙斯（R. F. Simmons）和斯乐康（J. Slocum）首先将语义网络用于自然语言理解系统中。1977 年，美国人工智能学者亨德利克斯（G. Hendrix）提出分块语义网络的思想，把语义的逻辑表示与格语法结合起来。到 1985 年，许多认知心理学家和计算语言学家开始以"网"的形式来描述词语的意义。冯志伟（1997：393）指出，把语义网络运用到汉语的自动处理，应该根据汉语的特点，对二元谓词中的谓词做深入研究，以充分揭示汉语中的语义关系。目前的词汇语义特征系统还很不完善，要最终得到一个相对完善的语义网络，需要我们对全部语义场的词群进行系统的分析。

人脑的记忆是通过存储大量的聚合语义网络实现的，电脑处理信息的组织形式是模拟人脑联结机制的立体网络。（鲁川，2001：41）我们可以把聚合语义网络看成一种知识的单位，即把若干个"结点"用"连线"连在一起的"知识表示"。一个具体的词（义位）有一束义征，这些义征本身即具有层次性和系统性，很容易与其他词由范畴性语义成分的异同聚合成不同的小类。由此，词的义征会形成一个纵横交错的网络。

根据心理形容词的义征分析，以词为"结点"，以词与词之间的意义关系为"连线"，把心理形容词勾连成一个网络，为每个词确定在语义场中的位置，为电脑提供处理信息的精确地图。这个语义网络的分布并不一定对称均衡，词群中的每个词其地位也不一定平等，有核心成员，也有边缘成员，还存在语义游离成员。心理形容词聚合语义网络处于层次繁复的各个语法语义网络之中，如依赖语义标准的词类划分（形容词）——依赖语义语法结合标准的次分类（性质/状态）——依赖语义标准的小类划分（心理形容词）——依赖意义标准的语义向网络，等等。

电脑在处理语义网络中的每一个知识点时，都可以调用若干有关的"结点"、"连线"和子网络，从而激活全部知识以达到对语言的认知，如果做到这些，可以认为电脑已经具有了理解自然语言的知识。比如电脑要理解"悲愤"这个词，就可以调用与"悲愤"有关的各个语义语法网络、连线和结点：

1. 激活符号化的"悲愤"的义征表达式：

悲愤［+心情］［-积极］［+悲伤］［+愤怒］

2. 激活"悲愤"所在的次语义元网络：

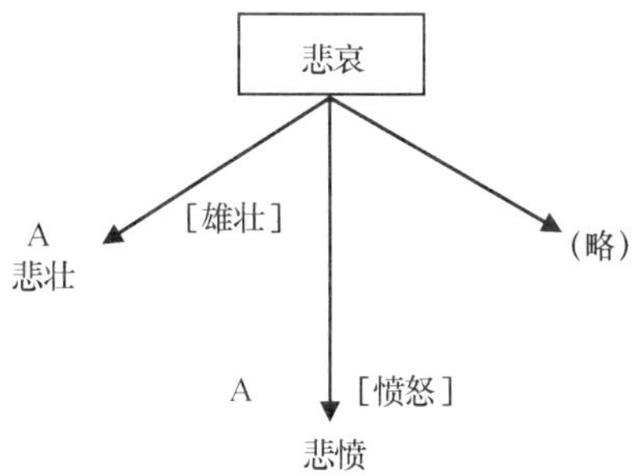

图 7—1

3. 激活"悲愤"所在的语义元网络：

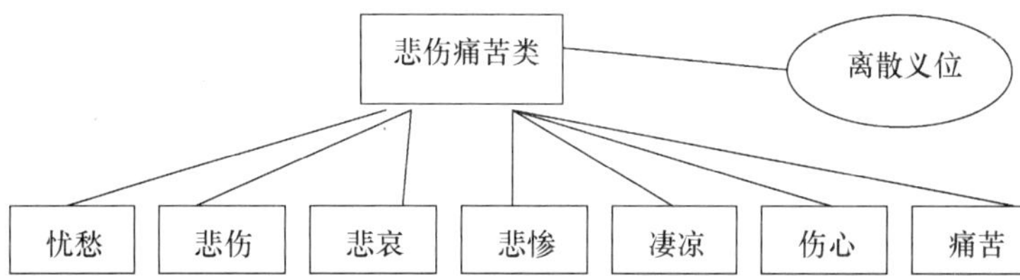

图 7—2

4. 激活“悲愤”所在的语义向网络：

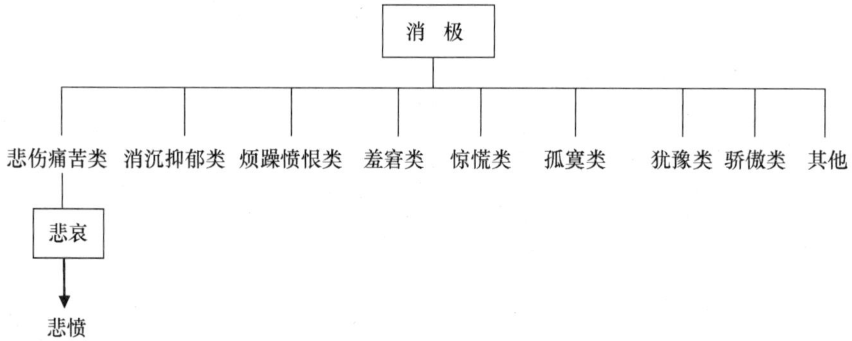

图 7—3

5. 激活“悲愤”所在的心理形容词网络：

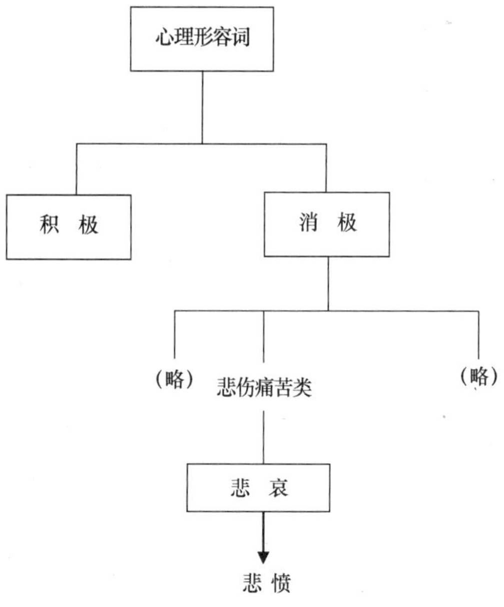

图 7—4

6. 激活“悲愤”所在的性质形容词网络（见图 7—5）：

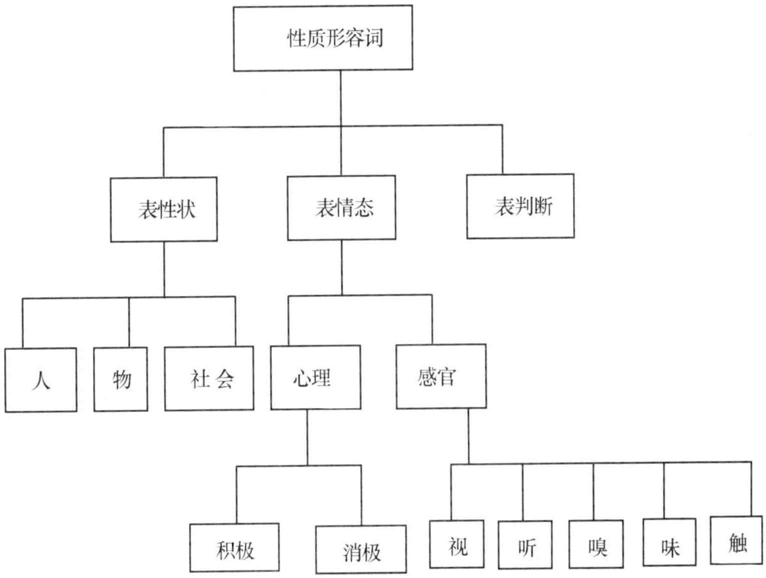

图 7—5

除了这种纵向的层次网络，当然还可以同时激活交叉的语义类网络：

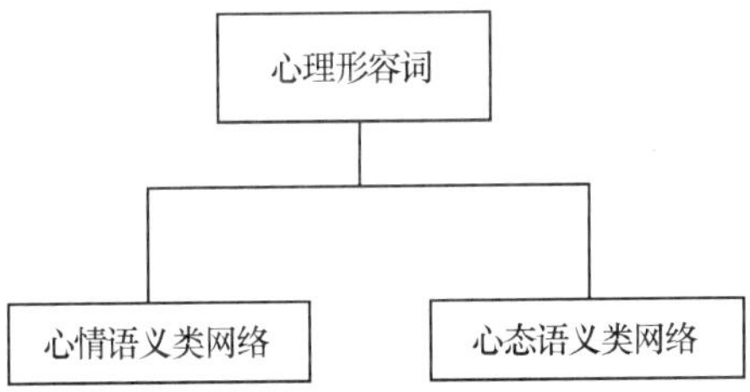

图 7—6

或者还可以激活横向的组合网络，如量征与语形映射网络、体标记网络等。由此，“悲愤”在现代汉语中的语义和语法位置被精确定位。

设想一下，当电脑进行数兆亿次的逻辑运算，在瞬间展开一张张交错纵横的网络，结点与连线闪烁其中，将是一个多么绚烂动人的场景。

在本章中，面对信息处理的需要，我们尝试在心理形容词的义征分析和语义场分析基础上，使用“心理形容词聚合语义网络”的概念来对心理形容词在聚合层面上的语义表现作形式化的描写。

当然，我们的研究并不仅仅止步于词义的心理形容词聚合关系研究。词汇靠着义位聚合和组合两条纵横轴的联系而成为一个整体平面，这意味着语义场可以进一步分为词汇场和联想场。词汇场是静态的，表现为词义与词义之间的聚合关系；联想场是动态的，表现为词义与词义之间的组合关系。差不多与特里尔同时，波尔齐格（Porzig）提出建立在词的组合关系基础上的语义场理论，分析了组合义场和构词义场，特别注意了名词和动词、名词和形容词之间的内在意义联系。波尔齐格的组合义场理论与特里尔的词汇场理论相互补充。20 世纪五六十年代，英国学者谢凯里特齐（A. Shaikeritch）进一步研究了组合义场。他认为，语义上有联系的词应该在上下文中共同出现，反过来也可以说，如果词在上下文中经常一起出现，它们的意义一定有联系。他从乔叟、莎士比亚和其他英国诗人的词语索引词典中挑选出许多形容词，用统计的方法加以研究。结果证明他的看法是正确的。词群并不是根据意义来划分的，而是严格地按照形式上的标准，其成员呈现在意义上是有关的。他的成果说明，纯用共同出现的形式上的标准，可以作为划分意义上属于相同范畴的词的根据。既然语形结构是以语音为手段将语义结构投射在表层上形成的，我们也想探究，处于同一语义场中的意义关联的心理形容词，是否能表现出形式上对应的相关？反之，通过形式的标准，是否可以探究出更加细腻的心理形容词的语义序列？我们认为，语义聚合系统的深入研究是面对信息处理的语义形式化的基础，而对义位组合系统的研究是聚合系统研究的回归与深化，从而验证语义聚合系统，同时尽量显示出语义组合系统。

三　心理形容词聚合语义网络的特征

在心理形容词语义场内，某义位以其描写心理活动与状态的共性义征与众多的义位形成既相关、相似又有个性义征差别的勾连、对立等意义关系，并以这些意义关系为基础，各义位联系成的意义网络，叫做心理形容词聚合语义网络。

心理形容词聚合语义网络具有以下 6 个特征：

1. 聚合共时。心理形容词聚合语义网络是以聚合语义特征为基础的共时性词（义位）的子网络。

2. 静态。心理形容词聚合语义网络是勾画语言意义联结机制的静态的子网络。

3. 层级性。心理形容词聚合语义网络区分为垂直层级网络、底层网络，各义位既互相依存，也存在离散性的特征。

4. 以语义形式化为基础。心理形容词聚合语义网络以心理形容词的义征分析为基础。

5. 以析义元语言基元为关节。心理形容词聚合语义网络以作为义征的析义元语言基元为网络的“结点”。

6. 以意义关系为纲。心理形容词聚合语义网络是以词与词之间的勾连、对立等关系为基础的系统，在网络中，以词与词之间的各种意义关系为“连线”勾连各个“结点”。

第二节　心理形容词聚合语义网络的基本形态

一　心理形容词聚合语义网络的分类和层级

心理形容词聚合语义网络包括语义向网络、语义类网络和语义元网络，语义向网络、语义类网络与语义元网络不在同一个层级上。（见图7—7）语义向网络包括积极语义向网络和消极语义向网络，语义类网络包括心情、心态语义类网络。（见图7—8）往下一层次再细分，语义向网

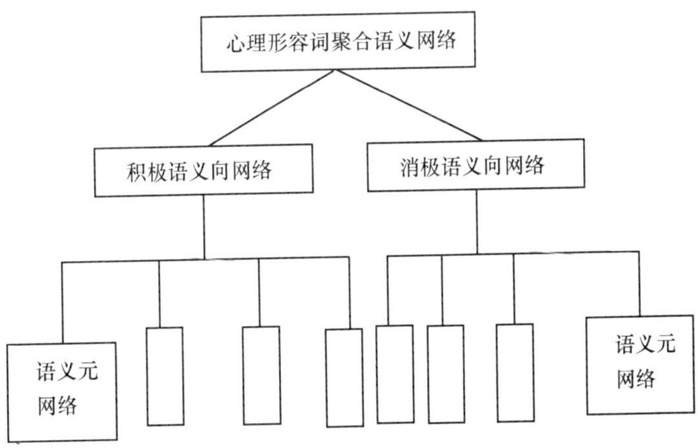

图7—7　心理形容词聚合语义网络层级示意图之一

络、语义类网络都体现为不同的重叠交叉的语义元网络。

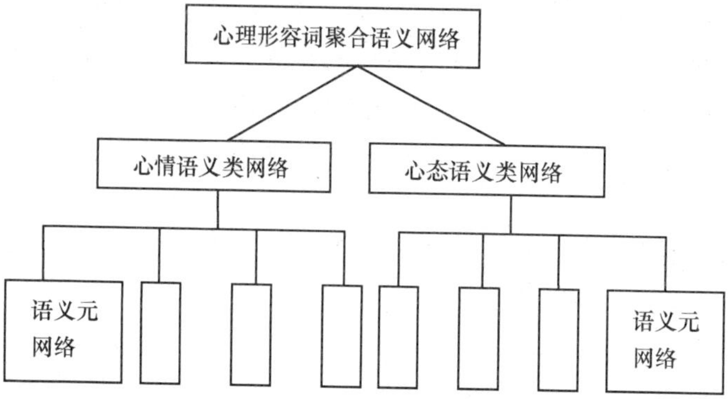

图 7—8　心理形容词聚合语义网络层级示意图之二

语义向网络、语义类网络是交叉的，语义类网络中的词（义位，以下统称为词）必然同时存在于语义向网络中，反之则不然。如：

安生［+心态］［+积极］［+安定］［+口语］

忐忑［+心情］［-积极］［+不安］［+书面］

“安生”处于心态聚合语义网络中，也存在于积极类心理形容词聚合语义网络中，“忐忑”则只存在于消极类心理形容词聚合语义网络中。因此，我们在构建心理形容词的整体语义网络时，不再单独描述语义类网络，而是主要循着语义向网络，勾连所有心理形容词，将语义类的区别反映在具体的心理形容词的语义元网络的意义关系中。

从语义场角度来看，心理形容词作为一个相对的语义总场，可以分为积极和消极两个语义向子场，子场中的心理形容词都具有“积极”或“消极”的理性意义，因此是类义义场。语义向子场再分为次子场。（见图 7—9）积极子场或消极子场内的若干个词群各成次子场。如消沉抑郁类次子场、悲伤痛苦类次子场等，同处于次子场中的心理形容词除积极或消极相同之外，还存在其他理性意义的近义关系，即语义元义征可能重合或近义，因此都是近义义场。

次子场下分二次子场，二次子场的结构相对复杂。如悲伤痛苦类次子场可以分为“忧愁”、“悲伤”、“悲惨”、“痛苦”、“凄凉”等二次子场和其他相关心理形容词的语义结构式。“忧愁”、“悲伤”、“悲惨”、“痛苦”、“凄凉”等是通过义征分析发现的析义元语言基元，也是心理形容词的核心成员。“忧愁”、“悲伤”、“悲惨”、“痛苦”、“凄凉”等二次子场大多是具有相同语素的联合式双音节心理形容词词群，如“凄惨”、“凄恻”、“凄切”、“凄冷”、“凄婉”等，有人称之为“同素义族聚合系统”。（同素义族指共用一个同义项的语素的不同的义位。同素义族的涵盖面非常大，现代汉语的复音义位绝大部分都可以进入这一网络，而双音复合词占总词数的60%。心理形容词也是如此，详见第三章的相关统计。）同时，二次子场中也包括“伤心”、“心碎”等不包含相同语素但具有相同语义元义征的心理形容词。刘叔新提出“同义组”的概念：

> 若干个词汇单位由互相的同义关系而聚合起来的组织整体。这个组织整体不是简单的集合体，而是存在相互制约、对立或互相依赖、对比、因应的内在关系的单位集结而成的结构组织。一个同义组中的词汇单位，在意义上一般基本相同而微有差异，在构造材料上则必不相同。各自以自身的特点在共同的聚合体中占有特定的位置，从而相互制约着意义特点或意义内涵。同义词语只能是同一语言符号系统内的共时词汇。
>
> （刘叔新，2000：276—278）

有同义关系的词语，其主要理性义素或主要理性意义成分必定相同，也必须相同；意味方面，某个主要的理性义素或理性意义成分的是否强调，以及表达色彩方面等，则可以不同。我们借用“同义组”的概念，指称处于同一二次子场中的心理形容词词群，将二次子场称之为“同义义场”。

需指出的是，刘叔新对同义组意义结构的分析，我们并不赞同。比如，刘叔新（2000：279—282）对“悲凉、凄怆、凄切”三个心理形容词的意义结构作出如下分析：

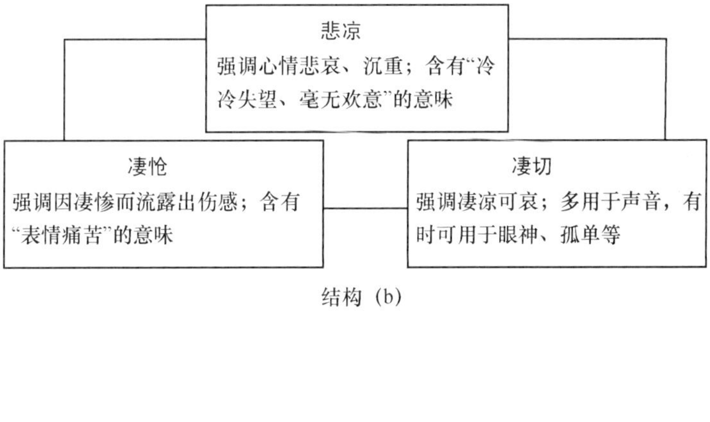

结构（b）

“悲凉”、“凄怆”、“凄切”，各意义中的突出反映方面、特殊意味或特殊搭配适用范围的不同个性而互相对照、制约，形成结构（b）（见图示）。

因此，“悲凉”、“凄怆”、“凄切”是在结构（b）的支配和巩固下，构成一个同义组的结构组织。

我们的疑问是，三个词的关系只是将词典中的释义列出，辅以主观区别，没有层次，没有结构感，根本就算不上结构组织。如果不用图表框出，其意义不同的比较也能表达到这种程度，而且三个词的位置完全可以互换，即相当于没有位置，这又怎么能得出结构（b）呢？结构（b）又是从何而来，有何依据呢？所以这样的意义结构分析是没有意义的，也构建不出语义网络。只有对每个词进行语义构成的形式化描述，才有可能分析出其间的意义勾连形态和词汇分布形态。

不同子场、次子场、二次子场内部的某些反义形容词构成两极义场，如“快乐”与“痛苦”。这是心理形容词聚合语义场的底层义场，也叫最小子场，同时也形成最小的语义元网络。

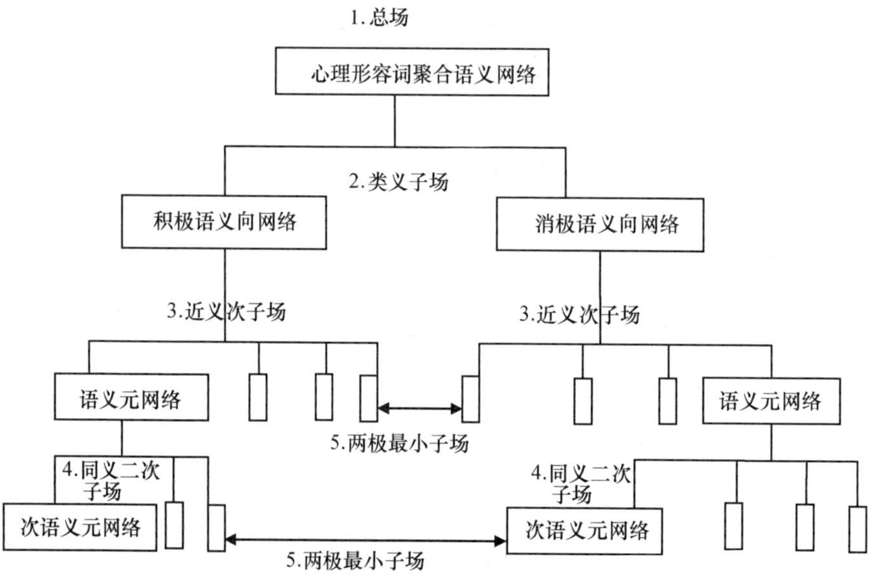

图 7—9 心理形容词聚合语义网络层级示意图之三

次子场、二次子场都体现为语义元网络，是进行心理形容词语义网络构建的最主要的工作，其研究基础是义征分析的结果。

二　语义元网络意义关系的界定与图式

语义元网络是心理形容词聚合语义网络的最基本的构成元素，心理形容词聚合语义网络的上位网络实际上是由语义元网络组成的，最终都体现为一个个结构各异的语义元网络。语义元网络有大有小，近义次子场中的语义元网络属于较大的语义元网络，近义次子场中的心理形容词在意义上有共同点、有密切联系，或者表示的角度、程度不同，或者还含有其他相关意义，或者有特定的适用对象，可能有部分语义元义征的相同，但各个词在意义上并非层次关系。但这种意义的勾连对心理形容词聚合语义网络的构建并无必要，近义次子场的重要性已经体现在该义场在整个语义网络中的位置上。而二次子场和最小子场的语义元网络则是在网络层次框架明晰之后，成为构建心理形容词聚合语义网络的基石。因此，要构建心理形容词聚合语义网络，最终的也是最重要的工作就是描绘出二次子场和最小子场的语义元网络，然后将这些语义元网络放置在它所在的上位网络中。

语义元网络的意义结构可以用有向图来表示（见图 7—10），一个语义元网络就是由有向图表示的三元组：结点 1、连线、结点 2 连接而成。结点 1、结点 2 分别以某个心理形容词或义征为核心，连线表述两个结点之间的意义关系，连线上标记以意义关系的符号和与同级结点相区别的义征。

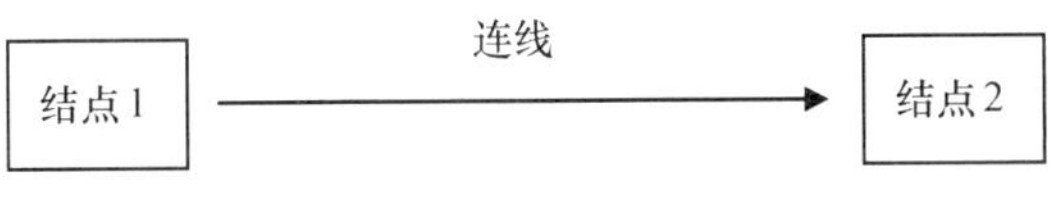

图 7—10　语义元网络有向图

这其中，界定结点之间连线的意义关系十分重要。在汉语自动分析中，刘东立、姚天顺提出了包括 AGT（施事）、ATT（属性）、CAS（条件）等在内的 24 种语义关系集，并在汉英机器翻译系统中采用了这一网络。（刘东立等，1992）鲁川提出由施事、当事、指事等 32 种语义关系组成的语义网络，并根据复合句中各分句的关系，提出递进、原因、假设等14种事件之间的关系，以建立复合句的语义网络。这种语义网络在双语言和多语言的机器翻译系统中，可以作为一种原语和译语之间的“中介语言”，在机器翻译过程中，首先输入原文的线性序列，然后分析为原文的语义网络，再转换为译文的语义网络，最后生成译文的线性序列。（鲁川等，1992）

适应构建心理形容词聚合语义网络的需要，我们逐一界定语义元网络的意义关系如下：

1. 加义关系（A）：一个词的内部义征与义征之间是叠加的语义关系。句法上的联合式双音节心理形容词，其语义元义征之间基本为加义关系。其中有一个义征为一个词群共有，成为勾连词群的核心义征，充当这一核心义征的词形往往成为心理形容词的核心成员。加义关系标记以字母A，并注明所叠加的核心义征之外的区别义征［~］。

以“哀愁”为例，“哀愁”处于“悲哀”同义组中，核心义征为［悲哀］，“哀愁”的义征表达式为：

哀愁［+心情］［-积极］［+悲哀］［+忧愁］

义征与义征之间的语义关系为加义关系，“哀愁”与“哀伤、哀痛”等词的区别义征为［+忧愁］，则“哀愁”两个语义元义征的意义构成可以表达为以下图式：

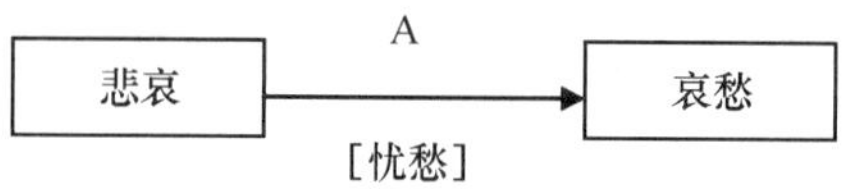

图7—11

2. 修饰关系（X）：一个词的内部义征与义征之间是修饰与被修饰的意义关系。句法上的偏正式双音节心理形容词，其语义元义征之间基本为修饰关系。修饰关系标记以字母X，并注明修饰义征［~］。如“悲伤”同义组中的“伤感”，核心义征是“悲伤”，义征表达式为：

伤感［+心情］［-积极］y［+感触］［+悲伤］

因为心中有所“感触”而“悲伤”，义征“感触”与“悲伤”之间的语义关系为修饰关系，则“伤感”两个语义元义征的意义构成可以表达为以下图式：

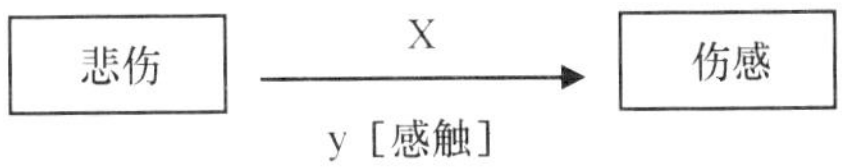

图 7—12

3. 递进关系（D）：同义组中词的程度不同表现为语义的递进关系。词除了原始量征外都是相同的义征，标记为 D2，并注明原始量征［～］。如“悲伤”同义组中的“悲惨”与“悲苦”，其义征表达式为：

悲惨［+心情］［-积极］［+悲伤］［+痛苦］［+极端］
悲苦［+心情］［-积极］［+悲伤］［+痛苦］

“悲苦”与“悲惨”的差别在于后者比前者程度高，两词的意义关系可以表达为以下图式：

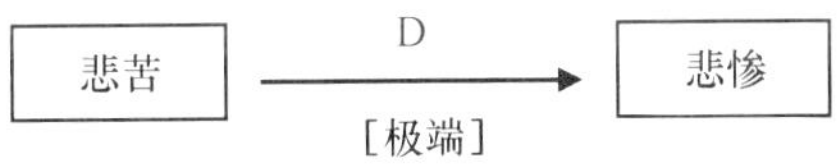

图 7—13

不处在一个同义组中的词，也可能存在递进关系，即词与词之间没有相同的语义元义征，但各含有一个语义元义征，语义元义征的语义上有程度递进关系。如“悲恸”与“哀恸”：

悲恸［+心情］［-积极］［+悲伤］［+极端］
哀恸［+心情］［-积极］［+悲哀］［+极端］

“悲恸”与“哀恸”的程度递进关系并不明显，体现在“悲伤”与“悲哀”的程度差别上。再如“难过”与“痛苦”，则是比较明显的递进关系：

难过［+心情］［-积极］［-忍受］［-舒服］
痛苦［+心情］［-积极］［+难过］［+极端］

“痛苦”是极端的“难过”。但对心理形容词聚合语义网络的构建而言，这些语义关系不是必要凸现的。

4. 语彩关系（Y）：两个词有语彩义征上的区别关系。标记以字母 Y，并注明区别义征［～］。以“哀愁”、“哀戚”为例，两词的义征表达式分别为：

哀愁［＋心情］［－积极］［＋悲哀］［＋忧愁］
哀戚［＋心情］［－积极］［＋悲哀］［＋忧愁］［＋书面］

处于同义组“悲哀”的“哀愁”、“哀戚”只在语彩上有区别，为语彩关系，可图示为：

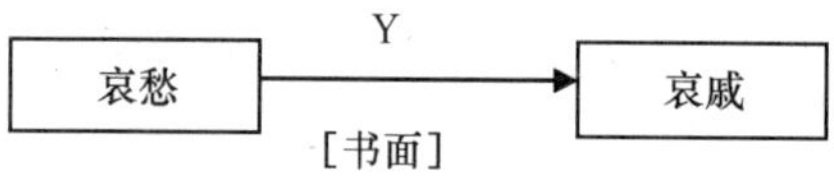

图 7—14

5. 等义关系（T）：通过替换而语形和语义不发生变化，合并为一个义位的几个词之间为同义关系。标记以字母 T。以“麻木”与“麻痹”为例：

麻木（麻痹）［＋心态］［－积极］［＋冷淡］［＋迟钝］［＋比喻］

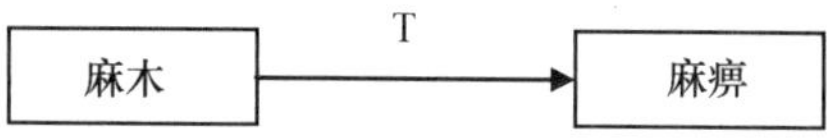

图 7—15

加义关系和修饰关系是词（义位）内部义征与义征之间的意义关系；同义关系、递进关系、语彩关系是词（义位）与词（义位）之间的意义关系。

三　心理形容词聚合语义网络

（一）消极语义向网络

消极语义向网络再分为悲伤痛苦、消沉抑郁、烦躁愤恨、羞窘、惊慌、孤独、犹豫、骄傲等 8 个语义元网络和其他相对离散的心理形容词

（见图 7—16）。

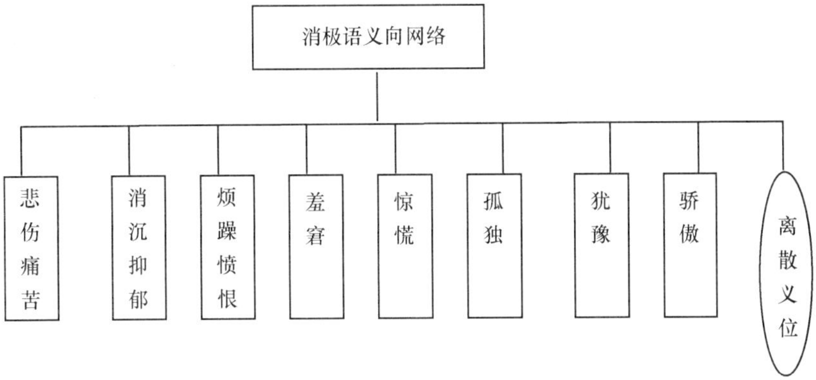

图 7—16

1. 悲伤痛苦语义元网络

悲伤痛苦语义元网络再分为忧愁、悲伤、痛苦、悲哀、悲惨、凄凉、伤心等 7 个同义组构成的次语义元网络。忧愁、悲伤、痛苦、悲哀、悲惨、凄凉、伤心是核心成员，其中一些核心成员词之间存在语义关系（见图 7—17）：

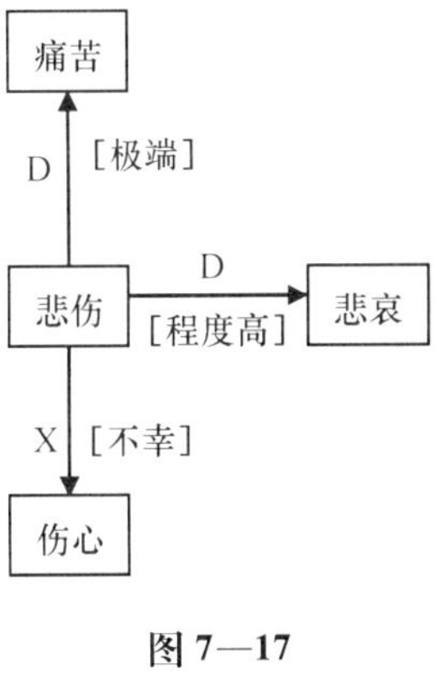

图 7—17

悲伤痛苦语义元网络图式为（见图 7—18）：

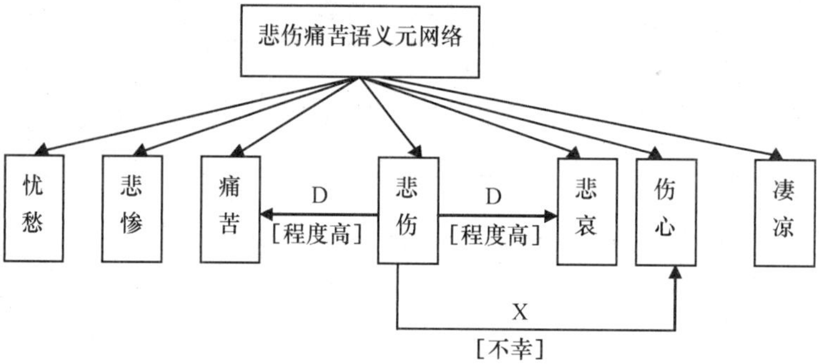

图 7—18

（1）忧愁次语义元网络包含忧愁、愁楚、愁苦、愁闷、忧闷、忧惧、忧悒、忧伤等 8 个心理形容词，其意义结构图式为（见图 7—19）：

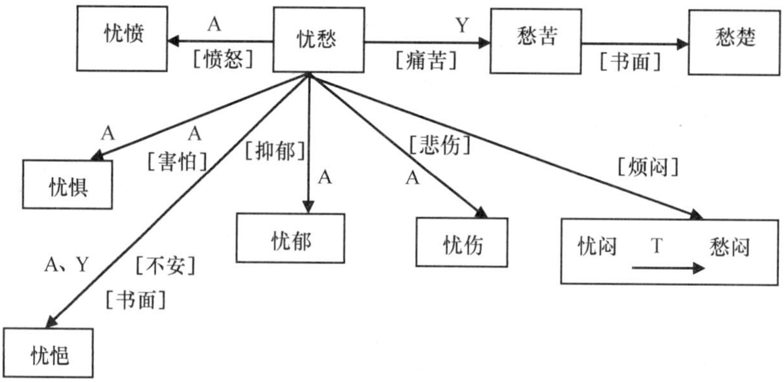

图 7—19

（2）悲伤次语义元网络包含悲伤、伤悲、悲哀、悲愁、悲楚、悲怆、悲愤、悲惨、悲苦、悲凉、悲凄、悲戚、悲切、悲酸、悲恸、悲痛、悲壮、心酸、酸心、心碎、伤感、感伤、难过、难受、难熬、委屈等 26 个心理形容词，其意义结构图式为（见图 7—20）：

（3）痛苦次语义元网络包含痛、痛苦、苦痛、痛楚、痛切、沉痛、苦、苦楚、苦闷、苦恼、苦涩等 11 个心理形容词，其意义结构图式为（见图 7—21）：

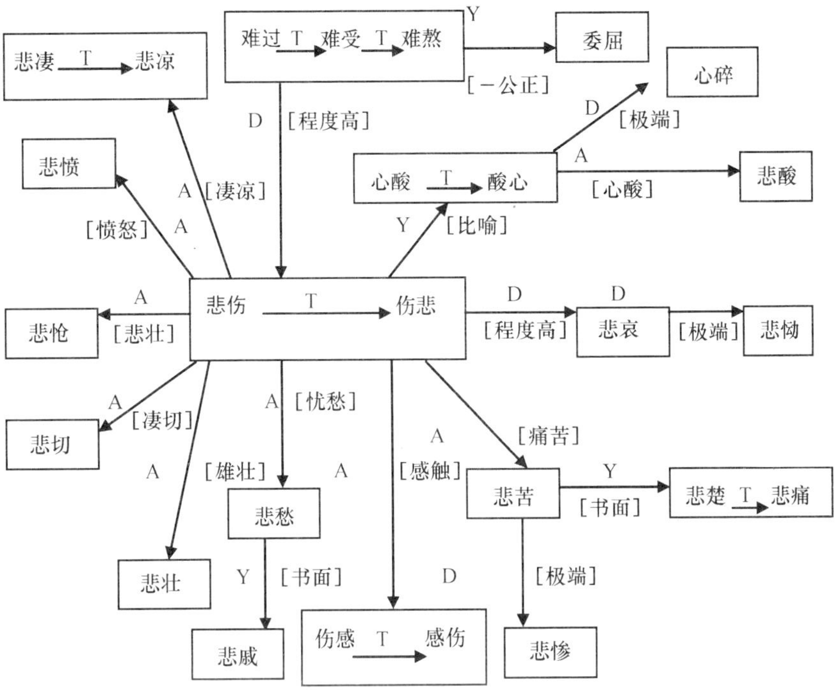

图 7—20

注：1. 因空间所限，连线下义征省略“＋”，只注明“－”。

2. 方框中为心理形容词（义位），以楷体标出，其中核心成员加黑。[ ] 内为义征。方框内出现的少数义征也以 [ ] 标出。

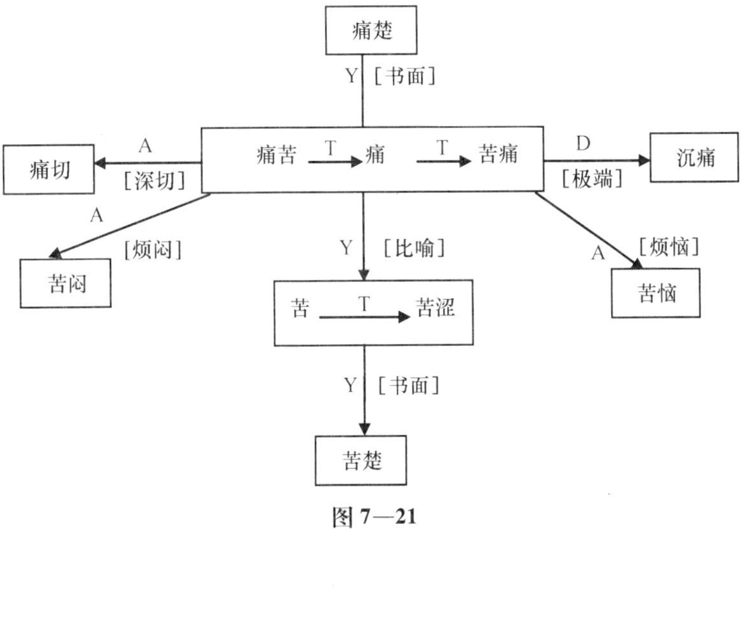

图 7—21

（4）悲哀次语义元网络包含哀愁、哀戚、哀伤、哀恸、哀痛、哀婉、哀怨等8个心理形容词，其意义结构图式为（见图7—22）：

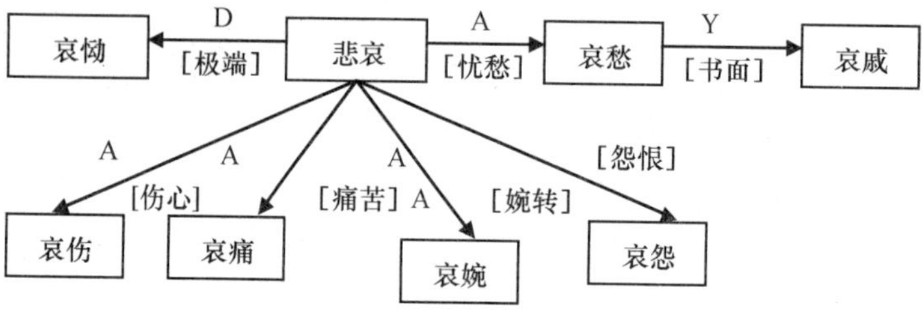

图7—22

（5）悲惨语义元网络包含惨怛、惨苦、惨痛、惨戚、惨切等5个心理形容词，其意义结构图式为（见图7—23）：

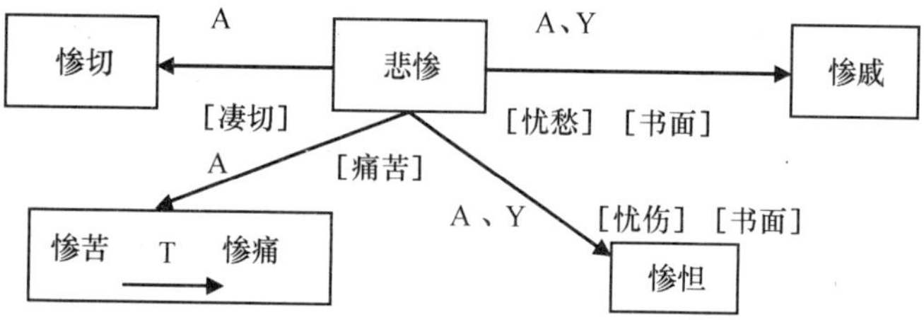

图7—23

（6）凄凉次语义元网络包含凄冷、凄惨、凄恻、凄楚、凄怆、凄惶、凄苦、凄凉、凄迷、凄切、凄然、凄婉、凄惘、苍凉等14个心理形容词，其意义结构图式为（见图7—24）：

（7）伤心次语义元网络包含伤心、痛心、酸、酸涩、酸楚、辛酸、酸辛、酸苦、酸痛等9个心理形容词，其意义结构图式为（见图7—25）：

2. 消沉抑郁语义元网络

消沉抑郁语义元网络再分为颓废、疲乏、失意、抑郁、失望、低落等6个同义组构成的次语义元网络和部分离散义位。其中颓废、疲乏两个次语义元网络属于心态语义类网络，失意、抑郁、失望、低落次语义元网络属于心情语义类网络。颓废、失意、抑郁、疲乏、失望、低落是核心成员（见图7—26）。

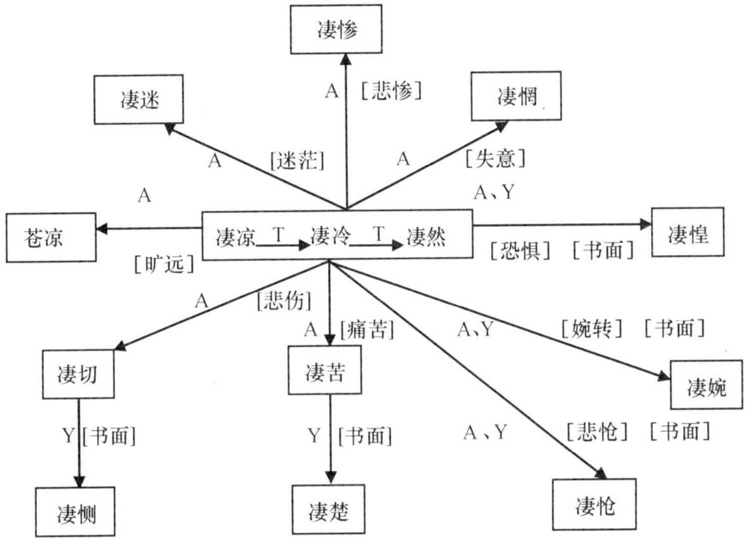

图 7—24

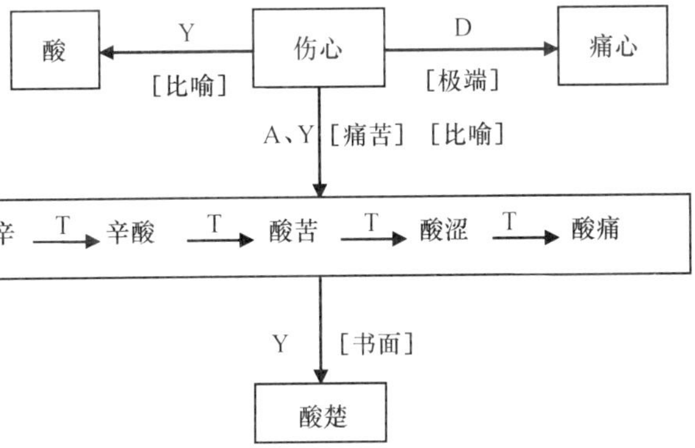

图 7—25

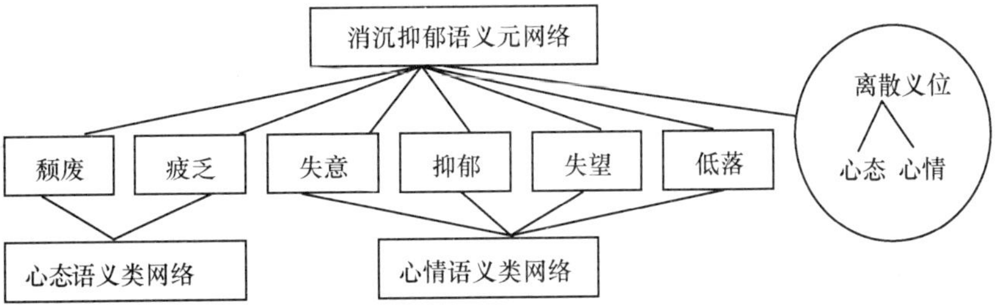

图 7—26

（1）颓废次语义元网络包含颓废、颓靡、颓然、颓丧、颓唐等5个心理形容词，其意义结构图式为（见图7—27）：

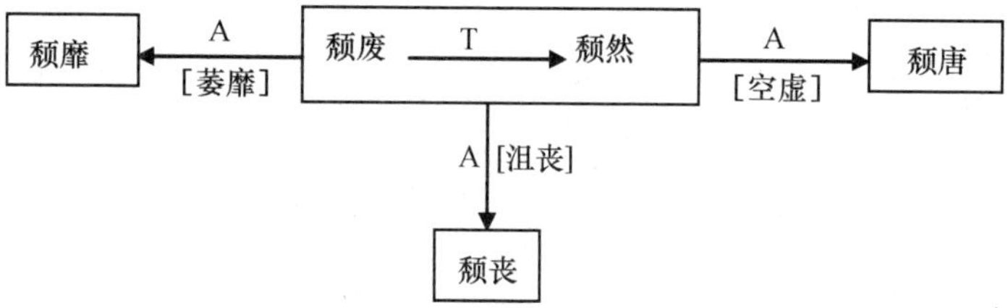

图7—27

（2）疲乏次语义元网络包含疲乏、疲惫、疲倦、疲沓、疲塌、累等6个心理形容词，其意义结构图式为（见图7—28）：

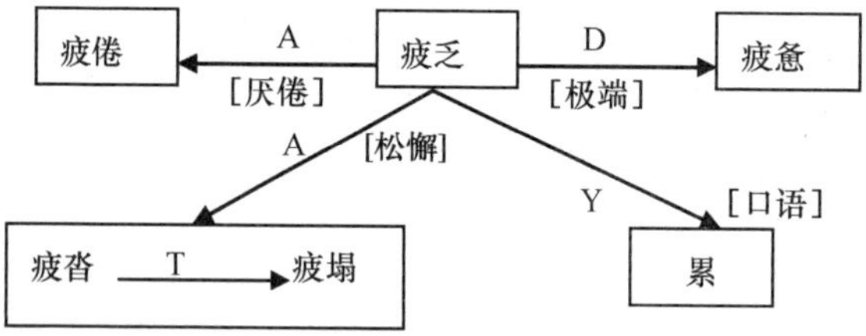

图7—28

（3）抑郁次语义元网络包含郁闷、抑郁、郁抑、郁悒、悒郁、阴郁、沉重、沉抑、沉郁等9个心理形容词，其意义结构图式为（见图7—29）：

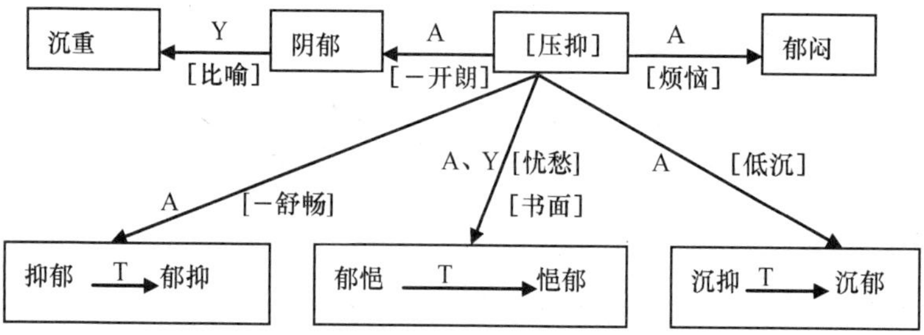

图7—29

（4）失意次语义元网络包含失意、惝恍、怅然、怅惘、惆怅等 5 个心理形容词，其意义结构图式为（见图 7—30）：

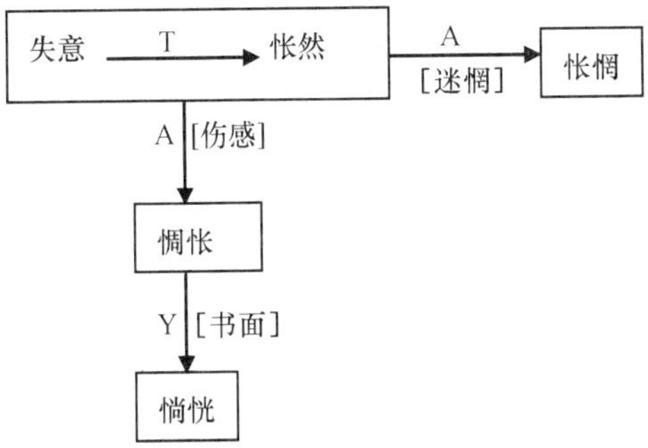

图 7—30

（5）失望次语义元网络包含失望、凉、冷、心寒、寒心、灰心、沮丧、绝望等 8 个心理形容词，其意义结构图式为（见图 7—31）：

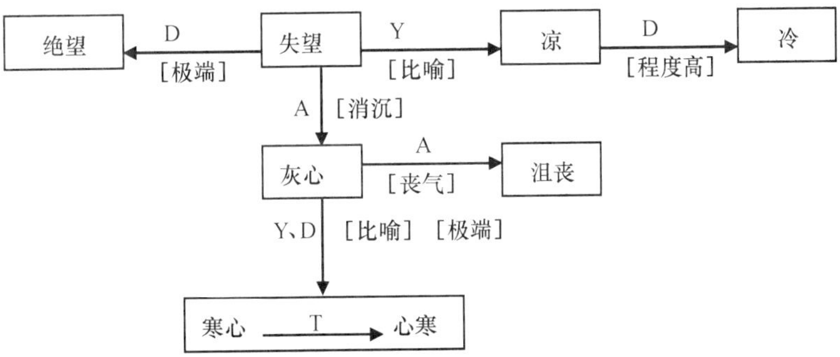

图 7—31

（6）低落次语义元网络包含低落、低沉、黯然、败兴、扫兴、不振等 6 个心理形容词，其意义结构图式为（见图 7—32）：

（7）离散义位包含冷淡、冷漠、淡漠、淡然、消沉、消极、空虚、空洞、气馁、悲观、麻痹、麻木、不快等 13 个心理形容词，分属心态、心情两个语义类网络（见图 7—33）。

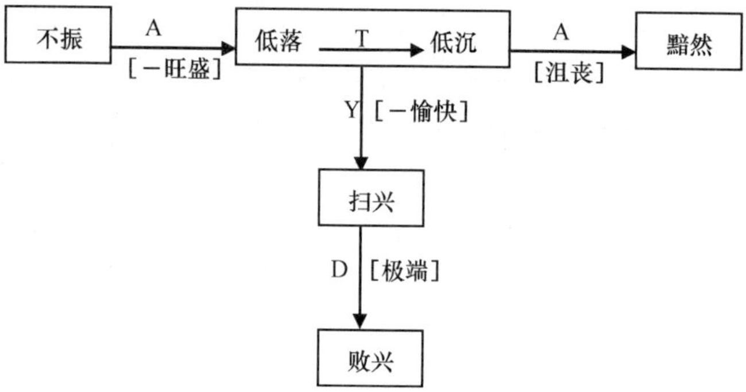

图 7—32

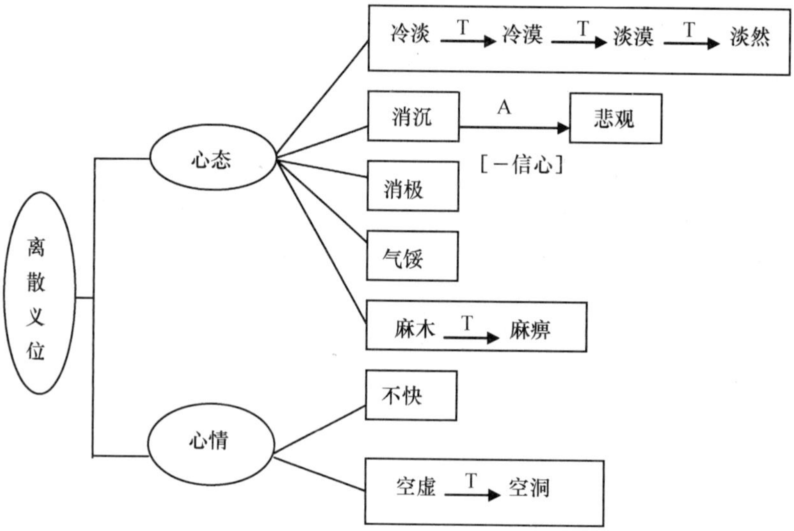

图 7—33

3. 烦躁愤恨语义元网络

烦躁愤恨语义元网络再分为烦—烦躁、着急—焦急、懊悔、闷—烦闷、愤怒等 5 个同义组构成的次语义元网络和部分离散义位。烦、烦躁、着急、焦急、懊悔、闷、烦闷、愤怒是核心成员（见图 7—34）。

（1）烦—烦躁次语义元网络包含烦、烦愁、烦乱、烦恼、烦人、恼人、烦忧、烦躁、狂躁、暴躁、浮躁、心浮、心烦等 13 个心理形容词，其意义结构图式为（见图 7—35）：

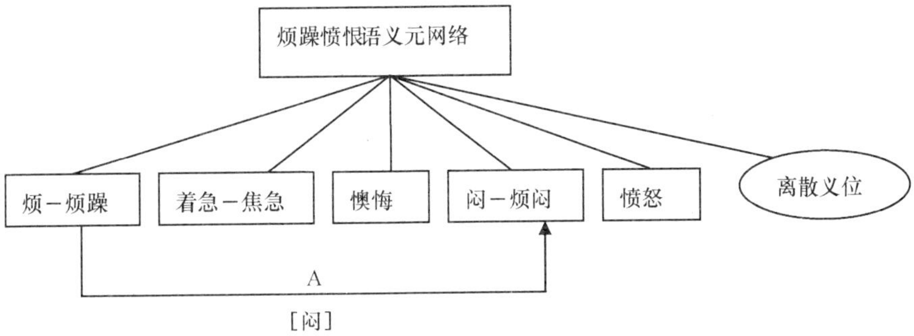

图 7—34

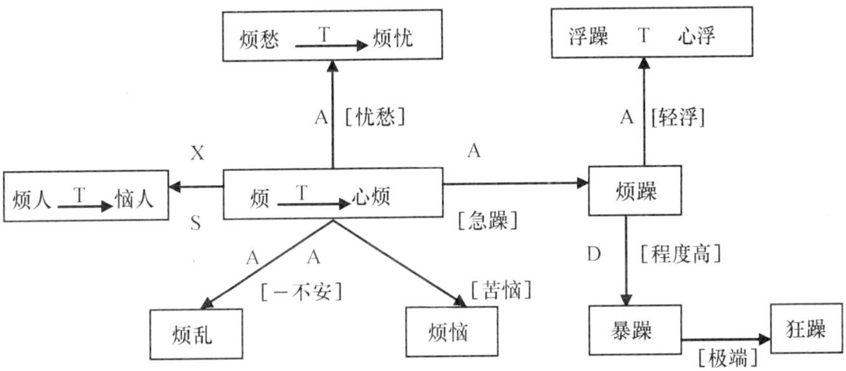

图 7—35

（2）着急—焦急次语义元网络包含急、躁、急躁、急迫、急切、迫切、着慌、着急、着忙、心急、心切、焦急、焦躁、焦愁、焦渴、焦苦、焦虑、焦炙、焦灼、心焦等 20 个心理形容词，其意义结构图式为（见图 7—36）：

（3）懊悔次语义元网络包含懊悔、懊恼、懊丧等 3 个心理形容词，其意义结构图式为（见图 7—37）：

（4）闷—烦闷次语义元网络包含闷、烦闷、气闷、沉闷、憋闷、憋气、憋屈、窝憋、窝囊、窝心、熬心、无聊等 12 个心理形容词，其意义结构图式为（见图 7—38）：

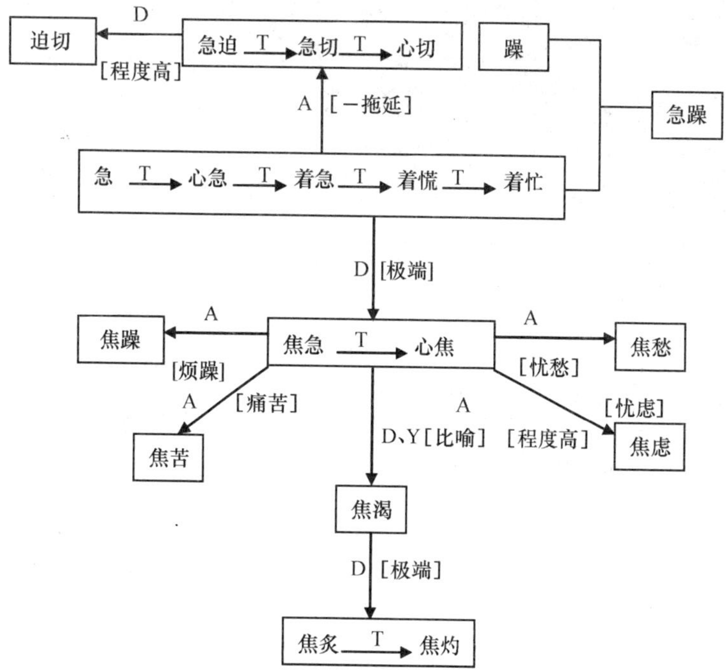

图 7—36

图 7—37

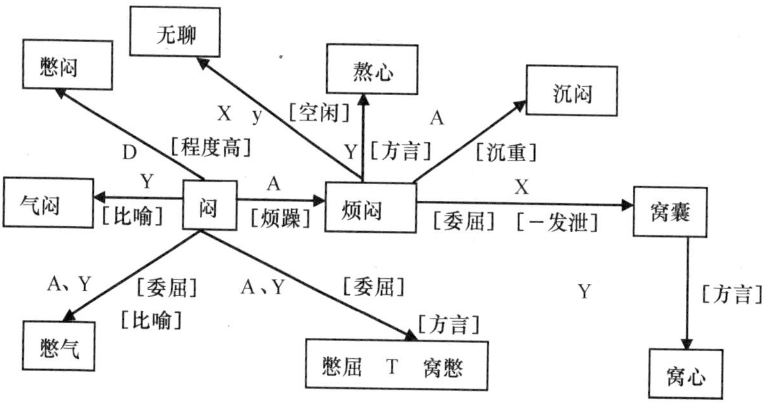

图 7—38

（5）愤怒次语义元网络包含愤慨、愤恨、愤懑、愤怒、激愤、愤激、愤然、气愤、气恼、狂怒、恼怒等 11 个心理形容词，其意义结构图式为（见图 7—39）：

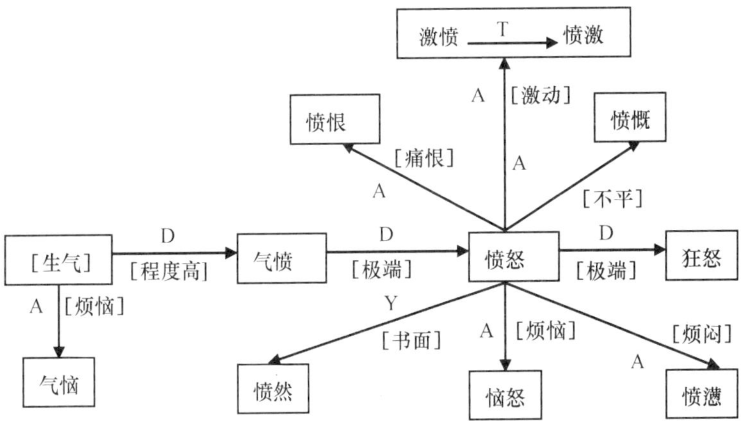

图 7—39

（6）离散义位包含别扭、讨厌、反感、不忿、不平、不满、恶心等 7 个心理形容词。其中，反感、不忿、不平、不满有意义勾连，讨厌、恶心有意义勾连（见图 7—40）：

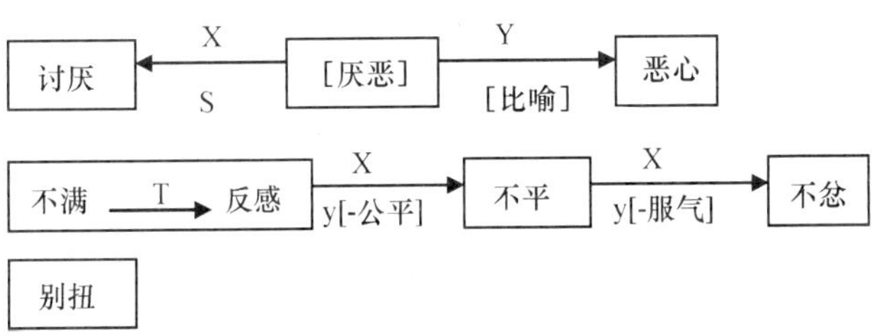

图 7—40

4. 羞窘语义元网络

羞窘语义元网络再分为为难、羞耻、害羞、不安等 4 个同义组构成的次语义元网络。其中为难次语义元网络属于心态语义类网络，羞耻、害羞、不安次语义元网络属于心情语义类网络。为难、羞耻、害羞、不安是核心成员（见图 7—41）。

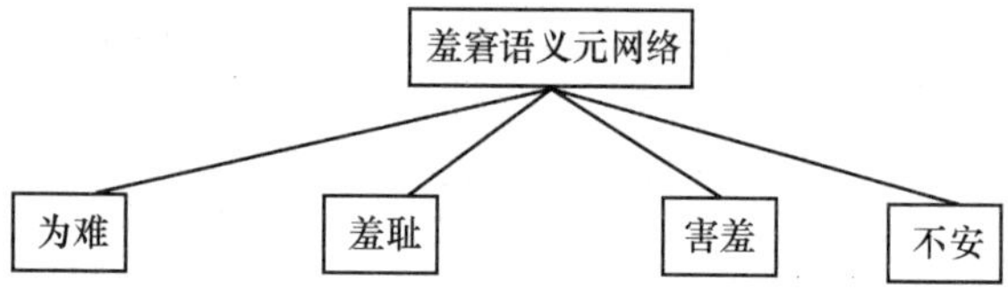

图 7—41

（1）为难次语义元网络包含为难、窘、窘促、窘困、困窘、窘迫、局促、尴尬、难堪等 9 个心理形容词，其意义结构图式为（见图 7—42）：

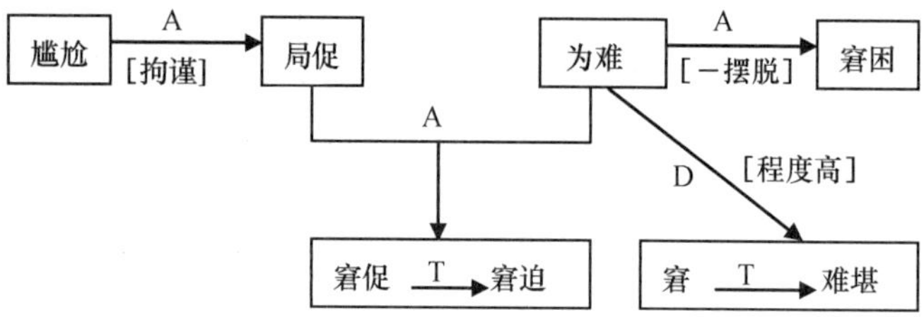

图 7—42

（2）羞耻次语义元网络包含个羞耻、羞愧、羞愤、羞恼等 4 个心理形容词，其意义结构图式为（见图 7—43）：

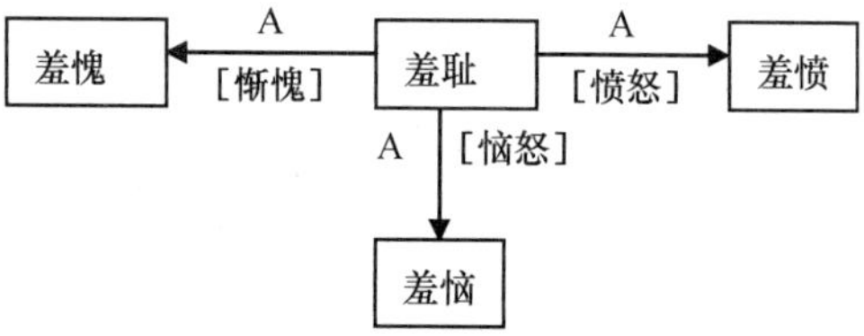

图 7—43

（3）害羞次语义元网络包含羞怯、羞臊、羞涩、害羞等 4 个心理形容词，其意义结构图式为（见图 7—44）：

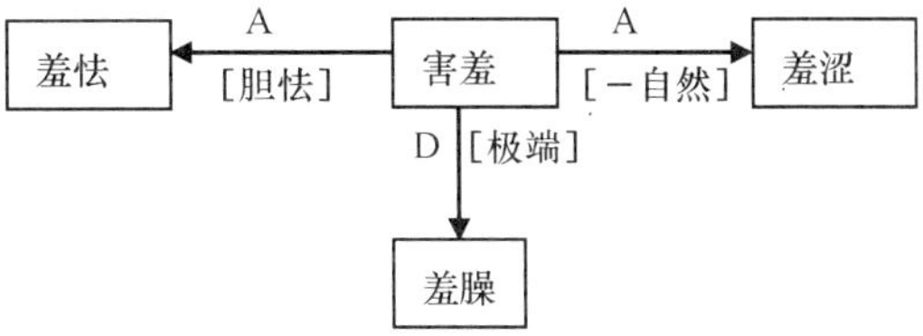

图 7—44

（4）不安次语义元网络包含惭愧、内疚、愧疚、惭疚、歉疚、自疚、歉然、抱歉、不安、紧张、乱、纷乱、忐忑等 13 个心理形容词，其意义结构图式为（见图 7—45）：

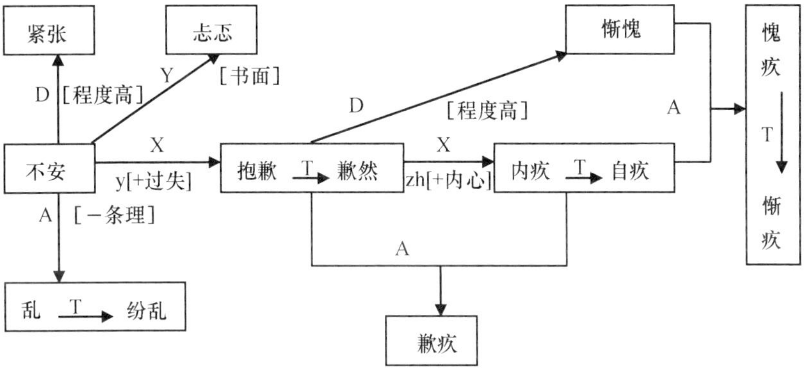

图 7—45

5. 惊慌语义元网络

惊慌语义元网络再分为奇怪—惊讶、慌张—恐慌、迷惑等 3 个同义组构成的次语义元网络。奇怪、惊讶、慌张、恐慌、迷惑是核心成员（见图 7—46）。

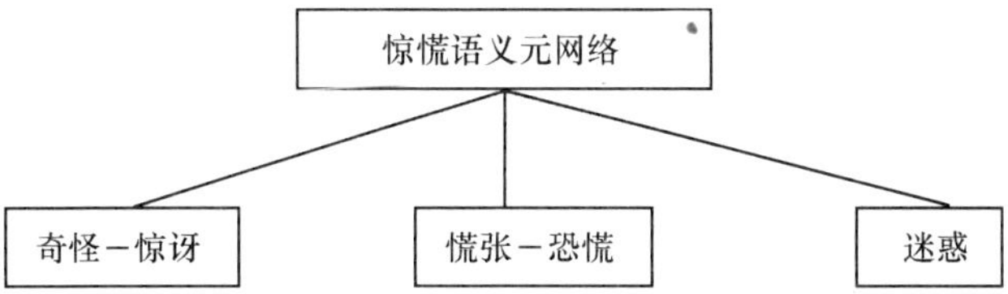

图 7—46

（1）奇怪—惊讶次语义元网络包含惊愕、惊骇、惊慌、惊惶、惊恐、惊悚、惊疑、惊奇、惊讶、惊异、惊诧、震惊、诧异、奇怪、怪、意外等16个心理形容词，其意义结构图式为（见图7—47）：

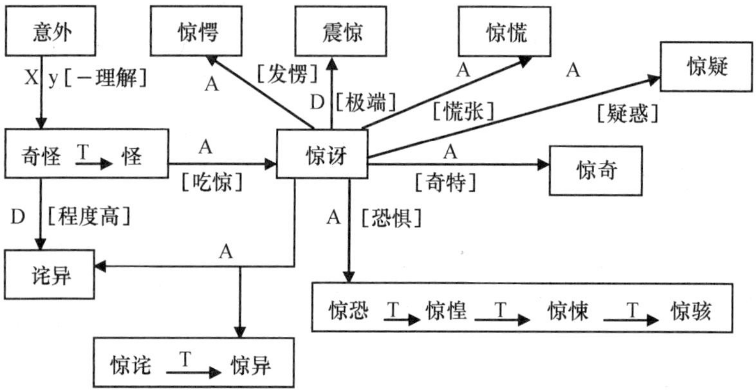

图7—47

（2）慌张—恐慌次语义元网络包含惶惑、惶急、惶遽、惶恐、惶悚、恐怖、恐慌、恐惧、可怕、胆怯、卑怯、慌、慌乱、慌忙、慌张、心慌等16个心理形容词，其意义结构图式为（见图7—48）：

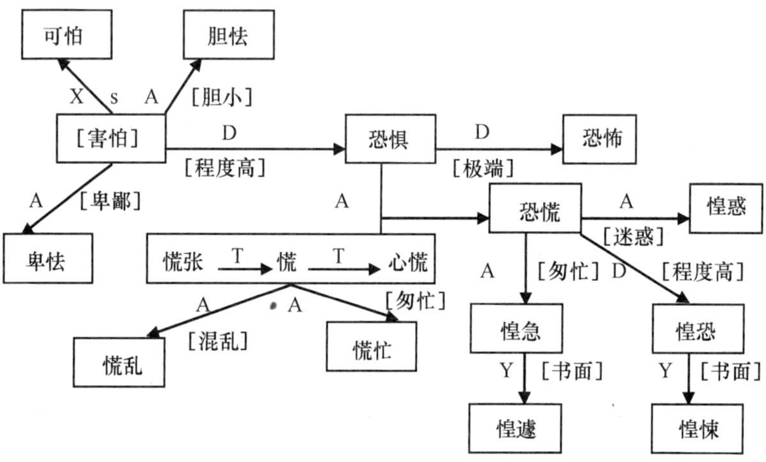

图7—48

（3）迷惑次语义元网络包含困惑、迷惑、迷乱、迷茫、迷惘等 5 个心理形容词，其意义结构图式为（见图 7—49）：

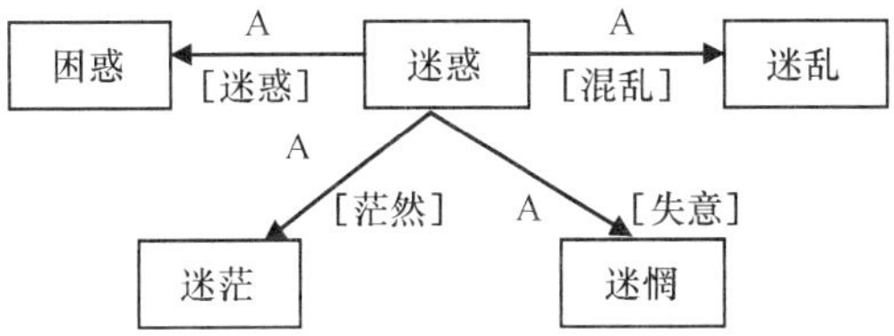

图 7—49

6. 孤寞语义元网络

孤寞语义元网络包含孤独、孤单、孤寂、孤苦、寂寞、落寞、寂寥等 7 个心理形容词，孤独、寂寞是核心成员。其意义结构图式为（见图 7—50）：

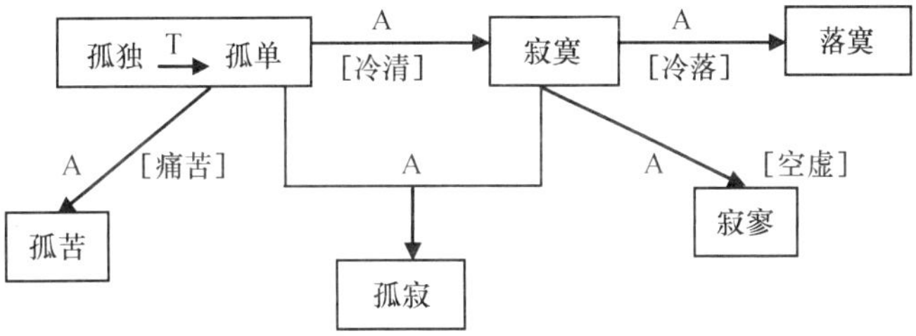

图 7—50

7. 犹豫语义元网络

犹豫语义元网络同时是一个心态语义类网络，包含犹豫、犹疑、踌躇等 3 个心理形容词，犹豫是核心成员。其意义结构图式为（见图 7—51）：

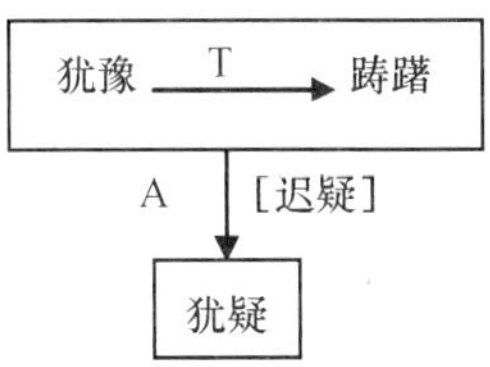

图 7—51

8. 骄傲语义元网络

骄傲语义元网络同时是一个心态语义类网络，包含骄躁、傲慢、骄傲b、自傲、自大、自负、自满等7个心理形容词，骄傲是核心成员。其意义结构图式为（见图7—52）：

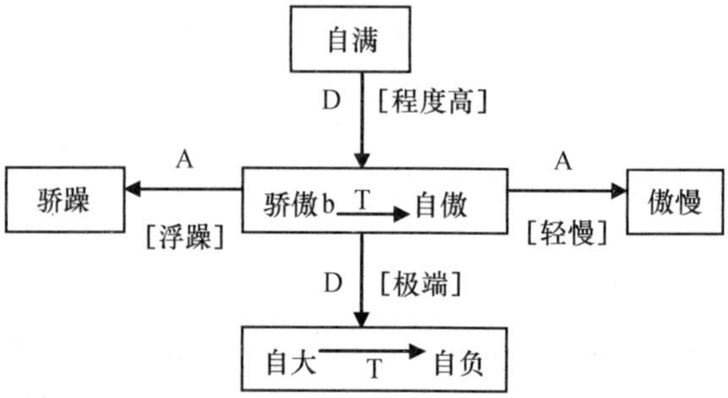

图7—52

9. 消极语义向网络的离散义位

包括可惜、可怜$_b$、脆弱、复杂、心虚、虚、自卑、勉强等8个心理形容词，其中可惜、可怜$_b$、复杂属心情语义类网络，脆弱、心虚、虚、自卑、勉强属心态语义类网络。心虚、虚可以合并为一个义位，可惜、可怜b有意义勾连（见图7—53）。

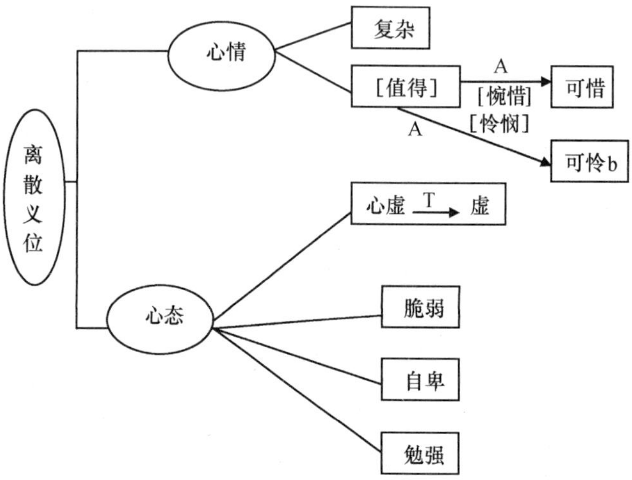

图7—53

（二）积极语义向网络

积极语义向网络再分为安恬、兴奋、愉快、诚恳、自豪等5个语义元网络和其他相对离散的心理形容词（见图7—54）。

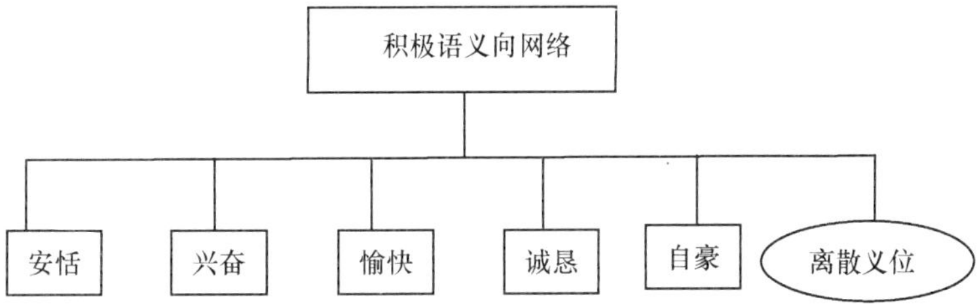

图 7—54

1. 安恬语义元网络

安恬语义元网络再分为安定、闲适、平静等3个同义组构成的次语义元网络和部分离散义位。安定、闲适、平静是核心成员（见图7—55）。

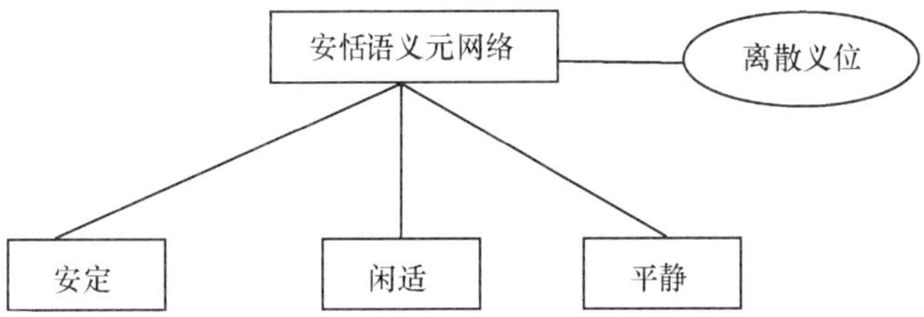

图 7—55

（1）安定次语义元网络同时是一个心态语义类网络，包含安定、安顿、安乐、安宁、安静、安然、安生、安适、安恬、安帖、安稳、安慰、安闲、安心、安逸、心安、泰然、镇定、镇静、沉着、宁静、踏实等22个心理形容词，安定是核心成员。其意义结构图式为（见图7—56）：

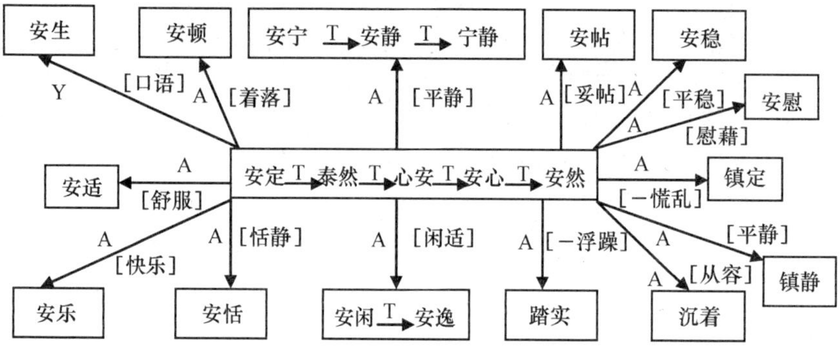

图 7—56

（2）闲适次语义元网络同时是一个心态语义类网络包含恬静、恬然、恬适、闲适、悠然、悠闲等 6 个心理形容词，闲适是核心成员。其意义结构图式为（见图 7—57）：

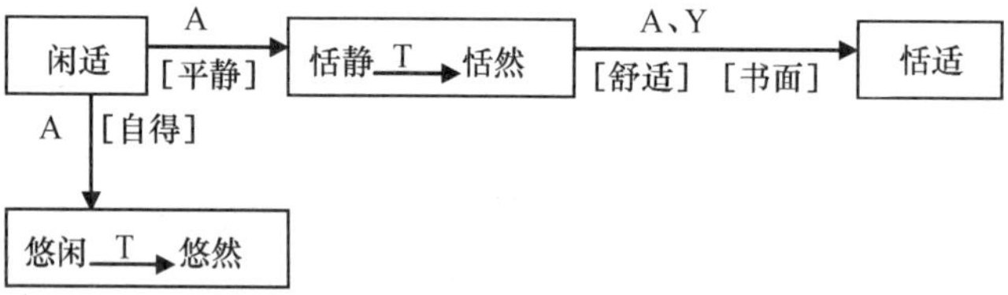

图 7—57

（3）平静次语义元网络包含平和、平缓、平静、平淡、心静等 5 个心理形容词，平静是核心成员。其意义结构图式为（见图 7—58）：

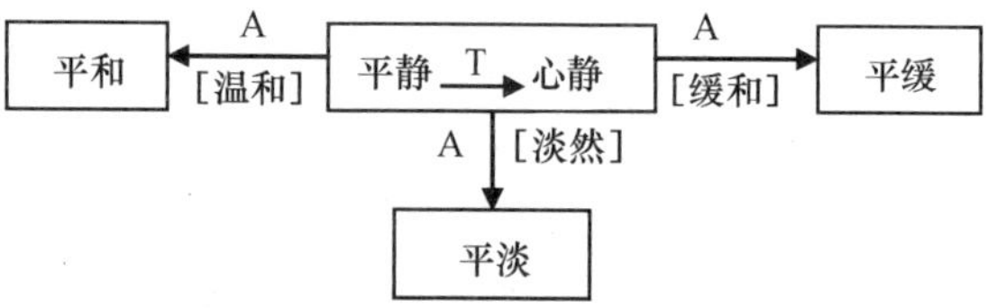

图 7—58

（4）离散义位包含耐烦、耐心、稳当、亲切、温暖、温馨、暖和、殷切等 8 个心理形容词，耐烦、耐心、亲切、温暖、温馨、暖和、殷切属心情语义类网络，稳当属心态语义类网络。耐烦、耐心可以合并为一个义位。温暖、暖和可以合并为一个义位，并与温馨有意义勾连。亲切、殷切有意义勾连（见图 7—59）。

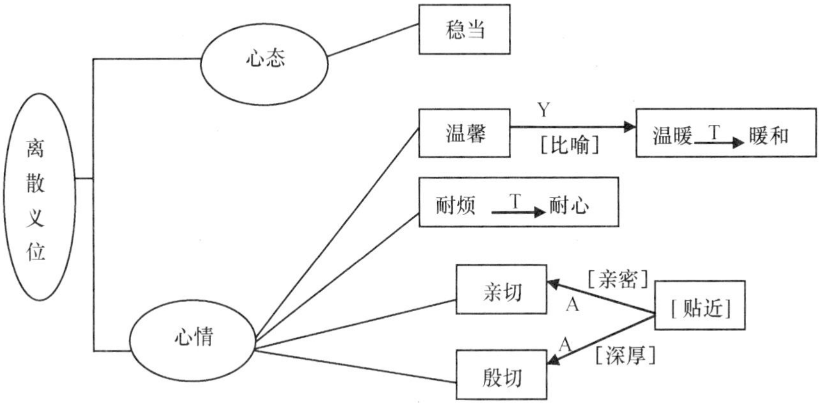

图 7—59

2. 兴奋语义元网络

兴奋语义元网络再分为高涨—昂扬、激动、热情等 3 个同义组构成的次语义元网络。高涨、昂扬、激动、热情是核心成员（见图 7—60）。

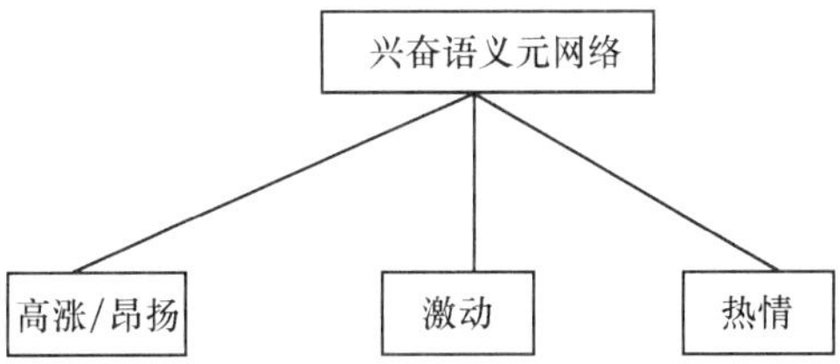

图 7—60

（1）高涨次语义元网络包含昂奋、昂扬、振奋、振作、兴奋、高涨、心盛、饱满等 8 个心理形容词，高涨、昂扬是核心成员。其意义结构图式为（见图 7—61）：

（2）激动次语义元网络包含激昂、激动、激奋、激烈、激越、澎湃等 6 个心理形容词，激动是核心成员。其意义结构图式为（见图 7—62）：

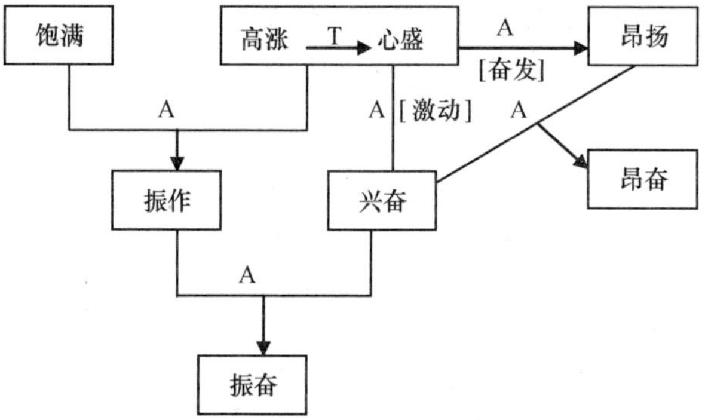

图 7—61

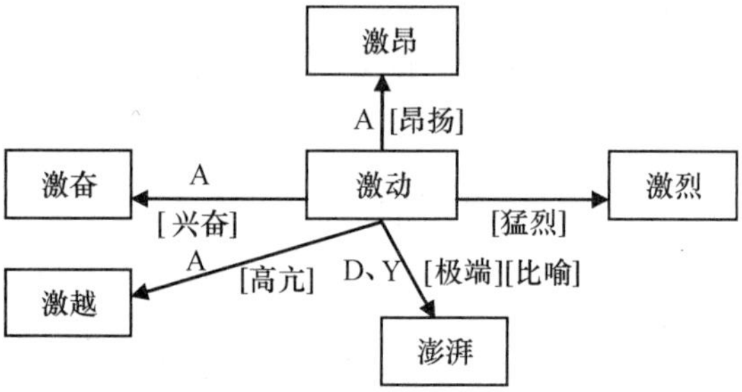

图 7—62

（3）热情次语义元网络包含热情、热烈、热切、狂热等 4 个心理形容词，热情是核心成员。其意义结构图式为（见图 7—63）：

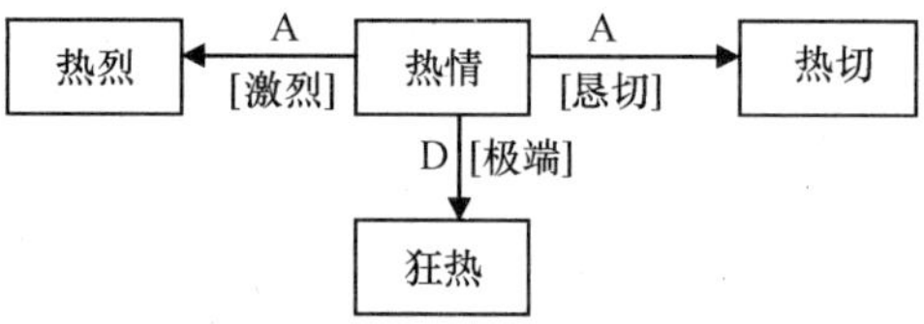

图 7—63

3. 愉快语义元网络

愉快语义元网络再分为欢乐、喜悦、如意、快乐—畅快、舒服等 5 个同义组构成的次语义元网络和部分离散义位。愉快、高兴、欢乐、喜悦、如意、快乐、畅快、舒服是核心成员（见图7—64）。

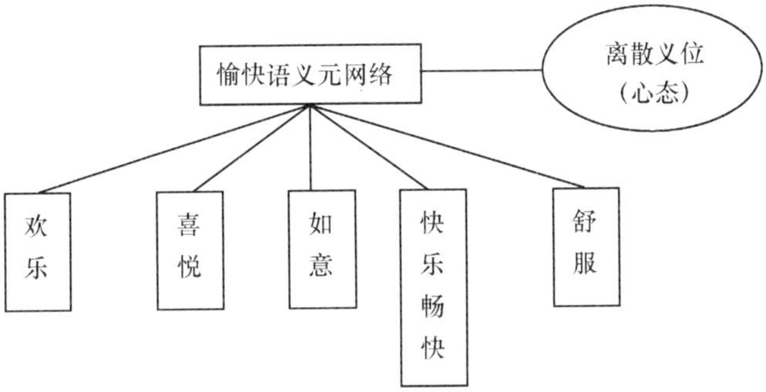

图7—64

（1）欢乐次语义元网络包含高兴、欢畅、欢快、欢乐、欢慰、欢喜、欢欣、欢愉、欢悦、愉快、愉悦、甜美、甜蜜、开心、开怀、畅怀等16个心理形容词，愉快、高兴、欢乐是核心成员。其意义结构图式为（见图7—65）：

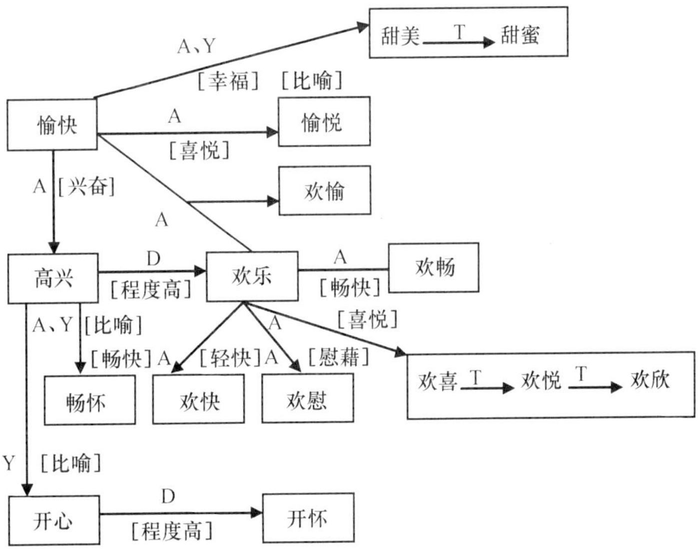

图7—65

（2）喜悦次语义元网络包含惊喜、可喜、狂喜、喜兴、喜悦、欣悦、欣快、欣然、欣慰、欣喜、欣幸等11个心理形容词，喜悦是核心成员。其意义结构图式为（见图7—66）：

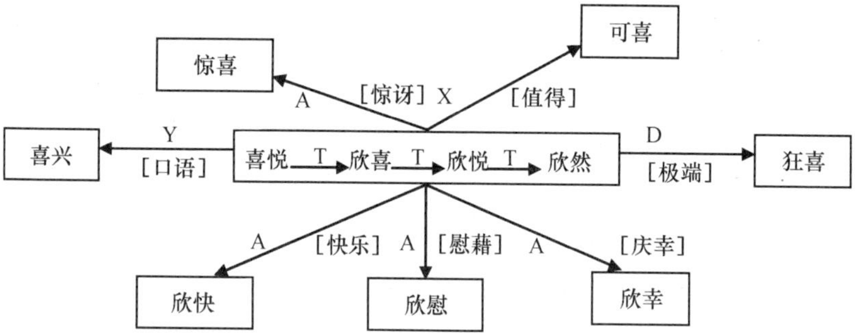

图7—66

（3）如意次语义元网络包含如意、幸福、幸运、侥幸、快意、顺气、顺心、顺意、可心、遂心、遂意、称心、得意、惬意等14个心理形容词，如意是核心成员。其意义结构图式为（见图7—67）：

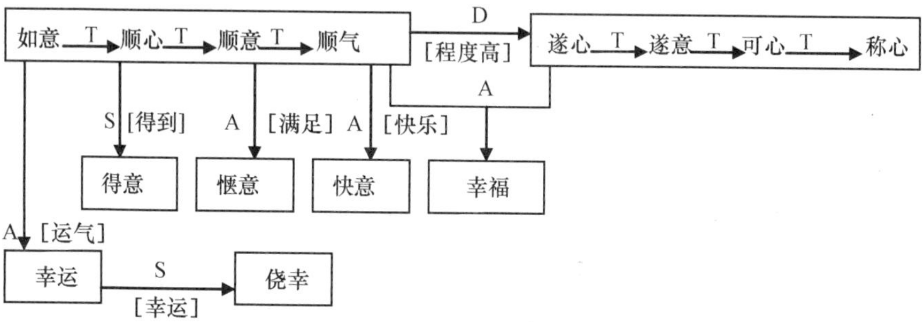

图7—67

（4）快乐—畅快次语义元网络包含快乐、快活、快慰、痛快、轻快、轻松、松快、开朗、明朗、畅快、爽、爽心、爽快、爽朗、乐和、顺畅等16个心理形容词，快乐、畅快是核心成员。其意义结构图式为（见图7—68）：

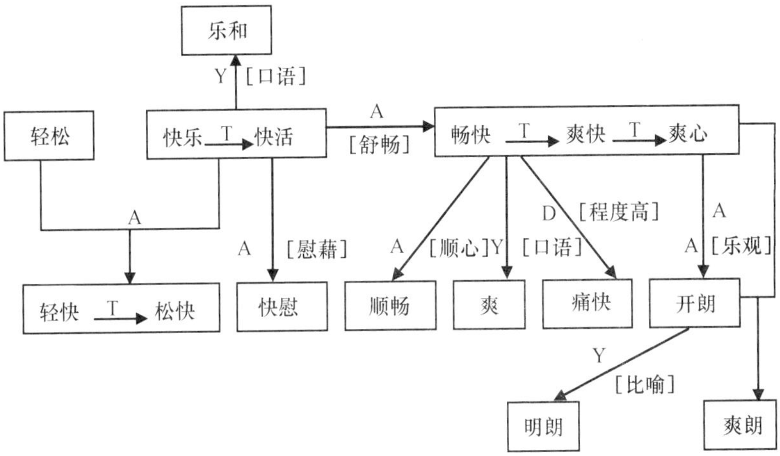

图 7—68

(5) 舒服次语义元网络包含宽畅、宽舒、宽松、宽慰、舒服、舒适、舒爽、舒畅、舒坦、舒心、舒展、心宽、自在、好受、敞快、敞亮、亮堂等 17 个心理形容词，舒服是核心成员。其意义结构图式为（见图 7—69）：

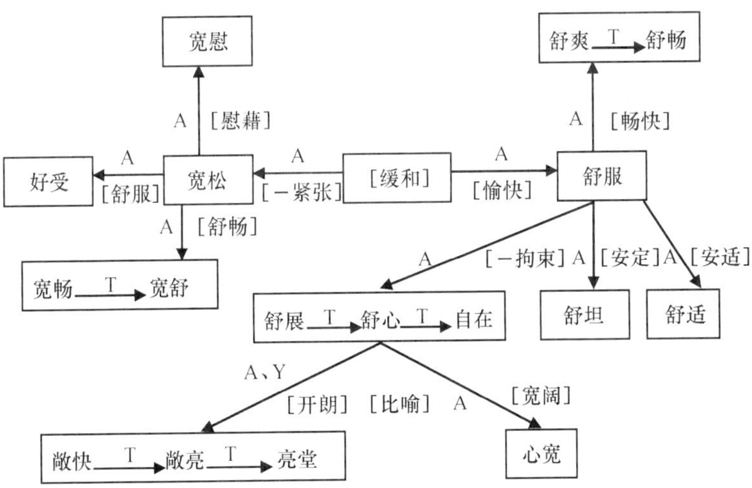

图 7—69

(6) 离散义位包含乐观、积极 2 个心理形容词，都属心态语义类网络（见图 7—70）。

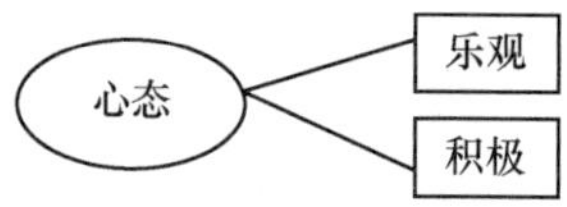

图 7—70

4. 诚恳语义元网络

诚恳语义元网络包含坦诚、坦荡、坦然、坦率、真诚、真挚、诚恳、诚挚、虔诚等 9 个心理形容词，都属于心态语义类网络。坦荡、诚恳是核心成员（见图 7—71）。

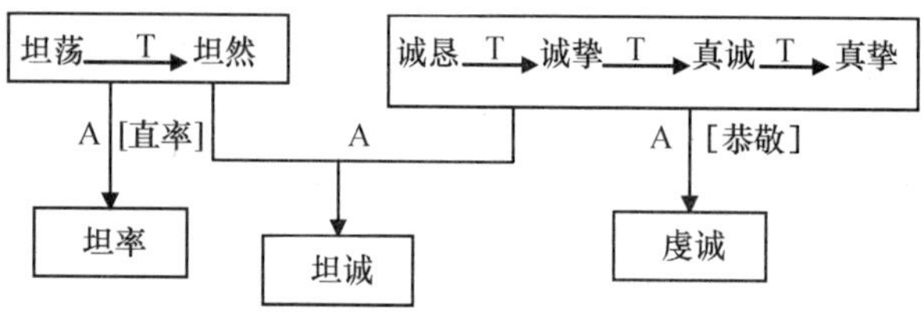

图 7—71

5. 积极语义向网络的离散义位

积极语义向网络的离散义位包括骄傲 a、自豪、自得、可怜 a、缠绵、缱绻、心软、默契、微妙、奇妙、好奇等 11 个心理形容词。其中自豪、骄傲 a 合并为一个义位。缠绵、缱绻合并为一个义位。可怜 a、缠绵、缱绻、微妙、奇妙、好奇属心情语义类网络，心软、默契、骄傲 a、自豪、自得属心态语义类网络（见图 7—72）。

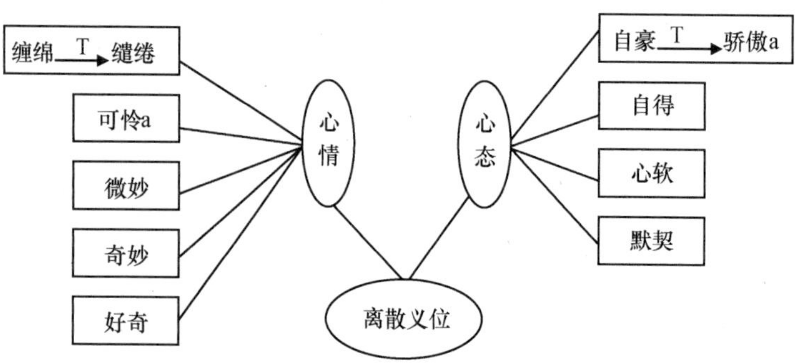

图 7—72

第三节　心理形容词的语义分布特征

一　心理形容词语义网络的核心与边缘成员

词的语义范畴是建立在人类认知基础上的。从范畴的本质来看，范畴的建立所依据的是充分必要条件，范畴特征是二元的，某一特征要么是该范畴的特征，要么不是。范畴与范畴之间的界限清晰，范畴成员地位平等。由于人类所认知对象的复杂性，人类对事物的认识有渐进性和隐喻性，因此人类所建立的范畴不是经典范畴，而是原型范畴。也就是说，范畴的建立所依赖的不是充分必要条件，而是清晰完好的样本，范畴之间的界限是模糊的，范畴成员的地位也是不平等的，有核心和边缘成员的区别。

心理形容词的语义范畴即具有以上特征的原型范畴。通过构建心理形容词语义网络我们可以看出，心理形容词语义网络中词的分布不是有规律的、均衡的、完美无缺的，与之相反，语义的重叠、交叉、溢出、空缺比比皆是。这是由语言实际应用的需要决定的，因为语义场中聚集着的一群词，“虽然彼此间都有联系，但不是排列得整整齐齐，有些词义是重叠的，有些是界限不清的，也有缺位空白的”。（J. 艾奇逊，1986：94）这实际上说明了语言中的词汇是运动的，新词可能随时会出现，心理形容词语义网络的核心成员也有可能会变化，边缘成员常有游移性。语义本身更是会随着时间、空间、语境的变化游移。这也可以从一个侧面辅证我们在第三章中曾指出的心理形容词临时组合频出的现象，双音节心理形容词包含的语素意义很容易相互结合，形成暂时的双音节心理形容词，以弥补语义网络的缺位。

从语义类义征项的角度来看，心情语义类网络中的心理形容词共352个，占78.6%，是核心成员，心态语义类网络中的心理形容词共96个，占21.4%，是边缘成员。

从义征分析所析出的主要元语言基元角度来看，心理形容词的核心成员有51个：

忧愁、悲伤、痛苦、悲哀、悲惨、凄凉、伤心、颓废、失意、压抑、疲乏、失望、低落、烦、烦躁、着急、焦急、懊悔、闷、烦闷、愤怒、为难、羞耻、害羞、不安、奇怪、惊讶、慌张、恐慌、迷惑、孤独、寂寞、

犹豫、骄傲、安定、闲适、平静、高涨、昂扬、激动、热情、愉快、高兴、欢乐、喜悦、如意、快乐、畅快、舒服、坦荡、诚恳

同时，心理形容词语义之间的勾连也绝不止于我们所描写的这些框架，处于不同语义元网络或不同次语义元网络的词和词之间，处于心情和心态语义类网络的词和词之间，都可能通过一个相同义征互相产生递进、对立等语义联系，甚至可能形成一个不同平台上的同义组。比如，以同样含有义征［+慰藉］的5个心理形容词“安慰、欢慰、欣慰、快慰、宽慰”可以形成慰藉同义组（见图7—73）：

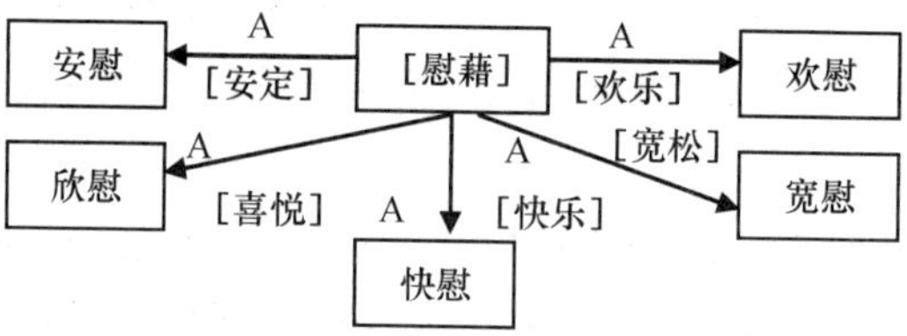

图7—73

只是这些纵横交错、鳞次栉比的语义勾连网络于我们的研究目的而言没有继续描述的价值，我们只要合理地串联起所有心理形容词，形成一个中文信息处理可用的且够用的语义网络即可。

二　心理形容词语义向的不对称分布

心理形容词语义向是来源于词汇本身理性意义的积极或消极的情感倾向，即人类主观认知心理基础决定了心理形容词的积极与消极情感倾向，这形成了形容词的语义情感倾向的对称需求。但研究心理形容词的封闭类，我们发现，心理形容词的语义向分布不仅不是对称均衡的，反而存在较大的不对称性（见图7—74）。积极类心理形容词有155个，占34.5%：

安定　安顿　安乐　安宁　安静　安然　安生　安适　安恬　安帖　安稳　安慰　安闲　安心　安逸　心安　泰然　镇定　镇静　沉着　宁静　踏实　恬静　恬然　恬适　闲适　悠然　悠闲　平和　平缓　平静　平淡　心静　耐烦　耐心　稳当　亲切　温暖　温馨　暖和　殷切　昂奋　昂扬　振奋　振作　兴奋　高涨　心盛　饱满　激昂　激动　激奋　激烈　激越　澎湃　热情　热烈　热切　狂热　高兴　欢畅　欢快　欢乐　欢

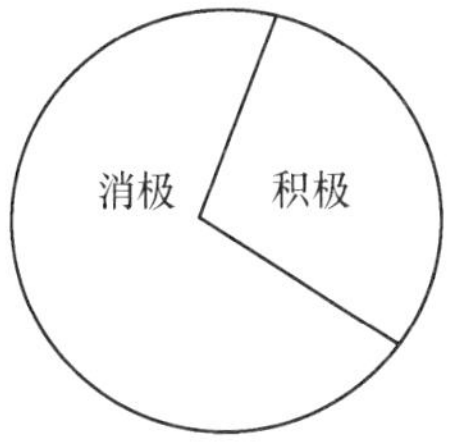

图 7—74　心理形容词语义向的不对称分布示意图

慰　欢喜　欢欣　欢愉　欢悦　愉快　愉悦　甜美　甜蜜　开怀　开心　畅怀　惊喜　可喜　狂喜　喜兴　喜悦　欣悦　欣快　欣然　欣慰　欣喜　欣幸　如意　幸福　幸运　侥幸　快意　顺气　顺心　顺意　可心　遂心　遂意　称心　得意　惬意　快乐　快活　快慰　痛快　轻快　轻松　松快　开朗　明朗　畅快　爽　爽心　爽快　爽朗　顺畅　乐和　宽畅　宽舒　宽松　宽慰　舒服　舒适　舒爽　舒畅　舒坦　舒心　舒展　敞快　敞亮　亮堂　心宽　自在　好受　乐观　积极　坦诚　坦荡　坦然　坦率　真诚　真挚　诚恳　诚挚　虔诚　骄傲 a　自豪　自得　可怜 a　缠绵　缱绻　心软　默契　微妙　奇妙　好奇

消极类心理形容词有 294 个，占 65.5%：

愁楚　愁苦　愁闷　忧愁　忧愤　忧惧　忧闷　忧悒　忧郁　忧伤　悲伤　伤悲　悲哀　悲愁　悲楚　悲怆　悲愤　悲惨　悲苦　悲凉　悲凄　悲戚　悲切　悲酸　悲恸　悲痛　悲壮　心酸　酸心　心碎　伤感　感伤　难过　难受　难熬　委屈　痛　心痛　痛苦　苦痛　痛楚　痛切　沉痛　苦　苦楚　苦闷　苦恼　苦涩　哀愁　哀戚　哀伤　哀恸　哀痛　哀婉　哀怨　惨怛　惨苦　惨痛　惨戚　惨切　凄惨　凄恻　凄楚　凄怆　凄惶　凄苦　凄凉　凄迷　凄切　凄然　凄婉　凄惘　苍凉　伤心　痛心　酸　酸涩　酸楚　辛酸　酸辛　酸苦　酸痛　颓废　颓靡　颓然　颓丧　颓唐　疲乏　疲惫　疲倦　疲沓　疲塌　累　郁闷　抑郁　郁抑　郁悒　悒郁　阴郁　沉重　沉抑　沉郁　失意　惝恍　怅然　怅惘　惆怅　失望　凉　冷　心寒　寒心　灰心　沮丧　绝望　低落　低沉　黯然　败兴　扫兴　不振　不快　冷淡　冷漠　淡漠　淡然　消沉　消极　空虚　空洞　气馁　悲观　麻痹　麻木　暧昧　烦　烦愁　烦乱　烦恼　烦人　恼人　烦忧　烦躁　狂躁　暴躁　浮躁　心浮　心烦　急　躁　急躁　急

迫 急切 迫切 着慌 着急 着忙 心急 心切 焦急 焦躁 焦愁 焦渴 焦苦 焦虑 焦炙 焦灼 心焦 懊悔 懊恼 懊丧 闷 烦闷 气闷 沉闷 憋闷 憋气 憋屈 窝憋 窝囊 窝心 熬心 无聊 愤慨 愤恨 愤懑 愤怒 激愤 愤激 愤然 气愤 气恼 狂怒 恼怒 别扭 讨厌 反感 不忿 不平 不满 恶心 窘 窘促 窘困 困窘 窘迫 局促 尴尬 为难 难堪 羞耻 羞愧 羞愤 羞恼 羞怯 羞臊 羞涩 害羞 惭愧 内疚 愧疚 惭疚 歉疚 自疚 歉然 抱歉 不安 不定 紧张 乱 纷乱 惊愕 惊骇 惊慌 惊惶 惊恐 惊悚 惊疑 惊奇 惊讶 惊异 惊诧 震惊 诧异 奇怪 怪 意外 惶惑 惶急 惶遽 惶恐 惶悚 恐怖 恐慌 恐惧 可怕 胆怯 卑怯 慌 慌乱 慌忙 慌张 心慌 困惑 迷惑 迷乱 迷茫 迷惘 寂寞 落寞 寂寥 孤单 孤独 孤寂 孤苦 犹豫 犹疑 踌躇 勉强 骄躁 傲慢 骄傲 b 自傲 自大 自负 自满 勉强 可惜 可怜 b 脆弱 复杂 虚 心虚 自卑

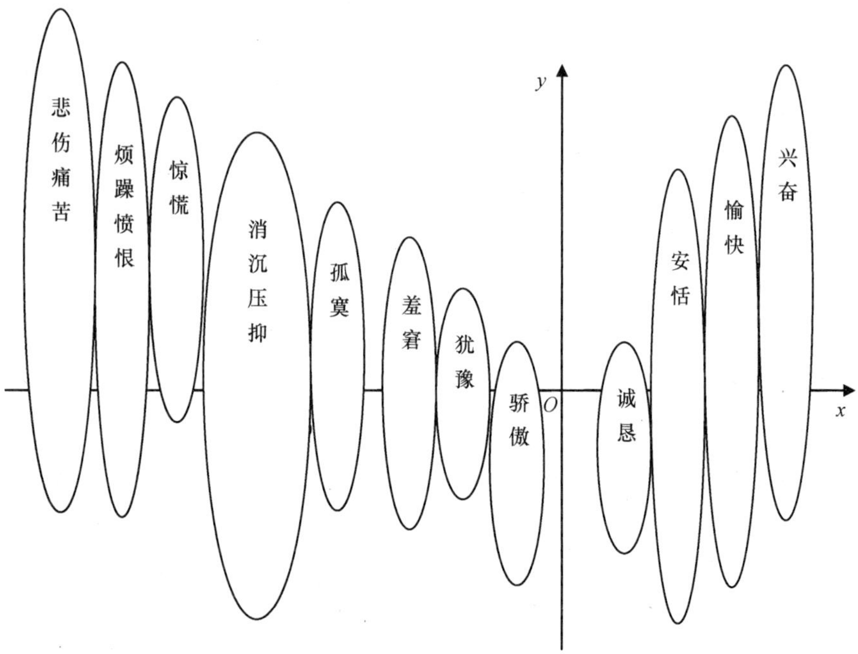

图 7—75

我们尝试用坐标轴表示积极心理形容词和消极心理形容词的分布情况：以理论意义上的心理零度理想状态，即假设存在的积极与消极心理的中间状态为轴心（O），以积极和消极的相反语义方向为最基本的渐变轴（x 轴），以心理形容词可能存在的主观认知上的语义程度或相关程度为另一个参考值（y 轴），以积极和消极心理形容词的近义次子场为单位，我们可以建立一个积极和消极心理形容词不对称分布的模拟轴（见图 7—75）。

在积极和消极心理形容词不对称分布的模拟轴上，每一个近义次子场相对独立，在每一个近义次子场中，处于同义二次子场中的词又分别以相对独立的状态分布在不同的位置上，每一个同义二次子场中的词都构成相对紧密的语义网络。因此，心理形容词虽然整体构成一个相对的封闭语义场，但积极心理形容词和消极心理形容词界限清楚，各自为营，相对封闭，积极心理形容词和消极心理形容词内部又形成相对离散的次语义网络。心理形容词语义总场内部的二级、三级子场相对离散，二级、三级的不同也是主观的语义分类，没有明确的语义层次区分。

三　极性对立与反义词

大部分的积极心理形容词和消极心理形容词之间的语义关系是部分意义勾连关系或不相容关系。同时需指出的是积极心理形容词和消极心理形容词内部可能大量存在极性对立的语义关系。语义对立分为二项分类和多项分类两种。二项分类之间的对比是绝对的，如生与死；多项分类的对立涉及两个以上的词语，如金、银、铜、铁。将语义上呈现为对立的反义词的两个词所表示的二项对比看成处在两极，在两极中间存在一个刻度尺，如大和小、深和浅。这就是极性对立。（利奇，1987：139—143）心理形容词中看上去呈现语义对立的两个词为数不少，如昂扬与颓靡、痛苦与幸福、激动与平静，但它们之间不能说是严格符合规范的极性对立关系，即两个心理形容词不一定具有可比较关系中的不相合关系。如“悲伤”与“快乐”：

悲伤［+心情］［-积极］［+难过］［+程度高］
快乐［+心情］［+积极］［+幸福］［+满足］

从心理和主观的感觉来说，“悲伤”与“快乐”是反义词，但并不像“大”和“小”那样具有可比较关系中的不相合关系。同样的，人们也可以说“悲伤”与“欢乐”是两极对立关系。因为意义形式化表达的主观性和心理状态认知界域的模糊性，心理形容词中要找到义征表达式对比严整的两个确定的反义词是困难的。

极性可以允许一个不属任何一极的中间地带存在。具有极性对立关系的两个词处于同一轴线的两极，存在中间状态。多数非核心成员即处于这样的中间地带，其语义表达的心理状态是渐变的。

综上所述，心理形容词语义分布的基本特征可以归纳为三个方面：

1. 心理形容词语义分布不平衡：积极类大大少于消极类，心态类大大少于心情类，核心成员出现频率大大超过边缘成员。

2. 心理形容词的语义网络系统不同于其他实词的呈层级分布，而是相对离散且语义渐变的。

3. 心理形容词的词义不一定对称出现，虽不一定存在合格或固定的反义词，但存在明显的积极、消极两极化特征和大量的语义极性对立关系。

四 心理形容词语义分布规律的心理学验证

关于心理或情绪的分类，战国中期《左传·昭公二十五年》即有"好恶、喜怒、哀乐"六情说，《荀子·正名》有"喜、怒、哀、惧、爱、恶、欲"七情说。19 世纪欧洲心理学家进行了更多的区分尝试。达尔文主张对立原则，区分出"向背、肯定否定、强弱、紧张轻松、快乐忧愁"等类别。冯特主张"三度说"（三个维度），区分出"愉快、不愉快，兴奋、沉静，紧张、松弛"等别。国内有学者结合心理学进行情感类词语的分类研究。高名凯（1948）把词区分为表情的词和表知的词两大类。表情的词包括"仇恨、厌恶、丑恶"等实词和"吗、吧、嗨"等虚词。张志毅、张庆云（2001）把表情感的义位分为两大类：一是表示自然性的初级情感的义位，二是表示社会性的高级情感的义位。表示自然性的初级情感的义位可以区分出三个细类：（1）肯定或积极的，对人起增力作用。如"快乐、高兴、舒服、欢天喜地、狂热"等。（2）否定的或消极的，对人起减力作用。如"忧愁、痛苦、惊慌、辛酸、暴怒"等。（3）中性的。如"激动、惋惜、惊奇、希望、留恋"等。但这些分类的出发点是主观的，导致结论可能也无法避免主观；研究是片面的，导致分类结果也可能是片面的，并没有很好的验证方法。

现代心理学关于情绪（心理）的区分研究有着实证主义的优良传统，

如利用形容词等语言现象制定量表，用以测量人的情绪（心理）状态。这是现代心理学普遍使用的研究方法之一。情绪形容词检测表是临床上常用于检测患者情绪的心理测量工具。目前国内的此类量表均是从西方的英语版本翻译后修订并沿用原量表的结构，如《简明心境量表》（中文修订版）。现代心理学研究发现，中国人的情绪结构与西方存在不同，西方流行的情绪周环图模型不适合中国人的情绪结构。为此，有心理学学者从汉语的特殊性出发进行了本土化的研究。左衍涛对汉语情绪词进行了分析，发现中国人的情绪空间包含两个单极的主导维度：正性情绪和负性情绪，二者相互独立。其中中国人的负性情绪中包含精神低落、自我否定和对厌恶刺激的情绪等方面内容，而“精神低落”包含了有关抑郁和焦虑的情绪词。（左衍涛，1995）钟杰、钱铭怡编制了具备本土性的中文情绪形容词检测表（CAMCL）并对其信效度进行初步研究。为保证中文情绪形容词的来源具有全面性和代表性，该研究选取《实用汉语形容词词典》和《现代汉语实词搭配词典》，将其中的形容词词目整理后，分别请临床心理学专业研究生和中文系的研究生逐一评估出中文中常用来表达情绪的形容词 786 个，再将这些形容词随机排列形成初测版本，从中抽取 100 个形容词作为样本，在 1010 名被试中进行了探索性因素分析和验证性因素分析。探索性因素分析和发现验证性因素分析获得并修正了 CAMCL 的四个维度与 30 个条目。（钟杰、钱铭怡，2005）

综合心理学的研究成果，可以得出关于汉民族心理机制的四个特征：

1. 汉民族情绪呈正性情绪和负性情绪两个单极维度，二者相互独立。

2. 汉民族主要存在五种心理状态：烦躁、愉快与兴奋、痛苦与悲哀、愤恨、低落抑郁。

3. 正性情绪和负性情绪分布不均衡，五种心理状态中只有“愉快与兴奋”属于正性情绪（积极情绪），其他均为负性情绪（消极情绪）。

4. 每种心理状态的细类数量分布很不均衡。

这与我们发现的心理形容词语义分布的状态和规律极为吻合，可以说是殊途同归：

1. 心理形容词总义场分为积极心理形容词和消极心理形容词两个子义场，彼此界限清楚，各自为营，相对封闭。

2. 消极心理形容词和积极心理形容词内部各自形成相对离散的次子场，消极类包括悲伤痛苦、消沉压抑、烦躁愤恨、羞窘、惊慌、孤独、犹豫、骄傲，积极类包括安恬、兴奋、愉快、诚恳。

3. 消极类心理形容词与积极类心理形容词数量呈不平衡分布状态，消极类远远多于积极类。

4. 消极类心理形容词与积极类心理形容词中每个次子场的词汇数量很不均衡，如悲伤痛苦类包含 81 个词，而孤寞类只有 7 个词。

心理学的研究方法有语言学的理论基础。语言系统内部诸要素无一不与社会大系统的诸要素发生联系，而且这种联系不是简单的对应，而是纵横交错，此渗彼透，全方位的联系。词汇语义场表现出来的系统性，正是外部世界的系统性在语义中的反映。所谓外部世界是指社会、自然界和人的精神世界。心理形容词就是人的心理状态在语言层面的反映。个人的心理言语虽并不能直接成为民族语言的构素，但当个人心理言语和社会普遍接受的心理语言模式相一致时，它就可能成为语言系统的构素。（参看林记诚，1996；贾彦德，1999）而我们的研究建立了一个相对封闭的心理形容词语义场，从每一个词的义征分析入手，构建起一个完整的语义网络，从而反映现代汉语形容词对民族心理机制的系统映射。心理形容词语义的分布规律与汉民族心理机制十分吻合，我们所得出的结论与现代心理学关于情绪（心理）区分的研究成果可以相比对、相验证，并且都比较清晰地反映了汉民族的基本心理机制。

第八章

心理形容词语形分布及其与义征的选择关系

第一节 词义和句法:对应与验证

词的义征是凭人的感觉、经验和知识体系得来的直接反映客观事物的语义特征，词的义征分析是对词未进入具体的语言结构时就存在的静态的属于语言共性的意义描写。这样的义征和义征分析，很有可能会招致“主观”、“混乱”、“不可信”、“标准不一”等质疑:

> 一是如果离开具体句式单纯从词汇角度去概括一些词的语义特征，那不一定有语法上的价值，甚至可以说离开具体句式我们根本无法确定某个大类里的哪些词该归为有语法价值的一小类；二是某些词是否具有某种语义特征从而可以归入某一小类也要结合具体句式才能确定。举例来说，动词“写”，如果离开它所出现的具体句式“V + NP（受） + 给 + NP（与）”和“V + 给 + NP（与） + NP（受）”，例如:
>
> 写一封信给小王　　　写给小王一封信
>
> 我们就很难想象它会具有［+给予］的语义特征，从而把它跟“卖、送、递、让”等词归为一小类。
>
> （陆俭明，1991）

实际上，不论承认与否，所有的语义特征分析都自觉不自觉地动用了人类的经验和背景知识，完全离开经验体系中的背景知识进行语义语法学的解释是很难行得通的，这种意义情结是与生俱来，不容回避的。

中国的语义特征分析和西方的语义特征分析并不在同一个平面上。中国的语义特征是方法论，而西方的语义特征分析是语言观、哲学观。但二者在分析时都动用了知识背景，都使用了语法/语言之外的知识，如生成语法对次范畴的划分认为“吃馒头”可说，而“吃石头”不可说，就是虽然“馒头”具有［+可食性］而“石头”不具有［+可食性］。但为什么说“馒头”具有可食性，而石头不具有可食性呢？这并不是语法内部能够解决的问题，而是来源于人类的经验体系。

（延俊荣，2005）

当然，根据经验体系和人类百科知识提取的词的义征应该得到句法形式的验证，或者说某词是否具有某个语义特征，还需要通过分布和变换来检验。语义分析也需要组合关系和句法分布的支撑与验证。

词义与句法的相互对应已经得到很多学派和学者的认同。虽然直到最近语言学界仍普遍认为词汇语义学和语法学是两个完全不同的研究领域，需要不同的描写工具，但也有学者很早就注意到了词义与句法的关系。20世纪初，弗雷格萌发了建立意义组合原则的想法：句子的整体意义是它的组成部分语义的总和及其各部分的组合方式的函数。维特根斯坦（Wittgenstein，1953）指出语言表达式的意义就是它在特定上下文中的用法的函数。杰肯道夫（Jackendoff）利用语义特征说明语义和语法的相互关系，为形态和句法组合提供语义解释。蒙塔古（R. Montague）用塔斯基模型论研究自然语言的语义与语义形式化，开辟了用精确的数学方法描述自然语义的形式语义学理论，他提出“每个句法规则都有一个相应的语义规则”的命题。认为句法描述不仅要定义结构式是否合法，而且要为语义解释提供基础。20世纪五六十年代，英国学者谢凯里特齐（A. Shaikeritch）试图从组合关系研究语义场。他认为，语义上有联系的词应该在上下文中共现；反过来，如果有些词在上下文中经常一起出现，那么，其意义之间必定有联系。他按照这种共现标准对英语形容词进行研究，结果得到了彼此意义上相关的词群，如faint（无力的）、feeble（衰弱的）、weary（疲倦的）、sick（有病的）、tedious（沉闷的）等组成一个词群，而thin（薄的）、thick（厚的）、subtle（稀薄的）组成另一个词群。80年代以后，利用词义分析探索形态和句法过程的语义基础，说明词汇和句子之间的语义关系，成为欧美词汇语义学与语法学共同的研究热点。美国语言学家莱文（Levin，1993）则从语法表现入手，寻找形式背后的语义特征和语义解释。汉语研究最早在组合层面展开语义特征分析，赵元任（1948）给动词分类时，已经深入到动词的语义类。朱德熙大量运用结构主义方法来研究现代汉语，但他从来强调形式与意义的结合互相验证。他认为："词类是反映词的语法功能的类，但是根据语法功能分出的类，在意义上也有一定的共同点。可见词的语法功能和意义之间有密切的联系。"（朱德熙，1984：38）朱德熙（1962）第一次在语法层面上有意识地进行语义特征分析。目前语义特征分析已经成为汉语语法研究的一个重要方法。词汇功能语法认为某些句法结构，可以由某些词的意义预示出来，词汇—语法学者认为语法规则必须通过词汇的实证检验才能成立，每一个词都有自己独特的语法个性，每一个句式都有自己独特的完句条件。（王占华，2001）

对于词义与句法的相互验证，普遍的看法是必要且必需的。"语言研究的最终目的就是弄清楚语法形式和语法意义之间的对应关系。所以从原则上说，进行语法研究应当把形式和意义结合起来。不过这个话说起来容易做起来难。……要使形式和意义互相渗透。讲形式的时候能够得到语义方面的验证，讲意义的时候能够得到形式方面的验证。""根据词的分布确定出来的词类在意义上确实有共同点。这就是验证。"（朱德熙，1985：80—81）比如朱德熙（1956，1982）凭借语言单位的外在形式将形容词分为简单形式（性质形容词）和复杂形式（状态形容词）两类，这种分类被证明有其语义上的理据性，得到大多数语法学者认可。尤其是语义分析的语法验证，已经成为语义学研究的一个方法，这是因为"尽管语言的直觉在大多数情况下起作用，然而语义的分析在语法上要求必须找到形式上的表现，否则就没有一个客观的依据，也就很可能各行其是"。（张国宪，1993：29）"凡是得不到形式上验证的语义分析对语法研究来说都是没有价值的。"（朱德熙，1985：80—81）

关于语义分析的可验证性，一个显见的事实是以往很多完全从词义出发得到的意义分类如今已被证明为语法类。比如，英语中对于说明人或事物外在特征的静态形容词 static 和"有着动态特征，表示人或事物的内在特征，主要说明人所固有的心理状态或暂时的情感变化，强调行为或活动的短暂状况"的分类，静态和动态形容词分别具有自己的语义特征，这使它们在句子中有不同的结构要求，如动态形容词的动态特征决定了它不能与限定词搭配作句子的主语，但可以动词化。又比如，根据次范畴化规则，语境中的英语形容词可以分为客观形容词和主观形容词。前者用来描述说话人和听者都认同的客观存在的事物或现象，表达和解释生活经历；

后者用来进行思想交流，反映说话人或者听者看待事物或他人的观点、态度和情感。在多个形容词前置修饰名词时，主观形容词位于客观形容词之前，而且形容词的主观性越强，离被修饰的名词越远。肖凌猛（2000）也论证了英语形容词只有属于同一语义聚集才能处于同一句法结构。

形容词的语义特征和句子结构有着深层的、内在的、横向的联系。（应国丽，2000）意义分类可以部分映射语形分布特征。因为“语义是形成语法聚合的基础，语义成类地制约词语和词语之间的搭配，制约语法单位的组合行为和表达功能”。（马庆株，1998）形容词内部成员的语义类型很不一样，它们的句法表现也很不一样。一个形容词的综合语义特征决定了它的句法行为，这是心理形容词语义特征的种种形式映射。

从语义语法学的角度来看，任何语言结构都有语义和语形两方面，语形结构法则是以语音为手段，将语义结构法则投射在表层上所形成的，语义编码是语言编码的内核，语形分布是语义关联的标记化投影。语言系统在语义编码的基础上再进行句级层面的语形编码。现代汉语是语义型语言，其词义和语形分布的关系是密切和必然的。

在本章中，作为语义结构研究的验证和延伸，我们尝试考察心理形容词语形分布情况。对于心理形容词语形分布的考察建立在两个基础之上：一是语料库数据统计，二是具体行文仍借用传统语法学句法层面的相关术语。这是因为传统语法学句法术语相对完备并且耳熟能详，并且不妨碍语形分布中诸种词语搭配的表达与理解。我们将尝试结合心理形容词的义征分析和其语形分布，从二者的交叉点上选择合适的切入点，考察二者可能存在的互相呼应、互相选择和互相验证关系。我们首先在大规模语料库提取的28260个例句的基础上，完整统计出心理形容词的语形分布情况，包括心理形容词无标记作主语、谓语、定语、状语、宾语、补语的情况，心理形容词有标记作主语、谓语、定语、状语、宾语、补语的情况等。希望通过这样统计考察全面描述心理形容词在实际语用中的分布情况。其次我们尝试结合语形分布数据和心理形容词的义征，寻找成系列的对应关系，如心理形容词语义向和语义类与语形分布的选择关系。然后我们换一个角度，尝试从某一格式的句法搭配出发，如通过心理形容词受程度词修饰的情况，详细深入地考察心理形容词的量性特征，在义征分析的基础上进一步深入分析心理形容词潜在的隐性的微观语义，并补充以形式化描写。

第二节　心理形容词语形分布的统计与分析

汉语语法里形容词可以充当任何一种句子成分。大部分学者认为形容词主要是作定语和谓语。但形容词的句法功能主要是作定语还是谓语，至今是个有争议的问题。《马氏文通》将形容词称作“静字”，为叙述词，功能多，用法多，可作多种句子成分。其中作定语、谓语为“常”，作主语、宾语、状语为“变”，并确立古汉语形容词的主要语法特征是作谓语。朱德熙（1956）、赵元任（1979）、吕叔湘（1990）均认为现代汉语形容词的主要功能是作谓语。袁毓林（1995）认为，形容词虽然可以作主、宾语，但在大多数情况下，形容词主要处于谓语和修饰语（定语、状语和补语）的位置。作谓语是形容词的优势分布，作主、宾语是形容词的劣势分布。胡明扬（1993）指出：“就口语而言，形容词的主要语法功能是用作谓语，口语形容词压倒多数都能用作谓语。”张伯江、方梅指出，跨语言的研究表明，形容词经常充当的句子成分主要是定语和谓语，最重要的功能是作定语。汉语形容词可以比较自由地作谓语，英语里形容词需要借助系动词作谓语，赫哲语的形容词则根本不能作谓语。有人据此总结出作名词的修饰语是形容词的普遍特征，作谓语则不能作为一个普遍特征。（张伯江、方梅，1996：217）20世纪80年代以来，部分学者开始使用定量统计分析方法研究形容词的句法功能。莫彭龄、单青（1985）、胡明扬（1995）基于语料所统计形容词在各句法位置上的出现率，郭锐（2002）、王启龙（2003）从形容词本身出发所统计形容词可作何种句法成分的结果分别如下：

<table>
<tr><th></th><th>主语</th><th>宾语</th><th>谓语</th><th>定语</th><th>状语</th><th>补语</th><th>语料性质</th></tr>
<tr><td>莫彭龄、单青</td><td>1.72</td><td>6.03</td><td>26.2</td><td>42.0</td><td>19.1</td><td>4.8</td><td>书面</td></tr>
<tr><td>胡明扬</td><td></td><td></td><td>53.4</td><td>27.9</td><td></td><td>3.4</td><td>口语</td></tr>
<tr><td>胡明扬</td><td></td><td></td><td>17.4</td><td>52.4</td><td></td><td>11.3</td><td>书面</td></tr>
<tr><td>郭锐</td><td colspan="2">93.0</td><td>99.47</td><td>29.0</td><td>12.0/40.0
（A+地）</td><td>69.0</td><td>—</td></tr>
<tr><td rowspan="2">王启龙</td><td rowspan="2"></td><td rowspan="2"></td><td>90.6</td><td>94.3</td><td rowspan="2">15.6</td><td rowspan="2"></td><td rowspan="2">—</td></tr>
<tr><td colspan="2">83.2</td></tr>
</table>

可见目前对于形容词句法功能的数量统计也还存在较大分歧。这与所采取语料的性质与范围、分析格式的选取与界定等因素都有关。如莫彭龄、单青（1985）采用书面语材料，胡明扬（1995）采用口语材料，所统计的形容词作谓语或定语的数字恰恰相反。

也有学者针对形容词下位小类的部分句法功能情况作了统计。山田留里子（1995）讨论了现代汉语双音节形容词作状语的问题。共收集双音节形容词918个，其中能作状语的共468个，占51%。不能作状语的共450个，占49%。作状语时，一定要带“地”的双音节形容词共320个，在能作状语的双音节形容词中占68.4%。陈一（1993）统计性质形容词能否作状语的比例是43.5：56.5。沈家煊（1997）统计出性质形容词和状态形容词合计作定语和状语的比例为54.5：45.5，其中书面语为53：47，口语为56：44。

为了从整体上把握现代汉语心理形容词在句子中的分布情况，明确心理形容词最主要的功能是什么句子成分，是否需添加标记以及跟其语义是否有关系等问题，本章我们对心理形容词充当句法成分的功能进行了基于大规模语料库的详尽的量性统计和分析。

有几点说明：一是统计基于我们所收集建立的449个心理形容词的相对封闭类，从单个心理形容词出发，统计其能否充当某一句法成分。二是对于心理形容词能否充当某一句法成分，不是依赖语感，而是严格建立在我们收集的语料的基础上。包括1061万字次的大规模在线卢伟语料库、自选语料库和互联网搜索补充语例，共收集28260个例句。涵盖书面语材料还是口语记录材料。因为无论是书面语材料和口语记录材料，都是实际的“语流”或“语用”，在如此大规模的语料库中可以相对真实地反映心理形容词的综合使用情况。即使区分了书面语和口语材料的统计，也不可避免面对“口语记录材料”已经存在书面语式的梳理，毕竟不是完全的录音材料。三是统计时一律区分无标记和加标记格式的用例并在统计表中标明。无标记格式标为“0”，有标记格式标为“1”。有标记格式包括作定语时加“的”字或短语、作谓语时加“是”字、作状语时加“地”字、作补语时加“得”字以及其他各种形式的标记格式。需说明的是，按照朱德熙（1956）对于性质形容词和状态形容词的分类标准，性质形容词是典型的、无标记的形容词，而状态形容词几乎都是从性质形容词通过重叠、附加前后缀、前加程度副词等方式派生而来。心理形容词是性质形容词的一个下位义类，在我们统计的过程中，重叠、前加程度副词等是心理形容词用法的一个不可分割与忽视的部分，因此我们将重叠、前加程度副词作为心理形容词有标记的使用方式一并统计，而不因为加了程度副词或重叠后整个组合已经变成状态形容词，就不加理会了（沈家煊 1997 年的统计方式正好相反，都是按状态形容词统计的）。四是各成分尽量在最小简单句、短语中确认，排除嵌套式复杂短语的用例以减少干扰。对心理形容词作谓语的考察强调在完整句中进行，以期真实反映形容词充当谓语的功能。

下面是对 449 个心理形容词句法分布的统计考察结果：

心理形容词语形分布统计总表

	例句	主语		谓语		宾语		定语		状语		补语	
		0	1	0	1	0	1	0	1	0	1	0	1
哀愁	9					1	7	1					
哀戚	3					1	1		1				
哀伤	32		3	4	3	2	10		5		5		
哀恸	6		1		4				1				
哀痛	10		1	1	2		2		1		3		
哀婉	5								3		2		
哀怨	12				1		5		3		3		
暧昧	15		1	2	2			1	2		7		
安定	36			2	15	2	5	2	9		1		
安顿	4			1	3								
安静	41				27		5		1		7		1
安乐	5			1	2			2					
安宁	38		1	1	5	11	10	1	3				6
安然	17						2			11	4		
安生	10			1		4	3			1			1
安适	6			2	1		1		1		1		
安恬	5		1	1	1		1		1				

续表

	例句	主语		谓语		宾语		定语		状语		补语	
		0	1	0	1	0	1	0	1	0	1	0	1
安帖	5				5								
安慰	98	2	2	13	10	11	38	3	2	7	10		
安稳	9				4		2				3		
安闲	10				3		3				3		1
安心	81			1	16	3	8	1	3	36	12	1	
安逸	5		1			1	1		2				
黯然	46			12	6		3		2	22	1		
昂奋	8			1	3			1	2		1		
昂扬	15			4	1			2	6		2		
傲慢	75		7	7	10	4	13	5	15		13		1
熬心	4				3				1				
懊悔	27	1		5	18		2	1					
懊恼	25		1	2	9	3	3		1				6
懊丧	9			2	3		1	1		1	1		
败兴	3				1				1	1			
饱满	27			9	4	1	1		12				
抱歉	79		2	7	44	1	5		2	3	15		
暴躁	26		1	9	8		1		3	1	3		
卑怯	3				2				1				
悲哀	154		10	9	12	28	58		29		8		
悲惨	72		1	1	18		4	17	28		2		1
悲愁	4						4						
悲楚	5		1		1		2				1		
悲怆	12			1		3		6		2			
悲愤	32		2		7	4	6	1	3	1	8		
悲观	123	1	8	3	43	7	11	20	26		3		1
悲苦	11	1	1		3		1	1	3				1
悲凉	21				8		4	2	7				

续表

	例句	主语		谓语		宾语		定语		状语		补语	
		0	1	0	1	0	1	0	1	0	1	0	1
悲凄	3								1		1	1	
悲戚	5				1						3		1
悲切	10		2		2						3		3
悲伤	112	2	13	6	24	12	24	3	22		5		1
悲酸	3					1	1	1					
悲恸	7		1		1				3		2		
悲痛	79		2	2	22	6	15	1	13	1	15		2
悲壮	44		2		7	1	5	8	18	1	1		1
憋闷	21		2		16	1	2						
憋气	7			1	2	4							
憋屈	3				1		2						
别扭	97			19	43	11	10	3	5		2		4
不安	337	2	8	25	80	53	84	7	42		33	1	2
不定	52		2		24		5		9		7		5
不忿	5					2			1				2
不快	60		2	7	8	12	16		7	2	6		
不满	247		16	20	37	31	79	15	15	4	30		
不平	84	1	3	7	17	30	13		6		7		
不振	16			2	13								1
惭疚	3						3						
惭愧	80	1	1	4	37	18	8	1	4		6		
惨怛	3				2				1				
惨苦	3				2				1				
惨戚	3			1			2						
惨切	5	1			2				2				
惨痛	14			1	4	1	1	1	4				2
苍凉	11				1		5		4		1		
诧异	86			6	24	20	5		5	3	23		

续表

	例句	主语		谓语		宾语		定语		状语		补语	
		0	1	0	1	0	1	0	1	0	1	0	1
缠绵	31		1	3	6		6	3	10	2			
惝恍	3								3				
敞快	3				3								
敞亮	3				2			1					
怅然	14			1	5		3		3		2		
怅惘	8		1		5	1	1						
畅怀	5			1	2		1			1			
畅快	31				12	2	2			2	8	2	3
沉闷	43		1	4	11	2	7	3	9		6		
沉痛	38			2	1			8	12	3	12		
沉抑	3			2					1				
沉郁	11		1		3		1		2		4		
沉重	129		2	22	34	3	11	3	27		27		
沉着	41		1	2	11		4		7	7	9		
称心	30		1	2	12		3		10	1			1
诚恳	132		3	8	23	1	5	2	28	8	49		5
诚挚	30						2	3	16		9		
惆怅	40		5	2	9	4	13	1	4		2		
愁楚	6		3	1			2						
愁苦	15		2	2	2	2	2		4		1		
愁闷	6		1		2	1					2		
踌躇	34		1	5	13	3			2	4	6		
脆弱	50			5	19		6		20				
胆怯	43			1	19	2			3	2	13		3
淡漠	36		1	5	10		4		4		10		2
淡然	21		1	2	3	1			1	9	4		
得意	348		3	13	145	4	18	10	42	6	100		7
低沉	11			3	4			3			1		

续表

	例句	主语		谓语		宾语		定语		状语		补语	
		0	1	0	1	0	1	0	1	0	1	0	1
低落	28		1	13	9		1		3		1		
恶心	46			2	13	16	8	2	3		2		
烦	130	1		7	92	10	7	1	1	1		1	9
烦愁	3					3							
烦乱	9			1	4	1	1				2		
烦闷	25		1	3	10	1	3		4		3		
烦恼	199	10	21	8	24	34	73	5	8		16		
烦人	9			1	2				5			1	
烦忧	5		1	1	1	1	1						
烦躁	51		1	5	18	2	10		1		12		2
反感	84		3	7	41	11	18		4				
纷乱	8		1	1	2			1	1		2		
愤慨	37		2	2	9	2	10		5	2	5		
愤恨	20		1	2	6	3	3		1	2	2		
愤激	3					2	1						
愤懑	19		2		1	2	4	3	6		1		
愤怒	242	9	22	5	58	13	34	4	36	3	57		1
愤然	14			1	5					8			
浮躁	17		1	1	5		3	2	4				1
复杂	61			9	21			2	27				2
尴尬	175	1	4	7	45	8	28	18	30		27		7
感伤	57	2	5	2	14	4	14	4	9		3		
高兴	1139	4	12	93	682	34	59	10	39	2	178	8	18
高涨	23			7	14				2				
孤单	47				18	1	5	1	12		10		
孤独	223	5	12	2	48	19	49	10	59	1	17		1
孤寂	36		2	1	5	3	3	2	13	1	6		
孤苦	19				9		1	2	5		2		

续表

	例句	主语		谓语		宾语		定语		状语		补语	
		0	1	0	1	0	1	0	1	0	1	0	1
怪	307		3	5	144	18	5	106	7	12	6	1	
寒心	10			6	4								
害羞	33		1	4	16	4	2		4	1	1		
好受	66			8	53		3				1		1
好奇	211		3	5	29	21	18	64	13	7	51		
欢畅	6		1	1		1	1				2		
欢快	35		1	2	3		2		19	1	6	1	
欢乐	122		15	5	5	11	36	12	30		8		
欢慰	4				1	1	2						
欢喜	104		5	17	51	1	10		6		12		2
欢欣	28				16	2	7		2		1		
欢愉	8						7	1					
欢悦	5			1	1				2		1		
慌	98		1	13	66	17							1
慌乱	70			4	22	3	5		12	1	23		
慌忙	58								1	37	20		
慌张	42	2		5	14			1	5	1	16		
惶惑	29		2	2	7	2	5		7		4		
惶急	6			2	3				1				
惶遽	2								1		1		
惶恐	38		1	2	15	2	5		3	1	9		
惶悚	3			2							1		
灰心	32			2	24		3		3				
积极	222			1	20	1	1	75	41	44	38		1
激昂	51		2	8	12		1		12		16		
激动	426		5	21	185	10	47	3	39		108	1	5
激奋	3			2	1								
激愤	13				4		2	2	2		3		

续表

	例句	主语		谓语		宾语		定语		状语		补语	
		0	1	0	1	0	1	0	1	0	1	0	1
激烈	33			4	10	1			8	2	5		3
激越	8			2			1		4		1		
急	632	2	3	17	320	31	9	48	12	51	110	3	26
急迫	11			1	3		2				5		
急切	75		1	2	6	1	3		8	4	47	1	2
急躁	20		1	6	4	2	2		2		2		1
寂寥	3			1					1		1		
寂寞	245	5	14	8	78	36	33	7	37	1	25		1
骄傲 a	163	1	4	16	21	33	48		13		27		
骄傲 b	29		1	2	16		5	1	2		2		
骄躁	3	1			1			1					
焦愁	3		1		2								
焦急	105		2	1	32	2	6	1	15	3	42		1
焦渴	3										2	1	
焦苦	4		1				2		1				
焦虑	73	1	5	3	14	3	27	2	12		6		
焦躁	37			4	17	1	6	1	4		3		1
焦炙	3				2				1				
焦灼	18		1		4		1		7	1	4		
侥幸	33		1	1	4	9	1	9	4	2	2		
紧张	354	1	9	17	200	13	30	13	19		48	1	3
惊诧	28		1	3	7	1	2		3		11		
惊愕	55		1	6	17	2	3		7	1	18		
惊骇	22	1		4	7		1	2	1	1	5		
惊慌	75			6	39	2	4		12		12		
惊惶	27		2	2	7	1	3		2	1	8		1
惊恐	56		1	1	15		6	2	13		18		
惊奇	93	1	1	13	20	9	8	1	11		29		

续表

	例句	主语		谓语		宾语		定语		状语		补语	
		0	1	0	1	0	1	0	1	0	1	0	1
惊悚	4			2			1		1				
惊喜	90	1	3	11	19	1	20	1	6	3	25		
惊讶	230		3	24	70	18	18		22	1	72		2
惊疑	12			1	4		3				4		
惊异	63			12	16	3	5		7	1	19		
窘	64				26	4		27		4	3		
窘促	6				4			1			1		
窘迫	23			1	6	1	9		2		4		
局促	29	1	1	1	11	1	8		1		5		
沮丧	95		7	16	28	5	15	2	4		18		
绝望	155		7	4	34	14	19	3	44		29	1	
开怀	23			1	2		2			15	2		1
开朗	66		1	8	29	3	3		20		2		
开心	227		2	7	99	10	7	4	16	4	34	8	36
可怜 a	7				3		1		2				1
可怜 b	355		1	24	141	7	14	19	115		10	20	4
可怕	282		2	8	130	5	18	6	98		1	6	8
可喜	46			2	11		1	10	22				
可惜	121			35	61	5	4		15				1
可心	5				1			1	3				
空虚	60		3	6	16	7	19	2	5	1	1		
空洞	10			1	2		3		4				
恐怖	72	1	2	1	19	4	17	7	12	1	6		2
恐慌	46	1	2	1	13	7	14	2	3		3		
恐惧	218	11	31	6	23	33	63	19	10		22		
苦	405	5	20	7	73	89	44	82	5	60	9	1	10
苦楚	12		1			1	6	1	2		1		
苦闷	63		8	3	17	1	20	3	5		6		

续表

	例句	主语		谓语		宾语		定语		状语		补语	
		0	1	0	1	0	1	0	1	0	1	0	1
苦恼	182	17	8	8	31	44	44	1	9		20		
苦涩	33		1		4	3	9	2	8		5		1
苦痛	31		2		4	1	9		5		10		
快活	114		2	8	59	4	10	4	16		8	2	1
快乐	613	12	52	46	137	53	135	17	107	1	45	3	5
快慰	10		2		2	1	3				2		
快意	19				5	2	7				5		
宽畅	4				3		1						
宽舒	3			2			1						
宽松	7				3				3		1		
宽慰	15			1	1	1	8		1		3		
狂怒	3		1	1	1								
狂热	66	1	5		2	2	9	1	31	4	11		
狂喜	19	1	2	2	1	2	4		5		2		
狂躁	3						1	1			1		
愧疚	26		2	1	4	5	7	2	5				
困惑	87		4	9	19	12	16	2	6	1	18		
困窘	3				1			1	1				
乐观	157	4	8	3	30	5	8	39	48	1	9		2
乐和	3			1	2								
累	89		1	7	50	9	7		1				14
冷	28			4	16	3		2	2		1		
冷淡	77		2	10	32	6	3	2	6		15		1
冷漠	105		6	2	23	6	18	5	33	2	10		
凉	44			1	31			10	2				
亮堂	5				3		1						1
乱	85		1	12	45	2		5	2	17	1		
落寞	14			1	5	1	4		2		1		

续表

	例句	主语		谓语		宾语		定语		状语		补语	
		0	1	0	1	0	1	0	1	0	1	0	1
麻痹	13		1	4	3		2	2					1
麻木	48		3	3	22	1	4	1	3		8	2	1
闷	126			2	57	21	5	24	4	7	6		
迷惑	81		2	5	37	5	10		6		13	1	2
迷乱	7				3		1		2		1		
迷茫	21		3		3	1	3		7	1	2		1
迷惘	44		1	4	9	5	14		3		8		
勉强	83		2		10		3	1	3	46	15	1	2
明朗	10				3				6				1
默契	48	1	2	2	10	10	15		2	1	4		1
耐烦	145		2		44		6		11		59		23
耐心	151	1	4		9	35	14	3	5	38	42		
难熬	23				12	1	2		6			1	1
难过	279	1	7	32	187	10	21	1	13		6		1
难堪	82	1	3	21	19	5	14	2	9		2		6
难受	206		1	34	129	6	13	1	7		4	6	5
恼怒	24				11	3	1		2		7		
恼人	9				1		1		7				
内疚	71		4	2	24	9	14	6	5		7		
宁静	49	1	3	4	8	1	11		18		3		
暖和	7			2	3	1	1						
澎湃	10			4	1		1		4				
疲惫	99	1		9	25	4	14	2	27	1	15		1
疲乏	30		5		9	4	5		6		1		
疲倦	32		1	2	10	3	6	1	6		2		1
疲沓	3				1			1	1				
疲塌	7	1			3	1		2					
平淡	32	1	1	3	10		2		7		5		3

续表

	例句	主语		谓语		宾语		定语		状语		补语	
		0	1	0	1	0	1	0	1	0	1	0	1
平和	54			4	20	4	2		19		4		1
平缓	6			1	4								1
平静	409		65	12	165	27	25	3	47	5	56		4
迫切	96				13		2	10	18	31	22		
凄惨	36		2	1	11	1	4	1	5		6		5
凄恻	3						1		2				
凄楚	16			1	1	1	1	3	7	1	1		
凄怆	9				1		2		4		2		
凄惶	4					1	1		1		1		
凄苦	11					2	3	1	5				
凄冷	3					1	1		1				
凄凉	79		5	5	16	5	18	4	16		7		3
凄迷	3			2				1					
凄切	4							1	2	1			
凄然	19			2	5	1	1			9	1		
凄婉	5			1	3						1		
凄惘	3						1		2				
奇怪	443		30	22	148	59	59	6	61	5	43	3	7
奇妙	30		2		9		2	4	12		1		
气愤	95	3	2	3	36	8	9		6	1	25		2
气闷	11		2		5	2					1		1
气恼	20				13				1		6		
气馁	27				25				1		1		
虔诚	62		2	1	7	3	6	3	22	2	16		
缱绻	4				1	1		1	1				
歉疚	32		1	1	2	3	9	1	6		9		
歉然	5			1	1				1		2		
亲切	184		3	3	40	9	24	17	39	5	38	1	5

续表

	例句	主语		谓语		宾语		定语		状语		补语	
		0	1	0	1	0	1	0	1	0	1	0	1
惬意	33		1		10		6		12				4
轻快	30				4			2	4	1	19		
轻松	299		4	10	112	10	46	7	38	11	49	1	11
热烈	82	1	1	3	27	1	6	2	31	8	2		
热切	25		1		1		1		6	6	10		
热情	446	11	45	6	80	25	96	5	48	26	104		
如意	80	1		2	27		9	13	25		1		2
扫兴	26			1	13	3	1		2		5	1	
伤悲	4				2		2						
伤感	71	1	1	1	23	8	11	2	8		16		
伤心	272	2	9	3	136	9	19	18	35		34	2	5
失望	310	3	16	5	160	19	41		21	2	43		
失意	27		2	4	4		3	4	7		3		
舒畅	41			11	21	1	3		3				2
舒服	267	1	4	6	139	9	35	1	12	1	28	6	25
舒适	60			1	19	1	10	4	14		8	1	2
舒爽	3				2				1				
舒坦	13		1		7		1	1	2		1		
舒心	19				9	1		2	4		1	1	1
舒展	9				5	1	2				1		
爽	26			17	7	1			1				
爽心	3			1			1	1					
爽快	73		2		19	2	5	3	4	5	32		1
爽朗	41			3	2	1	2	2	16	2	11		2
顺畅	13			2	5		1			1	3	1	
顺气	6			1	4								1
顺心	29			3	17		2		5		1		1
顺意	4			1	2								1

续表

	例句	主语		谓语		宾语		定语		状语		补语	
		0	1	0	1	0	1	0	1	0	1	0	1
松快	4				2		2						
酸	33				18	3		4	5		2		1
酸楚	25		2	3	6		8		4		2		
酸苦	3					1	1				1		
酸涩	8				2	1	3		1		1		
酸痛	3				3								
酸辛	3		2				1						
酸心	3				1			1			1		
遂心	3			1			1				1		
遂意	3			1	2								
踏实	109			6	52	4	3	4	5	2	19		8
泰然	28			3	6		1		3	8	7		
坦诚	60	1		10	3	3		14		11	17	6	1
坦荡	23			7	7		2		4		2		1
坦然	83		1	1	16		2	3	7	22	29		2
坦率	82		2	1	13	2	5		15	9	34		1
忐忑	20		1	2	12				4		1		
讨厌	128		6	8	72	4	10	5	21		1		1
恬静	20	1	1		3		5	1	8	1			
恬然	10		1		3	2			3	1			
恬适	7		1	1	2				2		1		
甜美	14		2		1				10		1		
甜蜜	49		2		13	3	13	7	2		7		2
痛	69		5	1	25	16	14	3	3		2		
痛楚	27		5		2	3	6		4		6		1
痛苦	678	15	72	9	133	67	190	12	99	7	71		3
痛快	280			8	134	6	23	4	14	6	54		8
痛切	5				1				1	2	1		
痛心	66		2		35	4	2	1	13	3	6	23	

续表

	例句	主语		谓语		宾语		定语		状语		补语	
		0	1	0	1	0	1	0	1	0	1	0	1
颓废	15		3	1	2	1	1	2	4		1		
颓靡	3		1			1			1				
颓然	13			2						7	4		
颓丧	13		1		5				3		4		
颓唐	11		1	1	4		2		2		1		
微妙	47		2	1	3		7	5	26		2		1
为难	91		2	5	49	4	7	1	11	1	11		
委屈	222	1	20	4	37	50	66		12		32		
温暖	155		3	1	18	16	57	2	54		4		
温馨	85		1	3	10	7	20	2	40				2
稳当	11			2	6				1		2		
窝憋	3				1		2						
窝囊	57	1	1	4	14	4	7	17	2		5	1	1
窝心	6			1	2			1	2				
无聊	161		2	7	56	9	16	7	35	2	16	7	4
喜兴	3						2	1					
喜悦	195	1	26		12	22	92	6	28		8		
闲适	16			1			3	2	7		3		
消沉	17			6	8		2				1		
消极	63			1	17	3	6	3	20	6	7		
心安	14				8	3	2		1				
心烦	27		1		13			1	5		1	3	3
心浮	7				6		1						
心寒	10				5	1			4				
心慌	28		1	1	15		1	1	2		7		
心急	27	15	1	1	2			1			6		1
心焦	19				15		2					1	1
心静	5	4		1									

续表

	例句	主语		谓语		宾语		定语		状语		补语	
		0	1	0	1	0	1	0	1	0	1	0	1
心宽	5	1			2	1			1				
心切	21			15	3				1		2		
心软	26	1		5	14	2	1		2			1	
心盛	5		1	3							1		
心酸	25		1		14	2			6				2
心碎	29	1			10	2			14		2		
心痛	32		1	3	18	2	4		1		3		
心虚	40			8	16	1	3		2		10		
辛酸	43		3		5	6	13	3	5		8		
欣快	3				1			2					
欣然	42				2					38	2		
欣慰	77	1	4	1	14	24	19		5		9		
欣喜	52		1		10	7	8	1	10		15		
欣幸	3				1	1	1						
欣悦	4				1		1				2		
兴奋	388	2	11	1	173	12	38	19	40	4	83		5
幸福	702	23	43	21	161	87	150	35	116	1	55	2	8
幸运	138		5	1	63	4	18	11	26		10		
羞耻	45	1	1	1	6	11	9	7	8		1		
羞愤	9		1		2	1		2		1	2		
羞愧	62		2	2	22	10	13		5		8		
羞恼	3					2					1		
羞怯	32			1	9	1	3	1	12		5		
羞臊	4				3		1						
羞涩	39		2	1	13	2	4		5	1	10		1
虚	33			5	14		3	9	1	1			
抑郁	28			4	4	1	3	7	8		1		
悒郁	4			1	2						1		

续表

	例句	主语		谓语		宾语		定语		状语		补语	
		0	1	0	1	0	1	0	1	0	1	0	1
意外	174	3	4	1	26	36	26	4	34	4	35		1
阴郁	23		2	1	6		1		7		6		
殷切	15				3			1	2	3	6		
忧愁	38		4	3	6	5	6		9		5		
忧愤	6		1		1	1			1		2		
忧惧	3		1						1		1		
忧闷	4				1		2	1					
忧伤	62		4	3	8	7	21	1	10		7		1
忧悒	4				2		2						
忧郁	103	4	13	8	15	4	21	8	20		9		1
悠然	26			1	4					10	10		1
悠闲	33		1		8		4	2	8		10		
犹疑	10				3	1	1				5		
犹豫	301		6	4	197	3	12	1	9		69		
愉快	298	3	3	21	74	5	34	3	76	10	51	6	12
愉悦	23			3	2	4	3		9		2		
郁闷	23	1	1	1	5	2	7		4		2		
郁抑	5	1			1		1		2				
郁悒	5				1		1		3				
躁	11			8	1			1					1
着慌	5			2	2				1				
着急	302	1		27	240	4	2	2	6	4	16		
着忙	3			1							1		1
震惊	47		3	7	7	9	10		8		2		1
镇定	46	1	1	1	23	5		7			8		
镇静	51			2	15	10	1	4	3		16		
振奋	33			7	18	1	2	1	3				1
振作	27		1		25		1						

续表

	例句	主语		谓语		宾语		定语		状语		补语	
		0	1	0	1	0	1	0	1	0	1	0	1
真诚	170	1	7	2	25	11	13	3	50	17	40		1
真挚	55		1	2	10	1	4	5	23		7		2
自傲	23		2	2	5	2	3	1	5		3		
自卑	82	2	4	1	30	5	11	16	9		3		1
自大	44	1	4	1	15	2	4	10	7				
自得	33				18		2		7		6		
自负	22		1	1	4		3	1	8		4		
自豪	163		6	4	37	15	38	15	19		28		1
自疚	3			1	2								
自满	24	1	1		7	2	6		6		1		
自在	117			1	59	1	26		8	1	13	2	6
总计	28620	233	1066	1577	9514	2009	3739	1313	3817	850	3887	145	470

根据上表，我们统计出心理形容词句法分布的综合数据：

心理形容词语形分布统计综合表

句法成分	标记格式无/有	例句数	占句法成分比例%	占总例句数比例%	例句数总计	占总例句数比例%
主语	无	233	17.9	0.8	1299	4.6
	有	1066	82.1	3.8		
谓语	无	1577	14.2	5.6	11091	39.2
	有	9514	85.8	33.7		
宾语	无	2009	34.9	7.1	5748	20.3
	有	3739	65.1	13.2		
定语	无	1313	25.6	4.6	5130	18.2
	有	3817	74.4	13.5		
状语	无	850	17.9	3.0	4737	16.8
	有	3887	82.1	13.8		

续表

句法成分	标记格式无/有	例句数	占句法成分比例%	占总例句数比例%	例句数总计	占总例句数比例%
补语	无	145	23.6	0.5	615	2.2
	有	470	76.4	1.7		

注：总例句数为28260。

上表中“占总例句数比例%” $= \frac{\text{例句数}}{\text{总例句数}} \times \%$

“占句法成分比例%”一项 $= \frac{\text{某句法成分有（无）标记例句数}}{\text{句法成分例句数总计}} \times \%$

由此表可以归纳出以下几点：

1. 从整体上看，心理形容词可以充当主、谓、宾、定、状、补所有句法成分。具体到每个心理形容词则不一定。449个心理形容词中只有高兴、急、苦、快乐、舒服、幸福、愉快等7个心理形容词可以不论是否添加标记出现在所有句法位置上。这与其出现的词频呈正相关。“高兴”出现1139次，“急”632次，“苦”405次，“快乐”613次，“舒服”267次，“幸福”702次，“愉快”298次，都是出现频率极高的心理形容词。可以无标记或有标记格式充当所有句法成分的有75个：

傲慢 悲惨 悲观 悲伤 悲痛 不安 诚恳 淡漠 得意 烦 烦躁 愤怒 尴尬 孤独 欢喜 激动 急切 急躁 寂寞 焦急 紧张 惊惶 惊讶 开心 可怜b 可怕 恐怖 苦涩 快活 乐观 冷淡 麻木 迷惑 迷茫 勉强 默契 耐烦 难过 难堪 难受 疲惫 疲倦 平淡 平静 凄惨 凄凉 奇怪 气愤 亲切 轻松 如意 伤心 爽快 坦诚 坦然 坦率 讨厌 甜蜜 痛楚 痛苦 痛快 微妙 窝囊 无聊 心烦 兴奋 羞涩 意外 忧伤 忧郁 震惊 真诚 真挚 自卑 自豪

这些词也是常用的心理形容词，其出现频率较之其他不能遍布各种句法成分的心理形容词也高得多。

2. 心理形容词的各项句法功能具有不平等性，即心理形容词虽然可以作多种句法成分，但是分布概率是不相等的，而是呈现出一个由强到弱的序列。心理形容词充当句子成分的自由度由大到小的排列是：

谓语 > 宾语 > 定语 > 状语 > 主语 > 补语

可见对实际语用中的心理形容词而言，作谓语是优势分布，作主语、补语是弱势分布，充当宾语、定语、状语的概率大大低于谓语，同时又大大高于主语和补语，彼此之间相差不大。

3. 从我们的统计结果看，心理形容词无标记作宾语的自由度相当大，达到作宾语总数的 34.9%，占例句总数的 7.0%，超过无标记作谓语的 5.5% 和作定语的 4.6%。心理形容词无标记充当句子成分的自由度由大到小的排列是：

宾语 > 谓语 > 定语 > 状语 > 主语 > 补语

从"有标记的是弱势分布"的理论出发，心理形容词作宾语应是优势分布。一般很少有人认为形容词可以比较自由地单独充当宾语，即使加上各种标记，作宾语也很难被认为是形容词的主要句法功能。沈家煊（1997）认为，汉语形容词典型的或无标记的句法功能是充当定语。胡明扬也指出："形容词用作主语和宾语毕竟是少数，可以根据区分一般和特殊的原则处理，在计算机处理自然语言用的语法体系中可以给出用作主语和宾语的概率。"（胡明扬，1995b）但不仅是无标记的心理形容词充当宾语十分自由，有标记和不区分有无标记的统计数据也显示心理形容词作宾语实在不算少。

怎么解释这一不太寻常的现象呢？我们觉得这与样本数的庞大和词频有关。郭锐（2001）依据北京大学中文系和计算语言所合著的《现代汉语语法信息词典》（电子版本）43330 词，和北京语言文化大学宋柔教授从 2 亿字语料中统计得出的词频表（词频表共收词 244574 个），计算了形容词与词频的相关系数，并分析了词频与功能的相关现象反映了什么实质。很多学者已注意到语言形式和意义的变化与词频的正相关，郭锐这样解释这种现象：变化总是在使用中发生，使用越频繁的成分发生变化的可能性也就越大，越容易衍生出新的意义和用法；使用越少，出现变化的可能性越低。那些最不可能发生变化的成分是已经不用的成分。一个词兼有多种词性通常都是词在使用中发生变化，产生出新的意义或用法造成的，我们可以说词所具有的词类性质的多少与词频正相关。郭锐指出：

汉语中，对于一些词类的某些功能的数量统计往往有很大分歧。比如一般认为形容词绝大多数都能作定语，而根据我们的统计，只有 29% 的形容词可以直接作定语。

> 造成这种分歧的根本原因是词频与词的语法功能的相关性。词频与词的功能有一定的相关性，这种相关性对不同词类、不同功能而言，情况有所不同。一方面，同一功能在不同词类中与词频的相关性可能相差很大，比如做主语的能力在动词中随词频下降而显著下降，但在名词中没有显著变化。另一方面同一词类的不同功能与词频的相关性也可能相差很大，比如形容词作定语的能力随词频的下降而显著下降，但做组合式补语的能力却无显著变化，而做谓语的能力随词频下降反而上升。
>
> （郭锐，2001）

语言是运动的，词的潜功能在使用中会转化为显功能。就像高兴、急、苦、快乐、舒服、幸福、愉快等 7 个心理形容词可以不论是否添加标记出现在所有句法位置上一样，因为使用的频度极大，词的新功能就会不断出现并不停地得以强化。心理形容词作为谓词的一种，尤其是整体上看又具有较强的谓词性，往往还与动词纠缠不清。在人们一贯的想象中，作宾语必然比较受限。然而通过对大规模语料库的分析，我们发现心理形容词可以相对自如地充当宾语，这应与该用法使用频繁有关。

4. 心理形容词有标记充当句子成分的自由度由大到小的排列是：

谓语 > 状语 > 定语 > 宾语 > 主语 > 补语

心理形容词有标记作谓语的比率达到 33.7%，包括重叠、加程度副词、加否定词、比较等多种格式。不区分有无标记的话，心理形容词作谓语的比例高达 39.2%，远远超过作定语的 13.5% 和 18.2%，即使是无标记的统计数据，作谓语的比率也高于作定语，所以在心理形容词的句法分布上，主要是作谓语还是作宾语不存在争议。作谓语是绝对优势分布。

一般认为形容词作状语的情况极为复杂，对形容词作状语的界定学者们也观点不一。有的认为多数形容词作状语是直接作状语；有的认为状语一般表示行为动作的方式或情状，形容词主要表示事物的品质或属性，能作状语的为数不多（朱德熙，1956；胡明扬，1987）；有的认为形容词作状语包括“A + 地”的格式在内，这样一来多数形容词都可以作状语，进而认为作状语是形容词的主要功能之一。（张志公，1979；傅婧，1954）王启龙（2003）认为形容词直接作状语与“A + 地”作状语的情形根本不同，他分析形容词作状语只取前者，故得出的数字较小。根据我们的统计数据，心理形容词有标记作状语的比率为 13.8%，多为“A + 地”的格式，说明心理形容词无标记作状语虽然十分受限，加上标记“地”之后变得相对自由，但也并没有达到“多数形容词都可以作状语”的程度。

心理形容词作重要句法成分的概率和自由度，是否依赖标记格式，依赖何种标记格式充当句子成分，具体情况分析如下：

一　作主语

全部例句中，有 1299 例作有标记和无标记的主语分布，占 4.6%。从总体上看，心理形容词作主语很受限，是很不自由的。

无标记作主语的心理形容词有 76 个：

幸福　苦恼　痛苦　心急　快乐　热情　恐惧　烦恼　愤怒　寂寞　孤独　苦　安慰　懊悔　悲观　悲苦　悲伤　不安　不平　惭愧　惨切　烦　尴尬　感伤　高兴　激动　骄傲 a　骄躁　焦虑　紧张　惊骇　惊奇　惊喜　局促　恐怖　恐慌　狂热　狂喜　乐观　默契　耐心　难过　难堪　宁静　疲惫　平淡　气愤　热烈　如意　伤感　伤心　失望　舒服　坦诚　恬静　委屈　窝囊　喜悦　心静　心宽　心软　心碎　欣慰　兴奋　羞耻　意外　忧郁　愉快　郁闷　郁抑　着急　镇定　真诚　自卑　自大　自满

如：

(1) 安慰是先甜后苦的，苦到末了又使我自傲。

(2) 难堪渐渐变为羞恼，他的火也上来了。

(3) 喜悦胜过了惭愧，他打定了主意：刚才不是听到鸡鸣么？

(4) 忧郁趁势在她的心里生长起来。

以有标记形式出现在主语位置的有 222 个。主要以名词性偏正短语或的字结构形式出现。在作主语的名词性偏正结构中，心理形容词往往作为中心词，形成“修饰语 + 的 + A”的格式：

(5) 这种冷淡使我痛心。

(6) 深深的内疚又感染着他，使他没有勇气走到女儿面前去打她。

(7) 人心真正的安逸，是对一切事物，都怀着感谢的心情去接触。

(8) 儿子眼中一闪而逝的悲愤竟然击痛展中延的心扉。

(9) 它在读者心中引起的灵魂深处的颤动和哀恸，更不是一般文学作品所能比拟。

的字结构作主语往往与“是”同现，形成“A+的+是”的格式：

(10) 幸运的是，电话局还真有彭增吉家中的电话。

(11) 意外的是有很多公司的课长、部长甚至社长，都不太合乎这个原则。

未以任何形式出现在主语位置的心理形容词共201个，约占全部心理形容词的44.8%：

哀愁 哀戚 哀婉 哀怨 安定 安顿 安静 安乐 安然 安生 安适 安帖 安稳 安闲 安心 黯然 昂奋 昂扬 熬心 懊丧 败兴 饱满 卑怯 悲愁 悲怆 悲凉 悲凄 悲戚 悲酸 憋气 憋屈 别扭 不忿 不振 惭疚 惨怛 惨苦 惨戚 惨痛 苍凉 诧异 惝恍 敞快 敞亮 怅然 畅怀 畅快 沉痛 沉抑 诚挚 脆弱 胆怯 低沉 恶心 烦 烦愁 烦乱 烦人 愤激 愤然 复杂 高涨 孤单 孤苦 寒心 好受 欢慰 欢欣 欢愉 欢悦 慌乱 慌张 慌忙 惶急 惶遽 惶悚 灰心 积极 激奋 激愤 激烈 激越 急迫 寂寥 焦渴 焦躁 焦炙 惊慌 惊悚 惊疑 惊异 窘 窘促 窘迫 开怀 可怜a 可喜 可惜 可心 空洞 快意 宽畅 宽舒 宽松 宽慰 狂躁 困窘 乐和 冷 凉 亮堂 迷乱 明朗 难熬 恼怒 恼人 暖和 澎湃 疲沓 平和 平缓 迫切 凄恻 凄楚 凄怆 凄惶 凄苦 凄冷 凄迷 凄切 凄然 凄婉 凄惘 气恼 气馁 缱绻 歉然 轻快 扫兴 伤悲 舒爽 舒心 舒展 爽 爽朗 顺畅 顺气 顺心 松快 酸 酸苦 酸涩 酸痛 酸心 遂心 遂意 踏实 泰然 坦荡 痛快 痛切 颓然 稳当 窝憋 窝心 喜兴 闲适 消极 消沉 心安 心浮 心寒 心焦 心切 心虚 欣快 欣然 欣幸 欣悦 羞恼 羞怯 羞臊 虚 抑郁 悒郁 殷切 忧闷 忧悒 犹疑 愉悦 郁悒 躁 着慌 着忙 震惊 镇静 振奋 自得 自负 自疚 自在

这些未以任何形式出现在主语位置的心理形容词有些理论上可以充当主语。比如我们可以使用一个格式套用很多这样的心理形容词：

□□是他心情的底色。

如：

苍凉是他心情的底色。
悲愁是他心情的底色。
明朗是他心情的底色。

或者使用适用于其他心理形容词的其他格式，如：

难熬是这阵子我们大伙儿最主要的心理体验。
焦渴是这阵子我们大伙儿最主要的心理体验。

可见如果语用需要，上面的心理形容词大部分是有可能出现在主语位置的，作主语对它们来讲是一种潜功能。这是我们需要强调的一点说明。我们的统计是对语用语流中的、最原生态的心理形容词句法功能的统计。可能理论上看某个心理形容词可以单独充当主语，但在这近3万个例句中都没有出现相应的例句的，我们就如实反映在统计数据中，最终形成的句法功能统计数据，应该说是最真实的心理形容词的组合和语用句法功能的实践形态。理论上可以、实际上没有出现某种语形分布的，可能是该词在实际语用中使用率较低的缘故，但更主要的原因应该是这种语形分布是该词的弱势或极弱势分布。换句话说，人们不习惯“那样”使用这个词。从这个角度看，语形分布实践形态的统计具有较高的客观性。

二　作谓语

全部例句中，有11091例作无标记和有标记的谓语分布，占39.2%，是心理形容词的优势分布。

未以任何形式出现在谓语位置的心理形容词只有32个，仅占全体心理形容词的7.1%：

哀愁　哀戚　哀婉　安然　安逸　悲愁　悲凄　悲酸　不忿　惭疚　惝恍　诚挚　烦愁　愤激　欢愉　慌忙　惶遽　焦渴　焦苦　苦楚　狂躁　凄恻　凄惶　凄冷　凄切　凄惘　酸苦　酸辛　颓靡　喜兴　羞恼　忧惧

这些心理形容词都是双音节词，大多数出现频率较少，如此大的语料库中，含该词的例句往往仅出现三五个。惭疚、烦愁等词用作一个双音节词的概率大大小于它们的组成语素“惭”、“烦”、“愁”的使用概率。从义征分析结果看，大多为消极类表心情的心理形容词。酸苦、酸辛合并为一个义位，义征分析完全相同。哀愁、哀戚、哀婉，凄惶、凄冷、凄切、凄惘，悲愁、悲凄、悲酸等分别处于一个同义组，即是处于同一二次子场中的心理形容词词群，共用某一个同义项的语素，如“哀”、“凄”、“悲”等。包含［+书面］义征的词相对较多，如哀戚、凄惶、凄恻、惝恍、惶遽。

有标记的谓语分布占33.7%，远远高于无标记的5.6%，说明心理形容词作谓语有标记的自由度要大得多。这与我们在统计中将加程度副词、重叠等格式作为标记格式而不是状态形容词有关。朱德熙（1982：104）指出性质形容词单独作谓语含有比较或对照的意思，因此往往是两件事对比着说的，如“人小心不小”、“北方干燥，南方潮湿”，只有在语言环境能显示出比较或对照的意义时，这一类格式才能单独出现，如“哪本好？——这本好”。同时，性质形容词作谓语表示事物恒久的属性，是静态的，状态形容词则是表示暂时的变化，是动态的。因此在叙述事件的过程中，只能用状态形容词作谓语。这些是心理形容词无标记分布受限的主要原因。

三 作宾语

全部例句中，有7748例作无标记和有标记的宾语分布，占20.3%。心理形容词作宾语的能力很强，无标记作宾语十分自然，有标记的格式也很多，多为名词性偏正结构，且与“充满”、“感到”、“有种”等连用较常见。

(12) 这样处理，使人感到不忿。(《现规》第103页)

(13) 空茫的声音载满绝望，展司漠眼神涣散。

(14) 我的心里充满着喜悦。

(15) 我跑到走廊上，心里又充满了那种无边无际的绝望。

(16) 这些学生来了又去，暂时的热闹更增加他的孤寂，辗转半夜睡不着。

(17) 想来她一定和我一样有种排遣不尽的内心孤独吧。

(18) 宁宁厌恶父母对于她几年前的怀孕表露出这种惊诧。

(19) 我忽然感受到一种从未有过的恬静和平安。

(20) 一直溜出校门口没碰上人，可是心跳得厉害，真有一种做贼的

甜蜜。(王小波)

未以任何形式出现在宾语位置的心理形容词有 89 个，占全体心理形容词的 19.8%：

哀恸　哀婉　暧昧　安顿　安乐　安帖　昂奋　昂扬　熬心　败兴　卑怯　悲凄　悲戚　悲切　悲恸　不振　惨怛　惨苦　惨切　惝恍　敞快　敞亮　沉痛　沉抑　低沉　烦人　纷乱　愤然　复杂　高涨　寒心　欢悦　慌忙　慌张　惶急　惶遽　惶悚　激奋　寂寥　骄躁　焦愁　焦渴　焦炙　窘促　可心　宽松　狂怒　困窘　乐和　凉　明朗　疲沓　平缓　凄迷　凄切　凄婉　气恼　气馁　歉然　轻快　舒爽　顺气　顺意　酸痛　酸心　遂意　忐忑　恬适　甜美　痛切　颓然　颓丧　稳当　窝心　心烦　心急　心静　心切　心盛　欣　欣然　悒郁　殷切　忧惧　悠然　躁着慌　着忙　自疚

四　作定语

全部例句中，有 5130 例作无标记和有标记的定语分布，占 18.2%。

未以任何形式出现在定语位置的心理形容词有 79 个，占全体心理形容词的 17.6%：

安顿　安然　安生　安帖　安稳　安闲　悲楚　悲戚　悲切　憋闷　憋气　憋屈　不振　惭疚　惨戚　敞快　怅惘　畅怀　畅快　愁楚　愁闷　烦愁　烦乱　烦忧　愤激　愤然　寒心　好受　欢畅　欢慰　慌　惶悚　激奋　急迫　焦愁　焦渴　惊疑　开怀　快慰　快意　宽畅　宽舒　狂怒　乐和　亮堂　暖和　平缓　凄然　凄婉　气闷　伤悲　舒展　顺畅　顺气　顺意　松快　酸苦　酸痛　酸辛　遂心　遂意　颓然　窝憋　消沉　心浮　心焦　心静　心盛　欣然　欣幸　欣悦　羞恼　悒郁　忧悒　悠然　犹疑　着忙　振作　自疚

朱德熙（1982：73—75）认为性质形容词作修饰语远不如状态形容词自由，无论定语、状语都如此。虽然不是因为意义上不配合，但性质形容词直接修饰名词的格式就是受限，多要加“的”。石毓智（2003）认为绝大部分双音节形容词作定语时必须加“的”。张伯江、方梅（1996：227）认为“的”是形容词词尾，又叫做形容词词尾标记。沈家煊（1997）通过对 6 万字的口语和书面语材料的量性考察得出结论，如果考虑到状态形容词作定语都要加标记这一点，状态形容词作定语远不如性质形容词自由。性质形容词和状态形容词是处于同一个连续统中的次类，其语法地位并不等值，而双音节形容词则较为复杂，有的偏向于性质形容词，有的偏向于状态形容词。（张国宪，1993；沈家煊，1997b）沈家煊将双音节形容词分为A、B两类，A类双音节形容词作定语可以不加标记，作谓语要加标记，偏向性质形容词，B类反之，偏向状态形容词。

心理形容词是性质形容词的下位义类，绝大部分心理形容词是双音节形容词，根据我们的统计数据，有207个心理形容词可以无标记直接作定语，占全体心理形容词的46.1%，由数据看，心理形容词无标记作定语还算相对自由：

（21）即便晚年的孤寂岁月，他也从未访问过一个GM的人。

（22）人心气一高，这辈子就难得有舒坦日子过了。

（23）一提起女儿，郭燕又添了件心烦事："要不咱甭办了，真放女儿一人在家，行嘛？"

（24）我是这寂寞都市的一分子，孤独，冷漠，势利，却又自以为是。

（25）她自然觉着了羞耻，为了克服这羞耻，便作出满不在乎的傲慢样子。

（26）看着齐眉很顺畅他讲完最后这一段话，逐渐恢复一种平静的愉快面容。

可以不加标记作定语的心理形容词，作谓语也不一定要加标记：

（27）我越想他，我越寂寞。

（28）高高低低，如火柴盒样四角四方地立着，既傲慢，又呆笨。

（29）他们的儿子因为有了一个全新的婚姻而心情愉快，他们也是很高兴的。

也就是说，"孤寂"、"舒坦"、"心烦"是A类双音节形容词，"寂寞"、"傲慢"、"愉快"是B类双音节形容词。因为在统计中我们并不引入状态形容词的概念，也没有刻意统计"性质形容词+的"的数量，我们暂不估计心理形容词内部A、B类双音节形容词哪种多些，只是指出心理形容词内部的确存在作定语功能不同的下位形容词类别。的确有些心理形容词游移向状态形容词。这也验证了朱德熙（1956）关于“双音节形容词带有状态形容词的性质”的论断。

心理形容词加标记作定语大多是“A＋的”或“A＋之”的格式，如：

（30）但是这伤感的气氛却把她吓倒了。

（31）今天，他的出现，并没有使她产生惊喜之情。

或者与其他词与短语一起出现，不加“的”、“之”作定语：

（32）艾略特名著《空洞的人》，是20世纪初信仰破灭后西方知识分子空虚落寞心灵的写照。

如前所述，我们把加程度副词、否定词、重叠也作为心理形容词充当句法成分的标记形式，在统计中并不引入状态形容词的概念，也不将其作为状态形容词看待，如：

（33）在下船时，我又碰到了一件不顺心的事。

（34）我也不知道为什么，就在那一刹那，我心里翻腾起来的都是一些过去的事，一种酸酸的感觉。

（35）妈妈看见后，用非常惊奇的眼光注视着我。

五　作状语

全部例句中，有4737例作无标记和有标记的状语分布，占16.8%。

从标记形式上看，多是“A＋地”的格式，部分出现在“在～中”、“因（为）～”等状语从句中：

（36）你的出现，是生活对我长久虔诚期待的回报。

（37）唐辛楣气愤道：“刘小姐，范小姐，你们瞧这个人真不讲理。”

（38）我高兴地扑向爸爸，却突然发现他面色苍白，眉头上凝聚着层层乌云。

（39）我们惊愕地望着这个湿淋淋的不速之客。

（40）到1997年，我才在不敢碰的哀伤中想通了这些。

（41）因为心烦，我曾经生气地把水壶摔在墙上。

（42）我因心慌，一时间思潮乱涌。（李碧华）

六 作补语

全部例句中，有615例作无标记和有标记的补语分布，占2.2%。心理形容词作补语特别受限，是最弱势分布。

可以无标记形式出现在补语位置的心理形容词有45个，占全体心理形容词的10.0%：

痛快（23） 可怜b（20） 高兴（8） 开心（8） 无聊（7） 难受（6） 舒服（6） 可怕（6） 踏实（6） 愉快（6） 安心 悲凄 不安 畅快 烦 烦人 怪 欢快 激动 急 急切 焦渴 紧张 绝望 苦 快活 快乐 麻木 迷惑 勉强 难熬 奇怪 亲切 轻松 扫兴 伤心 舒适 舒心 顺畅 窝囊 心烦 心焦 心软 幸福 自在

只能以有标记形式出现在补语位置的心理形容词有98个，占全体心理形容词的21.8%。能够出现在补语位置的心理形容词，其充当补语的能力、频度和方式有很大差别。如“痛快”以无标记形式出现在补语位置有23例，“可怜b”有20例，其他大部分只有一两例而已；“耐烦”以有标记形式出现在补语位置有23例，却不能以无标记形式出现在补语位置上；“开心”出现在补语位置上共44例，占其总例句数的19.3%，高兴则26例，仅占2.3%。

从形式上看，不论有无标记，心理形容词作补语大多出现在“得”字句中。有标记的格式可能是包含该词的联合式短语，可能是加程度副词、语气词等。

（43）他头上见了汗，心中空了，空得舒服。

（44）但是我自己愿意，我会比现在活得高兴。

（45）背后的长者都不见了，热闹中的脚步迈得多么孤独。

（46）母亲怕热，拉得手累心烦，又惦记着丈夫在下面的输赢，不住骂这孩子讨厌。

（47）那妇女微笑着，笑得是那么质朴和亲切，似乎带着她失落已不知多久的全部亲情向河边走来。

（48）说着说着，陈景润哭了，而且哭得很伤心。

（49）她哭得悲痛至极，恨不得干脆死掉算了！

（50）老太太形容她看得高兴啦。

第三节　心理形容词义征与语形分布的选择关系

在心理形容词统计总表的基础上，为考察心理形容词义征与句法分布的对应情况，我们区分语义向和语义类分别统计如下。

心理形容词语义向与语形分布选择关系统计表

类别 / 句法	标记格式	积极					消极				
		例句数（个）	合计（个）	比率1（%）	比率2（%）	比率3（%）	例句数（个）	合计（个）	比率1（%）	比率2（%）	比率3（%）
主语	0	86	496	17.3	0.7	4.2	147	803	18.3	0.9	4.9
	1	410		82.7	3.4		656		81.7	4.0	
谓语	0	575	4340	13.2	4.8	36.5	1002	6751	14.8	6.1	41.3
	1	3765		86.8	31.6		5749		85.2	35.1	
宾语	0	652	2176	30.0	5.5	18.3	1357	3572	38.0	8.3	21.8
	1	1524		70.0	12.8		2215		62.0	13.5	
定语	0	516	2238	23.1	4.3	18.8	797	2892	27.6	4.9	17.7
	1	1722		76.9	14.5		2095		72.4	12.8	
状语	0	424	2313	18.3	3.6	19.4	426	2424	17.6	2.6	14.8
	1	1889		81.7	15.9		1998		82.4	12.2	
补语	0	77	334	23.1	0.6	2.8	68	281	24.2	0.4	1.7
	1	257		76.9	2.2		213		75.8	1.3	
合计		11897				42.1	16363				57.9

注：

①比率 $1 = \frac{\text{有（无）标记充当某一句法成分例句数}}{\text{充当某一句法成分例句数}} \times \%$

②比率 $2 = \frac{\text{有（无）标记充当某一句法成分例句数}}{\text{积极（消极）类例句总数}} \times \%$

③比率 $3 = \frac{\text{充当某一句法成分例句数}}{\text{积极（消极）类例句总数}} \times \%$

心理形容词语义类与语形分布选择关系统计表

类别 句法	标记格式	心态					心情				
		例句数（个）	合计（个）	比率1（%）	比率2（%）	比率3（%）	例句数（个）	合计（个）	比率1（%）	比率2（%）	比率3（%）
主语	0	23	154	14.9	0.5	3.3	210	1145	18.3	0.9	4.9
	1	131		85.1	2.8		935		81.7	4.0	
谓语	0	262	1616	16.2	5.6	34.5	1315	9475	13.9	5.6	40.2
	1	1354		83.8	28.9		8160		86.1	34.6	
宾语	0	255	777	32.8	5.4	16.6	1754	4971	35.3	7.4	21.1
	1	522		67.2	11.1		3217		64.7	13.6	
定语	0	315	1005	31.3	6.7	21.5	998	4125	24.2	4.2	17.5
	1	690		68.7	14.7		3127		75.8	13.3	
状语	0	282	1043	27.0	6.0	22.3	568	3694	15.4	2.4	15.7
	1	761		73.0	16.2		3126		84.6	13.3	
补语	0	12	89	13.5	0.3	1.9	133	526	25.3	0.6	2.2
	1	77		86.5	1.6		393		74.7	1.7	
合计		4684				16.6	23576				83.4

注：

①比率 1 = $\frac{\text{有（无）标记充当某一句法成分例句数}}{\text{充当某一句法成分例句数}} \times \%$

②比率 2 = $\frac{\text{有（无）标记充当某一句法成分例句数}}{\text{心情（心态）类例句总数}} \times \%$

③比率 3 = $\frac{\text{充当某一句法成分例句数}}{\text{心情（心态）类例句总数}} \times \%$

④合计栏中的 16.6% 和 83.4% 分别是心态类和心情类心理形容词例句占例句总数的比例。

综合前面的《心理形容词语形分布统计总表》，以及《心理形容词语义向与语形分布选择关系统计表》、《心理形容词语义类与语形分布选择关系统计表》三表的统计数据，我们进行横向和纵向的比对：

第一，先将心理形容词整体和语义向、语义类心理形容词有无标记充当句子成分的自由度分别排列出来进行纵向的比对：

1. 比较充当句子成分的自由度

心理形容词充当句子成分的自由度由大到小的排列是：

谓语 > 宾语 > 定语 > 状语 > 主语 > 补语

消极类心理形容词充当句子成分的自由度由大到小的排列是：

谓语 > 宾语 > 定语 > 状语 > 主语 > 补语

积极类心理形容词充当句子成分的自由度由大到小的排列是：

谓语 > 状语 > 定语 > 宾语 > 主语 > 补语

心情类心理形容词充当句子成分的自由度由大到小的排列是：

谓语 > 宾语 > 定语 > 状语 > 主语 > 补语

心态类心理形容词充当句子成分的自由度由大到小的排列是：

谓语 > 状语 > 定语 > 宾语 > 主语 > 补语

从总体上看，各类心理形容词与心理形容词整体一样，作谓语都是优势分布，主语、补语都是弱势分布，这说明它们都具有心理形容词的共同特点。消极类、心情类心理形容词与心理形容词的整体排列顺序是对应的，与整体充当句子成分的自由度完全一样，说明这两类是心理形容词主要和典型成员。积极类、心态类心理形容词充当状语的能力大大提升，分别达到 19.4% 和 22.3%，充当宾语的能力减弱，分别为 18.8% 和 16.6%，说明这两类是心理形容词边缘和非典型成员。

2. 比较无标记充当句子成分的自由度

心理形容词无标记充当句子成分的自由度由大到小的排列是：

宾语 > 谓语 > 定语 > 状语 > 主语 > 补语

积极类心理形容词无标记充当句子成分的自由度由大到小的排列是：

宾语 > 谓语 > 定语 > 状语 > 主语 > 补语

消极类心理形容词无标记充当句子成分的自由度由大到小的排列是：

宾语 > 谓语 > 定语 > 状语 > 主语 > 补语

心情类心理形容词无标记充当句子成分的自由度由大到小的排列是：

宾语 > 谓语 > 定语 > 状语 > 主语 > 补语

心态类心理形容词无标记充当句子成分的自由度由大到小的排列是：

定语 > 状语 > 谓语 > 宾语 > 主语 > 补语

如果按照无标记作句子成分更凸显词的句法分布自由度的理论，心态类心理形容词在这里显现出它句法功能的个性，它最自由充当的句子成分是定语，为6.7%，其次是状语6.0%、谓语5.6%和宾语5.4%。

3. 比较有标记充当句子成分的自由度

心理形容词有标记充当句子成分的自由度由大到小的排列是：

谓语 > 状语 > 定语 > 宾语 > 主语 > 补语

消极类心理形容词有标记充当句子成分的自由度由大到小的排列是：

谓语 > 宾语 > 定语 > 状语 > 主语 > 补语

积极类心理形容词有标记充当句子成分的自由度由大到小的排列是：

谓语 > 状语 > 定语 > 宾语 > 主语 > 补语

心情类心理形容词有标记充当句子成分的自由度由大到小的排列是：

谓语 > 宾语 > 定语 > 状语 > 主语 > 补语

心态类心理形容词有标记充当句子成分的自由度由大到小的排列是：

谓语 > 状语 > 定语 > 宾语 > 主语 > 补语

消极类和心情类的排序是相同的，心理形容词整体和积极类、心态类相同。谓语的优势地位和主语、补语的弱势分布没有改变。实际上，两种排序里，状语、宾语和定语的比例相差不大，这两种不同的排序差别主要在充当状语的能力上。应该是积极类、心态类充当状语的能力有比较大的提升，对心理形容词整体的排序产生了细微的影响。参考心态类、积极类心理形容词无标记和整体充当句子成分对于状语一贯的青睐，我们发现，积极类、心态类心理形容词的确存在较多充当状语的倾向。

第二，分别对语义向和语义类心理形容词充当各种句子成分的比例进行横向比对，并较之以心理形容词总表数据。

比较积极类和消极类心理形容词可知，消极类心理形容词充当定语的比例是17.7%，状语14.8%，补语1.7%，分别低于积极类心理形容词的18.8%、19.4%和2.8%，充当谓语的比例达到41.3%，则大大高于积极类的36.5%，甚至也高于心理形容词整体充当谓语的比例39.2%。可见消极类的充当谓语的自由度最高，其谓词性最强。积极类心理形容词充当补语的比例是所有相关数据中最高的，达到2.8%，高于消极类的1.7%

和心理形容词整体的2.2%。

比较心情和心态类心理形容词可知，心情类心理形容词其他比例均高于心态类心理形容词，但作定语的比例为17.5%，状语为15.7%，低于心态类的21.5%和22.3%。较之心理形容词整体作定语和状语的比例18.2%、16.8%，心态类心理形容词作状语、定语自由度是所有相关数据里最高的。心态类心理形容词作主语的比例为3.3%，包括无标记0.5%，有标记2.8%，而心情类为4.9%，无标记0.9%，有标记4.0%。心态类心理形容词作主语自由度是最低的。

汇总三表，我们发现各类心理形容词整体作谓语的比率基本保持在一个比较稳定的范围内：心理形容词整体39.2%，消极类41.3%，积极类36.5%，心情类40.2%，心态类34.5%。各类心理形容词有无标记作谓语的比率也基本稳定。但通过数据不大的波动，仍可看出，消极类、心情类是比较典型的心理形容词，作谓语的能力比积极类和心态类心理形容词强。尤其是心态类心理形容词有标记作谓语的比例只有28.9%。

因此，通过数据统计我们发现，在总体走向一致的前提下，心理形容词内部表现出不均衡性和非匀质性。从语形分布来看，消极和积极、心情和心态是异质的。从语义向角度看，消极类心理形容词是典型的心理形容词，积极类则是非典型的；从语义类角度看，心情类心理形容词是典型的心理形容词，心态类则是非典型的。其中心态类心理形容词又是最不典型的心理形容词。这验证了从静态聚合语义角度出发分辨出的不同语义类型，的确存在语形上的不同的成系列的分布规律和特征。

第四节　心理形容词量性特征的分析与描写

量性特征影响到形容词的句法活动能力，使其语形表现姿态各异。不同语言的形容词及其次类都拥有量性特征，但量的表现形式存在差异，比如在英语中，形容词有原级、比较级和最高级的级别形态变化。一般认为没有形态变化的汉语形容词使用加标记的形式来表达量性等级，其量性特征的典型外部表现是能否加程度词，以及加什么样的程度词。

汉语形容词的量性特征受到语法学家的普遍关注。鲁川（2001：234—235）将形容词量性等级标记分为三类：（1）颇为（considerable），表示事物具有一定程度的某种属性。这种属性既不过分也不带有任何比较的意思。颇为的标记有：很、颇、相当、非常、十分、特别。（2）较为（comparative），表示某事物比另一事物有较高或较低的某种属性。常用的标记有：比较、都（更）、较、更、还（更）。（3）最为（superative），表示在某范围内某事物有最高或最低的某种属性。常用的标记有：最、顶（最）。石毓智（1991，1992）根据形容词能否为程度词序列“有点儿、很、最”修饰，把形容词分为定量的和非定量的两类。黄国营、石毓智（1993）认为形容词在量上有量幅和量点之分。量幅和量点的判别可以用程度词来测定，能与程度词组配的形容词具有量幅特征，反之只有量点特征。从量的阀域上看，量幅表述的是弥散量，是无界的；量点表述的是固化量，是有界的。量幅是相对的，有的具有较大的量幅空间，有的只有较小的量幅空间。张国宪（1993）将程度词粗略地分为微量、中量、高量和极量四个量级，并考察了1000多个常用形容词与程度词的组配能力，以此来测试各类形容词在量幅延伸性上的不同表现。从量值的角度分类，可以被四个量级切分的是全量幅形容词，不能为任何程度词切分的是量点形容词，介于二者之间的是半量幅形容词。由此，三者的量值并不等价，表现为：全量幅形容词 > 半量幅形容词 > 量点形容词。本质上说，弥散量内部是一个渐变的、非离散性的连续序列。量值决定形容词的类型，量的弥散性特征越明显越倾向于表现性质，而量的固化性特征越显豁则越偏向于表述状态。由此，典型的性质形容词是全量幅词，典型的状态形容词是量点词。不同量度的形容词对句法位有不同的感受度，表现出类型性上的差异。张国宪（2000）较全面地梳理了形容词的量性特征，指出形容词的量性特征除弥散量和固化量之外，还有显性量与潜性量、静态量与动态量之分。石毓智（2003）将形容词的数量特征分为量级序列、极限、百分比和正负值四类。四类形容词的句法活动能力和量幅具有明显的强弱之分：量级序列类 > 百分比类 > 极限类 > 正负值类。这证明了词语的数量语义范围的大小对其句法活动能力强弱的决定作用。量级序列类形容词具备以下句法特点：（1）都能被“不”否定。“不 + A”格式实际上是为形容词确定一个程度较低的量级，常常确定一个程度较低的量，意为“不及、不够”等。（2）都可以加上体标记或者其他语法手段，表示性质状态的动态变化过程。（3）部分具有重叠形式。因为重叠式跟程度词的功能相当，都是为形容词确立一个模糊的量级。形容词的重叠式表示一个“相当高”的程度，其具体语义随出现的句法环境不同而变化（参见朱德熙，1956）。相当一部分没有相应的重叠式。(4) 在作定语和谓语上表现得最活跃，可以出现在所有的格式中。绝大部分双音节形容词作定语时必须加“的”。(5) 都可自由地应用于比较级和最高级，能受程度词序列“有点儿、很、最”修饰的形容词代表的是一个程度不等的量级序列或者量幅，是非定量的。

与前述心理形容词的义征提取和分析不同，形容词的量性特征是从组合角度出发探究的成系列的形容词的隐含语义特征，是从语形分布中得出的结果。可以说，形容词的量性特征是研究形容词语义特征不可忽视的一面，几乎是形容词表达性状本质的最典型的表达域。在心理形容词的义征分析和语料统计过程中，我们也发现，一方面大量的程度词修饰心理形容词的现状不容回避；另一方面，如果能够对相对封闭的心理形容词词群做一个详尽的量性特征的归纳和形式化描写，会使得心理形容词的义征分析更精确，使信息处理的工具更具有可操作性。

作为性质形容词的一个下位义类，根据石毓智（2003）的相关定义，从整体上看心理形容词应该是属于量级序列形容词，是具有典型形容词语形分布特征的典型形容词，属于句法活动能力最强的一类。但在被认为可能偏向状态形容词、不作为典型性质形容词的双音节形容词占 96.4% 的情况下（参见张国宪，2000），心理形容词内部存在非匀质性，因此我们不能一概而论。心理形容词究竟具有何种量性特征？量幅如何？是弥散量还是固化量，有没有明显的显性量特征？这一节我们将统计语料库中 50 个核心心理形容词受程度词修饰的情况，在此基础上对心理形容词核心成员的量性义征（简称量征）进行形式化描写。

对心理形容词受程度词修饰的情况进行统计，有几点需要说明：

第一，明确表量程度词有哪些，并对表量程度词进行分级（张国宪，1996）。表量程度词包括绝对表量程度词和相对表量程度词。绝对表量程度词是指没有明确比较对象且不能进入比较句式的程度词，相对表量程度词指有明确比较对象且能进入比较句式的程度词。根据所表程度的量级，绝对表量程度词可分为五级：

超量：过　过于

极量：太　极　极为　极其　极度　分外　万分

高量：很　十分　非常　特别　相当　挺　怪

中量：不大　不太

低量：有点儿　有些

相对表量程度词分为四级：

极量：最　顶　最为

高量：更加　更为　更　越加　越发　愈加

中量：比较　较比　较为　较

低量：稍微/略微/稍稍/稍为/稍 +（一）点儿/一些

结合具体语料中的其他程度表达方式，我们将修饰心理形容词的程度词综合分级如下：

1. 表低量：

有点儿　有些

稍微/略微/略/稍稍/稍为/稍 +（一）点儿/一些　一点（儿　）

增加：

些许　几分

参考例句：

（51）愉快和些许失望，以及无法形容的创造的快乐。

（52）我们挂着期待的笑容望着他，他用带几分局促迷惑的凄凉眼神儿望着我们。

2. 表中量：

不大　不太

比较　较比　较为　较

3. 表高量：

很　十分　非常　特别　特　相当　挺　怪　太1

更加　更为　更　越加　越发　愈加

增加：

很是　许多　格外　更大　老　大为　颇为　满　甚为

参考例句：

（53）这使我猛省到，当时的情绪很是悲伤。（王小波）

（54）我二姐不是一个外向型的人，有着许多委屈、痛苦就往肚里咽。

（55）我觉得彭的琴声格外凄凉。

（56）那样的话，女排也同样会面临中国男排目前在国际排坛所遭到的冷落，那将是中国排球的更大悲哀。

（57）那些歌，让人听了老伤心的。

（58）我顿时大为失望，本来心里还有一点点神秘感，这句世俗的话一说，把形象全然破坏了。

（59）我听后颇为惊讶，没想到工会的势力这么大，更没想到东德的主张居然也在往西德渗透。

（60）妈妈，我自己活着蛮舒服，欢喜，可以不要男人！（老舍《二马》）

（61）鸿渐学了乖，甚为高兴，觉得已经是报馆老内行了。

程度词“太”可以分为两个：一个表示高量，相当于“挺”（记为太1）；一个表示超量，相当于“过于”、“过分”的意思（记为太2）。如：

（62）不要太激动啦！

类似“太2”的程度词还有“太过”：

（63）也不要太过悲观，政治与经济总有好转的一天。

（64）恐怕在一份青年刊物上写这些墓前的景物是太过伤感，还是及早回到正题上来罢。（王小波）

4. 表极量：

极（了）　极为　极其　极度　分外　万分

最、顶、最为

增加：

极大（的）　最大（的）　莫大（的）　到了极点　之极　格外（的）　透了

参考例句：

（65）我个人的一个秘密是在需要极大快乐和悲伤的公众场合却达不

到这种快乐和悲伤应有的水平。(王小波)

(66) 这时候童年饥饿的经历早被我忘掉了，眼前最大的痛苦是磨屁股。(王小波)

(67) 有史而不知史，是莫大的悲哀。

(68) 芝对生活感到了某种彻底的绝望，情绪低落到了极点。

(69) “懵懂”已经哭得伤心至极，好像她的腿断了一样。

(70) 偌大的一个广场总是在拥挤繁忙的大上海中显得格外的空落和寂寞，就像是一个失望的大黑洞。

(71) 对于这段无聊的婚姻，我早就烦透了。

5. 表超量：

过　过于　太2

增加：

无限　无比　异常（地）　太过　过分　过度　空前

参考例句：

(72) 心有千千结的展素雁无限忧愁。

(73) 让我们在无比悲伤的关键时刻从文学里找不到人生的答案，却令我们更加悲伤，我们还读文学作品作什么？

(74) 但当她将这股激情泄于纸面时，却又变得异常地平静。

(75) 爸爸在信的结尾，鼓励她，要她坚持下去直至拿到学位回来，不要为妈妈的过世过分悲伤。

(76) 娇弱的新娘伤心过度，急急抽泣数声，气顺不过来，忽然瘫倒在温楚身上。

(77) 当他听到报告里提出要搞社会主义市场经济之后，感到空前失望。

第二，对于心理形容词前加否定词与程度词，形式上分离的，因为有可能改变量性特征与积极消极的选择关系，我们且不算作有效例句。

比如量的表达有时可以通过语法手段使形容词的量发生变化：

a 很 + A——→A + 得 + 很

b 不 + 很/太/十分 + A

c 很/太/挺/非常 + 不 + A

b 是弱化形式，如“不很兴奋”隐含“有点儿兴奋”的意思，是一种委婉的表达形式，因为程度词“很”直接修饰“兴奋”，是有效的例句。c 的程度词是表示否定的量，比如“很不高兴”比“不高兴”程度还要高，程度词与心理形容词分离，不算有效例句。a 是一种比较普遍的量的强化形式，虽然中间有后置补语助词“得”，但不影响量性特征与积极、消极的选择关系，也是有效例句。

第三，现代汉语形容词记量的叠用格式主要有三种：一种是某个程度词的重复使用，如：

(78) 我现在真的非常非常痛苦。

所记的量比单用格式高；一种是“稍微、略微”与“有点儿”叠用，叠用后所记的量比单用格式低。还有一种是“有点儿”与“太”叠用，这种格式中的“太”表示程度过头，多用于不如意或不企望的事情。“太”前面加低量程度词“有点儿”使其量弱化，语气委婉。对于这样的叠用，不管其最终表达的量是强化还是弱化了，我们只看直接修饰形容词的那个程度词，因为只要“太 2”或“有点儿”这样的程度词可以修饰它，那么这个形容词就是具备超量或低量的特性的。

第四，我们对于心理形容词的量性义征进行分别表述：可以被五个量级所切分的是全量形容词，不能为任何程度词切分的是量点形容词，介于二者之间，可以被至少两个量级切分的是半量形容词，只能被某一个量级修饰的，如只能被高量程度词修饰的，我们称之为高量形容词，依此类推。

第五，考察的范围限定为心理形容词的 50 个核心成员：

忧愁　悲伤　痛苦　悲哀　悲惨　凄凉　伤心　颓废　失意　疲乏　失望　低落　烦　烦躁　着急　焦急　懊悔　闷　烦闷　愤怒　为难　羞耻　害羞　不安　奇怪　惊讶　慌张　恐慌　迷惑　孤独　寂寞　犹豫　骄傲　安定　闲适　平静　高涨　昂扬　激动　热情　愉快　高兴　欢乐　喜悦　如意　快乐　畅快　舒服　坦荡　诚恳

从聚合关系和词的静态语义比较中提取义征、构建语义网络时确定的核心成员，也是通过义征分析发现的析义元语言基元，在实际语用中出现比例极高。核心成员每词在语料库中平均出现次数为182.9次，远远高于整体心理形容词每词在语料库中平均出现的62.9次。这也从一个方面验证了纯粹义征提取确定的核心成员，不仅在语义上是核心成员，在使用中也是重要词汇。因为使用频率高，它们在心理形容词的语形分布特征方面必然也起着决定性的作用。当然，较之非核心成员幸福、苦、兴奋、得意、烦恼等词，这其中也有出现次数相对较少的词，如颓废、闲适、昂扬等，这是因为，这些核心成员是某种意义词群共有的义征，是勾连该词群的核心义征，而该种意义的词群本身不是心理形容词的"核心成员"，但它们在自身词群中仍然是出现频率最高的词。幸福、苦、兴奋、得意、烦恼等词身处极为常用的词群中，只是不是该词群的核心义征，因此没有作为心理形容词语义的核心成员，而是实际语用中的热点词汇。好在这种热点词汇不是核心成员的几率很小，也只限于我们所举的几个词而已。

选择核心成员作为考察对象的原因在于，一方面我们想尽量客观反映这些形容词在实际语流中体现出的量征，以及核心成员的高出现率，使它们的量性用法得以比较全面地体现在例句中，便于统计和判定。另一方面，核心成员来自每个同义组，包含积极与消极和各个小的次语义网络，语义覆盖面极大，具有较强的代表性。

第六，判定某程度词能否修饰某个心理形容词的标准是核心成员所有例句（9146个）里程度词修饰心理形容词的具体用法。如果某个程度词可以修饰该心理形容词，但在例句中恰巧没有出现，则依照语感予以补充。

心理形容词核心成员量征统计表

	超量	极量	高量	中量	低量	量征	例句数
忧愁	+	+	+	+	+	全量	38
悲伤	+	+	+	+	+	全量	112
痛苦	+	+	+	+	+	全量	678
悲哀	+	+	+	+	+	全量	154
悲惨	+	+	+	+	+	全量	72
凄凉	+	+	+	+	+	全量	79
伤心	+	+	+	+	+	全量	272
颓废	+	+	+	+	+	全量	15

续表

	超量	极量	高量	中量	低量	量征	例句数
失意			+	+	+	半量	27
疲乏		+	+	+	+	半量	30
失望	+	+	+	+	+	全量	310
低落	+	+	+	+	+	全量	28
烦		+	+	+	+	半量	130
烦躁		+	+	+	+	半量	51
着急		+	+	+	+	半量	302
焦急		+	+	+	+	半量	105
懊悔		+	+	+	+	半量	27
闷		+	+	+	+	半量	126
烦闷		+	+	+	+	半量	25
愤怒	+	+	+	+	+	全量	242
为难		+	+	+	+	半量	91
羞耻		+	+	+	+	半量	45
害羞		+	+	+	+	半量	33
不安		+	+	+	+	半量	337
奇怪		+	+	+	+	半量	443
惊讶	+	+	+	+	+	全量	230
慌张		+	+	+	+	半量	42
恐慌	+	+	+	+	+	全量	46
迷惑		+	+	+	+	半量	81
孤独		+	+	+	+	半量	223
寂寞		+	+	+	+	半量	245
犹豫			+	+	+	半量	301
骄傲 a	+	+	+	+	+	半量	163
安定			+	+	+	半量	36
闲适	+	+	+	+		半量	16
平静	+	+	+	+	+	全量	409
高涨	+	+	+	+		半量	23
昂扬			+	+		半量	15
激动	+	+	+	+	+	全量	426

续表

	超量	极量	高量	中量	低量	量征	例句数
热情	+	+	+	+	+	全量	446
喜悦		+	+	+	+	半量	193
如意			+	+		半量	80
快乐		+	+	+	+	半量	613
畅快		+	+	+		半量	31
舒服	+	+	+	+	+	全量	41
愉快		+	+	+	+	半量	298
高兴		+	+	+	+	全量	1139
欢乐		+	+	+		半量	122
坦荡		+	+	+		半量	23
诚恳		+	+	+	+	半量	132

从上表中可以归纳出以下几点：

1. 全部心理形容词核心成员都是量幅形容词，表述的是弥散量，是无界的，明显倾向于表现性质而非表述状态。由此，典型的心理形容词是性质形容词。

2. 全部心理形容词核心成员都可以被高量和中量程度词修饰，超量程度词修饰心理形容词的自由度较小。能被表高量的“很”修饰是我们界定心理形容词的一个标准，而表中量的“比较”类程度词对形容词有较大的宽容度，对形容词的积极、消极意义选择自由。

张国宪（1996）认为现代汉语形容词中量表述的另一个形式是无标记的，无标记中量形容词包括以下心理形容词：昂扬、愤慨、寒心、欢喜、慌忙、惊奇、快乐、奇妙、亲爱、亲热、甜蜜、痛心、颓废、温暖、辛酸、自豪。张国宪认为无标记客观中量表述形容词大都有其最低的“关节点”，这个“关节点”的量是用形容词的零形式标示的，而有标记形式所示的量低于此“关节点”，因此这类形容词不与“比较”类程度词同现。问题是如何得出这些形容词最低的“关节点”高于“比较”标记的？而且这些形容词可以被其他中量程度词修饰的话，也是一种标记。

（79）表示它需要时间成熟定型，而我们的社会比较焦躁急切，恨铁不成钢的心情特重。

（80）半个林白是比一个林白更好的，因为比较快乐。

（81）自己混得比较得意的时候就不能跟人家过下去。

（82）我会比较轻松，而且我一直觉得外国男人比中国男人要性感一些。

（83）对我的采访，他比较热情地予以支持，他的特点是：相对开放，相对理性。

（84）我把这种感觉告诉舒澜，她笑了一下，也是那种比较舒心的笑容，而且从此这种笑容就凝固在脸上。

（85）最近她的心情比较愉快，经赵一岸的启发，她懂得了办什么事都得先拉拉关系，套套近乎。

像“焦躁、得意、轻松、热情、舒心、愉快”这样的词最低“关节点”又是什么？是在中量以下，以使得作为中量程度词的“比较”可以修饰它们了吗？对于表弥散量的无界形容词，对于全量和半量、高量和低量形容词来说，的确存在量值的不同问题，但如何测定目前还没有一个准确的方法，只是凭借程度词、重叠、比较等句法形式和语感对形容词的量做一个相对的评估。其实张国宪自己也曾经无奈地论述过这一论点：形容词的特点是没有明确的度和关节点，所以“形容词是个模糊集合，每个形容词都是一个模糊子集”，“在模糊的情形下，量的变化过程中两个在质上有区别的性质或状态之间都有一个各依其具体情况而大小不等的模糊带”。“形容词所表示的量最适于在比较中加以确定和描述。”张国宪（1993：1、5）

另外，张国宪（1996）认为“忧郁”不宜于用“最、顶、最为”表量，我们发现此说不成立，如：

（86）我是我们四个女孩子中最忧郁的，几乎没有笑过。

（87）说到王娜与鲍勃的婚礼，王娜脱口说：“纪然冰是婚礼宾客中最漂亮的人，也是最忧郁的人。”

3. 即使是全量形容词，不同量级程度词对形容词的修饰仍是有倾向性的。如倾向修饰“痛苦”的程度词是超量和极量程度词，倾向修饰“奇怪”的是高量程度词。我们称之为该词的优势量级，并在表中以加深标记表现这种倾向性。

4. 核心成员里共有 17 个全量形容词，33 个半量形容词。半量形容词占多数。即使同为半量，每个词受不同量级程度词修饰其倾向性也有很大不同。核心成员里没有量点形容词，说明心理形容词属于典型的性质形容词。心理形容词中的量点形容词很少，如“安然”、“安乐”，属于积极类、心态类的心理形容词，出现频率也比较低，“安乐”在语料库中出现17次，“安然”则只有5次，是心理形容词的边缘成员。

5. 核心成员本身都是隐性量，必须借助程度词等句法方式才能表达出量的不同。张国宪（2000）认为单音节形容词的量是隐性的，双音节形容词的量有或多或少的显性特征，前者表述性质，后者表述状态。我们认为这是有些想当然的说法。心理形容词大部分是双音节形容词，但类似“酸苦”、“悲愁”之类的联合式双音节词占多数，凸现的是情绪和心理的复杂化，并没有刻意凸显量的显性表述。而且，基于语料库的考察证明心理形容词多为量幅形容词，表弥散量，明显倾向于表现性质，也说明认定双音节形容词的量有显性特征，大多是表状态的结论不符合语用实际。

核心成员之外，只有少数具有明显显性量特征的心理形容词，如“狂喜”、“狂热”、“狂躁”、“震惊”可以无标记表达极量，但有时候这些词也可以以倾向极量和高量的程度词修饰，以强化其量的程度：

(88) 我忽然觉得，那一脸的狰狞正是快乐的极致，正是狂喜的顶点，正是瞬间的真面目。

(89) 它不一定以十分狂热的形式表现出来。

(90) 他的妻子当初是很狂热地爱他的。

对于这些词，我们在义征分析时都标以［+极端］义征：

狂喜［+心情］［+积极］［+喜悦］［+极端］
狂热［+心情］［+积极］［+热情］［+极端］
狂躁［+心情］［-积极］［+烦躁］［+极端］
狂怒［+心情］［-积极］［+愤怒］［+极端］
震惊［+心情］［积极］［+惊讶］［+极端］

此外，也有部分心理形容词带有“隐性的显性量”，即从聚合的语义中提取出的［+极端］、［+程度高］等义征的心理形容词。如：

悲恸［+心情］［-积极］［+悲伤］［+极端］
痛苦［+心情］［-积极］［+难过］［+极端］

绝望 [+心情] [-积极] [+失望] [+极端]
愤怒 [+心情] [-积极] [+生气] [+极端]
颓废 [+心态] [-积极] [+消沉] [+不振] [+程度高]
暴躁 [+心情] [-积极] [+烦躁] [+程度高]
诧异 [+心情] [积极] [+奇怪] [+程度高]
恐惧 [+心情] [-积极] [+害怕] [+程度高]

如前所述，这样的量值的描述没有作量化的计算，甚至也很难通过句法分布来比较它们表述量的程度，只是从语义的比较出发作出的对一个形容词量的表述的相对评估，悲恸较之悲伤、痛苦较之难过、绝望较之失望、诧异较之奇怪、恐惧较之害怕，语义上显然有量的分别。

6. 部分程度词对积极或消极类的心理形容词的修饰有选择性。如与“有点儿”同现的形容词则大都要具有消极义征。张国宪（1996）举出常见的不能直接使用“有点儿”的心理形容词：安定、安静、安稳、安闲、安心、敞亮、沉着、好受、坚强、开朗、可心、恳切、快活、快乐、宽敞、乐观、冷静、亮堂、明朗、轻快、轻松、舒畅、舒服、爽快、爽朗、松快、随和、坦率、甜蜜、愉快、真诚、真实、镇定、自然、自在。实际上确实大部分积极类心理形容词在实际语用中都不能进入“有点儿 + A”的格式。即使我们语感上说得很顺口的“有点儿高兴”、“有点儿得意”、“有点儿喜悦”等，除非刻意生造，在语料库中都找不到实际用例。而“高兴”在语料库中的例句数高达 1139 个，覆盖面不可谓不大。11897 个积极类心理形容词的例句中，只出现了两例类似的句子：

（91）张三民哭倒在大哥的肩膀上，张大民不知为什么，有点儿欣慰。

（92）我是有点儿激动。

大部分这类形容词只有在形容词前加“不”等否定词构成消极形容词短语，才能够出现在“有点儿 + A”格式中，如：

（93）当然他心里有点儿不舒服，那是因为男孩子的自尊心有点儿下不来。

这就可以解释为什么像“如意”、“安定”这样的积极形容词否定用法大大超过肯定用法，并且都是否定用法后才具有了受程度词修饰的较大自由度。当然，并不是说只有用了否定式，积极类心理形容词才能出现在低量程度词后面，实际上，除了“有点儿”之外，“有些”、“一些”、“一点”等低量程度词对积极类形容词的修饰还是比较自由的，如：

（94）可他们耐着性子，压着火气，由于对下一站充满了热望，甚至有些快活起来。

（95）她忽然觉着，心里竟有些快活起来。

（96）好在他还得去接杨先生，所以急忙的又跑出去，大街上的人喊马叫似乎还比宅里的乱法好受一些。

（97）假若挣不上钱的话，他可以一直拉到天亮：夜间无论怎样也比白天好受一些。

（98）这样写一封信，倾诉一下会好受一点。

甚至“稍微”类程度词在比较句中还有适宜与积极形容词同现的倾向，因此有些消极形容词反而不进入微量格式。张国宪（1996）认为表高量的“太1”带有满意、赞叹的感情色彩，因而多选择积极形容词，如“太高兴（了）”。但“太1”对积极和消极类心理形容词的选择性其实并不是很受限，它也经常修饰消极类心理形容词：

（99）我想你们，我太寂寞了。

（100）我太惊讶了，我几乎以为他在说胡话，但他郑重其事地样子又不像。

（101）所有的人都认为是一场事故，女孩子太可怜了。

（102）我的精神太苦恼了。

（103）爸爸的信，她只看了一遍，因为她太伤感太悲痛了。

（104）我回电话过去，一个十分柔美的声音，只说了一句话就哽咽着，接下来她问我：“我太脆弱了是吧？”

除了以程度词修饰之外，心理形容词量性特征的表达还有不少独特的方式。如一般来说，现代汉语中只有“长、大、远、高、厚、粗、深、重、宽”等有限的几个形容词可以用数值计量，如“三十公分长”、“六十平方公里大”、“七十厘米高”，等等。（张国宪，1996）但心理形容词可以利用模糊数值计量的方式来表达不同的量级：

（105）阿Q十分得意的笑，酒店里的人也九分得意的笑。

（106）脸上流露出的那种半是得意半是讥嘲的笑容，使我全身尴尬。

（107）马老先生看出伊牧师是已下逐客令，心里十二分不高兴的站起来："礼拜天见！"（老舍）

（108）每个摊子上做买卖的人都拿出百分之二百的热情拼命招揽顾客。

（109）一句亲切的称呼要有一百三十万分的温暖。

（110）这类人喜欢参加各种活动，但想法常常改变，只有三分钟热情。

（111）如今我已长大成人，在挥洒过汗水之后流过泪水之后，才稍微懂得了究竟怎样的人才有资格从岁月那里分享到一份喜悦一份收成！

或者利用前加形容词、带补语等方式表达量：

（112）只是一屋子的寂寞，一屋子的悲哀紧紧压逼过来，纠缠着，逃也逃不掉。

（113）可是我又发现一点小小的悲哀，就是她把我给她的哈克贝利·芬放到一边去了。（王小波）

（114）这种担心使他们带上了一层淡淡的失望和恐惧。

（115）这使李鸣烦得不得了，因为地板反而显得更脏更乱。

（116）我知道老大决不让我去的，你瞧他那时候多着急。

（117）有时候我觉得自己像是你的压力安全闸，吸收了你大部分的愤怒，承受你对世间的种种不平。

（118）克隆人会引起严重的不安。

（119）每当我感受到一点点细小的快乐，看到一点点美丽的景象，我都会庆幸自己没有死。

即使是某一个心理形容词，也可能使用多种方式细腻而有层次地表达量的不同，更加体现了心理形容词弥散量的特征：

（120）痴呆症救了母亲，使她看不懂发生的灾难，也没有一丝痛苦。

（121）你写的很多东西尽是关于你个人的小痛苦，小感情，你能否写一部控诉日本人的书？

（122）剩下的人忍受着有限的痛苦，去做让大多数人感到幸福的事。

（123）最后，身体与心灵同颤抖，合成双重的痛苦加倍的愤怒。

（124）活得好痛苦，行尸走肉的生活有什么意义？

(125) 写人物个体时，力图表现他们在二难困境中的大痛苦，在现实裂变中的精神磨难。

(126) 联合国制裁伊拉克已经7年，伊拉克人民遭受了很大的痛苦。

(127) 这是我最大的痛苦：那个不忠实于我的女人恰恰是我所爱的人。

(128) 1863年1月，恩格斯的妻子玛丽逝世，引起恩格斯极大的痛苦。

(129) 我的到来多少使她减少了这个似乎极其痛苦的过程。

(130) 我知道不能娶C小姐时，真是痛苦万分。

(131) 当然我这么说并不意味着我有什么天大的痛苦和不幸。

(132) 老太太接着从我三岁就要打死她开始，一一历数我的罪状，说我给她带来了无穷无尽的痛苦。

这些从不同语料中抽取的例句，分别使用“一丝”—“小”—“有限”—“双重”—“好”—“大”—“很大”—“最大”—“极大”—“极其”—“万分”—“天大”—“无穷无尽”等多种方式表达出了“痛苦”一词从细小到巨大的不同的量。有些词修饰心理形容词后可以表述比低量还低的“超低量”：

(133) 道尔吉脸色突然一沉，近乎愤怒地大声说：“怎么？”

(134) 高德水一听每月有100元的收入，他连半点犹豫都没有。

因此，我们完全可以归纳出更多的形容词量级表述方式，区分出远远多于五级的更细致的形容词表述量级，如果更加细分的量级有更深远的研究意义的话。

余　论

词义研究有着悠久的历史，上古哲学家如古希腊的苏格拉底、柏拉图和中国荀子的著作中均涉及词义问题。欧洲传统语文学和我国的训诂学一直对词源和个别词义的演变考证深感兴趣，但它们都没有涉及词义系统问题。真正现代意义上的科学的词义研究始于20世纪。结构语言学创始人索绪尔首次明确区分词的意义和价值也即聚合与组合。英国著名语义学家莱昂斯（Lyons，1977，1995）提出“任何词义，无论组合受严格限制与否，都应包括该词的替换关系和组合关系”，“词的意义和它的分布之间存在一种内在联系”。他观察到，词的组合成分有可能转化成词义成分，因此，词的潜在搭配有理由看作词义的一部分。罗马尼亚学者比度—弗朗恰（Bidu-Vranceau，1976）提出，词义组合分析可以进一步澄清聚合分析中未解决的问题，可以确定属于统一聚合群的词语之间的关系及对立。（转引自李红印，2001：18—22）20世纪80年代以后出现的境况语义学、认知语义学、概念语义学和框架语义学也都是主张在组合关系中研究词义，语言学界开始自觉地用词义分析探索形态和句法的语义基础：或者探索语义范畴在语法中的表现，如弗拉雷（Frawley，1992）发现有界和无界的语义特征决定了语法范畴与“数”密切相关的可数名词和物质名词的区分，克里德勒（Kreidler，1999）进一步指出，名词的可属性不是简单的二元对立，而是一个渐变的连续统，一端是典型的可数名词，一端是典型的不可数名词；或者利用语义特征解释形态和句法的语义基础，如概念语义学创始人杰肯道夫（Jackendoff）明确指出，词义和句法之间有着系统性的联系，利用词义分解而得到的语义特征，可以解释词汇和句子之间有着的语义联系。根据语义特征有界/无界，可以把名词分为可数名词和物质名词；又或者如美国语言学家莱文（Levin，1993），从语法表现入手，寻找形式背后的语义特征和语义解释。

我国语法学界也逐渐重视词义研究中的组合分析。的确我们已经看到，带有人为规定性的概念义（亲属词、军衔词等）能在聚合关系中得到充分的说明，而大量的词语约定俗成的语义特征，虽在聚合状态中可以得到一定程度的显示，却也必须在组合关系中其语义特征才能够最后得以说明和验证，更遑论词的深层隐含义、语境变义，特别是语法语用特征的说明。词的组合关系在某种意义上起着制约和决定着词的聚合关系的作用。（苏宝荣，2000：195）将汉语语法研究与词义分析相结合的语义特征分析在80年代以后迅速发展起来，它“着眼于分析概括同一句式的各个实例中处于同一关键位置上的词（总是属于某类实词中的一个小类）所共有的语义特征”（陆俭明，1991），“分布特征的分析可以很细，小类也可以分得很细。可见语法类聚和词汇类聚之间没有一道鸿沟，这两种类聚构成一个连续统”。（马庆株，1995）符淮青（1996）对语素“红”各个意义在构词方式、数量上的差异，以及作为词的“红”在语法功能、词语搭配范围以及所出现的句式的差别进行了具体分析。符淮青（1999）对汉语形容词的词义和组合分布的联系作了说明，强调“词义和词的分布的关系是非常丰富的研究领域”，“同义词的同异，包括词位义、应用中的词义变化、用法的不同，都是在组合中实现的。在组合中分析词义至关重要”（符淮青，2000）。

另一方面，从自然语言信息处理的要求来看，研究者不仅要给出词义的准确定义，而且要揭示词义的使用特点，也需要把词的意义与语形分布结合起来。而汉语的语义特征研究的两种主要模式：一是从形式入手，从特定句法结构中析出语义特征，进行词的小类划分和句式的分化研究。二是从意义入手，从范畴性语义特征出发寻找相应的成系列的分布特征，都是结合词的意义与分布来进行的，正可以应用在语言信息处理的词义分析和形式化描写中。但目前语义特征的研究明显存在不平衡性，“动词的语义特征发掘得较多，名词、形容词和其他词类的语义特征发掘得较少”。（袁明军、张慧晶，1999）格语法、配价语法、词汇功能语法无不是以动词的组合要求为中心，语义特征分析主要集中在动词的语义特征的挖掘上。相比之下，形容词虽然是一个大的实词类，但形容词语义特征的分析目前尚未见到系统的研究工作，代表性的成果只有石毓智、沈家煊、张国宪等有限的几家之言。

实际上，根据大量的语言事实，依据词在使用状态下的不同组合关系，概括心理形容词的隐含语义特征，可以为心理形容词的语义形式化提供更精确、更科学的元素和描写工具。这一研究目前只能说才刚刚起步，并没有人把组合层面上的语义特征与聚合特征结合起来，对现代汉语形容词作全面的形式化描写。包括自控、配价等相关语义特征的研究也没有普及到每一个形容词，哪怕是形容词的某个小类。

本书大部分的章节我们是从词的聚合关系出发进行的心理形容词的义征分析和网络构建，为加强研究的客观性和形式化的可行性，我们在第八章对前面的研究成果进行了基于实际语用环境里心理形容词语形分布的统计和验证，并进一步从形容词的某些特定格式的句法分布特点探究出它的某种典型语义特征，同时利用语义特征说明语义和语形的选择关系，争取为语形分布提供语义解释。对形容词的语义特征进行细致分析，这时词义成分的确立不再仅仅依赖于直觉判断，而是充分利用词在语形结构中的不同表现来观察其细微差别。把全量幅等义征加入形式化的义征分析，可以将心理形容词的聚合语义与语形分布迅速联系起来，使其更加精确化。

基于大规模语料库的对于心理形容词量性特征的分析和有限描写是一个开始和尝试。随着研究的逐渐深入，我们发现了众多值得进一步考察的相关课题。比如心理形容词语义向与体标记的选择关系是从语形分布特点出发寻找具有相同语义特征的词的聚义小类的一种有趣尝试。现代汉语延续性形容词的体意义的表述是一个相当完备的体系，“起来、下来、下去”以及“着”等体标记各居其位，各司其职，构成一个较为严密的系统：“起来”位于起始点上，表示起始，“下去”处于续段之中，表示延续，“下来”则可以抵达终止点，表示有界的继续，三者共同表述动向性极强的状态继续发展变化的体意义；而“着”则居于续段中间以表述无动向状态的持续义。张国宪（1998，1999）描写了形容词体的典型形态形式以及对形容词次范畴的选择限制，探究体标记的形态化历程。指出是否占有量幅才是决定“起来”选择倾向性的主要因素，它导致正量形容词与体标记“起来”之间有一种自然的关联，量幅特征越显著，“这种关联也就越紧密”。体标记“起来”有较强的与“得意、难堪、忧郁、难受、客气、悲壮、委屈、激动、孤独、孤寂、张狂、潇洒、紧张、烦躁、兴奋、高兴、为难、不安”等心理/情感形容词组配的能力，而这些词与其他的体标记“了、着、过、下来、下去”组配时均受到不同程度的限制。考察 28260 个例句我们发现，非典型体标记“起来、下去、下来”

与心理形容词关系极为密切。以下是心理形容词核心成员的体标记分布情况：

核心成员	体　标　记	核心成员	体　标　记
忧愁	着	惊讶	了
悲伤	了	慌张	了
痛苦	过、下去、已经……了	恐慌	了、起来
悲哀		迷惑	正……着、了
悲惨	一直、已经……了	孤独	了、下去
凄凉	起来	寂寞	突然、了
伤心	正、不再……了、过、起来	犹豫	一下、一直、还在
颓废		骄傲 a	起来
失意		安定	下来、一下、了
疲乏		闲适	
失望	了	平静	了、下来、下去、起来
低落	一直到	高涨	逐渐、一次、起来
烦	正……着、了	昂扬	起来
烦躁	起来、开始、成为……了、已经……了	激动	起来、了
着急	突然、正……着、起来、一	热情	起来
焦急	起来、开始、正、了	喜悦	
懊悔	起来、开始、了、已经	如意	
闷	着	快乐	一下、了、起来
烦闷	开始……起来	畅快	起来
愤怒	起来、开始、了、之前	舒服	了
为难		愉快	起来
羞耻		高兴	起来、过、正、了
害羞		欢乐	
不安	起来、了、开始	坦荡	
奇怪	了、起来	诚恳	起来

显而易见，带体标记在心理形容词中极为普遍，并且与积极、消极语义向有着密切的选择关系，跟心理形容词弥散量、延续性的量性特征也密不可分。我们相信“句义的理解显然是受到了体标记词正负向意义的影响”，“背后隐藏着深刻的词汇意义上的理据性”。我们将很快开始关于心理形容词体标记的研究，下一步的工作是对体标记作全面的统计和考察，然后揭示体标记究竟与积极和消极类心理形容词存在什么样的对应和选择关系，与心理形容词的量性特征又有什么样的互动关系。

再比如，心理形容词研究中跟量征有关的另一个很有意思的话题是形容词模糊量的计量方法。张志毅、张庆云（2001：185）指出大部分形容词都具有相对模糊性，并转引利科所说：“情感性就是模糊性本身。”表心理的心理形容词模糊度的计量就更难以捉摸。我们在第八章曾经触及这一难题，指出对于表弥散量的无界形容词，对于全量和半量、高量和低量形容词来说，的确存在量值的不同问题，但如何测定目前还没有一个准确的方法。

对于语义模糊性的计算引起了很多学者的兴趣。奥斯古德、苏希和坦南鲍姆（Osgood，Suci&Tannenbaum）在1957年出版的《意义的衡量》中提出一种对词的联想意义部分地进行分析的方法。他们设计了一种从多面语义空间去测定意义的方法，根据七项阶记录下说话人的判断，用来作为研究资料。这些阶通过比较成对的形容词，例如happy-sad（高兴—悲伤）、hard-soft（硬—软）、slow-fast（慢—快）来做标记。比如用下面的方法把一个人对bagpipe（风笛）这样一个词的印象记录在一张图表上：

	3	2	1	0	1	2	3	
good	——：	——：	——：	——：	——：	——：	——	bad
hard	——：	——：	——：	——：	——：	——：	——	soft
passive	——：	——：	——：	——：	——：	——：	——	active

etc.

这个方法只能为词的意义提供一种部分的和近似的描写。它需要从无数个可能存在的阶中加以选择，而只有在用阶分的属于可能解释的范围内，才能用这种阶来解释意义。同时因为只能作抽样统计，并对七项阶每段中不再作进一步的区分，就显得比较粗略。可以说是一种比较迟钝的量化工具（利奇，1987：26—27）。1965年美国电机工程和计算机科学家查德（L. A. Zaden）提出了模糊集合（fuzzy-sets）的理论，后来在此基础上产生了模糊数学这样一个新的数学分支，这促进了对语义模糊性的研究。为了具体说明某一模糊义位中心明确边缘模糊的状况，查德提出隶属度（grade of membership）的概念。他以1表示某一义位属于模糊子集，以0表示不属于该模糊子集，列出中年（middle age）的描写：

年龄	40	41	42	43	44	45	46	47	48	49	50	51	52	53
属于某集合的程度	0.3	0.5	0.8	0.9	1	1	1	1	1	0.9	0.8	0.7	0.5	0.3

在此基础上，石安石（1994）提出语义模糊度的计算方法：首先计算出某个词语的隶属度，即有关对象隶属于某个词语标示范围的程度。如就“早晨—上午—中午—下午—晚上”一组词的隶属度进行问卷调查，隶属度为1，表示它完全在某规定词义范围之内，为0则反之，0.1—0.9越接近1，表示隶属度越高。0.5表示它隶属于某个词语的标示范围的程度与隶属为非某个词语的标示范围的程度相等，也就是说，隶属度为0.5或接近0.5的越多，则这个词语的模糊度越大。将隶属度0.9、0.8、0.7、0.6分别改写成0.1、0.2、0.3、0.4，求出改写后的隶属度的平均值（0和1排除在外），即为该词语的模糊度。

量化和计算与形式化紧密联系在一起，不免让语义形式化的研究者心向往之。我们对于心理形容词语义形式化研究的下一个想法是寻找合适的方法来计算心理形容词的语义量值。比如先以一组典型的心理形容词为样本，结合心理学上可能存在的某种心理状态的科学域值，做一个合适规模的问卷调查，求出每个心理形容词的量值范围，从而构建一个量化基础上的心理形容词量值连续轴。

踏入语义学的研究领域，必然要承受众多的困惑和无奈。“语义学似乎经常使人迷惑不解，因为对它的研究有许多不同的方法，而这些方法之间的相互关系往往很不清楚甚至连语义学著作的一些作者对此也不很明白。使人感到困惑的另一个原因是：人类理性认识在于研究理性认识本身，颇有点像一只狗在追逐自己的尾巴。”“唯一切实可行的办法是：走出一条穿过茫茫荒野的自己的道路，有路可循则循，但必要时，要毫不犹豫地去开辟一条新路，以探索一个陌生的领域。”（利奇，1987：序1、序2）以此描述我们在本课题已经进行的和将要进行的研究中秉持的信念和动力十分恰切。以更广阔的视野来关怀更广大的世界的话，其实哪一项研究，哪一种思想，哪一个体系，哪一种人生，又不皆是如此呢？

主要参考文献

1. 安华林（2003）：《现代汉语释义元语言研究》，南京师范大学博士学位论文。

2. 奥田宽（1982）：《论现代汉语形容词的强制性联系和非强制性联系》，《南开大学学报》第 3 期。

3. 崔永华（1982）：《与褒贬义形容词相关的句法语义问题》，《语言学论丛》第九辑，商务印书馆。

4. 陈珺（2002）：《意欲形容词的语义特征分析》，华中师范大学硕士学位论文。

5. 陈群秀（1996）：《信息处理用现代汉语语义分类体系的设计思想》，罗振声、袁毓林主编《计算机时代的汉语和汉字研究》，清华大学出版社。

6. 陈晓荷（1998）：《一个面向工程的语义分类体系》，《语言文字应用》第 2 期。

7. 陈一（1993）：《形动组合的选择性与形容词的下位分类》，《求是学刊》第 2 期。

8. 陈颖（2002）：《“VA 了”述补结构带宾语功能的探析》，《上饶师范学院学报》第 22 卷第 2 期。

9. 丁声树等（1961）：《现代汉语语法讲话》，商务印书馆。

10. 董大年主编（1998）：《现代汉语分类词典》，汉语大词典出版社。

11. 董为光（2004）：《汉语词义发展基本类型》，华中科技大学出版社。

12. 董振东（1998）：《语义关系的表达和知识系统的建造》，《语言文字应用》第 3 期。

13. 董振东、董强（1999）：《“知网”（Hownet）文献介绍》，http：//www. keepnage. com。

14. 董振东、董强（2001）：《面向信息处理的词汇语义研究中的若干问题》，《语言文字应用》第 3 期。

15. 段益民（1998）：《略论“有”字句和单音反义形容词》，《广州民族学院学报》第 2 期。

16. 范晓（1986）：《有关动词研究的几个问题》，《现代汉语语法研究的现状和回顾》，语文出版社。

17. 范晓（1996）：《动词和形容词的区分》，《三个平面的语法观》，北京语言文化大学出版社。

18. 范晓（2001）：《论语法研究中结构和功能相结合的原则》，《现代中国语研究》第 2 期（日本）。

19. 方文惠（1982）：《国外义素分析理论和汉语语义研究》，《中国语文通讯》第 2 期。

20. 冯志伟（1996）：《自然语言的计算机处理》，上海外语教育出版社。

21. 符淮青（1996）：《词义的分析和描写》，语文出版社。

22. 符淮青（1997）：《“词义成分——模式”分析（表性状的词）》，《汉语学习》第 3 期。

23. 符淮青（1988，1989）：《汉语表“红”的颜色词群分析》，《语文研究》1988 年第 8 期、1989 年第 1 期。

24. 符淮青（1999）：《词义和词的分布》，《汉语学习》第 1 期。

25. 符淮青（2000）：《同义词研究中的几个问题》，《中国语文》第 3 期。

26. 傅爱平（1990）：《词汇功能语法》，《国外语言学》第 1、2 期。

27. 高名凯（1948）：《汉语语法论》，上海开明书店。

28. 郭承铭（1993）：《认知科学的兴起与语言学的发展》，《国外语言学》第 1 期。

29. 郭锐（2001a）：《词频与词的功能的相关性》，《语文研究》第 3 期。

30. 郭锐（2001b）：《汉语词类划分的论证》，《中国语文》第 6 期。

31. 郭锐（2002）：《现代汉语词类研究》，商务印书馆。

32. 韩玉国（2001）：《现代汉语形容词的句法功能及再分类》，《语言教学与研究》第2期。

33. 贺阳（1996）：《形名兼类的计量考察》，《词类问题考察》，北京语言文化大学出版社。

34. 胡德明（2003）：《儿童空间维度形容词发展顺序的理论解释》，《世界汉语教学》第3期。

35. 胡明扬（1993）：《语体和语法》，《汉语学习》第2期。

36. 胡明扬（1995a）：《现代汉语词类问题考察》，《中国语文》第5期。

37. 胡明扬（1995b）：《现代汉语词类问题研究》，商务印书馆。

38. 黄伯荣、廖序东（1983）：《现代汉语》，甘肃人民出版社。

39. 黄国营、石毓智（1993）：《汉语形容词的有标记和无标记现象》，《中国语文》第3期。

40. 黄曾阳（1998）：《HNC（概念层次网络）理论——计算机理解语言研究的新思路》，清华大学出版社。

41. 贾彦德（1999）：《汉语语义学》，北京大学出版社。

42. 靳光瑾（2001）：《现代汉语动词语义计算理论》，北京大学出版社。

43. 冷铁铮（1986）：《形容词的概念和分类》，《日语学习与研究》第4期。

44. 黎锦熙（1992）：《新著国语文法》，商务印书馆。

45. 李葆嘉（2001）：《理论语言学：人文与科学的双重精神》，江苏古籍出版社。

46. 李葆嘉（2002）：《汉语元语言系统研究的理论建构及应用价值》，《南京师范大学学报》第4期。

47. 李葆嘉（2003）：《语义语法学理论与元语言系统研究》，《深圳大学学报》第2期。

48. 李芳杰（2003）：《汉语语义结构研究》，武汉大学出版社。

49. 李红印（2001）：《现代汉语颜色词词汇—语义系统研究》，北京大学博士学位论文。

50. 李泉（2001）：《同义的单双音节形容词对比研究》，《汉语语法考察分析》，北京语言文化大学出版社。

51. 李宇明（1996）：《非谓形容词的词类地位》，《中国语文》第1期。

52. 林记诚（1996）：《语言与文化综论》，顾嘉祖、陆升主编《语言与文化》，上海外语教育出版社。

53. 林杏光主编（1987）：《简明汉语义类词典》，商务印书馆。

54. 林杏光（1998）：《中文信息界的语义研究谭要》，《语言文字应用》第3期。

55. 林杏光（1999）：《词汇语义和计算语言学》，语文出版社。

56. 刘丹青（1987）：《形名同现及形容词的向》，《南京师范大学学报》第2期。

57. 刘道英（2000）：《对形容词语法的再认识》，《河北大学学报》第3期。

58. 刘东立等（1992）：《汉语分析的语义网络表示法》，《中文信息学报》第4期。

59. 刘叔新（1993）：《语义学和词汇学问题新探》，天津人民出版社。

60. 刘叔新（2000）：《汉语描写词汇学》，商务印书馆。

61. 刘月华等（1983）：《实用现代汉语语法》，外语教学与研究出版社。

62. 刘珍（2003）：《“通感”与英汉感觉形容词词义转移的对比分析》，《内蒙古农业大学学报》（社会科学版）第4期。

63. 龙果夫（1958）：《现代汉语语法研究》，科学出版社。

64. 卢植、伍乐其（2002）：《自然语言元语言论与语义分析》，《外语学刊》第4期。

65. 鲁川等（1992）：《机器翻译中的语义网络》，《机器翻译研究进展》，电子工业出版社。

66. 鲁川（2001）：《汉语语法的意合网络》商务印书馆。

67. 陆俭明（1990）：《“VA了”述补结构语义分析》，《汉语学习》第1期。

68. 陆俭明（1991）：《语义特征分析在汉语语法研究中的运用》，《汉语学习》第1期。

69. 陆俭明（2003）：《现代汉语语法研究教程》，北京大学出版社。

70. 吕叔湘、朱德熙（1979）:《语法修辞讲话》，中国青年出版社。

71. 吕叔湘（1966）:《单音节形容词用法研究》，《中国语文》第2期。

72. 吕叔湘（1979）:《汉语语法分析问题》，商务印书馆。

73. 吕叔湘（1981）:《关于汉语词类的一些原则性问题》，《现代汉语资料选编》，甘肃人民出版社。

74. 马庆株（1991）:《与"（一）点儿"、"差（一）点儿"相关的句法语义问题》，《语法研究与探索（六）》，中国语文杂志社。

75. 马庆株（1995）:《指称义动词和陈述义名词》，《语法研究和探索》（七），商务印书馆。

76. 马庆株（1998）:《结构、语义、表达研究琐议》，《中国语文》第3期。

77. 梅家驹主编（1983）:《同义词词林》，上海辞书出版社。

78. 莫彭龄、单青（1985）:《三大类实词句法功能的统计分析》，《南京师范大学学报》第1期。

79. 曲木铁西（1997）:《彝语义诺话颜色词的语义分析》，《中央民族大学学报》第2期。

80. 山田留里子（1995）:《双音节形容词作状语情况考察》，《世界汉语教学》第3期。

81. 沈家煊（1997）:《形容词句法功能的标记模式》，《中国语文》第4期。

82. 沈兼士（1986）:《沈兼士学术论文集》，中华书局。

83. 石安石（1994）:《模糊语义及其模糊度》，《语义研究》，语文出版社。

84. 石毓智（1991）:《现代汉语的肯定性形容词》，《中国语文》第3期。

85. 石毓智（2003）:《形容词的数量特征及其对句法行为的影响》，《世界汉语教学》第2期。

86. 苏宝荣（2000）:《词义研究与辞书释义》，商务印书馆。

87. 苏剑芳（1999）:《〈语义学：原词与普遍性〉评介》，《外语教学与研究》第1期。

88. 孙海丽（2000）:《可计量形容词在分布上的不均衡性》，《齐齐哈尔大学学报》第 5 期。

89. 谭景春（1992）：《双向和多指形容词及相关的句法关系》，《中国语文》第 5 期。

90. 谭景春（1998）：《名形词类转变的语义基础及相关问题》，《中国语文》第 5 期。

91. 田定远、和凤琳（1999）：《英语形容词的语义功能及基本理论》，《兰州大学学报》27—（2）。

92. 王惠（2004）：《现代汉语名词词义组合分析》，北京大学出版社。

93. 王惠、詹卫东、俞士汶（2003）：《现代汉语语义词典规格说明书》*Journal of Chinese Language and Computing*，13（2）。

94. 王力（1954）：《中国语法理论》，中华书局。

95. 王力（1959）：《汉语实词的分类》，《北京大学学报》第 2 期。

96. 王立非（1994）：《英语反义形容词的语义标记研究》，《外语研究》第 2 期。

97. 王启龙（2003）：《现代汉语形容词计量研究》，北京语言文化大学出版社。

98. 王晓澎（1995）：《〈汉语形容词的有标记和无标记现象〉商榷》，《汉语学习》第 3 期。

99. 王占华（2001）：《工具动词及其相关的句法、语义结构》，史有为主编《从语义信息到类型比较》，北京语言文化大学出版社。

100. 文炼、胡附（2000）：《词类划分中的几个问题》，《中国语文》第 4 期。

101. 吴蔚天（1999）：《汉语计算语义学》，电子工业出版社。

102. 吴锡根（1993）：《形容词研究概述》，《杭州师范学院学报》第 4 期。

103. 吴颖（2002）：《现代汉语单音节形容词语义结构研究》，上海师范大学博士学位论文。

104. 吴之翰（1966）：《形容词用法研究——〈普通话三千常用词表（初稿）〉里四百五十一个形容词的分析》，《中国语文》第 2 期。

105. 肖凌猛（2000）：《从英语形容词看英语语义结构》，《外语与外语教学》第 3 期。

106. 徐烈炯（1990）:《词汇—函项语法》,《国外语言学》第1期。

107. 徐烈炯（1996）:《汉语语义研究的空白地带》,《中国语文》第4期。

108. 许威汉（2000）:《二十世纪的汉语词汇学》,书海出版社。

109. 杨华（1994）:《试论心理状态动词及其宾语的类型》,《汉语学习》第3期。

110. 应国丽（2000）:《从英语形容词看语义特征与句法结构》,《嘉兴学院学报》第13卷第4期。

111. 俞敏（1956）:《名词、动词、形容词》,新知识出版社。

112. 袁明军（1996）:《试论包含形容词宾语的述宾结构》,《语言学论辑》(2),北京语言学院出版社。

113. 袁明军、张慧晶（1999）:《语义特征研究概观》,《汉语学习》第5期。

114. 袁毓林（1993）:《现代汉语祈使句研究》,北京大学出版社。

115. 袁毓林（1995）:《词类范畴的家族相似性》,《中国社会科学》第1期。

116. 詹卫东（1999）:《面向中文信息处理的现代汉语短语结构规则研究》,北京大学博士学位论文。

117. 张爱民（1996）:《形容词重叠式作状语与作其它成分的比较》,《语言教学与研究》第2期。

118. 张斌（2000）:《谈谈句子的信息量》,《现代中国语研究》第1期（日本）。

119. 张伯江（1994）:《词类活用的功能解释》,《中国语文》第5期。

120. 张伯江、方梅（1996）:《汉语功能语法研究》,江西教育出版社。

121. 张国宪（1993）:《现代汉语形容词的选择性研究》,上海师范大学博士学位论文。

122. 张国宪（1995）:《论单价形容词》,《语言研究》第1期。

123. 张国宪（1996a）:《单双音节形容词的选择性差异》,《汉语学习》第3期。

124. 张国宪（1996b）:《形容词的记量》,《世界汉语教学》第4期。

125. 张国宪（1998）:《现代汉语形容词的体及形态化过程》,《中国语文》第 6 期。

126. 张国宪（1999）:《延续性形容词的续段结构及其体表现》,《中国语文》第 6 期。

127. 张国宪（2000）:《现代汉语形容词的典型特征》,《中国语文》第 5 期。

128. 张国宪（2002）:《三价形容词的配价分析与方法思考》,《世界汉语教学》第 1 期。

129. 张普（1992）:《论语义场》,《机器翻译研究进展》,电子工业出版社。

130. 张志公等（1959）:《汉语知识》,人民教育出版社。

131. 张志公（1956）:《语法和语法教学》,人民教育出版社。

132. 张志毅、张庆云（2001）:《词汇语义学》,商务印书馆。

133. 赵元任（1979）:《汉语口语语法》,商务印书馆。

134. 郑定欧（1998）:《现代汉语把字句工作单的设计:原则和实践》,《现代汉语配价语法研究》第二辑,北京大学出版社。

135. 郑贵友（1997）:《"触觉感知类"句子中动宾双系形容词状语——汉语状位形容词的思考》,《东疆学刊》第 14 卷第 3 期。

136. 郑贵友（1999）:《"味觉感知类"句子中的动宾双系形容词状语》,《东方论坛》第 4 期。

137. 钟杰、钱铭怡（2005）:《中文情绪形容词检测表的编制与信效度研究》,《中国临床心理学杂志》,第 13 卷第 1 期。

138. 周国光（1995）:《现代汉语形容词配价研究述评》,《汉语学习》第 2 期。

139. 周绍珩（1978）:《欧美语义学的某些理论与研究方法》,《语言学动态》第 4 期。

140. 周有斌、邵敬敏（1993）:《汉语心理动词及其句型》,《语文研究》第 3 期。

141. 朱德熙（1956）:《现代汉语形容词研究》,《语言研究》第 1 期。

142. 朱德熙（1982）:《语法讲义》,商务印书馆。

143. 朱德熙（1985）:《语法答问》,商务印书馆。

144. 朱景松（2002）:《形容词能动意义的确定和提取》,《语言教学与研究》第 3 期。

145. 左衍涛（1995）:《汉语情绪词自评纬度》北京大学心理学系硕士毕业论文。

146. ［法］A. J. 格雷马斯（1999）:《结构语义学方法研究》，吴泓缈译，三联书店。

147. J. 艾奇逊（1986）:《现代语言学导论》，福建人民出版社。

148. ［波兰］沙夫《语义学引论》，罗兰、周易译，商务出版社1979年版。

149. Dixon, R. M. W., 1991, A New Approach to English Grammar, on Semantic Principles, Clarendon Press, Oxford.

150. Geoffrey Leech Semantic Harmondsworth: Penguin (2nd edn. 1981)（《语义学》，李瑞华、王彤福、杨自俭、穆国豪译，上海外国语教育出版社 1987 年版）

151. Charles J. Fillmore Frame Semantics, The Linguistic Society of Korea, Linguistics in the Morning Calm, Seoul: Hanshin Publishing Co., 1982, pp. 111 - 137. （《框架语义学》，詹卫东译，语言学光标网站）

152. Jesperson O. 1927, The Philosophy of Grammar. （《语法哲学》，何勇等译，语文出版社 1988 年版）

153. Levin Beth, 1993, English verb class and alternations: A preliminary investigation, Chicago: University of Chicago Press.

154. Li, C. N. &S. A. Thompson, 1981, Mandarin Chinese: A Functional Refence Grammar, Berkeley and Los Angeles: University of California Press.

155. Lyons, John, 1977, SemanticsCambridge: University Press.

156. McCawley, J. D, 1992, Justifying Part-of-speech assignments in Mandarin Chinese, Journal of the Chinese Linguistics, Vol. 20, No. 2. （《汉语词类归属的理据》，张伯江、方梅译，《汉语功能语法研究》，江西教育出版社 1996 年版）

157. Saeed, john I., 2000, Semantics, Beijing: Foreign Language Teaching and Research Press.

158. Schachter, P., 1985, Part-of-speech systems, In T. Shopen ed., Languages Typology and Syntactic Description, Vol. 1.

159. Christiane Fellbaum, 1998, ed., WordNet : An electronic lexical

database, Mass : MIT Press, p. 423.

160. Wittgenstein, Ludwig, 1953, Philosophical Investigations, Translated by G. E. M. Anscombe, Oxford: Blackwell. (《哲学研究》, 李步楼译, 商务印书馆 1996 年版)

附　录

心理形容词析义元语言基元表

a 安定　安适　安逸　昂扬　懊悔

b 摆脱　饱满　抱歉　悲哀　悲惨　悲怆　悲伤　悲壮　卑鄙　表达　不安　不满　不平　不幸　不振

c 惭愧　诧异　畅快　沉重　沉着　称心　诚恳　吃惊　迟钝　迟疑　冲动　充实　充足　出乎　纯洁　刺激　匆忙　从容

d 胆怯　胆小　淡然　得到　得意　低沉　低落　动荡　独自　多

f 发愣　发泄　烦　烦闷　烦恼　烦躁　芳香　分开　奋发　愤怒　浮躁　服气　符合　负担

g 感触　高亢　高兴　高涨　恭敬　公平　公正　孤独　关心　光彩　光荣　过失

h 害怕　害羞　含糊　后悔　灰心　慌乱　慌张　混乱

j 激动　激烈　急迫　急切　急躁　寂寞　坚强　骄傲　紧迫　紧张　进取　精微　焦急　惊讶　拘谨　拘束　局促　沮丧　决定

k 开朗　恳切　空闲　空虚　恐慌　恐惧　苦闷　苦恼　快乐　宽阔　宽松　困顿　困难

l 乐观　冷淡　冷静　冷落　冷清　理解　怜悯　了不起

m 满意　满足　茫然　美妙　闷　猛烈　迷惑　迷茫　迷惘　明朗

n 难过　难为情　恼怒　内疚　内心　缓和

p 疲乏　平静　平稳　破碎

q 凄凉　凄切　奇怪　奇特　亲密　轻浮　轻快　轻慢　轻视　轻松　轻闲　清楚　情愿　庆幸

r 热情　忍受　容易　如意

s 丧气　伤感　伤心　上升　深厚　神奇　生气　失意　失望　失误

舒畅 舒服 舒适 舒展 顺心 松懈

t 坦荡 疼爱 体面 恬静 条理 贴近 同情 痛恨 痛苦 颓废 拖延 妥当 妥帖

w 惋惜 婉转 旺盛 为难 萎靡 委屈 慰藉 温和 温厚 温馨 稳定 无力

x 希望 喜悦 闲适 消沉 消耗 兴奋 兴趣 幸福 幸运 新奇 心酸 心意 信心 雄壮 羞耻 玄妙

y 压抑 厌烦 厌倦 厌恶 依靠 疑惑 抑郁 意料 意外 应付 勇气 忧愁 忧虑 忧伤 犹豫 愉快 怨恨 运气

z 杂 真实 值得 直率 着急 着落 自得 自己 自然 自以为